Höfische Lyrik

Andreas Kraß

Höfische Lyrik
Eine Einführung

 J.B. METZLER

Andreas Kraß
Institut für Deutsche Literatur
Humboldt-Universität zu Berlin
Berlin, Deutschland

ISBN 978-3-662-66650-0   ISBN 978-3-662-66651-7 (eBook)
https://doi.org/10.1007/978-3-662-66651-7

Die Deutsche Nationalbibliothek verzeichnet diese Publikation in der Deutschen Nationalbibliografie; detaillierte bibliografische Daten sind im Internet über http://dnb.d-nb.de abrufbar.

© Der/die Herausgeber bzw. der/die Autor(en), exklusiv lizenziert an Springer-Verlag GmbH, DE, ein Teil von Springer Nature 2024

Das Werk einschließlich aller seiner Teile ist urheberrechtlich geschützt. Jede Verwertung, die nicht ausdrücklich vom Urheberrechtsgesetz zugelassen ist, bedarf der vorherigen Zustimmung des Verlags. Das gilt insbesondere für Vervielfältigungen, Bearbeitungen, Übersetzungen, Mikroverfilmungen und die Einspeicherung und Verarbeitung in elektronischen Systemen.
Die Wiedergabe von allgemein beschreibenden Bezeichnungen, Marken, Unternehmensnamen etc. in diesem Werk bedeutet nicht, dass diese frei durch jedermann benutzt werden dürfen. Die Berechtigung zur Benutzung unterliegt, auch ohne gesonderten Hinweis hierzu, den Regeln des Markenrechts. Die Rechte des jeweiligen Zeicheninhabers sind zu beachten.
Der Verlag, die Autoren und die Herausgeber gehen davon aus, dass die Angaben und Informationen in diesem Werk zum Zeitpunkt der Veröffentlichung vollständig und korrekt sind. Weder der Verlag noch die Autoren oder die Herausgeber übernehmen, ausdrücklich oder implizit, Gewähr für den Inhalt des Werkes, etwaige Fehler oder Äußerungen. Der Verlag bleibt im Hinblick auf geografische Zuordnungen und Gebietsbezeichnungen in veröffentlichten Karten und Institutionsadressen neutral.

Umschlagabbildung: Kaiser Heinrich VI. in einer Miniatur aus der Weingartner Liederhandschrift (Stuttgart, Württembergische Landesbibliothek, HB XIII 1, S. 1)

Planung/Lektorat: Ferdinand Pöhlmann
J.B. Metzler ist ein Imprint der eingetragenen Gesellschaft Springer-Verlag GmbH, DE und ist ein Teil von Springer Nature.
Die Anschrift der Gesellschaft ist: Heidelberger Platz 3, 14197 Berlin, Germany

Das Papier dieses Produkts ist recyclebar.

Vorwort

Die vorliegende Einführung stellt die drei Hauptgattungen der höfischen Lyrik – Minnesang, Sangspruch und Leich – von den Anfängen bis Walther von der Vogelweide vor. Dabei lässt sie sich von sechs Gesichtspunkten leiten. Erstens verbindet sie den systematischen Überblick über die Gattungen mit einer *chronologischen Perspektive*. Da die Sänger an den Adelshöfen aufeinandertrafen, konnten sie sich wechselseitig beeinflussen, sowohl im Inhalt wie auch in der Form. Folglich entwickelten sich die lyrischen Gattungen in mehreren korrespondierenden Phasen, die es zu rekonstruieren gilt. Zweitens werden zentrale Ereignisse der Herrschaftsepoche der Staufer berücksichtigt, denn der höfischen Lyrik eignet stets auch eine *politische Dimension*. Dies gilt nicht nur für die Sangspruchdichtung und den Leich, sondern auch für den Minnesang, der die Themen der Liebe und Herrschaft verschränkt. Ein dritter Grundsatz dieser Einführung ist, dass sie stets die *Perspektive der Geschlechterforschung* einbezieht. Da der Minnesang ideale Selbstbilder und Verhaltensweisen höfischer Ritter und Damen entwirft, kann er als Musterbeispiel für die These dienen, dass Geschlechterrollen kulturell konstruiert werden. Doch auch in den Gattungen der Sangspruchdichtung und des Leichs spielen die Geschlechterverhältnisse eine zentrale Rolle. Viertens verbindet diese Einführung die Medien *Text und Bild*, indem sie zahlreiche Miniaturen aus den Liederhandschriften einbezieht, in denen die höfische Lyrik überliefert ist. Die mittelalterlichen Autorbilder, die als symbolische Darstellungen im Rückgriff auf das Bildprogramm der christlichen Kunst zu verstehen sind, lassen sich als zeitgenössische Deutungen des Minnesangs und der Sangspruchdichtung auswerten. Fünftens ist zu betonen, dass es sich bei der höfischen Lyrik stets um gesungene Lieder handelt. Daher wird das Verhältnis von *Text und Melodie* in den wenigen Fällen berücksichtigt, in denen Melodien überliefert sind. Deren Fehlen kann durch die metrische Analyse der Strophenformen teilweise ausgeglichen werden. Eine sechste Besonderheit besteht darin, dass auf den systematischen Grundlagenteil ein exemplarischer *Interpretationsteil* folgt. Während der Grundlagenteil übergreifende Fragen der Kultur-, Gattungs-, Form-, Überlieferungs- und Editionsgeschichte behandelt, führt der Interpretationsteil an ausgewählten Liedern in die Praxis der Textanalyse ein und illustriert den Grundlagenteil anhand konkreter Fallbeispiele zu allen Gattungen der höfischen Lyrik, auch zum sonst oft vernachlässigten Leich.

Der Grundlagenteil ist so aufgebaut, dass er den Blick von außen nach innen führt. Zunächst behandelt er die *kulturgeschichtlichen Rahmenbedingungen*, insbesondere die Bedeutung der höfischen Gesellschaft und der konkurrierenden Liebesdiskurse jener Zeit für die höfische Lyrik. Im zweiten Schritt wird die *gattungsgeschichtliche Entwicklung* des Minnesangs, der Sangspruchdichtung und des Leichs im Zusammenhang aufgezeigt. Im Unterschied zu vielen jüngeren Darstellungen steht nicht die Problematisierung, sondern die Rekonstruktion der Gattungsgeschichte im Vordergrund, insbesondere auch die Frage nach der wechselseitigen Beeinflussung der drei Gattungen. Erst im dritten Schritt werden die *formgeschichtlichen Grundlagen* erläutert, insbesondere das Repertoire der Strophenformen und poetischen Stilmittel, derer sich die höfischen Dichter bedienen. Als Scharnier zwischen dem Grundlagen- und Interpretationsteil dient das Kapitel zur *Überlieferungs- und Editionsgeschichte*, das die mittelalterlichen Handschriften und modernen Textausgaben vorstellt und an einem prominenten Beispiel aufzeigt, welcher methodische Weg von jenen zu diesen führt. Da fast alle Lieder in abweichenden Fassungen überliefert sind, muss man zunächst klären, auf welchen editorischen Entscheidungen der Text beruht, den man für die Analyse und Interpretation zugrunde legt.

Als Quellengrundlage werden drei traditionsreiche Ausgaben herangezogen. Für die Zeit vor Walther von der Vogelweide dient die Edition *Des Minnesangs Frühling* (MF) als Grundlage, die nicht nur den Minnesang, sondern auch die Sangspruch- und Leichdichtung abdeckt. Die Lieder Ottos von Botenlauben, die noch dem rheinischen Minnesang zuzurechnen sind, aber in *Minnesangs Frühling* fehlen, werden nach der Ausgabe *Liederdichter des 13. Jahrhunderts* (KLD) zitiert. Für die Lieder Walthers von der Vogelweide wird die Ausgabe *Leich, Lieder, Sangsprüche* zugrunde gelegt, die, wie *Minnesangs Frühling*, auf den Berliner Germanisten und Altphilologen Karl Lachmann zurückgeht.

Das Buch ging aus den Seminaren und Vorlesungen zur höfischen Lyrik des deutschen Mittelalters hervor, die ich an der Humboldt-Universität zu Berlin hielt. Herzlich danke ich Astrid Lembke für die kritische Lektüre des Manuskripts, Paola Rigi-Luperti und Helena John für ihre hilfreichen Kommentare aus studentischer Sicht, Ferdinand Pöhlmann für das sorgfältige Lektorat und Anja Dochnal für die Unterstützung bei der Drucklegung des Buches.

Andreas Kraß

Inhaltsverzeichnis

Teil I Grundlagen

1 Kulturgeschichte 3
   1.1 Höfische Gesellschaft 4
       1.1.1 Lyrik und Politik 4
            1.1.1.1 Der Kaiser als Dichter 4
            1.1.1.2 Der Kaisertopos 9
            1.1.1.3 Der Dichter als Politiker 15
            1.1.1.4 Der Dienstgedanke 16
       1.1.2 Dichter und Publikum 17
            1.1.2.1 Lyrik als Beruf und Berufung 17
            1.1.2.2 Der Sänger als Schauspieler 21
   1.2 Höfische Liebe 25
       1.2.1 Geschlechterverhältnisse 26
            1.2.1.1 Homosoziale Beziehungen 27
            1.2.1.2 Heterosoziale Beziehungen 30
       1.2.2 Liebeskonzepte 33
            1.2.2.1 Liebe und Freundschaft 33
            1.2.2.2 Miniaturen 40

2 Gattungsgeschichte 45
   2.1 Minnesang 47
       2.1.1 Donauländischer Minnesang 49
       2.1.2 Rheinischer Minnesang 58
       2.1.3 Professioneller Minnesang 70
            2.1.3.1 Heinrich von Morungen 72
            2.1.3.2 Reinmar der Alte 73
            2.1.3.3 Hartmann von Aue 75
            2.1.3.4 Gottfried von Straßburg 76
            2.1.3.5 Wolfram von Eschenbach 77
       2.1.4 Walther von der Vogelweide 78

2.2	Sangspruchdichtung		83
	2.2.1	Spervogel I: „Herger"	85
	2.2.2	Spervogel II: „Spervogel"	87
	2.2.3	Spervogel III: „Der junge Spervogel"	89
	2.2.4	Minnesänger als Sangspruchdichter	91
	2.2.5	Walther von der Vogelweide	93
2.3	Leich		97
	2.3.1	Leich und Sequenz	97
	2.3.2	Minneleich und Kreuzleich	98
	2.3.3	Walther von der Vogelweide	99
2.4	Ausblick: Höfische Lyrik neben und nach Walther von der Vogelweide		99
	2.4.1	Minnesang	99
	2.4.2	Sangspruchdichtung	100
	2.4.3	Leich	102

3 Formgeschichte ... 103

3.1	Melodien		103
	3.1.1	Minnesang	104
	3.1.2	Sangspruchdichtung	104
3.2	Vers und Strophe		105
	3.2.1	Der Vers	105
	3.2.2	Die Strophe	107
3.3	Poetische Mittel		113
	3.3.1	Figuren	115
		3.3.1.1 Wortfiguren	115
		3.3.1.2 Gedankenfiguren	121
	3.3.2	Tropen	126

4 Überlieferungs- und Editionsgeschichte ... 133

4.1	Handschriften		133
	4.1.1	Streuüberlieferung	134
	4.1.2	Liederhandschriften	136
	4.1.3	Mischhandschriften	137
4.2	Ausgaben		138
	4.2.1	Textkritische Editionen	139
	4.2.2	Digitale Editionen	141
4.3	Beispiel: Das Falkenlied des Kürenbergers		143
	4.3.1	Der Editionstext in *Minnesangs Frühling*	143
	4.3.2	Die Textfassung der Budapester Liederhandschrift	145
	4.3.3	Textgeschichtliche Edition	146

Teil II Interpretationen

5 Minnesang ... 153

5.1	Donauländischer Minnesang		154

		5.1.1	Der von Kürenberg	154
		5.1.2	Der Burggraf von Regensburg	156
		5.1.3	Meinloh von Sevelingen	158
		5.1.4	Der Burggraf von Riedenburg	160
		5.1.5	Dietmar von Aist	162
	5.2	Rheinischer Minnesang		168
		5.2.1	Friedrich von Hausen	168
		5.2.2	Kaiser Heinrich	171
		5.2.3	Ulrich von Gutenburg	175
		5.2.4	Bernger von Horheim	178
		5.2.5	Bligger von Steinach	180
		5.2.6	Otto von Botenlauben	181
		5.2.7	Heinrich von Veldeke	183
		5.2.8	Heinrich von Rugge	185
		5.2.9	Hartwig von Raute	187
		5.2.10	Albrecht von Johansdorf	189
		5.2.11	Engelhart von Adelnburg	192
		5.2.12	Rudolf von Fenis-Neuenburg	194
	5.3	Professioneller Minnesang		196
		5.3.1	Heinrich von Morungen	196
		5.3.2	Reinmar der Alte	199
		5.3.3	Hartmann von Aue	204
		5.3.4	Gottfried von Straßburg	206
		5.3.5	Wolfram von Eschenbach	210
	5.4	Walther von der Vogelweide		212
		5.4.1	Rivalität mit Reinmar	213
		5.4.2	Preislieder	215
		5.4.3	Minnekritik	218
		5.4.4	„Mädchenlieder"	220
		5.4.5	„Neue hohe Minne"	222
6	**Sangspruchdichtung**			**227**
	6.1	Spervogel I („Herger")		228
	6.2	Donauländische Minnesänger		229
		6.2.1	Meinloh von Sevelingen	229
		6.2.2	Dietmar von Aist	230
	6.3	Spervogel II („Spervogel")		231
	6.4	Rheinische Minnesänger		232
		6.4.1	Friedrich von Hausen	232
		6.4.2	Bligger von Steinach	233
		6.4.3	Heinrich von Veldeke	234
		6.4.4	Heinrich von Rugge	235
		6.4.5	Engelhart von Adelnburg	236
	6.5	Spervogel III („Der junge Spervogel")		237

6.6		Professionelle Minnesänger	238
	6.6.1	Gottfried von Straßburg	239
6.7		Walther von der Vogelweide	240
	6.7.1	Reichston	240
	6.7.2	Erster Philippston	242
	6.7.3	König Friedrichston	244

7 Leich 247
    7.1 Heinrich von Rugge 247
    7.2 Ulrich von Gutenburg 250
    7.3 Otto von Botenlauben 254
    7.4 Walther von der Vogelweide 255

Literatur 261

Abbildungsverzeichnis

Abb. 1.1a–d	Staufische Könige und Kaiser: Friedrich I. Barbarossa (1152/55-1190), Heinrich VI. (1169/90-1197), Philipp von Schwaben (1198-1208), Friedrich II. (1212/20-1250).......	5
Abb. 1.2a–b	Kaiser Heinrich in der Großen Heidelberger und Weingartner Liederhandschrift	6
Abb. 1.3	Die Reichskrone (Wiener Schatzkammer); das Bildnis rechts neben der Frontplatte zeigt den biblischen König David......................................	8
Abb. 1.4a–b	Minnesänger (Der von Kürenberg) und Sangspruchdichter (Spervogel) in der Großen Heidelberger Liederhandschrift ..	21
Abb. 1.5a–b	Der Tannhäuser und Ulrich von Singenberg in der Großen Heidelberger Liederhandschrift	24
Abb. 1.6a–c	Der Sängerkrieg auf der Wartburg in der Großen Heidelberger Liederhandschrift; zum Vergleich: Marienkrönung (Altenberger Altar), letztes Abendmahl (Evangeliar Heinrichs des Löwen).....................	33
Abb. 1.7a–c	Reinmar der Alte, Heinrich von Morungen und Friedrich von Hausen in der Großen Heidelberger Liederhandschrift......................................	42
Abb. 1.8a–b	Albrecht von Johansdorf und Konrad von Altstetten in der Großen Heidelberger Liederhandschrift	43
Abb. 2.1	Eintrag vom 12. November 1203 im Reiserechnungsbuch des Bischofs Wolfger von Erlau: Ein Pelzmantel für Walther von der Vogelweide	78
Abb. 2.2a–b	Walther von der Vogelweide in der Weingartner und Großen Heidelberger Liederhandschrift	79
Abb. 4.1	Große Heidelberger Liederhandschrift, Bl. 63 verso (Ausschnitt)	143
Abb. 4.2	Budapester Liederhandschrift, Bl. 1 verso (Ausschnitt)	145

Abb. 4.3a–b	Miniatur des Kürenbergers in der Budapester Liederhandschrift (Bl. 1 recto) im Vergleich mit der Sündenfalldarstellung auf der Bilderdecke der Hildesheimer Michaeliskirche (um 1230)	148
Abb. 4.4a–b	Miniatur des Kürenbergers in der Großen Heidelberger Liederhandschrift (Bl. 63 recto) im Vergleich mit einer Verkündigungsdarstellung in einem lateinischen Psalter von 1190/1200	148

Tabellenverzeichnis

Tab. 1.1	Die Standesverhältnisse der höfischen Liederdichter..........	18
Tab. 2.1	Gattungsgeschichtlicher Überblick	46
Tab. 2.2	Die Namen der donauländischen Minnesänger	50
Tab. 2.3	Die Strophenformen des donauländischen Minnesangs.......	52
Tab. 2.4	Das Gattungsrepertoire des donauländischen Minnesangs	56
Tab. 2.5	Die Namen der rheinischen Minnesänger	60
Tab. 2.6	Das Gattungsrepertoire des rheinischen Minnesangs..........	66
Tab. 2.7	Donauländischer und rheinischer Minnesang im Vergleich.....	70
Tab. 2.8	Die Namen der professionellen Minnesänger	71
Tab. 2.9	Schichten der Spervogel-Überlieferung...................	85
Tab. 2.10	Die Überlieferung der Strophen des Jungen Spervogel.......	90
Tab. 2.11	Die Spruchstrophen der Minnesänger	92
Tab. 2.12	Spruchtöne Walthers von der Vogelweide	95
Tab. 3.1	Figuren und Tropen im Überblick	115
Tab. 4.1	Mittelalterliche Handschriften mit höfischer Lyrik	134
Tab. 4.2	Liederdichter und Überlieferung	138
Tab. 7.1	Komposition der Sequenz *Ave praeclara maris stella* und des Kreuzleichs Heinrichs von Rugge im Vergleich.......	248
Tab. 7.2	Komposition des Minneleichs Ulrichs von Gutenburg	251
Tab. 7.3	Komposition des Minneleichs Ottos von Botenlauben	255
Tab. 7.4	Die Sequenz *Captus amore gravi* (CB 60/60a) und Walthers Leich im Vergleich	257
Tab. 7.5	Komposition des Leichs Walthers von der Vogelweide	258

Teil I
Grundlagen

Kulturgeschichte 1

Inhaltsverzeichnis

1.1 Höfische Gesellschaft 4
    1.1.1 Lyrik und Politik 4
    1.1.2 Dichter und Publikum 17
1.2 Höfische Liebe 25
    1.2.1 Geschlechterverhältnisse 26
    1.2.2 Liebeskonzepte 33

Die höfische Lyrik ist Teil der höfischen Dichtung und diese wiederum Teil der höfischen Kultur des Mittelalters, die sich seit dem zwölften Jahrhundert zunächst an den französischen Fürstenhöfen ausprägte und bald auch den deutschsprachigen Raum erfasste (vgl. Bumke 1979). Die höfische Lyrik gliedert sich in drei Gattungen: den *Minnesang*, der die Liebe zwischen Ritter und Dame thematisiert, die *Sangspruchdichtung*, die moraldidaktische Inhalte vermittelt, und den *Leich*, eine thematisch offene Großform der Lyrik, in der es vor allem um Fragen der Liebe und des Glaubens geht.

Im Medium der höfischen Literatur und insbesondere der höfischen Lyrik schloss sich die Adelsgesellschaft nach innen zusammen und grenzte sich von den anderen Ständen ab: vom Klerus, dessen Literatur zum größten Teil in lateinischer Sprache verfasst wurde und religiöse Inhalte thematisierte, und von den Bauern, die nur mündliche Formen der Dichtung kannten. Bis weit ins zwölfte Jahrhundert hinein verfügte der Klerus über ein Bildungs- und Literaturmonopol, während der weltliche Adel zunächst vornehmlich aus Analphabeten bestand. Die Lage änderte sich, als der Adel eine eigene, volkssprachliche Literatur, eben die höfische Dichtung, hervorbrachte und so dem Klerus auch in dieser Hinsicht eine Parallelkultur entgegensetzte. Der Klerus hatte seine liturgischen Lieder, der Adel seine Minnelieder, Leiche und Sangsprüche.

Einen wichtigen Beitrag zur Entstehung der höfischen Dichtung leisteten die Ministerialen, d. h. ursprünglich unfreie Hofbeamte, die zum Teil über Schulbildung verfügten und ihre Kenntnisse und Fähigkeiten in den Dienst weltlicher und geistlicher Fürstenhöfe stellten. Die Gattungen des Minnesangs und des Leichs wurden vorwiegend von Mitgliedern der Hofgesellschaft (Adeligen und Ministerialen) ausgeübt, die Sangspruchdichtung hingegen von fahrenden Sängern, die im Kontakt mit dem aufblühenden Minnesang das literarische Niveau ihrer Kunst nach und nach erhöhten. Doch griffen auch zahlreiche Minnesänger die Gattung der Sangspruchdichtung auf, um über die Minne und andere höfische Themen zu reflektieren.

1.1 Höfische Gesellschaft

Höfische Lyrik ist nicht nur ästhetischer Selbstzweck, sondern erfüllt auch konkrete gesellschaftliche Funktionen. Ihr Bezug zur Politik besteht darin, dass sie die Herrschaftsverhältnisse der Adelsgesellschaft abbildet und, im Falle Walthers von der Vogelweide, auch gesellschaftskritische Themen behandelt.

1.1.1 Lyrik und Politik

Die höfische Lyrik des deutschen Mittelalters bis Walther von der Vogelweide ist eng mit der *staufischen Epoche* verflochten. Zu nennen sind vier Könige und Kaiser: Friedrich I. Barbarossa (Abb. 1.1a), seine Söhne Heinrich VI. (Abb. 1.1b) und Philipp von Schwaben (Abb. 1.1c) sowie sein Enkel Friedrich II. (ein Sohn Heinrichs VI., Abb. 1.1d). Friedrich I. spielt eine Rolle in denjenigen Liedern, die sich auf den dritten Kreuzzug beziehen, Heinrich VI. trat selbst als Minnesänger hervor, und Philipp von Schwaben und Friedrich II. verpflichteten Walther von der Vogelweide als politischen Dichter während des jahrzehntelangen Thronstreits der Staufer mit den Welfen.

1.1.1.1 Der Kaiser als Dichter
Die politische Relevanz der höfischen Lyrik wird besonders deutlich, wenn man die Bilder heranzieht, mit denen die Große Heidelberger und die Weingartner Liederhandschrift (s. Abschn. 4.1.2) den staufischen Kaiser und Minnesänger Heinrich VI. vorstellen. Man nimmt an, dass ihm das Mainzer Hoffest 1184, bei dem sein Vater ihm feierlich das Ritterschwert verlieh (Schwertleite), die Gelegenheit bot, sich als Minnesänger zu betätigen. Damals war er schon zum römisch-deutschen König ernannt worden und somit legitimer Anwärter auf die künftige Kaiserwürde (Haverkamp 2005).

Heinrich VI.
Beide Liederhandschriften rücken Kaiser Heinrich an die erste Stelle. Die Anordnung der versammelten Liederdichter spiegelt ihre soziale Rangfolge:

1.1 Höfische Gesellschaft

Abb. 1.1a–d Staufische Könige und Kaiser: Friedrich I. Barbarossa (1152/55-1190), Heinrich VI. (1169/90-1197), Philipp von Schwaben (1198-1208), Friedrich II. (1212/20-1250)

zunächst der Kaiser, dann die Könige und Herzoge, schließlich die Ritter und Spielleute. So inszenieren die Liederhandschriften die Hierarchie der Adelsgesellschaft. Das erste Lied des Kaisers beginnt mit den Worten *Ich grüeze mit gesange* und dient somit als Willkommensgruß und Visitenkarte der Liederhandschriften. Die Große Heidelberger Liederhandschrift zeigt den Minnesänger als Kaiser in Herrscherpose frontal auf dem Thron sitzend, im Besitz von Ornat und Insignien, die Krone fest auf dem Haupt (Abb. 1.2a, vgl. Walther 1988, S. 2; Kraß 2012a, S. 187–188; Bleuler 2018, S. 45–56). Oberhalb des von einem rautierten Rahmen begrenzten Herrscherbildes steht der Name: *Keiser Heinrich*. Der Rahmen ist vom thronenden Herrscher fast vollständig ausgefüllt. Links oben sieht man einen Schild, rechts oben einen geschmückten Helm; beide sind mit dem Wappen des Reiches, dem Reichsadler, geschmückt. Der Kaiser trägt in seiner rechten Hand das Zepter. In seiner Linken, dort wo man den Reichsapfel erwartet, hält er eine Pergamentrolle. Diese weist ihn als Liederdichter und Minnesänger aus. In ihrer zweifach gebogenen Form ahmt die Rolle jene Bewegung spiegelsymmetrisch nach, die sich aus der Ausrichtung des Zepters und des seitlich an den Bildrand gelehnten Reichsschwerts ergibt und durch die Wölbung der Krone gestützt wird. Die linke Hälfte des Pergaments spiegelt das Zepter, die rechte Hälfte das Schwert, die horizontale Verbindung der Teile die Krone, die ihrerseits in drei Teile gegliedert ist. Dreifach ist auch die Anzahl der kaiserlichen Insignien: Schwert, Krone und Zepter. Die Form des Pergaments wiederholt sich in verkleinerter Form in den Bändern des Reichsschwerts, sodass es nochmals mit den Herrschaftszeichen verknüpft ist. Indem das Pergament an die Stelle

Abb. 1.2a–b Kaiser Heinrich in der Großen Heidelberger und Weingartner Liederhandschrift

des Reichsapfels tritt und ästhetisch auf Krone, Schwert und Zepter bezogen ist, verkündet die Illustration, dass der Minnesang ebenfalls und gleichberechtigt zu den Insignien der Kaiserherrschaft zählt. Dichtung ist ein Repräsentationszeichen des staufischen Herrschers, sie weist ihn als König und Dichter, *rex et poeta*, aus. Folgt man der vertikalen Mittellinie, die den Körper des Königs in zwei gleiche Hälften teil, so steht die linke Seite des Kaisers für den *rex* (Schwert, Zepter) und die rechte für den *poeta* (Pergament).

Die Weingartner Liederhandschrift bietet eine Variante des Kaiserbildes (Abb. 1.2b, vgl. Irtenkauf, S. 19–20; Kraß 2012a, S. 188–189). Während die Große Heidelberger Liederhandschrift den Liebenden als Herrscher zeigt, zeigt die Weingartner Liederhandschrift umgekehrt den Herrscher als Liebenden. Wieder sieht man den Kaiser frontal thronen, in seiner Rechten das Zepter, in seiner Linken die Pergamentrolle, doch sind die Details anders ausgeführt. Der Name des Kaisers steht nicht oberhalb des Bildrahmens, sondern ist in den oberen Bildrand integriert. Er hat somit ornamentalen Charakter. Die rote Farbe verweist nicht nur auf die Königsherrschaft, sondern auch auf die Liebe. Die Wappenzeichen im oberen Bildrand fehlen, ebenso das Schwert; auf diese Weise wird die herrschaftliche Repräsentation des Kaisers reduziert. Die Insignien haben dieselbe Farbe und Form wie das Haar des nun nicht als bärtiger Mann, sondern als bartloser Jüngling mit blondem Lockenschopf porträtierten Herrschers. Das hell leuchtende Rot, die Farbe des Mantels und der Überschrift, wiederholt sich im Rot des Mundes. Die blaue Farbe des Untergewandes ist gegen ein helles Grün vertauscht, das die Farbwirkung des hellen Rots komplementär steigert. Die strikte Bildsymmetrie der Großen Heidelberger Liederhandschrift ist aufgelockert. Statt einer Betonung der Vertikalen dominiert die geschwungene Form, die sich aus dem Verlauf des grünen Untergewandes ergibt. Dieses ist nicht nur im Bereich des Oberkörpers sichtbar, sondern auch im Bereich des rechten Fußes. Dies ergibt eine S-Form, die sich aus dem linken Halbrund auf der Höhe des Oberkörpers und dem rechten Halbrund auf der Höhe des Unterkörpers zusammensetzt. Die lockige, wellige Form des Haupthaars nimmt diese Bewegung auf, ebenso die florale Ornamentik des Bildrahmens. Auch die Überführung der Form des Pergaments von einem umgekehrten U in ein umgekehrtes V mildert den statischen Charakter, der dem Herrscherbild der Großen Heidelberger Liederhandschrift eignet. Am wichtigsten ist aber die Verschiebung des Pergaments in den Körper des Kaisers hinein und über den Bildrand hinaus. Die Hände des Kaisers sind nicht symmetrisch angeordnet, sondern die Rechte des Kaisers ist abgesenkt, die Linke hingegen erhöht und weiter in die Mitte gerückt. Die linke Hand hält das Pergament wie eine geöffnete Schale. Das Pergament bedeckt das Herz des Kaisers, ja es scheint ihm zu entspringen. Dieses Motiv erinnert an ein vergleichbares Krönungsbild, die Darstellung Ottos III. im berühmten Aachener Liuthar-Evangeliar. Dort bedeckt eine Schriftrolle, die das Evangelium Jesu Christi symbolisiert, das Herz des Kaisers. Die Worte, mit denen das Evangeliar die Szene kommentiert (*Hoc Auguste libro tibi cor deus induat Otto [...]*), könnte man abgewandelt auf den staufischen Kaiser anwenden: „Mit diesen Liedern, Kaiser Heinrich, bedecke die Liebe dein Herz".

▶ **Definition** Der in der Kunstgeschichte geläufige Ausdruck *rex et poeta* bezeichnet den „König und Dichter". Biblisches Vorbild des dichtenden und singenden Herrschers ist König David, der traditionell als Verfasser der Psalmen galt (Steger 1961). König David ist auch auf der Reichskrone abgebildet (vgl. Abb. 1.3).

Friedrich II.
Nicht nur Heinrich VI., sondern auch sein Sohn Friedrich II. betätigte sich als Minnesänger. Er gehörte einer Gruppe von Lyrikern an, die man als ‚Sizilianische Dichterschule' bezeichnet. Dieser Dichterkreis verfasste seine Lieder zwar in italienischer Sprache, hatte aber ein historisches Vorbild in der sogenannten ‚Hausen-Schule', einem deutschsprachigen Kreis von Sängern um Friedrich von Hausen, der als Reichsministeriale im Dienst Friedrichs I. und Heinrichs VI. stand. Dass Friedrich II. die meiste Zeit seines Lebens in Italien verbrachte, spricht nicht dagegen, dass er von der poetischen Tätigkeit seines Vaters wusste. In seinen Liedern zitiert Friedrich den deutschen Minnesang, darunter auch Verse

Abb. 1.3 Die Reichskrone (Wiener Schatzkammer); das Bildnis rechts neben der Frontplatte zeigt den biblischen König David

seines Vaters (Neumeister 2021). Die prominente Rolle, die sein Notar Giacomo de Lentini im Sizilianischen Minnesang spielte, entspricht der zentralen Position, die Friedrich von Hausen im rheinischen Minnesang einnahm. Die Sizilianische Dichterschule folgte, so scheint es, dem Vorbild der Hausen-Schule. Nach Friedrich II. traten noch weitere Staufer als Minnesänger auf: sein Sohn Heinz (Enzo), der einige italienische Lieder verfasste, und sein Enkel Konradin, der zwei deutsche Lieder dichtete. Konradins Lieder folgen in der Großen Heidelberger Liederhandschrift unmittelbar auf die Lieder seines Urgroßvaters Heinrich VI.

Die staufischen Sänger sind für wichtige gattungsgeschichtliche Neuerungen verantwortlich. Der Kreis um Friedrich von Hausen führte die romanische Strophenform der Kanzone in die deutsche Lyrik ein (s. Abschn. 3.1); Giacomo de Lentini gilt als Erfinder des Sonetts, das strukturell mit der Kanzone verwandt ist.

1.1.1.2 Der Kaisertopos

Die Nähe des rheinischen Minnesangs zum staufischen Kaiserhof ist auch am sogenannten Kaisertopos ablesbar, einer Gedankenfigur, die Liebe und Herrschaft gegeneinander ausspielt (Wapnewski 1979, 51–59; Schweikle 1995, 202). Der Kaisertopos begegnet vor allem bei den rheinischen Minnesängern (Friedrich von Hausen, Kaiser Heinrich, Ulrich von Gutenburg, Heinrich von Rugge, Hartwig von Raute, Bligger von Steinach, Otto von Botenlauben, Heinrich von Veldeke), er kann daher als Signatur des rheinischen Minnesangs gewertet werden. Doch auch Heinrich von Morungen, Reinmar der Alte und Walther von der Vogelweide greifen auf den Kaisertopos zurück. Die verschiedenen Spielarten des Kaisertopos dienen nicht nur dem Preis der Minnedame, sondern auch der impliziten Selbstbestimmung des jeweiligen Minnesängers in seinem Verhältnis zum staufischen Herrscher. Zwei Hauptargumente werden variiert: erstens, dass die geliebte Dame eines Kaisers würdig sei, und zweitens, dass die Liebe der Dame den Wert der Kaiserkrone übertreffe.

▶ **Definition** Unter dem **Kaisertopos** ist eine Gedankenfigur des Minnesangs zu verstehen, die die Liebe über die Herrschaft stellt (Wapnewski 1975). Zwei Argumente treten besonders häufig auf: (1) Die Schönheit der Minnedame ist eines Kaisers würdig, (2) die Liebe ist wichtiger als die Herrschaft. In beiden Fällen handelt es sich um eine imaginäre Dreieckskonstellation, in der Sänger und Kaiser um die Liebe der Dame konkurrieren. Der Kaisertopos kann somit auch als Selbstpositionierung des Dichters und des Hofs, den er repräsentiert, gegenüber dem Herrscher verstanden werden.

Das erste Argument: Die geliebte Dame ist eines Kaisers würdig
Das erste Argument bringen Friedrich von Hausen, Ulrich von Gutenburg, Bligger von Steinach und Heinrich von Veldeke vor. Friedrich von Hausen entwirft eine trianguläre Konstellation, an der die Minnedame, der Kaiser und er selbst beteiligt sind (MF 49,17–20):

> Der keiser ist in allen landen,
> kuste er sî ze einer stunt
> an ir vil rôten munt,
> er jaehe, ez waere im wol ergangen.

> Wenn er, der als Kaiser in allen Ländern herrscht, sie einmal auf ihren so roten Mund küsste, dann müsste er gestehen, dass es ihm wohlergangen sei.

Explizit geht es um Liebe, implizit um Macht. Der erste Vers bekräftigt die Allgegenwart des Kaisers und die Reichweite seiner Herrschaft. Damit ist die politische Prämisse gesetzt. Wenn Friedrich behauptet, dass seine Minnedame so begehrenswert sei, dass sie selbst den Kaiser – Friedrich I. Barbarossa – beglücken könne, so zieht er einen impliziten Vergleich. Da es *seine* Minnedame ist, die des Kaisers würdig ist, ist auch er selbst, der staufische Reichsministeriale, des Kaisers wert. Friedrich nutzt das Medium des Minnesangs und die Gedankenfigur des Kaisertopos, um seinen hohen gesellschaftlichen Rang, seine persönliche Nähe zum Kaiser zu betonen.

Ulrich von Gutenburg setzt den Kaisertopos in seinem Minneleich ein. Er fasst ihn allgemeiner als Friedrich von Hausen, denn er spricht nicht von *dem*, sondern von *einem* Kaiser und nicht vom Kuss, sondern einem Geschenk, das die Minnedame ihm gewähren könne (MF 70,7–9):

> Sol ich dekeine wîle leben,
> mir wirt von ir vil lîhte geben,
> dar nâch ein keiser möhte streben.

> Wenn ich noch eine Weile lebe, dann wird sie mir vielleicht das schenken, wonach sogar ein Kaiser streben könnte.

Die Gedankenfigur ist ähnlich strukturiert wie bei Friedrich von Hausen. Wieder liegt ein Dreieck vor, das den Sänger über die Dame auf den Kaiser bezieht. Doch bleibt diese Beziehung vergleichsweise diffus. Der Kaisertopos erscheint hier eher als Wunsch denn als Feststellung. Es scheint, als erhoffte sich Ulrich von Gutenburg eine Nähe zum Kaiser, über die Friedrich von Hausen bereits verfügte.

Bligger von Steinach wandelt den Kaisertopos ab, indem er ihn auf die Situation des Kreuzzugs anwendet und nicht auf den christlichen Kaiser, sondern dessen islamischen Gegenspieler Saladin bezieht (MF 119,11–12):

> diu mir ist alse Dômas Saladîne
> und lieber mohte sîn wol tûsent stunt.

> Sie bedeutet mir so viel, wie Damaskus Saladin bedeutet, und sie ist mir noch tausendmal lieber.

Saladin hatte 1174 Damaskus und 1187 Jerusalem erobert. Diese Ereignisse lösten den Dritten Kreuzzug (1189–1192) aus, der von Friedrich I. Barbarossa angeführt wurde (und in dessen Verlauf dieser und Friedrich von Hausen ihr Leben ließen). Bligger orientalisiert den Kaisertopos: Aus dem Kaiser wird der Sultan, aus dem Reich die Stadt Damaskus.

1.1 Höfische Gesellschaft

Heinrich von Veldeke erfindet eine kühne Variante des Kaisertopos. Er behauptet, dass er im hypothetischen Fall, dass ihm die Kaiserkrone angeboten würde, damit seine Minnedame krönen wollte (MF 63,30–31):

> solt ich ze Rôme tragen die krône,
> ich saste ez ûf ir houbet.

> Sollte ich in Rom die Krone tragen, so setzte ich sie ihr auf ihr Haupt.

Kühn ist diese Spielart des Kaisertopos deswegen, weil der Minnesänger mit dem Gedanken spielt, er könne selbst zum römisch-deutschen Kaiser auserkoren werden und die Weihehandlung vollziehen, mit der seine Dame zur Kaiserin gekrönt würde.

Das zweite Argument: Die Liebe der Dame übertrifft den Wert der Kaiserkrone

Das zweite Argument spielen Heinrich von Rugge, Hartwig von Raute, Otto von Botenlauben und Kaiser Heinrich aus. Heinrich von Rugge behauptet, dass es ihm lieber sei, die Zuneigung der Dame zu gewinnen, als selbst römischer Kaiser zu sein (MF 108,1–5):

> nu wil ich trûren iemer mê,
> Die wîle ich sî vermîden muoz,
> von der mir sanfter taete ein gruoz
> an dem staeten herzen mîn,
> danne ich ze Rôme ein keiser solte sîn.

> Nun werde ich immerfort traurig sein, solange ich von der getrennt sein muss, deren Gruß meinem treuen Herzen viel wohler täte, als wenn ich in Rom ein Kaiser wäre.

In dieser Variante des Kaisertopos wird die für Friedrich von Hausen und Ulrich von Gutenburg charakteristische Dreieckskonstellation aufgegeben. Nun geht es darum, die Liebe über die ohnehin nicht erreichbare Macht zu stellen, womit freilich weiterhin der Kaiser als Bezugspunkt genannt und gewürdigt wird.

Eine kritische Spielart des Kaisertopos bietet Hartwig von Raute, der sich vom Kaiser zu distanzieren scheint (MF 116,22–25):

> Ich sihe wol, daz dem keiser und den wîben
> mit ein ander niemen gedienen mac.
> des wil ich in mit saelden lân belîben,
> er hât mich ze in versûmet manigen tac.

> Ich sehe wohl, dass niemand dem Kaiser und den Frauen zugleich dienen kann. Deswegen will ich ihm Lebwohl sagen, denn er hat mich lange genug von ihnen abgehalten.

Der Minnesänger spielt Liebe und Herrschaft so gegeneinander aus, dass dies einer Absage an den Kaiser gleichkommt. Als Bezugspunkt dient das biblische Sprichwort, dass man nicht zwei Herren zugleich dienen könne, nämlich Gott und dem Mammon (Mt 6,24). Hartwig spricht sich für die Dame aus, die, wenn man den Vergleich zu Ende denkt, seine Göttin ist.

Besondere Brisanz gewinnt der Kaisertopos, wenn er vom Herrscher selbst zitiert wird. Wenn Kaiser Heinrich behauptet, dass ihm die Dame mehr bedeute als die Krone, so ist dies als rhetorische Geste zu verstehen, die nicht wörtlich zu nehmen ist. Kaiser Heinrich gestaltet den Kaisertopos in jedem der drei Lieder, die in seinem Namen überliefert sind. Im ersten Lied behauptet er, dass er sich am mächtigsten fühle, wenn die geliebte Dame an seiner Seite liege (MF 4,17–20):

> Wol hôher danne rîche bin ich alle die zît,
> sô alsô güetlîche diu guote bî mir lît.

> Wohl mächtiger als mächtig bin ich immer dann, wenn die Vollkommene auf so angenehme Weise bei mir liegt.

Die Dame entgegnet, dass ihr niemand „in der ganzen Welt" (*in al der welte*) besser gefalle als ihr Geliebter. Damit bestätigt sie die Vorrangstellung des Kaisers. Im zweiten Lied (das später Friedrich II. zitieren wird) beklagt die Dame die Trennung von ihrem Geliebten und hofft auf seine baldige Wiederkehr, da „in der ganzen Welt" (*in al der welte*) ihn nichts ersetzen könne. Der Sänger zeigt sich wiederum beglückt darüber, dass die Dame an seiner Seite lag, und beschließt das Lied mit der Feststellung, dass die Minnedame sein Denken schmücke wie die mit Edelsteinen verzierte Kaiserkrone sein Haupt (MF 5,11–15):

> du zierest mîne sinne und bist mir dar zuo holt.
> nu merkent, wie ich daz meine:
> als edel gesteine, swâ man daz leit in daz golt.

> Du zierst meine Gedanken und bist mir außerdem zugeneigt. Nun achtet darauf, wie ich das meine: wie Edelsteine, die man in Gold fasst.

Besonders ausführlich verwendet Kaiser Heinrich den Kaisertopos in einem vierstrophigen Minnelied, in dem er seinen politischen Körper, insbesondere den singenden Mund, das liebende Herz und das gekrönte Haupt, thematisiert. Auf dieses Lied gehe ich im Interpretationsteil ausführlich ein (MF 5,16; vgl. Abschn. 5.2.2).

Otto von Botenlauben erfindet eine Variante des Kaisertopos, die auf die aktuelle politische Situation gemünzt ist. Die Dame, so sagt er, sei für ihn so unerreichbar wie für den König die Herrscherkrone (KLD 41,II):

> Karfunkel ist ein stein genant,
> von dem seit man wie liehte er schîne.
> derst mîn, und ist daz wol bewant:
> ze Lôche lît er in dem Rîne.
> Der künc alsô den weisen hât
> daz im den nieman schînen lât.
> mir schînet dirre als im tuot der:
> behalten ist mîn frouwe als er.

> Karfunkel nennt man einen Edelstein, von dem es heißt, dass er hell leuchte. Der Edelstein gehört mir, und er ist an einem sicheren Ort. Zu Lochheim liegt er im Rhein. Der König hat den Waisen auch so, dass niemand ihm den leuchten lässt. Mir leuchtet dieser so viel wie jener ihm. Und gleichermaßen wie er ist meine Dame verwahrt.

Otto bezieht drei verschiedene Edelsteine aufeinander. Der erste ist eine Metapher für seine Minnedame, die so gut verwahrt sei, dass er sie niemals erreichen könne. Der zweite Edelstein ist mythischer Art, nämlich Teil des Nibelungenschatzes, den Hagen bei Lochheim im Rhein versenkte. Die Dame ist für Otto so unzugänglich wie der Schatz der Nibelungen. Der dritte Edelstein ist der sogenannte Waise, der die Stirn der Kaiserkrone schmückte. Ottos Feststellung, dass der König dieses Herrschaftszeichen nicht besitze, bezieht sich auf den Thronstreit zwischen Staufern und Welfen, der von 1197 bis 1218 währte. Immer ging es auch um die Frage, welcher König bei den Doppelwahlen über die richtigen Insignien verfügte. Otto scheint auf eine späte Phase des Thronstreits anzuspielen, als die alte Kaiserkrone sich nicht in der Hand des Staufers Friedrich II., sondern in der Hand seines welfischen Gegenspielers Otto von Braunschweig befand. Otto von Botenlauben stellt also fest: Dem Kaiser geht es auch nicht viel besser als mir, da er auf die Krone verzichten muss wie ich auf die Dame.

Der Kaisertopos im professionellen Minnesang
Auch einige professionelle Liederdichter verwenden den Kaisertopos, nämlich Reinmar der Alte, Heinrich von Morungen und Walther von der Vogelweide. Reinmar greift das erste Argument auf (vgl. Friedrich von Hausen, Ulrich von Gutenburg, Bligger von Steinach und Heinrich von Veldeke) und wandelt es ab. Er legt den Kaisertopos der Minnedame in den Mund, die den Minnesänger mit dem Kaiser vergleicht (MF 151,29–32):

> ‚Wes er mit rehter staete vrô,
> ich sage ime liebiu maere,
> daz ich in gelege alsô,
> mich dûhte vil, ob ez der keiser waere.'

> Er soll mit aufrichtiger Treue glücklich sein, denn ich teile ihm eine erfreuliche Botschaft mit. Ich will ihn nämlich so betten, dass es mir selbst dann großzügig vorkäme, wenn es der Kaiser wäre.

Die Dame nutzt eine Periphrase, um die Art der Liebe zu beschreiben, die sie dem Minnesänger gewähren will: Sie sei so großzügig, dass es selbst gegenüber dem Kaiser außergewöhnlich wäre. Vordergründig betont Reinmar die Liebesbereitschaft der Minnedame, hintergründig wirbt er um die Gunst des Kaisers, zu dem er sich in triangulierter Weise in Beziehung setzt.

Heinrich von Morungen hingegen folgt dem zweiten Argument (vgl. Heinrich von Rugge, Hartwig von Raute, Otto von Botenlauben). Er sucht nicht die Nähe des Kaisers, sondern macht sich von ihm unabhängig (MF 142,19–22):

> Ich bin keiser âne krône,
> sunder lant: daz meinet mir der muot;
> der gestuont mir nie sô schône,
> danc ir liebes, diu mir sanfte tuot.

> Ich bin ein Kaiser ohne Krone und ohne Land. Das ist mir aber angenehm, denn meine Stimmung war nie so heiter dank der Freude, mit der sie mir wohltut.

Der Minnesänger behauptet, dass er sich auch ohne Krone wie ein Kaiser fühle, da ihn die Minnedame so reich beschenke. Liebe wird gegen Herrschaft ausgespielt und gewinnt.

Walther von der Vogelweide führt die beiden Hauptformen des Kaisertopos zusammen und gewinnt ihm eine neue Pointe ab, indem er behauptet, der Kaiser würde sich um der Minnedame willen zum Spielmann erniedrigen, also zu jenem Stand herablassen, dem Walther als fahrender Sänger angehört (L 63,5–7):

> der keiser wurde ir spilman
> umb alsô rîche gebe.
> dâ, keiser, spil! nein, hêrre keiser, anderswâ!

> Selbst der Kaiser würde ihr Spielmann um eines solch prächtigen Geschenks willen. Hier, Kaiser, spiel auf! Nein, Herr Kaiser, anderswo!

Walther gibt sich versucht, dem Kaiser sein Musikinstrument zu überlassen, zieht die Offerte dann aber sogleich wieder zurück: Der Kaiser solle lieber sonstwo bleiben. Es wird vermutet, dass das Lied im Umfeld des Thronstreits entstand und eine Spitze gegen den Welfen Otto IV. richtet. Wenn dies zutrifft, setzt Walther mit seinem Lied eine politische Pointe.

Der deutsche Thronstreit
Nach dem plötzlichen Tod des jungen Kaisers Heinrich VI. im September 1197 begann der Thronstreit zwischen Staufern und Welfen, der fast zwanzig Jahre währte. Heinrichs Sohn Friedrich (II.) war bereits zum König gewählt worden, für die Übernahme des Throns aber noch zu jung. Im März 1198 wurde Heinrichs Bruder Philipp von Schwaben zum König gewählt, im Juni 1198 Otto von Braunschweig zum Gegenkönig. Beide Rivalen konnten sich nur eingeschränkt auf ihre rechtmäßige Krönung berufen: Philipp war im Besitz der rechten Insignien (Reichskrone, Reichsapfel, Reichsschwert), dafür Otto am rechten Ort (Mainz) von der rechten Hand (Erzbischof von Burgund) gekrönt worden. Der Papst stellte sich zunächst auf Ottos Seite und bannte Philipp. 1208 wandte sich das Blatt, doch wurde Philipp im Juni 1208 kurz vor dem Abschluss eines Vertrags mit dem Papst vom Pfalzgrafen Otto von Wittelsbach aus Privatrache ermordet. Im Oktober 1209 krönte der Papst Otto von Braunschweig zum Kaiser, wandte sich aber bald wegen Besitzstreitigkeiten wieder von ihm ab. Im Dezember 1212 wurde Heinrichs inzwischen herangewachsener Sohn Friedrich in Frankfurt noch einmal zum König gewählt und kurz darauf in Mainz gekrönt. Der Thronstreit fand ein Ende, als Otto von Braunschweig im Juli 1214 bei der Schlacht von Bouvines eine Niederlage erlitt, von der er sich nicht mehr erholte, und im Mai 1218 starb. 1220 wurde Friedrich II. zum Kaiser geweiht (Stürner 2007).

1.1.1.3 Der Dichter als Politiker

Die Sangspruchdichtung bot als moralisch-didaktische Gattung eigentlich eher noch als der Minnesang das Potential, sich für politische Themen zu öffnen. Die Sangspruchdichter gehörten im Unterschied zu den frühen Minnesängern nicht dem Adel an, sondern waren als fahrende Sänger auf die Gunst adeliger Gönner angewiesen, die sie gegen Lohn vorübergehend engagierten. Daher gingen die Sangspruchdichter oft auf ihr Verhältnis zu den Gönnern ein, die sie entweder für ihre Großzügigkeit lobten oder für ihren Geiz tadelten. Lob und Tadel haben in diesem Fall nicht nur eine moralische, sondern auch eine politische Dimension, denn Großzügigkeit (lat. *largitas*) galt als traditionelle Herrschertugend. In der Freigebigkeit des Gönners erweisen sich seine Führungsqualitäten. Nur der großzügige Herrscher ist ein guter Herrscher.

In der frühen Sangspruchdichtung werden mehrere Gönner namentlich gepriesen, darunter Walther von Hausen, der Vater des Minnesängers Friedrich von Hausen. Walther von Hausen war ein Freiherr, der sich nach der (heute nicht mehr bestehenden) Burg Rheinhausen bei Mannheim benannte und Eigengüter im rheinpfälzischen Gebiet besaß, Schenkungen an Klöster machte, an Rechtsgeschäften von Bischöfen und Äbten mitwirkte und am Hof Friedrichs I. Barbarossa urkundlich bezeugt ist. Walthers Name fällt in einer Totenklage, in der noch weitere großzügige Herren genannt werden (MF 25,20):

> Mich riuwet Fruot über mer
> und von Hûsen Walther,
>   Heinrîch von Gebechenstein,
>   und von Stoufen was ir noch ein.
>   Got gnâde Wernharte,
>   der ûf Steinsberc saz
>   und niht vor den êren versparte.
>
> Ich trauere um Fruot von jenseits des Meeres und Walther von Hausen, um Heinrich von Gebechenstein und auch den von Stoffen/Stauf. Gott sei Wernhart gnädig, der auf Steinsberg saß und mit seiner Ehre nicht sparte.

Fruot von Dänemark ist eine literarische Figur, die als Inbegriff der Großzügigkeit und Freigebigkeit galt; Heinrich von Gebechenstein und Wernhart von Steinsberg sind historische Gestalten. Unklar ist, wer mit dem *von Stoufen* gemeint ist – entweder ein Freiherr von Stoffen (bei Landsberg/Lech) oder ein Burggraf von Regensburg (von Stauf) (Honemann 1981). In jedem Fall verweisen die Namen auf das Wirkungsgebiet des betreffenden Sangspruchdichters, nämlich den Mittelrhein und bayerischen Donauraum. Es ist derselbe Raum, in dem auch die ersten Phasen des deutschen Minnesangs zu lokalisieren sind.

Erst Walther von der Vogelweide schöpfte das politische Potential der Sangspruchdichtung aus. Er schaltete sich in den bereits erwähnten Thronstreit ein, der 1198 mit der Doppelwahl des Staufers Philipp von Schwaben und des Welfen Otto von Braunschweig begann, und erwies sich als begnadeter Propagandist. Walther vertrat zunächst die Sache Philipps. In einer Strophe des Ersten Philippstons weist er daraufhin, dass der Staufer über die rechtmäßigen Insignien verfügt, und setzt ihn mit religiösen Anspielungen als gottgleichen Herrscher in Szene (s. Abschn. 6.7.2). Später vertrat Walther die Partei des jungen Friedrich II., dem Otto von Braunschweig an Alter und Größe überlegen war. Walther legt in einer Strophe des König Friedrichstons das Maßband der Tugend an die Rivalen an und kommt zu dem für Otto vernichtenden Ergebnis, dass dieser bei aller Körperlänge ein Tugendzwerg sei, Friedrich hingegen ein Tugendriese, der auch körperlich noch wachsen werde (s. Abschn. 6.7.3). In beiden Fällen zeigt sich, das Walther mit poetischen Mitteln arbeitet. Er führt keine politische Argumentation, sondern setzt Metaphern, Allusionen und Wortspiele ein, um die rechtmäßige Herrschaft des jeweiligen Gönners zu propagieren.

Auch der Liebeslyrik verlieh Walther eine im weiteren Sinn politische, jedenfalls gesellschaftskritische Dimension, indem er von der Minnedame – und somit von der höfischen Gesellschaft, die sich in ihr symbolisch verkörpert – die Erfüllung des hohen Anspruchs einforderte, der ihr zugeschrieben wurde. Er stellt das Abhängigkeitsverhältnis zwischen Minnesänger und Minnedame – und somit das Abhängigkeitsverhältnis zwischen Minnesänger und Hofgesellschaft – auf den Kopf. Der Lobpreis der Minnedame im Minnesang vor Walther ist stets auch ein Selbstlob der Hofgesellschaft, der die Minnesänger ja angehörten. Walther vermischt die Rollen des Minnesängers und Sangspruchdichters und stellt moralische Bedingungen. Wenn sich die Gesellschaft nicht bessere, werde er die Ausübung seiner Kunst verweigern, der Gesellschaft also die Dienstleistung des Minnesangs entziehen. Diese Drohung kann Walther nur deswegen aussprechen, weil er über ein hohes Sozialprestige verfügt – man musste es sich leisten können, ihn zu engagieren, man musste es sich aber auch leisten können, ihn *nicht* zu engagieren.

Auch die Gattung des Leichs hat Walther politisiert. Bereits der Kreuzleich Heinrichs von Rugge (s. Abschn. 2.3) hat insofern eine politische Tendenz, als er zum Kreuzzug aufruft. Der von Friedrich I. Barbarossa angeführte dritte Kreuzzug (1189–1192), an dem sich auch Philipp II. von Frankreich und Richard Löwenherz von England beteiligten, war nicht nur ein religiöses, sondern auch ein politisches Unternehmen. Walther ist das Kunststück gelungen, einen politischen Marienleich zu verfassen. Er greift die christliche Idee auf, dass sich die Gemeinschaft der Kirche in der Gottesmutter Maria verkörpere (wie die höfische Gesellschaft in der Minnedame), und nutzt diese Vorstellung für eine vernichtende Kritik an Kirche und Papst. Im Vergleich mit der Tugendreinheit der Gottesmutter lässt er die Korruption der ihre Ämter verschachernden Kirche umso drastischer aufscheinen (s. Abschn. 7.4).

1.1.1.4 Der Dienstgedanke

Die gesellschaftspolitische Dimension der höfischen Lyrik spiegelt sich nicht zuletzt in der Dienst-Lohn-Thematik, die sowohl die Sangspruchdichtung als auch den Minnesang prägt. Sie prägt sie in unterschiedlicher Weise, was mit der sozialen Stellung der Sänger zu tun hat. Die Sangspruchdichter waren, wie bereits erwähnt, fahrende Sänger, die ihre Dienstleistung an den Adelshöfen anboten. Die Strophen, die angemessene Entlohnung erbitten, werden als ‚Heischestrophen' bezeichnet. Die Gönner, die sich als besonders freigebig erwiesen, wurden, wie gesagt, namentlich genannt; ihnen wurde somit ein poetisches Denkmal gesetzt.

Anders stellt sich die Dienst-Lohn-Thematik im Minnesang dar. Die Minnesänger waren in der Regel Mitglieder der Hofgesellschaft, sei es als Adelige oder Ministerialen. Wenn sie als Sänger auftraten, taten sie dies nicht aus ökonomischen Gründen, sondern als Dilettanten oder Amateure im ursprünglichen Wortsinn, nämlich aus Liebhaberei. Gleichwohl geht es auch im hohen Minnesang stets um Dienst und Lohn, bezogen aber auf die Minnedame. Der Minnesänger dient der Dame, indem er um sie wirbt und für sie singt, und erwartet dafür einen Lohn, nämlich einen Gunsterweis seitens der Minnedame. Zu den Spielregeln des hohen Minnesangs gehören die Zurückhaltung der Minnedame und die unablässige Fortsetzung des Minnedienstes durch den Minnesänger, der sich für seine Beständigkeit einen Zugewinn an Ehre erhofft. Es liegt auf der Hand, dass die soziale Logik der Vasallität in den Minnesang hineingespiegelt wird: Die Position der Minnedame entspricht dem Lehnsherrn, die Position des Minnesängers dem Lehnsmann. Der Minnesänger präsentiert sich als Vasall der Liebe. Wie wir bereits mit Blick auf den Kaisertopos gesehen haben, kann der Frauendienst des Minnesangs daher immer auch als symbolisch vermittelter Herrendienst, zumindest aber als poetische Bestätigung der geltenden Herrschaftsordnung verstanden werden.

1.1.2 Dichter und Publikum

1.1.2.1 Lyrik als Beruf und Berufung

Für die politische Dimension des höfischen Literaturbetriebs ist auch das soziale Verhältnis zwischen Dichtern, Auftraggebern und Publikum entscheidend. Das Publikum ist stets die Hofgesellschaft, doch hinsichtlich der Dichter ist zu unterscheiden zwischen solchen, die der Hofgesellschaft angehören, und solchen, die ihr nicht angehören. Im ersten Fall betätigen sich Adelige und Ministerialen als Sänger. Sie verbinden mit der Ausübung ihrer Kunst keine finanziellen Interessen. Im zweiten Fall handelt es sich um Berufsdichter, die ihre Kunst professionell und gegen Lohn ausüben; sie sind auf fürstliche Auftraggeber*innen angewiesen. Die traditionelle Sangspruchdichtung wurde stets von Berufsdichtern ausgeübt, der Minnesang sowie der Leich zunächst nur von Mitgliedern der Hofgesellschaft, später auch von Berufsdichtern. Außerdem verfassten einige Minnesänger Strophen, die auf der Schwelle vom Minnesang zur Sangspruchdichtung stehen. In diesen Strophen reflektieren sie oftmals das Thema Liebe aus moralischer Perspektive. Die traditionelle Sangspruchdichtung hielt sich hingegen vom Diskurs der höfischen Liebe fern, der ein Privileg des Adels war und der Unterscheidung zwischen den Ständen diente. Im Überblick ergibt sich folgendes Bild (Tab. 1.1):

Tab. 1.1 Die Standesverhältnisse der höfischen Liederdichter

Phase	Sangspruchdichtung		Minnesang	Leich
	traditionell	Minnethematik		
bis ca. 1200	Berufssänger	Adelige und Ministerialen		
ab ca. 1200		Adelige, Ministerialen und Berufsdichter		

Minnesang

Schauen wir uns die Gattungsverhältnisse näher an. Der deutsche Minnesang war zunächst vornehmlich Adelskunst. Die Sänger entstammten der höfischen Gesellschaft und trugen ihre Lieder vor der höfischen Gesellschaft vor. Man kann von einer Dichtung von Rittern für Ritter – und natürlich auch für Damen – sprechen. Die Lieder des frühen Minnesangs sind so kurz und übersichtlich, dass man nicht unbedingt über Schulbildung verfügen musste, um diese Kunst ausüben zu können. Die Komposition der Melodie und die Konzeption der Verse erfolgten im Medium der Mündlichkeit und mit der Technik des Memorierens. Neben den adeligen Dichtern, die oft Analphabeten waren, traten auch gebildete Ministerialen als Minnesänger auf; vielleicht standen sie auch ihren adeligen Dichterkollegen helfend zur Seite.

Viele Fürsten, die selbst über keine Schulbildung verfügten, sorgten für die Schulbildung ihrer Kinder. Die Staufer sind ein Beispiel für diese Entwicklung. Friedrich I. Barbarossa war noch Analphabet; er hatte zwar eine ritterliche Ausbildung im Reiten, Jagen und Kämpfen erhalten, konnte aber weder lesen noch schreiben. In zweiter Ehe ging er eine prestigeträchtige Verbindung mit Beatrix von Burgund, Tochter des Grafen von Burgund, ein, die über Bildung verfügte und als Gönnerin der französischen Hofdichtung auftrat. Ihre gemeinsamen Söhne, darunter Heinrich (VI.) und Philipp (von Schwaben), genossen eine Schulbildung; sie waren des Lesens und Schreibens mächtig, lateinkundig und hatten Zugang zu Büchern. Am Hof Friedrichs I. und seiner Gattin Beatrix wurde deutscher Minnesang französischer Prägung gepflegt. Der Reichsministeriale Friedrich von Hausen gilt, wie bereits erwähnt, als Zentrum einer Gruppe von Minnesängern aus dem Umfeld des Stauferhofs. Heinrich VI. ist ein Beispiel für einen adeligen Minnesänger mit Kenntnissen in Grammatik und Rhetorik.

Mit dem Bildungsniveau der Minnesänger stieg auch die literarische Qualität ihrer Lieder. Nach einigen Jahrzehnten traten zu den höfischen Minnesängern Berufsdichter hinzu, die im Auftrag fürstlicher Gönner tätig waren und die Gattung zunehmend professionalisierten. Den Berufsdichtern werden vor allem Reinmar der Alte und Walther von der Vogelweide zugerechnet. Eine eigene Gruppe bildeten jene Minnesänger, die auch als Verfasser höfischer Romane auftraten, also auch literarische Großformen beherrschten. Zu ihnen zählen Heinrich von Veldeke, Hartmann von Aue und Wolfram von Eschenbach.

Die Große Heidelberger Liederhandschrift legt großen Wert auf den sozialen Rang der Sänger. Sie ordnet die gesammelten Lieder den jeweiligen Autoren zu und reiht diese nach ihrer tatsächlichen oder vermuteten Position in der Hierarchie des Reichs. Die Autorbilder, die die jeweiligen Œuvres eröffnen, geben Auskunft über Namen, Herkunft, Stand und Wappen der betreffenden Dichter. Zu ihnen zählen Kaiser (Kaiser Heinrich), Grafen (Rudolf von Fenis-Neuenburg, Otto von Botenlauben, die Burggrafen von Riedenburg und Regensburg), Freiherren (Dietmar von Aist, Ulrich von Gutenburg, Bligger von Steinach) und Ministerialen (Friedrich von Hausen, Heinrich von Veldeke, Heinrich von Rugge, Albrecht von Johansdorf, Bernger von Horheim, Hartmann von Aue). Die Berufssänger Heinrich von Morungen, Reinmar der Alte und Walther von der Vogelweide werden in der Großen Heidelberger Liederhandschrift zwar als Herren geführt, doch sagt dies nichts über ihre tatsächliche Standeszugehörigkeit aus.

Die Minnesänger betätigten sich auch in anderen lyrischen Gattungen. Einige von ihnen verfassten Spruchstrophen zu höfischen Themen, insbesondere zur höfischen Liebe; einige ließen sich auf die lyrische Großform des Leichs ein, die mit der liturgischen Gattung der Sequenz verwandt und so komplex ist, dass sie nur von Kennern lateinischer Dichtung ausgeübt werden konnte. Aus der frühen Zeit der höfischen Lyrik sind nur zwei Leiche überliefert: der Minneleich des Freiherrn Ulrich von Gutenburg und der Kreuzleich des Ministerialen Heinrich von Rugge. Es folgen zwei Leiche aus der Feder von späteren Dichtern: der Marienpreis und Kirchenkritik verbindende Leich Walthers von der Vogelweide und der Minneleich Ottos von Botenlauben.

Sangspruchdichtung
Völlig anders waren die sozialen Verhältnisse der Sangspruchdichtung. Im Unterschied zum Minnesang, der zunächst vornehmlich Adelskunst war und von Mitgliedern der Hofgesellschaft verfasst wurde, lag die Sangspruchdichtung von Anfang an in den Händen fahrender Berufssänger, die ihre Lieder gegen Lohn an wechselnden Adelshöfen vortrugen. Ihr Publikum war wiederum die Hofgesellschaft, der sie aber selbst nicht angehörten. Sangspruchdichter spielten ihre Rolle als weitgereiste und daher welterfahrene Ratgeber aus, sie vermittelten in ihren Liedern Verhaltensregeln und übten Zeitkritik. Da sie von Hof zu Hof reisten, konnten sie nicht nur Neuigkeiten berichten, sondern auch Vergleiche zwischen ihren Gönnern und deren Höfen anstellen. Diese Kompetenz machte die Sangspruchdichter begehrt und unberechenbar zugleich, denn sie konnten mit ihren Mitteln die Reputation eines Hofes nicht nur steigern, sondern auch schmälern, indem sie vernichtenden Spott über geizige Gönner ausgossen.

Die Sangspruchdichter vor Walther von der Vogelweide sind biographisch nicht fassbar. Die Liederhandschriften überliefern ihre Strophen unter dem Sammelnamen ‚Spervogel'. Das Liederkorpus umfasst drei Schichten, die im Laufe mehrerer Jahrzehnte entstanden und auf verschiedene Verfasser zurückgehen. Die Forschung hat einen umfangreichen Strophenzyklus, dessen Motive und Themen noch wenig vom höfischen Milieu geprägt sind, einem Dichter namens „Herger" zugeordnet. Dieser Name ist eine philologische Konstruktion; er ist in den mittelalterlichen Handschriften nicht als Verfassername bezeugt, sondern einer Strophe entliehen in der Annahme, dass der Verfasser in der dritten Person von sich selbst spreche. Die jüngeren Strophen, die stärker höfisch geprägt und daher inhaltlich von „Herger" abzugrenzen sind, laufen in den Editionen unter dem überlieferten Namen „Spervogel". Es handelt sich um einen sprechenden Künstlernamen, der bereits im Mittelalter aus einer Liedstrophe abgeleitet wurde. Die Große Heidelberger Liederhandschrift zeigt den Dichter mit einem speerartigen Wanderstab, an dem fünf Vögel kleben wie an einer Leimrute (Abb. 1.4b, vgl. Walther 1988, S. 275).

Gerade weil das Bild ganz im Symbolischen bleibt, ist es besonders aussagekräftig für das soziale Profil der Sangspruchdichter. Deren Position in der mittelalterlichen Standesgesellschaft tritt umso deutlicher hervor, wenn man das Bild mit jenem vergleicht, das die Große Heidelberger Liederhandschrift dem frühesten, biographisch ebenfalls nicht fassbaren Minnesänger zuordnet: „dem von Kürenberg" (Abb. 1.4a, vgl. Walther 1988, S. 52; Bleuler 2018, S. 72–73). Auch dessen Name wurde bereits im Mittelalter aus einer Strophe abgeleitet, in der er sich selbst zu nennen scheint. Doch handelt es sich nicht um einen Personennamen, sondern eine Herkunftsbezeichnung. Wieder bleibt das Bild ganz im Symbolischen, wenn aus der Ortsbezeichnung ein Wappen abgeleitet wird, das eine Handmühle zeigt (mhd. *kürn*, etymologisch verwandt mit dem Wort ‚Korn', bezeichnet den Mühlstein). Im Vergleich der Bilder wird deutlich, wie man sich zu Beginn des vierzehnten Jahrhunderts die betreffenden Autortypen vorstellte. Der Minnesänger wird als junger höfischer Ritter dargestellt, erkennbar an den kostbaren Gewändern, die er trägt, sowie an Wappen und Helmzier, die ihm zugeschrieben werden. Er steht einer höfischen, ebenfalls modisch gekleideten Dame gegenüber, die durch ihre Krone als Fürstin ausgewiesen wird. Beide Figuren befinden sich im angeregten Gespräch miteinander. Bei näherem Hinsehen erkennt man, dass sie jeweils die Enden einer stilisierten Pergamentrolle in der Hand halten, ein Symbol für das Wechselgespräch, das sie in einigen Strophen des Kürenbergers miteinander führen. Es handelt sich also um eine Szene, die in der Adelsgesellschaft spielt. Der Minnesänger ist ein höfischer Ritter, die Adressatin eine höfische Dame.

Ganz anders ist das Bild komponiert, das den Sangspruchdichter zeigt. Er trägt einen schlichten, gegürteten Rock, während das Fürstenpaar in höfische Gewänder und pelzgefütterte Mäntel gehüllt ist. Die Verschiedenartigkeit der Kleidung markiert die Standesdifferenz zwischen dem Dichter einerseits und dem Gönner und dem Publikum andererseits. Die Körperhaltungen unterstreichen den Standesunterschied: Das Fürstenpaar sitzt, während der Sänger vor ihnen steht. Der Speer, den er in seiner rechten Hand hält, dient zugleich der vertikalen Auf-

1.1 Höfische Gesellschaft

Abb. 1.4a–b Minnesänger (Der von Kürenberg) und Sangspruchdichter (Spervogel) in der Großen Heidelberger Liederhandschrift

teilung des Bildes. Die linke, größere Seite ist dem Fürstenpaar gewidmet, dem Sänger die rechte, kleinere. Auch die räumliche Situation ist aufschlussreich. Der Sänger steht auf einem grünen Grasfleck, das Fürstenpaar sitzt auf einem leicht erhöhten Thron unter einem Baldachin, der als gotisches Architekturelement auf die Burg verweist. Dem aus dem Künstlernamen des Dichters abgeleiteten Vogelspeer dürfte wiederum eine symbolische Bedeutung zukommen. Im Minnesang verweist der Vogel traditionell auf den Minnesänger selbst. Der Speer ist wohl als Wanderstab und somit als Zeichen der fahrenden Existenz des Berufssängers zu verstehen. Die fünf an ihm haftenden Vögel dürften auf die Lieder verweisen, die der Sänger von seiner Reise mitbringt (zumal die Strophen, die der „Herger"-Schicht des Spervorgel-Korpus zugehören, thematische Fünfergruppen bilden). Hinsichtlich der Figurenkonstellation liegt hier kein höfischer Dialog auf Augenhöhe vor, sondern der Sänger dient dem Gönnerpaar seine Weisheiten, Ratschläge und Neuigkeiten an.

1.1.2.2 Der Sänger als Schauspieler

In der höfischen Dichtung des deutschen Hochmittelalters sind die Hauptgattungen der Lyrik und Epik reich vertreten, doch die Dramatik fehlt. Höfisches

Theater entstand erst in der frühen Neuzeit, im Mittelalter existierte es noch nicht (wohl aber gab es im kirchlichen Kontext geistliche Spiele). Doch ist der Minnesang als Aufführungspraxis in so hohem Maße theatralisch, das man ihn in die Kulturgeschichte des Theaters aufnehmen könnte. Minnesang ist eine genuin performative Gattung, nicht biographische Erlebnislyrik, sondern stilisiertes Rollenspiel. Der Sänger agiert als Schauspieler vor dem höfischen Publikum.

Gesangsvortrag
Höfische Lyrik ist Lieddichtung, der Vortrag erfolgte in gesungener Form: „Die Texte wurden solistisch oder im Chor auf einstimmige Melodien vorgetragen […]. Beteiligung von Instrumenten ist vielfach anzunehmen, sie war jedoch nicht generell geregelt. […] In den Miniaturen von Handschrift C sind leise und laute Instrumente abgebildet. Zur Begleitung von Minnesang und Sangspruchdichtung […] waren in erster Linie die Fidel, ein mit einem Bogen meist am Hals gespieltes Saiteninstrument, und das Psalterium, ein zitherähnliches Zupfinstrument, geeignet, vielleicht auch die Querflöte, gespielt von einem Instrumentalisten" (Brunner 2013, S. XLVI).

Aufführungssituation
Über die näheren Umstände der Aufführung wissen wir wenig. Da es keine zeitgenössischen Berichte gibt, wie der Minnesang vorgetragen wurde, muss man sich auf andere Quellen verlassen. Anhaltspunkte bieten erstens die Signale, die die Liedtexte selbst aufweisen. Oft enthalten sie implizite Regieanweisungen, die es auszuwerten gilt. Zweitens kann man die Illustrationen der Liederhandschriften nach möglichen Hinweisen auf die Aufführungssituation befragen, muss dabei aber bedenken, dass zwischen den Liederdichtern und den Liederhandschriften viele Jahrzehnte liegen und Bilder anderen Gesetzen gehorchen als Texte. Drittens lassen sich den Darstellungen von Hoffesten und Hoftagen im höfischen Roman Informationen entnehmen; doch muss man dabei in Rechnung stellen, dass es sich nicht um historische Berichte, sondern fiktionale Geschichten handelt, die ein idealisiertes Selbstbild der höfischen Gesellschaft zeichnen. All diese Quellen gilt es auszuschöpfen, denn erst in der Aufführungssituation, erst in der dramaturgischen Selbstinszenierung des Sängers und seiner spielerischen Interaktion mit dem Publikum, wird Minnesang lebendig und verständlich.

Die theatrale Dimension lässt sich an zwei Gattungen des Minnesangs verdeutlichen: dem Frauenlied und dem Kreuzlied. Im Kreuzlied tritt der Sänger in der Rolle eines Ritters auf, der Heimat und Dame verlässt, um an einem Kreuzzug ins Heilige Land teilzunehmen. Die Verpflichtung zum Gottesdienst wird gegen die Verpflichtung zum Frauendienst ausgespielt. Der Gottesdienst steht für die geistlichen, der Frauendienst für die weltlichen Ansprüche an die Ritterschaft. Die Gunst der Dame verspricht dem Ritter irdisches Glück, die Gnade Gottes hingegen himmlisches Heil. Die scheinbare Überbietung des Minnedienstes durch den Gottesdienst setzt voraus, dass überhaupt ein Vergleich zwischen den gegenläufigen Verpflichtungen hergestellt und somit der Dienst an der Dame als etwas dargestellt wird, das sich überhaupt mit dem Dienst an Gott messen kann.

1.1 Höfische Gesellschaft

An einem Kreuzlied Hartmanns von Aue lässt sich das Rollenspiel des Minnesängers aufzeigen (MF 218,5). Es beginnt mit den Versen:

> Ich var mit iuweren hulden, herren unde mâge.
> liut unde lant die müezen saelic sîn!
> ez ist unnôt, daz ieman mîner verte vrâge,
> ich sage wol vür wâr die reise ‹mîn›.

> Ich fahre mit eurer Erlaubnis, Herren und Verwandte. Land und Leute mögen gesegnet sein. Es ist nicht nötig, dass jemand nach dem Ziel meiner Fahrt fragt, denn ich sage euch wahrheitsgemäß, wohin meine Reise geht.

Wenn Hartmann diese Verse singt, steht er nicht unmittelbar vor der Abreise ins Heilige Land, sondern spielt die Rolle eines Ritters, der dies tut. Das Lied beginnt mit einer effektvollen Abschiedsgeste, einer direkten Ansprache an die höfische Gesellschaft, die zwei Ebenen hat. Zum einen ist das anwesende Publikum gemeint, das Zeuge der Aufführung des Minnelieds wird, zugleich wird die reale in eine fiktive Hofgesellschaft transformiert, von der sich der fiktive Kreuzritter verabschiedet. So wird die Hofgesellschaft in das Rollenspiel mit hineingezogen. In der dritten Strophe distanziert sich Hartmann von den Minnesängern (*Ir minnesinger*), die daheim bei ihren Damen bleiben. Die Abschiedspose, mit der der Sänger einsetzt, eröffnet den dramatischen Rahmen für das gesamte Lied. Es ist gut denkbar, dass Hartmann zur Unterstreichung der aufgeführten Rolle ein Gewand mit einem aufgenähten oder aufgestickten Kreuz trug, auf das er mit dem Finger zeigte, wenn er sang: *nu seht, wie sî mich ûz mîner zungen ziuhet über mer* („Nun seht, wie mich die Liebe zu Gott aus meiner Heimat fort und übers Meer zieht"). Der Minnesänger Albrecht von Johansdorf singt jedenfalls in einem seiner Kreuzlieder: „Als die Schöne an meinem Gewand das Kreuz erblickte" (MF 87,13–14: *Dô diu wolgetâne gesach an mînem kleide / daz crûze […]*). Die Große Heidelberger Liederhandschrift wiederum zeigt den Tannhäuser, einen späteren Minnesänger und Spruchdichter, als Deutschordenritter mit einem Kreuz auf seinem Gewand (Abb. 1.5a, vgl. Walther 1988, S. 184; Bleuler 2018, S. 112–115).

Noch deutlicher wird das Rollenspiel, wenn der Sänger in der Rolle der Dame auftritt, also die Geschlechterrolle wechselt. Dies ist in den Gattungen des Wechsels, des Dialoglieds und des Frauenlieds der Fall. Ein prägnantes Beispiel bietet das berühmte Lindenlied Walthers von der Vogelweide (L 39,11; vgl. Kraß 2012b). Der Sänger stellt in der Rolle der Dame mit einer Zeigegeste (*seht*) die rhetorische Frage, ob sie wohl von ihrem geliebten Ritter geküsst worden sei? *Seht, wie rôt mir ist der munt* („Seht, wie rot mir der Mund blüht"), lautet die Antwort; und es kann nicht anders sein, als dass Walther zur Erheiterung des Publikums dabei auf seine Lippen zeigte und somit die Geschlechterdifferenz zwischen aufführendem Mann und aufgeführter Frau kollabieren ließ.

Wieder ist zwischen der textinternen und textexternen Ebene des Liedes zu unterscheiden. Innerhalb des Liedes spricht eine weibliche Figur eine Gruppe von Vertrauten an; außerhalb des Liedes richtet sich ein männlicher Sänger an die anwesende Hofgesellschaft. Wie im Theater ist die aufgeführte Rolle vom aufführenden Schauspieler zu unterscheiden. Der Sonderfall (Frauenlied) beleuchtet den Regelfall (Männerlied). Der dramaturgische Reiz des im Minnesang dominierenden Männerlieds besteht darin, dass der Sänger in der Rolle des werbenden Ritters spielerisch auf eine anwesende Dame verweisen kann, wenn er seiner Minnedame Treue schwört. So wird das Publikum an der Aufführungssituation beteiligt, wird die Grenze zwischen realer und fiktiver Situation verwischt. Im besonderen Fall des Geschlechterwechsels tritt dieser Sachverhalt nur besonders deutlich hervor. Es reichen die poetischen Mittel einer rhetorischen Frage oder einer Apostrophe, um die Situation zu beleben und den Dialog mit dem Publikum zu suggerieren.

Viele Miniaturen der Großen Heidelberger Liederhandschrift und auch der Weingartner Liederhandschrift setzen die impliziten Situationen der Lieder in bildliche Szenen um (vgl. Frühmorgen-Voss 1985). Die Typologie der Autorenbilder umfasst zahlreiche Situationen, in denen Ritter, Damen, Fürsten, Kaufleute und Musikanten auftreten, bestimmten Beschäftigungen wie der Unterhaltung, der Jagd, dem Ausritt, dem Schachspiel, dem Musizieren und dem Handel nachgehen und dabei rege miteinander kommunizieren. Natürlich sind dies keine getreuen Abbildungen des Lebens am Hof, doch setzen die Miniaturen oft jene Vorstellungen um, die die Minnesänger und Sangspruchdichter in ihren Liedern erzeugen. Einen Beleg für den komplexen Zusammenhang zwischen Text und Bild bietet auch die Miniatur, die Ulrich von Singenberg zeigt, der, demütig vor seiner Minnedame kniend, als Zeichen ihrer Huld einen Kranz empfängt (Abb. 1.5b, vgl. Walther 1988, S. 98). Das Bild zeigt nicht die Wirklichkeit des Minnesangs, sondern gestaltet die Rollenkonstellation, die in den Liedern immer neu variiert

Abb. 1.5a–b Der Tannhäuser und Ulrich von Singenberg in der Großen Heidelberger Liederhandschrift

wird: die Werbung des Ritters um die Gunst der Dame, die hier, gegen das Programm der hohen Minne, tatsächlich gewährt wird.

Der Leich
Schließlich ist noch ein Blick auf den Leich zu werfen. An dieser lyrischen Gattung tritt die kulturelle Analogie zwischen höfischem und geistlichem Lied besonders deutlich hervor. Der feierliche Gesang von Hymnen und Sequenzen (den Hauptgattungen des liturgischen Lieds) bietet eine Folie für den Gesang in der Hofgesellschaft. Die Lieder des Minnesangs sind am ehesten mit Hymnen vergleichbar, denn wie diese präsentieren sie sich als Abfolge gleich gebauter Strophen. Der Leich ist hingegen eher mit der Sequenz verwandt, einer komplexen Liedform, die in der Liturgie kirchlicher Fest- und Feiertage ihren Platz hatte und aus einer Reihe verschiedenförmiger Strophen besteht, die sich gruppenweise wiederholen können und so komplexe Beziehungen zwischen den Strophen erlauben. So verhält es sich auch mit dem Leich, dessen feierlicher Vortrag in der Hofgesellschaft umso deutlicher an die kirchliche Liturgie der Festtage erinnert haben muss. Der Leich ist für verschiedene Themen offen: Minne (Ulrich von Gutenburg, Otto von Botenlauben), Kreuzzug (Heinrich von Rugge), Marienverehrung und Kirchenkritik (Walther von der Vogelweide). Hier geht es weniger um das Geschlechterspiel zwischen Rittern und Damen wie im Minnesang, sondern um die diskursive Selbstverständigung der höfischen Gesellschaft über ihre Werte und Ideale. Der Sänger, der vor der Hofgesellschaft einen Leich zum Vortrag brachte, dürfte eine ähnliche Rolle eingenommen haben wie der Priester in der Gemeinde, die sich zur liturgischen Feier versammelt.

1.2 Höfische Liebe

Nachdem wir das Verhältnis zwischen der Lyrik und den politischen Verhältnissen betrachtet haben, richten wir nun den Blick auf die Geschlechterverhältnisse, insbesondere auf persönliche Nahbeziehungen wie Liebe und Freundschaft.

Die intersektionale Perspektive
Zu diesem Zweck ist eine übergreifende Perspektive hilfreich, die in der Geschlechterforschung als ‚intersektional' bezeichnet wird. Damit ist gemeint, dass das Geschlecht in seinem Zusammenspiel mit anderen Merkmalen zu betrachten ist, die die Identität einer Person oder Gemeinschaft prägen. Das Merkmal des Geschlechts überschneidet sich mit den Merkmalen der sozialen, ethnischen, religiösen und nationalen Zugehörigkeit sowie der Generation, Sexualität und gesundheitlichen Verfassung. Diese Kategorien lassen sich gewinnbringend auf die höfische Gesellschaft des deutschen Hochmittelalters und ihren Literaturbetrieb anwenden (vgl. Bedekovic/Kraß/Lembke 2014). So ist das Geschlecht eng mit der Klasse bzw. dem Stand verflochten. Im Minnesang geht es nicht um Frauen und Männer im Allgemeinen, sondern um adelige Frauen

und Männer im Besonderen, also um Damen und Ritter. Vorausgesetzt wird ferner die sozusagen ‚nationale' Zugehörigkeit zum Römisch-Deutschen Reich; so wird im Minnesang oft der Rhein als Metonymie für die Heimat genannt (s. Abschn. 2.1.2). Wichtig ist auch die Zugehörigkeit des Adels zum Christentum. Häufig wird der christliche Gott angerufen, doch kommen auch andere Religionen zur Sprache, vor allem der Islam in Liedern, die vom Kreuzzug handeln. Aus der Zugehörigkeit zum Stauferreich folgt die ethnische Bestimmung, die mit der Hautfarbe verbunden wird. Schönheitsbeschreibungen erwähnen gelegentlich den weiß-roten Teint der Minnedame. Die Ritter und Damen, die im Minnesang auftreten, werden zudem als junge Menschen vorgestellt, während das Alter als Sonderfall verhandelt wird, zum Beispiel in einem Alterslied Walthers von der Vogelweide. Gesundheit wird vorausgesetzt, Krankheit nur metaphorisch als Minnekrankheit thematisiert. Schließlich gilt die heterosexuelle Orientierung der Ritter und Damen als Norm. Wenn ein Minnesänger von der Liebe zu einem Ritter singt, wird vorausgesetzt, dass er dies in der Rolle einer Dame tut, also in der Gattung des Frauenlieds – selbst dann, wenn der Text keine geschlechtsspezifische Markierung aufweist. Es liegt also eine heteronormative Rollenerwartung vor.

Zusammenfassend lässt sich festhalten, dass die *default position* der höfischen Lyrik, insbesondere des Minnesangs, heterosexuelle Ritter und Damen sind, die dem christlich geprägten Stauferreich angehören und außerdem weiß, jung und schön sind – gelegentlich auch liebeskrank, „aber man geht deswegen nicht zum Arzt" (Luhmann 1982, S. 63). Wichtiger noch als die Geschlechtszugehörigkeit ist die Standeszugehörigkeit. James A. Schultz (2006) hat die treffenden Begriffe der Aristophilie und des *same-class desire* geprägt, um diesen Sachverhalt zu beschreiben. Das Begehren der höfischen Lyrik bezieht sich in erster Linie auf den Adel, dem alle weiteren Merkmale subsumiert werden.

1.2.1 Geschlechterverhältnisse

Nach diesen Vorbemerkungen sind nun die Geschlechterverhältnisse in den Hauptgattungen der höfischen Lyrik, dem Minnesang und der Sangspruchdichtung, näher zu beleuchten. Zu unterscheiden ist zwischen heterosozialen und homosozialen Beziehungen. Unter heterosozialen Beziehungen sind soziale Beziehungen zwischen Männern und Frauen zu verstehen, unter homosozialen Beziehungen solche zwischen Personen desselben Geschlechts, also zwischen Männern (männlich-homosoziale Beziehungen) oder Frauen (weiblich-homosoziale Beziehungen).

Bei der Analyse ist eine zentrale Prämisse zu berücksichtigen, die die Asymmetrie der Geschlechterverhältnisse betrifft. Sie besteht darin, dass in der höfischen Lyrik des deutschsprachigen Raums *nur männliche Liederdichter* bezeugt sind. Dies gilt sowohl für die Sangspruchdichtung als auch für den Minnesang. Im romanischen Raum verhält es sich anders: Die provenzalische Liebeslyrik kennt auch dichtende Frauen (Azalaïs de Porcairagues, Beatriz de Dia,

Maria de Ventadorn); und immer wieder ist von professionellen Sängerinnen und Sängern die Rede, die Lieder vortrugen, die sie nicht selbst verfasst haben. Der zweite Fall wird auch im deutschen Minnesang als Möglichkeit angedeutet: So heißt es in einem Lied Kaiser Heinrichs, dass diejenigen, die seiner Minnedame seine Lieder zu Gehör bringen – *ez sî wîp oder man* („seien es Frauen oder Männer") –, sie herzlich von ihm grüßen sollen.

1.2.1.1 Homosoziale Beziehungen

Sangspruchdichtung
Die Sangspruchdichtung thematisiert fast ausschließlich männlich-homosoziale Beziehungen. An erster Stelle sind die Beziehungen zwischen den Sängern und ihren Gönnern zu nennen. Alle Sangspruchdichter, deren Lieder überliefert sind, und alle Gönner, die sie in ihren Liedern erwähnen, sind Männer. Die Sänger bieten den Gönnern ihre Dienste an und erwarten als Gegenleistung großzügige Entlohnung. Die Bitte um Freigebigkeit kommt in den Heischestrophen zum Ausdruck, und die Gönner werden gemäß dem Grad ihrer Spendabilität namentlich gelobt oder getadelt. In einer Strophe aus dem „Herger"-Korpus ist von einer Auseinandersetzung zwischen dem Sänger Kerling und dem Gönner Gebehart die Rede (MF 26,13):

> Wan seit ze hove maere,
> wie gescheiden waere
>   Kerlinc unde Gebehart.
>   sie liegent, sem mir mîn bart.
>   Zwêne bruoder die gezürnet
>   und underziunent den hof,
>   si lânt iedoch die stigelen unverdürnet.

Man erzählt am Hof, dass Kerling und Gebehart geschiedene Leute seien. Das ist eine Lüge, bei meinem Bart. Zwei Brüder, die miteinander im Streit liegen und den Hof mit einem Zaun trennen, werden dennoch nicht den Übersteig mit einer Dornenhecke versperren.

Der Sangspruchdichter hält schlichtend dagegen, dass von einem Streit noch nicht auf einen Bruch zu schließen sei. Er begründet dies mit einer Alltagserfahrung: Wenn sich zwei Brüder voneinander abgrenzen, bedeute dies nicht, dass sie geschiedene Leute seien.

Mit dem Motiv der Brüder kommen homosoziale Beziehungen auf horizontaler Ebene zur Sprache. In diesen Zusammenhang gehört auch die Freundschaft, ein häufiges Thema der frühen Sangspruchdichtung. Als Beispiel lassen sich zwei Strophen aus dem „Spervogel"-Korpus anführen. Die eine Strophe lehrt, dass man seinen Freund zwar unter vier Augen tadeln dürfe, in der Öffentlichkeit aber stets hochhalten solle (MF 24,17):

> Swer sînen guoten vriunt behalten wil,
> den sol er vur den liuten strâfen nicht zuo vil.
> er neme in besunder hin dan
> unde sage im, waz er habe getân.
> dâ ne hôrt ez der vremde nicht, und er zorne in dâ vil sêre
> unde halte in vur den liuten wol. des hât er immer êre.

> Wer seinen guten Freund behalten will, der soll ihn vor den Leuten nicht zu sehr zurechtweisen. Er nehme ihn beiseite und sage ihm dann, was er getan habe. Da hören es die Fremden nicht. Dort soll er ihn heftig tadeln, vor den Leuten aber immer hochhalten. Das wird ihm immer Ehre einbringen.

Es wird also zwischen individuellen und kollektiven Beziehungen unterschieden und die Loyalität zum Freund über die Loyalität zur Gesellschaft gestellt. Soziale Konflikte sollen auf freundschaftlicher Basis gelöst werden, bevor sie in die Öffentlichkeit getragen werden. Der Spruch impliziert die Vorstellung, dass Freundschaft der Gesellschaft insgesamt zuträglich sei. Die ideale Hofgesellschaft beruht demnach auf partnerschaftlichen Beziehungen zwischen Rittern; ritterliche Freundschaft ist ihre soziale Infrastruktur. Die zweite Strophe vertieft diese Vorstellung (MF 24,9):

> Swâ ein vriunt dem andern vriunde bî gestât
> mit ganzen trûwen gar ân alle missetât,
> dâ ist des vriundes helfe guot.
> dem er sie willichlîche tuot,
>   daz sie gelîche eim andern helen, dem mêret sich daz kunne.
>   swâ vriunde einander waege sint, daz ist ein michel wunne.

> Wo immer ein Freund dem andern Freund mit vollkommener Treue und ohne jedes Fehlverhalten beisteht, da ist die Hilfe des Freundes vollkommen. Wenn er sie ihm freiwillig leistet, sodass sie ein Herz und eine Seele sind, dann wird auch seine Familie gedeihen. Wo Freunde einander gewogen sind, da ist die Freude groß.

Ein Freund soll dem anderen beistehen, ihm in Treue und Tugend verbunden sein, ihn aus freiem Willen unterstützen; Freundschaft soll auf Einhelligkeit und gegenseitigem Wohlwollen beruhen. Diese Bestimmungen legen nahe, dass der Freundschaftsdiskurs der Sangspruchdichtung von der antiken Freundschaftsphilosophie beeinflusst ist. Ciceros Buch über die Freundschaft (*Laelius de amicitia*) war im Mittelalter Schullektüre und gebildeten Dichtern bekannt. Die Strophe liest sich wie eine gereimte Fassung der Definition Ciceros, dass Freundschaft von Wohlwollen, Liebe und Übereinstimmung geprägt sei.

Minnesang
Auch im Minnesang, der von der Liebe und somit von einem heterosozialen Affekt handelt, spielen männlich-homosoziale Beziehungen eine Rolle. Das Begehren des Sängers richtet sich auf eine Dame, die als unerreichbares Ideal vorgestellt wird. Dies hat zur Folge, dass der Sänger den Blick auf sich selbst zurücklenkt und die Gedanken und Gefühle erkundet, die ihn infolge der Einseitigkeit seiner Liebe erfüllen. Minnesang wird so zum Medium männlicher Selbstreflexion

und zum Generator männlicher Subjektivität. Zugleich tritt der Minnesänger in Rivalität zu anderen Männern. Er beansprucht für sich, dass kein Ritter seiner Dame je so untertan gewesen sei wie er selbst. So heißt es in einer Strophe Friedrichs von Hausen (MF 52,27; vgl. II 1.2.1):

> Swie klein ez mich vervâhe,
>   sô vröwe ich mich doch sêre,
>   daz mir nieman kan
> erwern, ich gedenke ir nâhe,
>   swar ich landes kêre.
>   den trôst sol sî mir lân.
>   Wil sîz vür guot enpfân,
>   ‹des vröwe ich mich iemer mêre,›
>   wan ich vür alle man
>   ir ie was undertân.

> Wie wenig es mir auch nützen mag, so freue ich mich doch sehr, dass mich niemand davon abhalten kann, dass ich mich in ihre Nähe denke, in welches Land ich auch immer reise. Diese Zuversicht muss sie mir lassen. Will sie das als etwas Gutes annehmen, so freue ich mich immer mehr, denn ich war ihr vor allen anderen Männern stets ergeben.

Die Liebe zur Dame wird befeuert vom Gedanken an Konkurrenten, die ihn von seiner Dame abhalten wollen, und von der Gewissheit, dass er sie in seiner Ergebenheit für die Dame weit übertreffe.

Ein anderer Minnesänger, Reinmar der Alte, behauptet, dass niemand Liebeskummer auf so schöne Weise ertragen könne wie er (MF 163,5):

> Des einen und dekeines mê
>   wil ich ein meister sîn, al die wîle ich lebe:
> daz lop wil ich, daz mir bestê
>   und mir die kunst diu werlt gemeine gebe,
>   Daz nieman sîn leit alsô schöne kan getragen.
>   dez begêt ein wîp an mir, daz ich naht noch tac niht kan gedagen.
>   nû hân eht ich sô senften muot,
>   daz ich ir haz ze vröiden nime.
>   owê, wie rehte unsanfte daz mir doch tuot!

> In einem und sonst nichts will ich ein Meister sein, solange ich lebe. Ich will, dass mir die ganze Welt dieses Lob zugesteht und diese Kunst zuerkennt, dass niemand sein Leid auf so schöne Weise erdulden kann. Das bewirkt eine Frau an mir, dass ich weder bei Tag noch bei Nacht schweigen kann. Ich bin so sanftmütig, dass ich ihre Feindseligkeit mit Freuden annehme. Ach, wie unsanft sie doch an mir handelt!

Hier geht es nicht nur um Liebe, sondern auch um den Gesang. Reinmar rivalisiert als Minnesänger mit anderen Minnesängern, denn er spricht von seiner *kunst*, in der er ein *meister* sei, weil er sein Leid in ein schönes Lied verwandelt. Die Dame wirkt wie eine Muse, die ihn zur ästhetischen Exzellenz antreibt – je mehr sie ihn leiden lässt, desto mehr steigert sie seine sängerischen Qualitäten. Diese bewähren sich aber nicht darin, dass die Minnedame ihn schließlich erhört, sondern dass er alle anderen Minnesänger mit seiner Kunst übertrifft. Es liegt also eine trianguläre Konstellation vor, in der der Sänger letztlich auf die Anerkennung der männlichen Konkurrenten zielt.

Die ältere Minnesangforschung hat einen weiteren Aspekt männlicher Homosozialität herausgearbeitet. Eine von dem Romanisten Ernst Köhler vertretene These besagt, dass die Minnesänger nur scheinbar um die Gunst der Minnedame, tatsächlich aber um die Gunst des Fürsten warben. Die Minnesänger seien zumeist Ministerialen gewesen, die auf diese Weise ihren sozialen Aufstieg am Fürstenhof erstrebt hätten. Ihr Frauendienst sei eigentlich Herrendienst gewesen. Die sogenannte Ministerialenthese ist aus germanistischer Sicht mit dem Argument relativiert worden, dass sich der gesamte Adel am Minnesang beteiligt und sich nur ein vergleichsweise kleiner Teil der Sänger aus der sozialen Schicht der Ministerialen rekrutiert habe. Gleichwohl ist nicht abzustreiten, dass sich im Minnesang Frauendienst und Herrendienst verschränken, wie bereits mit Blick auf den Kaisertopos und das Modell des Lehnswesens deutlich wurde (s. Abschn. 1.1.1).

Auch weiblich-homosoziale Beziehungen werden im Minnesang thematisiert, aber eher am Rande. Im frühen Minnesang ist von Rivalinnen die Rede, die einer Dame ihren Liebhaber nicht gönnen. So klagt in einem Lied Dietmars von Aist eine Frau (MF 37,13–17):

> ‚ich erkôs mir selbe einen man,
> den erwelten mîniu ougen.
> daz nîdent schoene vrouwen.
> owê, wan lânt si mir mîn liep?
> joch engerte ich ir dekeines trûtes niet!'

> Ich erwählte mir selbst einen Mann, den suchten sich meine Augen aus. Darum beneiden mich schöne Damen. Ach, warum lassen sie mir nicht meinen Geliebten? Ich habe ja auch nie einen ihrer Liebhaber begehrt!

Die Dame beansprucht für sich das Recht, den geliebten Partner selbst zu wählen, und empört sich, dass andere Damen ihr den Geliebten streitig machen wollen. Sie fordert gegenseitigen Respekt – die Damen sollen ihr den Geliebten lassen, wie auch sie die Liebesbeziehungen der Damen nicht stören will.

1.2.1.2 Heterosoziale Beziehungen

Die höfische Liebe liegt in der Zuständigkeit der Minnesänger, nicht der Sangspruchdichter. Die wenigen Spruchstrophen, die von der Liebe handeln, stammen von Minnesängern, die die Grenze zur Sangspruchdichtung überschreiten.

Sangspruchdichtung

Doch gibt es originäre Spruchstrophen, die sich mit der höfischen Dame befassen, ohne das Thema der höfischen Liebe anzusprechen. Als Beispiel lässt sich eine Strophe aus dem Spervogel-Korpus anführen, die weibliche Schönheit verhandelt (MF 24,1; s. Abschn. 6.3):

1.2 Höfische Liebe

> Treit ein rein wîp niht guoter kleider an,
> sô kleidet doch ir tugent, als ich mich kan entstân,
>   daz sî vil wol geblüemet gât,
>   alsam der liehte sunne hât
>   an einem tage sînen schîn   lûter unde reine.
>   swie vil ein valsche kleider treit, doch sint ir êre kleine.

Wenn eine reine Frau keine schönen Kleider trägt, so kleidet sie doch ihre Tugend, wenn ich mich recht darauf verstehe, sodass sie schön geblümt einherschreitet, wie die strahlende Sonne tagsüber klar und rein scheint. Wieviele Kleider eine falsche Frau auch tragen mag, so bleibt ihre Ehre doch gering.

Die Botschaft des moralisierenden Sängers lautet, dass sich der Rang einer Dame nicht an der Pracht ihrer Kleider, sondern am Adel ihrer Tugend bemesse.

Minnesang
Im Minnesang stehen die heterosozialen Beziehungen im Vordergrund. Zwei Betrachtungsebenen lassen sich unterscheiden. Auf textinterner Ebene geht es um die Liebe zwischen einem Ritter und einer Dame. Im frühen Minnesang wird die Liebe meist als gegenseitig, im hohen Minnesang meist als einseitig dargestellt. Das folgende Kapitel (1.2.2) über die Liebeskonzepte geht ausführlich darauf ein. Auf textexterner Ebene, also in der konkreten Aufführungssituation, ist die Konstellation komplexer. Im Minnesang gibt es Männer- und Frauenlieder, aber beide Untergattungen werden in der Regel von einem männlichen Sänger vorgetragen. Wenn dieser in der Rolle des Ritters agiert, stimmen das Geschlecht des aufführenden Sängers und der aufgeführten Rolle überein. Wenn der Sänger in der Rolle der Dame agiert, weichen die betreffenden Geschlechter voneinander ab. Wenn es zutrifft, dass auch weibliche Sängerinnen mit dem Repertoire männlicher Liederdichter auftraten, verhält es sich entsprechend umgekehrt. Das Publikum kann in dieses Spiel hineingezogen werden. Wenn ein männlicher Minnesänger von der Liebe zu seiner Minnedame singt und dabei eine anwesende Frau mit einer Geste einbezieht, wird auch auf performativer Ebene eine heterosoziale Beziehung angedeutet. Dasselbe gilt für den Fall, dass eine Sängerin ein Frauenlied aufführt und dabei gestisch auf einen anwesenden Mann anspielt.

Verschränkungen
Wie sich zeigte, sind vor allem im Minnesang die homosozialen und heterosozialen Beziehungen eng miteinander verflochten. Man kann diesen Sachverhalt mit einem theorischen Ansatz näher beleuchten, den die Literaturwissenschaftlerin Eve Kosofsky Sedgwick in ihrem Buch *Between Men* (1985) entworfen hat. Sie prägte den Begriff des „männlich-homosozialen Begehrens" (*male homosocial desire*). Damit meint sie affektive Beziehungen jeglicher Art zwischen Männern. Aus der Analyse neuzeitlicher Literatur leitet sie eine These ab, die sich auch auf die mittelalterliche Dichtung anwenden lässt: In Konstellationen, in denen zwei Männer um eine Frau rivalisieren, sei der Affekt zwischen den Rivalen mindestens so stark wie das Begehren, das sie jeweils auf die Frau richten. Homosoziales und heterosoziales Begehren verschränken sich, sodass das heterosoziale Begehren

zum Medium des homosozialen Begehrens werden kann. Diese trianguläre Konstellation, die im Minnesang vielfach anzutreffen ist, bezeichnet Sedgwick als „erotisches Dreieck" (*erotic triangle*).

Die Verflechtung von homosozialen und heterosozialen Beziehungen in Minnesang und Sangspruchdichtung lassen sich anhand einer Miniatur aus der Großen Heidelberger Liederhandschrift illustrieren, die dem fiktiven Sänger Klingsor von Ungarlant zugeordnet ist und den „Sängerkrieg auf der Wartburg" thematisiert (Abb. 1.6a, vgl. Walther 1988, S. 148; Kraß 2003, S. 127). Es handelt sich um eine Dichtung des dreizehnten Jahrhunderts, die um die Frage kreist, welcher Liederdichter den Landgrafen Hermann I. von Thüringen (1155–1217) am besten zu preisen verstehe. Die Miniatur ist als Doppelbild gestaltet. Die obere Hälfte präsentiert den thüringischen Landesherrn nebst seiner Gattin; die untere Hälfte zeigt ihn noch einmal inmitten von sechs Sängern, die ihn in zwei Dreiergruppen flankieren. Die Überschrift der unteren Bildhälfte lautet:

> Hie kriegent mit sange her Walther von der Vogilweide, her Wolfran von Eschilbach, her Reiman der Alte, der Tugenthafte Schriber, Heinrich von Ofterringen und Klingesor von Ungerlant.
>
> Hier streiten mit Gesang die Herren Walther von der Vogelweide, Wolfram von Eschenbach und Reinmar der Alte sowie der Tugenthafte Schreiber, Heinrich von Ofterdingen und Klingsor von Ungarn.

Die Gattungsgrenze zwischen Sangspruchdichtung und Minnesang wird verwischt, denn während Wolfram von Eschenbach und Reinmar der Alte nur als Minnesänger auftraten, waren Walther und der Tugenthafte Schreiber Minnesänger und Sangspruchdichter in Personalunion (Heinrich von Ofterdingen ist wie Klingsor eine fiktive Figur). Die Vorlagen der Miniatur entstammen wiederum der christlichen Ikonographie. Die obere Hälfte orientiert sich am Bildtyp der Krönung der Gottesmutter (vgl. Abb. 1.6b) und zeigt den Landgrafen und seine Gattin in derselben Anordnung wie Christus als Himmelskönig und Maria als Himmelskönigin (eine heterosoziale Szene). Die untere Hälfte ahmt bildliche Darstellungen des letzten Abendmahls nach (vgl. Abb. 1.6c). Der Landgraf sitzt zwischen den Sängern wie Christus inmitten seiner Apostel (eine homosoziale Szene). Die Besonderheit besteht in der Verbindung dieser Bildtypen und in der Verdoppelung der Gestalt des Landgrafen, der sowohl in der oberen wie auch in der unteren Bildhälfte erscheint (Kraß 2003). Oben wird die horizontale Beziehung zwischen dem Landgrafen und seiner Frau, unten die horizontale Beziehung zwischen dem Landgrafen und seinen Sängern gezeigt. Liest man die Bilder vertikal, so stehen der Landgraf und die Landgräfin hierarchisch über den Sängern. Die Sänger sind also dem Landgrafen zugleich unter- und gleichgeordnet, der Landgräfin aber nur untergeordnet. Liest man das Bild aus der Perspektive der Sangspruchdichtung, so erkennt man, dass die konkurrierenden Sänger auf den Landgrafen bezogen sind, die Landgräfin aber nur als Frau an der Seite des Gönners zur Geltung kommt. Liest man das Bild aus der Perspektive des Minnesangs, so verdeutlicht es das, was Sedgwick als erotisches Dreieck

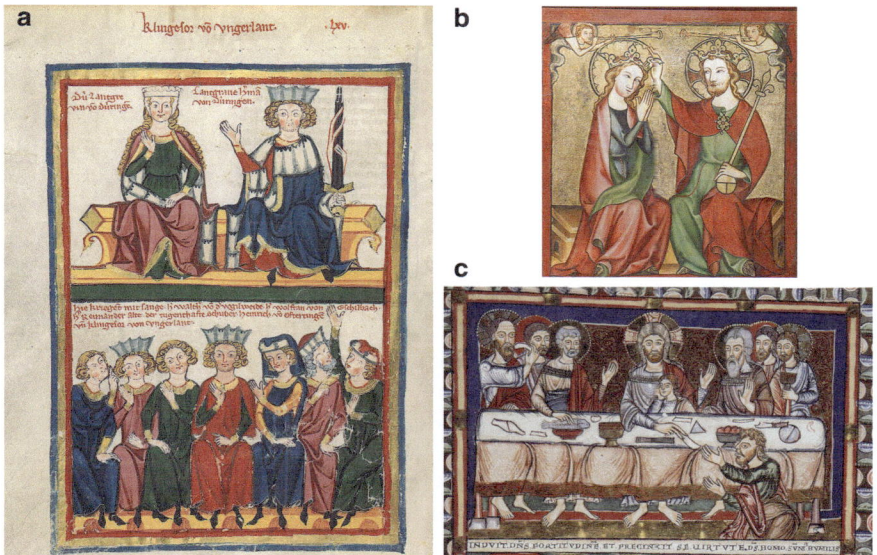

Abb. 1.6a–c Der Sängerkrieg auf der Wartburg in der Großen Heidelberger Liederhandschrift; zum Vergleich: Marienkrönung (Altenberger Altar), letztes Abendmahl (Evangeliar Heinrichs des Löwen)

anspricht: Indem die Sänger um die Minnedame konkurrieren, setzten sie sich zugleich zueinander und zum Landesherrn in Beziehung.

1.2.2 Liebeskonzepte

Liebe ist nicht nur ein Affekt, sondern auch ein Diskurs. Damit ist gemeint, dass sich die Rede über die Liebe im Laufe der Zeiten veränderte und somit auch die Empfindung, die sich mit der Liebe verbindet. Niklas Luhmann hat diesen Sachverhalt in seiner Diskursgeschichte der Liebe auf den Punkt gebracht. In seiner Sichtweise, die sich auf die Analyse historischer Schriften stützt, ist Liebe „kein Gefühl, sondern ein Kommunikationscode, nach dessen Regeln man Gefühle ausdrücken, bilden, simulieren, anderen unterstellen, leugnen und sich mit all dem auf die Konsequenzen einstellen kann, die es hat, wenn entsprechende Kommunikation realisiert wird" (Luhmann 1982, 23).

1.2.2.1 Liebe und Freundschaft

Dieser Sachverhalt lässt sich an der Geschichte der Wörter nachvollziehen, die in der deutschen Sprache für die Liebe verwendet wurden und werden. Im Mittelhochdeutschen bezeichnet das Wort *liebe* zunächst nicht die Liebe, sondern die Freude, vor allem wenn es formelhaft als Gegenbegriff zum Leid benutzt wird (*liebe unde leit*). Die mittelhochdeutsche Bezeichnung für Liebe ist vielmehr *minne*, ein Wort, das etymologisch mit dem neuhochdeutschen Wort *meinen* verwandt ist. Der geliebte Mensch ist demnach derjenige, den ich *meine*. In der höfischen Dichtung wird das Wort nicht geschlechtsspezifisch verwendet. Minne kann verschiedene Formen der personalen Nähe bezeichnen: zwischen Ritter und Dame, zwischen Ritter und Ritter, zwischen Dame und Dame. In diesem Begriff fallen somit die neuhochdeutschen Vorstellungen der Liebe und Freundschaft zusammen. In der höfischen Dichtung des Mittelalters werden die Wörter *minne* und *vriuntschaft* noch synonym gebraucht: Die Waffenbrüder der höfischen Epik sprechen von ihrer *minne*, die Liebenden des Minnesangs reden einander als *vriunt* und *vriundinne* an. Stets hängt vom Kontext ab, was genau unter *minne* zu verstehen ist und wie man dieses Wort am besten ins Neuhochdeutsche übersetzt. Trotz der terminologischen Indifferenz gilt freilich, dass zwischen männlich-homosozialen, weiblich-homosozialen und heterosozialen Beziehungen unterschieden wurde (und zwar entsprechend den patriarchalischen Rahmenbedingungen der mittelalterlichen Gesellschaft).

Etymologie des Wortes ‚Minne'
„Minne f. ‚Liebe' (heute nur noch altertümelnd oder scherzhaft), *ahd.* minna ‚helfende, fürsorgliche, auch religiöse Liebe, Zuneigung, Gedenken, Eifer, Verlangen' (8. Jh.), mhd. *minne* ‚freundliches Gedenken, freundschaftliche, sinnliche, religiöse Liebe, Zuneigung', auch ‚Beischlaf, Geliebte, Abschiedstrunk' […]. Als Ausgangsbedeutung ergibt sich ‚liebendes Gedenken', woraus sich bereits in mhd. Zeit (13. Jh.) ‚sinnliche Liebe' entwickelt. Im 16. Jh. wird Minne als derbes, anstößiges Wort empfunden und weitgehend durch Liebe (s. d.) ersetzt; erst die Beschäftigung mit der mittelalterlichen Literatur im 18. Jh. (durch Bodmer und Breitinger) bringt Minne wieder in literarischen Gebrauch." (Digitales Wörterbuch der deutschen Sprache)

Die Äquivalenz und Synonymität von *minne* und *vriuntschaft* hängt auch damit zusammen, dass der europäische Liebesdiskurs historisch aus dem Freundschaftsdiskurs hervorgegangen ist. Zum Verständnis dieses Sachverhalts kann wiederum Luhmann beitragen. Er versteht Liebe und Freundschaft als konkurrierende Codes („symbolisch generalisierte Kommunikationsmedien") der Intimität. Intimität ist nach Luhmann ein System, das soziale Kommunikation organisiert, in diesem Fall persönliche Nahbeziehungen zwischen zwei Menschen. Liebe ist in Luhmanns Terminologie der Code für heterosoziale Nahbeziehungen, Freundschaft der Code für homosoziale Nahbeziehungen. Diese Codes unterscheiden sich grundsätzlich im jeweiligen Verhältnis zum Körper. Während Liebe mit Sexualität (ihrem „symbiotischen Mechanismus") einhergehen kann, hält sich Freundschaft von der Sexualität, ihrer „Hypothek" und ihrem „Störfaktor", fern. Und während die Liebe in eine Liebesehe münden kann, steht für die Freundschaft eine vergleichbare Institution nicht zur Verfügung.

Heutzutage stellt sich die Sachlage natürlich völlig anders da. So steht in vielen westlichen Gesellschaften das Ideal der romantischen Liebesehe auch gleichgeschlechtlichen Partnern offen, die ebenso heiraten können wie verschiedengeschlechtliche Partner und den staatlichen Schutz ihrer Bindung genießen. In der europäischen Vormoderne hingegen galt die Freundschaft zwischen Männern als Leitwährung der Intimität. Man kann dies bei Aristoteles nachlesen, der Freunde mit Brüdern vergleicht, oder bei Cicero, der Freundschaft zwischen Männern als Beziehung definiert, die von Wohlwollen, Liebe und Übereinstimmung geprägt ist. Erst wenn die Frau so weit aufgewertet wird, dass sie als ebenbürtige Partnerin des Mannes in Betracht kommt, ändert sich das Bild. Dies geschah nach Luhmann erstmals in der Romantik. Im achtzehnten Jahrhundert konkurrierten Freundschaft und Liebe noch um die Vorherrschaft als Code der Intimität; im neunzehnten Jahrhundert setzte sich die Liebe durch – und zwar eben deswegen, weil sie die Freundschaft zu absorbieren vermochte. In der romantischen Liebesehe sollen die Eheleute *Freunde* sein. Eine ähnliche Situation zeichnet sich bereits in der höfischen Kultur des Hochmittelalters ab. Während in den frühhöfischen Epen noch das Ideal der Männerfreundschaft und Waffenbrüderschaft dominiert, wird in den hochhöfischen Epen das Ideal der höfischen Liebesehe zwischen Ritter und Dame virulent. Noch immer werden Konkurrenzen zwischen ‚Freundschaft' und ‚Liebe' inszeniert, aber auch hier gilt, was Luhmann für die Epoche der Romantik postuliert: „Liebe gewinnt".

Die Sangspruchdichtung bleibt in dieser Hinsicht konservativ. Sie umkreist nur das Thema der Freundschaft und hält sich von der Liebe fern (von den Minnesängern abgesehen, die Sprüche über die Minne verfassten; vgl. Abschn. 2.2.4). Im Minnesang tritt die Liebe in den Vordergrund. Der frühe Minnesang setzt die Gegenseitigkeit der Liebe zwischen Mann und Frau als Gegebenheit voraus, der hohe Minnesang hingegen verhandelt die Gegenseitigkeit als unerfüllten Wunsch des Mannes. Walther von der Vogelweide versöhnt die Liebeskonzepte des frühen und hohen Minnesangs, indem er für die höfische Liebe eine neue Form der Gegenseitigkeit einfordert und diese mit dem Begriff der *herzeliebe* bezeichnet.

Die Forschung hat verschiedene Modelle entworfen, um die Opposition dieser Liebeskonzepte zu beschreiben. In der Romanistik unterscheidet man zwischen dem popularisierenden und dem aristokratisierenden Register, in der Germanistik zwischen dem Erfahrungsstil und dem Gedankenstil. Auch Luhmann leistet einen Beitrag zum Verständnis der verschiedenen Liebeskonzepte, indem er zwischen höfischer und passionierter Liebe differenziert.

Popularisierendes und aristokratisierendes Register
Die Unterscheidung zwischen einem popularisierenden und einem aristokratisierenden Register geht auf Pierre Bec (1977/78) zurück. Sie bezieht sich auf die altprovenzalische Liebeslyrik des zwölften Jahrhunderts, die den deutschen Minnesang stark beeinflusste. Die von Bec geprägte Terminologie legt eine Standesdifferenz nahe: Die Lieder des aristokratisierenden Registers (*registre*

aristocratisant) verweisen auf den Adel, die Lieder des popularisierenden Registers (*registre popularisant*) auf das Volk. Hinter dieser Unterscheidung steht die Vorstellung, dass unkomplizierte, gegenseitige und erfüllte Liebe von Mann und Frau eher das Volk betreffe, komplizierte, einseitige, unerfüllte und daher sublimierte Liebe hingegen den Adel. Bec ist sich darüber im Klaren, dass es sich bei allen Liedern um höfische Lyrik handelt, dass es also nicht um eine Abgrenzung zwischen Liedern des Adels (im romantischen Sinn einer „Kunstpoesie") und Liedern des Volks (im romantischen Sinn einer „Naturpoesie") geht, sondern um eine interne Differenzierung der höfischen Lyrik. Darum spricht er von Registern und wählt Partizipien (aristokratisierend, popularisierend), die eher eine Tendenz als eine statische Eigenschaft beschreiben.

Als Lieder des aristokratisierenden Registers können im deutschen Minnesang die Lieder der hohen Minne gelten, insbesondere der rheinische und der professionelle Minnesang. In diesen gattungsgeschichtlichen Phasen dominieren Männerlieder, in denen der Ritter in gehobenem Stil und mit ethischem Anspruch seine Liebe zur idealisierten Minnedame beschwört. Als Lieder des popularisierenden Registers können im deutschen Minnesang die Lieder der frühen Minne gelten, insbesondere der donauländische Minnesang. In dieser gattungsgeschichtlichen Phase stehen Männer- und Frauenlieder sowie solche Lieder, in denen Männer *und* Frauen sprechen, gleichberechtigt nebeneinander. In diesen Liedern, die einen schlichteren Stil wählen, geht es eher um erotische als um ethische Ansprüche: Der Ritter begehrt die Dame, die Dame begehrt den Ritter, Ritter und Damen begehren einander.

Der Romanist Ulrich Mölk (1989) hat in seiner Textausgabe romanischer Frauenlieder die von Bec eingeführte Unterscheidung aufgegriffen und modifiziert. Er spricht, um die ständischen Implikationen zu vermeiden, von einem „gehobenen" und einem „volkstümlichen" Register. Damit ist wenig gewonnen, da das Wort ‚volkstümlich' eben jene Konnotationen verstärkt, die Bec zu vermeiden suchte, als er das Partizip „popularisierend" wählte. Sehr hilfreich ist aber die erweiterte Terminologie, mit der Mölk die beiden Register weiter ausarbeitet. Er unterscheidet zwischen Figuren (Ritter, Dame, Dritte), Perspektiven (männlich, weiblich) und Realisierungen (Monolog, Dialog, Erzählerbericht) und gibt somit Kategorien an die Hand, die eine systematische Beschreibung der verschiedenen Liedtypen erlauben.

Nützlich ist auch Mölks Hinweis auf die verschiedenen Anreden, die in den Registern gewählt werden. In den „volkstümlichen" Liedern adressieren sich die Geliebten wechselseitig als ‚Freund' (*amic*) und ‚Freundin' (*amiga*) und betonen somit ihre persönliche Nähe. In den „gehobenen" Liedern hingegen spricht der Sänger die geliebte Frau mit einer ständischen Bezeichnung als ‚Herrin' (*domna*) an und betont so die Distanz, die ihn von der Minnedame trennt. Im deutschen Minnesang verhält es sich ähnlich: Das Gegenstück zur *domna* ist die *vrouwe*, das Gegenstück zur *amiga* die *vriundinne*, das Gegenstück zum *amic* sind der *vriunt* und der *vriedel* (‚Geliebter').

Erfahrungsstil und Gedankenstil

Wenn Bec von Registern spricht und Mölk die Formulierung „gehoben" wählt, wird deutlich, dass es nicht nur um Liebeskonzepte, sondern auch um Stilformen geht. Diese Stildifferenz hat schon früh der Germanist Hennig Brinkmann mit Blick auf den deutschen Minnesang herausgearbeitet. Er unterscheidet zwischen dem „Gedankenstil" des hohen Minnesangs und dem „Erfahrungsstil" des frühen Minnesangs. Der Erfahrungsstil gestaltet die gegenseitige Liebe von Ritter und Dame, die mit ihrer Lebenswelt eng verbunden sind; der Gedankenstil hingegen ist Folge der einseitigen Liebe des Ritters zur Dame, der sich aufgrund ihrer Zurückweisung von seiner Lebenswelt entfremdet und der Welt der Gedanken überantwortet: „Das Lied der Verbundenheit wächst aus einer gemeinschaftlichen Erfahrungswelt; das Lied der Fremdheit baut ein geistiges Reich, das unabhängig von der Erfahrung besteht" (Brinkmann 1972, S. 144; vgl. Eikelmann 1988).

Brinkmann betont, dass der Erfahrungsstil des frühen Minnesangs vom Gedankenstil des hohen Minnesangs zwar zurückgedrängt, aber nicht vollständig abgelöst worden sei: „Der Erfahrungsstil der Frühe hat [...] ein lyrisches Gebilde eigenen Gepräges geschaffen, das noch im Schatten des reifen Minnesangs fortlebt und später wieder durchbricht. So zwingend war seine Gestalt, die ganz aus den gegebenen Voraussetzungen wuchs, dass sie selbst Dichter wie Reimar [Reinmar den Alten] gelegentlich beeinflussen konnte. Sie bleibt eine dauernde Möglichkeit des Minnesangs" (Brinkmann 1972, S. 144–145).

▶ **Definition** Unter einem **Natureingang** ist eine Gedankenfigur des Minnesangs zu verstehen, die auf die Stimmung des Minnesängers verweist. Frühling und Sommer stehen für die Liebesfreude, Herbst und Winter für das Liebesleid. Heinrich von Veldeke leitet in seinem Aprillied aus der Beobachtung der blühenden Bäume und der sich paarenden Vögel das Recht ab, seinerseits das Glück der Liebe zu erfahren dürfen, beklagt aber die Ignoranz der Minnedame (s. Abschn. 5.2.7). In diesem Fall kontrastiert die Naturwahrnehmung die Befindlichkeit des Sängers. Die Miniatur zu Heinrich von Veldeke in der Großen Heidelberger Liederhandschrift setzt dieses Motiv um. Blüten und Vögel umschweben den auf einem Grashügel sitzenden Sänger, auf seiner Schulter klettert ein schwarzes Eichhörnchen, das einem Teufelchen gleicht.

Charakteristisch für den Erfahrungsstil des frühen Minnesangs sind szenische Elemente, die auf das höfische Milieu verweisen, mehr oder weniger elaborierte Natureingänge und Spiegelungen der eigenen Befindlichkeit in der umgebenden Welt. Die Dame ist noch nicht entrückt, sondern ein begehrendes Subjekt; der Ritter dreht sich nicht gedanklich um sich selbst, sondern kommuniziert mit der Dame oder entzieht sich ihr. Der Erfahrungsstil des frühen Minnesangs äußert sich prägnant in der Gattung des Wechsels, die sich dadurch auszeichnet, dass Ritter und Dame nicht miteinander, sondern übereinander sprechen. Brinkmann schreibt: „Wo [der Wechsel] auftritt, haben Mann und Frau noch dasselbe Gewicht. Es ist noch selbstverständlich, dass sie in schlichter und fragloser Gemeinsamkeit miteinander verbunden und aufeinander gerichtet sind. Mann und Frau stehen für sich und doch in einer inneren Gemeinsamkeit, die keines äußeren Zeichens bedarf. […] Es genügt zu wissen, dass beide da sind, dass sie zueinander gehören und sich zueinander bekennen" (Brinkmann 1972, S. 154–155).

Der Erfahrungsstil des frühen Minnesangs ist von einer gewissen Schlichtheit des Tons geprägt, die freilich nicht aus mangelnder poetischer Kompetenz resultiert, sondern eine bewusste Stilentscheidung ist. Wo Gegenseitigkeit vorausgesetzt wird, besteht nicht die Notwendigkeit der intellektuellen Kompensation. Zwar gibt es auch in den Liedern des frühen Minnesangs zahlreiche Hürden und Hindernisse, doch sind diese nicht unüberwindlich. Es macht einen Unterschied, ob der Ritter die Dame nicht sehen kann, weil ihm Aufpasser im Wege stehen, oder ob sich die Dame seinem Begehren grundsätzlich entzieht, also selbst das Hindernis darstellt. Die äußerlichen Hindernisse des frühen Minnesangs hinterlassen emotionale Spuren in den Liebenden; sie sind traurig, enttäuscht oder entrüstet – verlieren sich deswegen aber nicht in Gedankenspiralen wie der liebende Ritter des hohen Minnesangs.

Dessen Lieder sind von Entfremdung und Vergeistigung geprägt. Der hohe Minnesang errichtet eine Barriere zwischen Ritter und Dame, die oftmals als räumliche Distanz inszeniert wird. Weil physische Nähe zur Dame ausgeschlossen ist, stellt der Ritter eine mentale Nähe zu ihr her, indem er seine Gedanken um sie kreisen lässt. Letztlich handelt es sich um eine Form der Selbstreflexion, der Ritter erfährt mehr über sich selbst als über die Dame. Die Gedankenbewegung schlägt sich im formalen Aufbau der Lieder nieder: „Die lyrische Bewegung verläuft als ein Kreislauf oder besser als eine Spiralbewegung, die auf höherer Ebene zum Anfang zurücklenkt. Es entsteht eine zyklische Form. Sie hat zwei Merkmale: das Wesentliche, die Enthüllung der seelischen Lage, wird nicht dem Schluss anvertraut, sondern dem inneren Kern des Gedichtes, und Anfang und Ende sind miteinander verbunden. Das Gedicht scheint um eine innere Mitte angeordnet" (Brinkmann 1972, S. 161–162; vgl. zum Beispiel das in Abschn. 5.2.1 besprochene Lied *Ich denke underwîlen* von Friedrich von Hausen).

> **Ovid-Rezeption**
> Für die Liebeskonzepte des Minnesangs ist die Rezeption des römischen Dichters Ovid von großer Bedeutung, der im zwölften Jahrhundert als Schulautor gelesen wurde. Seine Werke, darunter die *Liebeskunst* und die *Metamorphosen*, gaben den Liederdichtern vielfältige Anregungen zur metaphorischen Einkleidung der paradoxen Liebeserfahrung des hohen Minnesangs: Liebe als Krankheit und Verwundung, Liebe als Belagerung und Gefangenschaft, Liebe als narzisstische Selbstbespiegelung (Kistler 1993).

Wie Brinkmann darlegt, bricht der Erfahrungsstil im hohen Minnesang nicht ab, sondern wird als Nebenstrang weitergeführt. Weiterhin gibt es Frauenlieder, Dialoglieder, Wechsel und Tagelieder, die Liebeskonzepte der Gegenseitigkeit formulieren. Doch hinterlässt der hohe Minnesang seine Spuren: Der Gedankenstil dringt in den Erfahrungsstil ein. Die Gegenseitigkeit ist keine selbstverständliche Setzung mehr, sondern muss sich gegenüber der Einseitigkeit behaupten, die im hohen Minnesang dominiert. Das Prinzip des hohen Minnesangs, dass die Dame die Liebe des Ritters nicht erwidert, bildet nun die Folie auch jener Lieder, die das Liebeskonzept der Gegenseitigkeit weiterführen.

Höfische und passionierte Liebe
Für die Beschreibung der verschiedenen Liebeskonzepte erweist sich auch Luhmanns Diskursgeschichte der Liebe als hilfreich. Luhmann unterscheidet drei Epochen, nämlich die höfische Liebe des Mittelalters, die passionierte Liebe der frühen Neuzeit und die romantische Liebe des neunzehnten Jahrhunderts, die bis heute nachwirkt. Die höfische und die passionierte Liebe zählen zum aristokratischen, die romantische Liebe zum bürgerlichen Zeitalter. Ein gemeinsames Merkmal der höfischen und passionierten Liebe ist die Trennung von Liebe und Ehe. Die aristokratische Ehe basiert nicht auf persönlichen Liebesentscheidungen, sondern auf einem heiratspolitischen Arrangement. Daher verwundert es nicht, dass die Ehe im romanischen Minnesang nur am Rande und im deutschen Minnesang überhaupt nicht thematisiert wird. Ob der liebende oder geliebte Ritter, ob die liebende oder geliebte Dame verheiratet ist oder nicht, tut nichts zur Sache.

Luhmanns Beschreibung der höfischen Liebe passt gut auf den hohen Minnesang. Die höfische Liebe wird von drei Merkmalen geprägt, die man mit den Stichwörtern der Idealisierung, Rationalisierung und Nobilitierung bezeichnen kann. Mit der Idealisierung ist gemeint, dass sich die höfische Liebe auf ein vollkommenes Liebesobjekt richtet, im Fall des hohen Minnesangs ist dies die als Verkörperung der höfischen Tugenden und Werte betrachtete Minnedame. Mit der Rationalisierung ist gemeint, dass an der Liebeswahl die Vernunft maßgeblich beteiligt ist, insofern die Kenntnis der Eigenschaften des geliebten Objekts die Liebe auslöst. Die Nobilitierung betrifft den Liebenden, der sich durch die Werbung um das idealisierte Liebesobjekt selbst moralisch veredelt. Dass das höfische Liebeskonzept die Bedingungen der mittelalterlichen Ständegesellschaft spiegelt, liegt auf der Hand. Es geht um die Selbstabgrenzung des Adels vom Volk im Medium der Liebe – hier hallt die von Pierre Bec beschriebene Unterscheidung zwischen aristokratisierendem und popularisierendem Register nach. Wenn Luhmann die Vernunft als Organ der Liebe herausstellt, lässt sich eine Brücke zum Gedankenstil schlagen, den Hennig Brinkmann dem hohen Minnesang zuschreibt. Der Dreiklang von Idealisierung, Rationalisierung und Nobilitierung legt bereits nahe, dass die Sexualität aus dem höfischen Liebeskonzept ausgeschlossen bleibt. Die höfische Liebe des Adels, der sich vom Volk unterscheiden will, setzt auf Dienst, Tugend und Perfektion.

Luhmann spitzt die Definitionen der epochalen Liebesdiskurse zu. Er hebt jeweils die dominierenden Liebeskonzepte hervor, verkennt aber nicht, dass es parallel auch andere Tendenzen geben kann. So kündigen sich bereits in der höfischen Liebe des Mittelalters Merkmale an, die Luhmann erst der passionierten Liebe der frühen Neuzeit zuschreibt. Die passionierte Liebe (die man an der galanten Dichtung ablesen kann wie die höfische Liebe am Minnesang) beruht auf einem neuen Dreiklang, der die Stichwörter Imagination, Paradoxie und Passion umfasst. Mit der Imagination ist gemeint, dass die Eigenschaften des Liebesobjekts nicht mehr auf der erkennenden Vernunft, sondern auf der Einbildungskraft des Liebenden beruhen: „Das Begehren selbst taucht seinen Gegenstand in den schönen Schein, an dem es Gefallen findet" (Luhmann 1982, S. 60). Der Widerspruch von Realität und Illusion führt in Paradoxien, von denen die passionierte Liebe lebt. Während sich die höfische Liebe durch Ideale vom Normalen absetzt, nutzt die passionierte Liebe hierfür die Paradoxien. So erlebt der Mann die Liebe zur Frau zugleich als Eroberung und Selbstunterwerfung, als Blindheit und Scharfsichtigkeit, als Gefangenschaft und Freiheit, als Krankheit, die er der Gesundheit vorzieht. Auch der dritte Begriff, die Passion, wird von dieser Paradoxierung erfasst, denn Liebe wird nun als etwas aufgefasst, das gleichzeitig passiv erlitten und aktiv erzeugt wird. Zur Neubewertung der Passion gehört auch die Sexualität, die nun in das Liebeskonzept eingebaut wird. Die passionierte Liebe strebt nach sexuellem Genuss, der sich „als Verdacht, als Entlarvung, als freimütige Frivolität" (S. 53) äußern kann. Die Liebe entscheidet sich an der Lust (*plaisir*), die sie bewirkt. Die passionierte Liebe ist Liebe nur solange, wie sie durch Genuss und Vergnügen gedeckt ist.

Für unseren Zusammenhang entscheidend ist, dass bereits im frühen Minnesang eine Tendenz angelegt ist, die im hohen Minnesang vorübergehend zurückgestellt wird, aber nie abreißt. Sie tritt schließlich in jener diskursgeschichtlichen Phase in den Vordergrund, die Luhmann als passionierte Liebe der frühen Neuzeit bezeichnet. Schon im frühen Minnesang geht es um Verführung, Liebesfreude, den offenen Ausdruck des Begehrens, auch des sexuellen Begehrens, und zwar sowohl von Seiten des Mannes wie der Frau, des Ritters wie der Dame. Aus dem diskursgeschichtlichen Fernglas betrachtet, geht die höfische Liebe der passionierten Liebe voraus, aus dem diskursgeschichtlichen Mikroskop betrachtet, geht im deutschen Minnesang der hohen Minne eine Phase voraus, die man als Prototyp der passionierten Liebe bezeichnen könnte.

1.2.2.2 Miniaturen

Die mit den drei Oppositionspaaren des popularisierenden und aristokratisierenden Registers, des Erfahrungs- und Gedankenstils sowie der höfischen und passionierten Liebe beschriebenen Konzepte lassen sich an ausgewählten Miniaturen der Großen Heidelberger Liederhandschrift illustrieren.

Das oben bereits besprochene Autorbild zum Kürenberger (Abb. 1.4a) spiegelt das auf Gegenseitigkeit beruhende Liebeskonzept des frühen Minnesangs. Das Bild zeigt Ritter und Dame, die einander spiegelsymmetrisch zugeordnet sind, im gemeinsamen Gespräch. Eine Pergamentrolle, deren Enden Ritter und Dame in ihren Händen halten, verbindet sie miteinander. Die Rolle, die das in der oberen Bildmitte platzierte Wappen umschlingt, ähnelt der Form eines Herzens. Diese bildkünstlerischen Mittel heben die Einhelligkeit und Gegenseitigkeit der Beziehung zwischen Ritter und Dame deutlich hervor.

Dagegen lässt sich das für den hohen Minnesang typische Liebeskonzept der Einseitigkeit anhand der Miniaturen verdeutlichen, die Reinmar den Alten, Heinrich von Morungen und Friedrich von Hausen zeigen. Reinmar, ein Vertreter der hohen Minne par excellence, wird als junger Ritter vorgestellt, der in vornehmer Kleidung und höfischem Ambiente mit seiner Minnedame auf einer verzierten Bank sitzt (Abb. 1.7a, vgl. Walther 1988, S. 74). Die entscheidende Bildidee ist, wie beim Kürenberger, wiederum die Pergamentrolle, die der Sänger in seiner linken Hand hält. Die vertikal aufgerichtete Rolle verbindet ihn nicht mit der Minnedame, sondern trennt ihn von ihr. Die Rolle bildet ein blankes Feld, das sich von der oberen bis zur unteren Kante des Bildteils mit den Figuren erstreckt. Der weiße Streifen, der die linke und rechte Bildhälfte voneinander trennt, kehrt im roten Streifen des Wappenzeichens wieder. Die Pergamentrolle symbolisiert die unüberbrückbare Distanz zwischen Ritter und Dame. Zwar ragt ein Daumen des Minnesängers in die Rolle hinein, doch bleibt diese auf Seiten der Dame undurchlässig. Zwar grüßt die Dame den Ritter mit erhobener rechter Hand und hält in der linken Hand als Liebessymbol ein Schoßhündchen, doch scheint der Minnesänger ihrer nicht gewahr zu werden, denn er blickt auf das Pergament wie in einen Spiegel.

Das Autorbild zu Heinrich von Morungen (Abb. 1.7b, vgl. Walther 1988, S. 69) zeigt den Minnesänger in einem Bett liegend. Mit seiner rechten Hand stützt er den auf einem Kissen ruhenden Kopf, die Augen sind in die Ferne gerichtet. Die linke Hand hält eine aufsteigende, dann nach rechts abknickende Pergamentrolle, die ihn von der Minnedame abschirmt (und diese von ihm). In der rechten Bildhälfte steht die Minnedame, sie hält ein Schoßhündchen im Arm und blickt vom Sänger weg. Es scheint, dass der innere Blick des Sängers auf sie gerichtet ist, dass sie ihm in seiner Einbildung erscheint. Davon handelt jedenfalls das Narzisslied Heinrichs von Morungen (s. Abschn. 5.3.1), das eine Szene entwirft, in der der schlafende Sänger seine Dame im Traum erblickt. Das Lied und die Miniatur illustrieren den narzisstischen Charakter des hohen Minnesangs: Die Minnedame ist eine Projektion des Minnesängers.

Das Autorbild Friedrichs von Hausen verweist auf die paradoxe Liebeserfahrung des hohen Minnesangs (Abb. 1.7c, vgl. Walther 1988, S. 83; Bleuler 2018, S. 77–78). Der Sänger ist, wie im Lied *Ich denke underwîlen* (s. Abschn. 5.2.1), auf Reisen. In der Miniatur ist er mit dem Schiff unterwegs, begleitet von drei jungen Matrosen, die über ihm am Seil klettern, im Mastkorb sitzen und auf einer der Galionsfiguren tänzeln. Während der Minnesänger mit der einen Hand nach oben weist, zeigt die andere hinab in die Wellen, in der er zwei kämpfende Seeungeheuer erblickt. Die fröhlichen Matrosen scheinen die Hochstimmung des Minnesängers zu versinnbildlichen, der auf die Gunst seiner

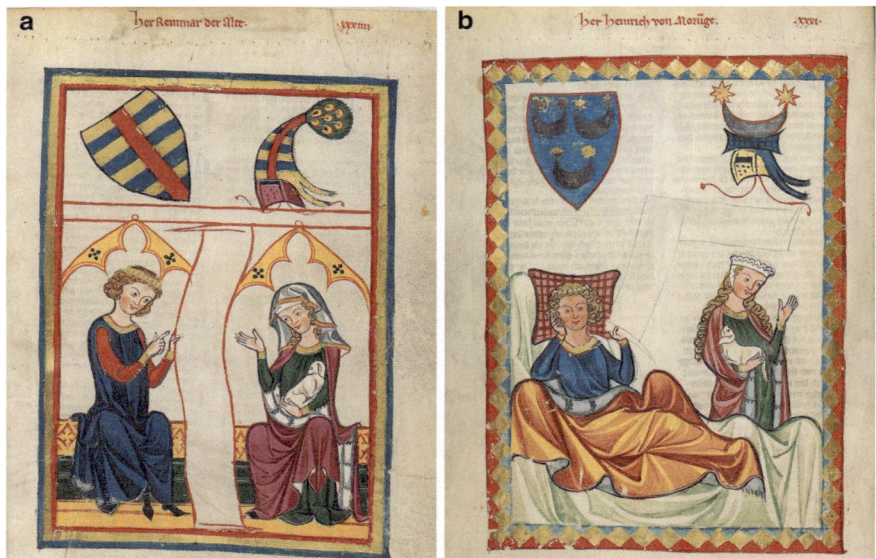

Abb. 1.7a–c Reinmar der Alte, Heinrich von Morungen und Friedrich von Hausen in der Großen Heidelberger Liederhandschrift

Minnedame hofft, die Dämonen hingegen die Sorgen und Ängste, in die ihn ihre Ablehnung stürzt.

Wie das Konzept der gegenseitigen Liebe im hohen Minnesang weitergeführt wird, zeigt das Autorbild Albrechts von Johansdorf (Abb. 1.8a, vgl. Walther 1988,

1.2 Höfische Liebe

Abb. 1.8a–b Albrecht von Johansdorf und Konrad von Altstetten in der Großen Heidelberger Liederhandschrift

S. 115). Auf der Miniatur ist zu sehen, wie Ritter und Dame einander gegenüberstehen und, jeweils leicht nach vorn gebeugt, umarmen. Der senkrechte Mittelstreifen, der bei Reinmar das Paar mit der Pergamentrolle trennt und somit Distanz anzeigt, wird hier zum Zeichen der Nähe, denn die Dame tritt in diesen Mittelstreifen hinein. Sie überwindet die Barriere und dementiert die Einseitigkeit der hohen Minne. Der Mittelstreifen beginnt oben mit dem Kopf der Minnedame und setzt sich nach unten im Spalt des geöffneten Mantels fort, der den Blick auf ihren grün gewandeten Körper freigibt. Wir können also festhalten, dass in allen drei Bildern die zentrale Vertikale die Geschlechterverhältnisse und Liebeskonzepte symbolisiert: Beim Kürenberger steht sie für Symmetrie, bei Reinmar dem Alten für Distanz, bei Albrecht von Johansdorf für die seitens der Dame überwundene Trennung.

Den nächsten Schritt illustriert die Miniatur, die einem Minnesänger zugeordnet ist, der in der zweiten Hälfte des dreizehnten Jahrhunderts, also nach Walther von der Vogelweide tätig war: Konrad von Altstetten (Abb. 1.8b, vgl. Walther 1988, S. 165). Das Bild zeigt einen liegenden Ritter, der seinen Kopf in den Schoß der Dame bettet. Sie neigt ihm ihren Kopf zu, sodass sich die Wangen berühren, und umfängt seinen Hals mit ihren Händen. Er hält in seiner linken Hand einen Falken, der im frühen Minnesang sowohl für den geliebten Ritter (Kürenberger), als auch für die liebende Dame (Dietmar von Aist) stehen kann, in jedem Fall also Symbol der Liebe ist. Dies gilt auch für den phallischen Rosenbaum, dessen Stamm sich hinter dem Mann erhebt und in rankende Blüten übergeht. Zugleich ist das Bild höfisch gerahmt, denn die Dame sitzt auf einer Bank, die derjenigen ähnelt, auf der Reinmar und seine Minnedame Platz genommen haben. Wieder steht ein christlicher Bildtyp im Hintergrund, in diesem Fall wohl die Beweinung des Gekreuzigten durch die Gottesmutter (Pietà). Die Intensität des Gefühls ist ähnlich, doch wird es vom Leid der christlichen in die Liebesfreude der höfischen Szene gewendet.

Wie bereits dargelegt, ist Gegenseitigkeit nicht nur ein Thema der Liebe, sondern auch eine Frage von Lehns- und Gönnerbeziehungen. Die Forderung nach Gegenseitigkeit hat daher einen doppelten Boden. Wenn Minnesänger, die der Hofgesellschaft angehören, von der Minnedame als Lohn für ihre Werbung ein Zeichen der Gunst erwarten, so ist dies auch als politische Geste gegenüber dem Fürsten des Reichs zu verstehen, wie an der Verwendung des Kaisertopos deutlich wurde. Wenn die Minnesänger der Hofgesellschaft als Berufssänger gegenübertreten, so impliziert die Gegenseitigkeitsbitte, die sie an die Minnedame richten, zugleich eine implizite Bitte an den Gönner, die erbrachte poetische Dienstleistung großzügig zu entlohnen. Dass der Minnesang diesen doppelten Boden hat, heißt nicht, dass der Minnediskurs *nur* ein politischer oder ökonomischer Diskurs wäre, aber er ist es eben *auch*. Zwar interferiert der Minnesang mit dem Diskurs über Herrschaft und Lohn; gleichwohl stellt er einen genuinen und originären Beitrag zur Diskursgeschichte der Liebe dar.

Gattungsgeschichte 2

Inhaltsverzeichnis

2.1	Minnesang	47
	2.1.1 Donauländischer Minnesang	49
	2.1.2 Rheinischer Minnesang	58
	2.1.3 Professioneller Minnesang.	70
	2.1.4 Walther von der Vogelweide	78
2.2	Sangspruchdichtung.	83
	2.2.1 Spervogel I: „Herger"	85
	2.2.2 Spervogel II: „Spervogel"	87
	2.2.3 Spervogel III: „Der junge Spervogel"	89
	2.2.4 Minnesänger als Sangspruchdichter	91
	2.2.5 Walther von der Vogelweide	93
2.3	Leich	97
	2.3.1 Leich und Sequenz.	97
	2.3.2 Minneleich und Kreuzleich	98
	2.3.3 Walther von der Vogelweide	99
2.4	Ausblick: Höfische Lyrik neben und nach Walther von der Vogelweide.	99
	2.4.1 Minnesang	99
	2.4.2 Sangspruchdichtung.	100
	2.4.3 Leich	102

Dieses Kapitel behandelt die Gattungsgeschichte des Minnesangs, der Sangspruchdichtung und des Leichs. In jüngerer Zeit sind gattungsgeschichtliche Rekonstruktionen in Frage gestellt worden wie zum Beispiel von Dorothea Klein, die in ihrer Auswahlausgabe des Minnesangs erläutert, dass sie „nicht einmal mehr eine weitgehend fiktive Entwicklungslinie konstruieren" wolle, „in der auf den holden Frühling und die sommerliche Hochblüte ein Herbst und Verfall folgt" (Klein 2010, Umschlagtext; in Anspielung auf *Minnesangs Frühling*). Daher ordnet sie die Lieder nicht chronologisch, sondern nach Themengruppen. Manuel Braun hingegen zeigt sich im *Handbuch Minnesang* optimistischer: „Wenn man die Auskünfte, die die Texte selbst erteilen, mit einer relativen Chronologie unterlegt, lässt sich die Evolution der Gattung Minnesang zumindest in Umrissen rekonstruieren" (Braun, in: Kellner/Reichlin/Rudolph 2021, S. 477). Mir scheint, dass es in der Tat möglich ist, die Gattungsgeschichte der höfischen Lyrik insgesamt zu konturieren, indem man den bisherigen Forschungsstand kritisch prüft und konstruktiv weiterdenkt.

Wie der tabellarische Überblick (Tab. 2.1) zeigt, sind die gattungsgeschichtlichen Verhältnisse komplex. Man kann den drei Hauptgattungen der höfischen Lyrik nicht ohne Weiteres drei Gruppen von Liederdichtern zuordnen, denn die Grenzen sind teilweise durchlässig. Entscheidend ist, dass sich viele Minnesänger auch in den Gattungen des Leichs und der Sangspruchdichtung betätigten. Die vor Walther überlieferten Leiche stammen von Minnesängern; und viele Minnesänger dichteten neben ihren Minneliedern auch einzelne Spruchstrophen, die sich nicht nur mit dem Thema der Liebe befassen, sondern auch mit Themen, die für die Sangspruchdichtung charakteristisch sind. Während das Gattungsrepertoire der Minnesänger flexibel war, blieben die Sangspruchdichter zunächst bei ihrer angestammten Gattung. Dies hat mit ihrer Standeszugehörigkeit zu tun: Da sie unfreie Berufssänger waren, lagen die höfischen Kunstformen des Minnesangs und des Leichs außerhalb ihrer Kompetenz. Dagegen konnten die den Adelshöfen angehörenden Minnesänger auch auf die Sangspruchdichtung ausgreifen, zumal sie als Mitglieder der Hofgesellschaft selbst zum Publikum der Sangspruchdichter zählten und ihre Lieder somit rezipieren konnten.

Tab. 2.1 Gattungsgeschichtlicher Überblick

Phase		Minnesänger		Sangspruchdichter
		Leich	Minnesang	Sangspruchdichtung
bis ca. 1170	donauländischer Minnesang		Der von Kürenberg	Spervogel I („Herger")
			Burggraf von Regensburg	
			Burggraf von Riedenburg	
			Meinloh von Sevelingen	
			Dietmar von Aist	
ab ca. 1170	rheinischer Minnesang		Friedrich von Hausen	Spervogel II („Spervogel")
			Kaiser Heinrich	
	(innerer Kreis)		Ulrich von Gutenburg	
			Bernger von Horheim	
			Bligger von Steinach	
			Otto von Botenlauben	
	(äußerer Kreis)		Heinrich von Veldeke	
			Heinrich von Rugge	
			Hartwig von Raute	
			Albrecht von Johansdorf	
			Engelhart von Adelnburg	
			Rudolf von Fenis-Neuenburg	
ab ca. 1190	professioneller Minnesang		Heinrich von Morungen	Spervogel III („Der junge Spervogel")
			Reinmar der Alte	
	(Epiker)		Hartmann von Aue	
			Gottfried von Straßburg	
			Wolfram von Eschenbach	
1190-1230			Walther von der Vogelweide	

Die folgende Einteilung der drei Gattungen in geschichtliche Phasen orientiert sich am Minnesang, da dieser am reichsten überliefert ist und daher die meisten Anhaltspunkte für die Rekonstruktion einer relativen Chronologie bietet. Die zeitlichen Verhältnisse lassen sich aus den Biographien der Minnesänger, soweit sie bekannt sind, vor allem aber aus formalen und inhaltlichen Kriterien ableiten. Die Zuordnung der genuinen Sangspruchdichter, also jener Liederdichter, die hinter dem überlieferten Sammelnamen „Spervogel" stehen, ist deutlich schwieriger und in der Forschung umstritten. Wenn man sich an die von Kurt Ruh (1968) vertretene These hält, dass die Sangspruchdichter auf den Minnesang und seine Wandlungen reagierten, sind auch für die Sangspruchdichtung chronologische Aussagen möglich.

2.1 Minnesang

Der deutsche Minnesang von den Anfängen bis Walther von der Vogelweide lässt sich in vier gattungsgeschichtliche Phasen einteilen. Die erste Phase ist der frühe Minnesang, der wegen der Herkunft der betreffenden Liederdichter auch als donauländischer Minnesang bezeichnet wird. Es folgt der hohe Minnesang, der sich grundlegend vom frühen Minnesang unterscheidet. Der hohe Minnesang lässt sich seinerseits in zwei Phasen einteilen: den rheinischen Minnesang, der im Umfeld des staufischen Kaiserhofs gepflegt wurde, und den professionellen Minnesang, der von Berufsdichtern getragen wurde. Der Minnesang Walthers von der Vogelweide lässt sich als eigene Phase beschreiben.

Einheimische Ursprünge?
Die frühere Forschung suchte den deutschen Minnesang aus einheimischen Traditionen abzuleiten. Bis heute halten viele an der Auffassung fest, dass der donauländische Minnesang die Fortsetzung einer mündlichen Liedtradition in deutscher Sprache und von der romanischen Tradition noch unberührt gewesen sei. Als Belege werden oft jene Strophen angeführt, die in *Minnesangs Frühling* unter den „namenlosen Liedern" und dort in der Rubrik „Liebeslyrik" geführt werden. Bei näherer Betrachtung zeigt sich jedoch, dass diese Strophen kaum geeignet sind, solche Beweislast zu tragen.

Besonders irreführend ist die Einordnung folgender berühmter Zeilen in die Tradition einer Liebeslyrik, die dem deutschen Minnesang angeblich vorausging (MF 3,1):

> Dû bist mîn, ich bin dîn.
> des solt dû gewis sîn.
>   dû bist beslozzen
>   in mînem herzen,
> verlorn ist das sluzzelîn:
> dû muost ouch immêr darinne sîn.

> Du bist mein, ich bin dein. Dessen sollst du dir gewiss sein. Du bist in meinem Herzen eingeschlossen. Das Schlüsselchen ist verloren: Du musst du auch immer darinnen bleiben.

Es handelt sich durchaus nicht um ein Minnelied eines Ritters an eine Dame, sondern um in Reimprosa verfasste Zeilen am Ende eines lateinischen Musterbriefs, in dem eine Dame die Freundschaft zu ihrem Magister bekundet. Der Brief ist in den Jahren vor 1179 bis 1186 verfasst worden, also zu einer Zeit, als der deutsche Minnesang schon längst etabliert war. Wie der Herausgeber (Plechl 2002) zusammenfasst, bekennt sich die Dame in diesem Brief „zur wahren Freundschaft (*amicitia vera*), die – unter Berufung auf Cicero – auf der mit Liebe (*caritas*) und Wohlwollen (*benivolentia*) verbundenen gleichen Anschauung über Gott und die Welt beruhe und – wie der Empfänger sie gelehrt habe – erhabener als die anderen Tugenden sei. [Sie] [b]eteuert, daß sie ihn seit dem Tage ihrer ersten Begegnung in ihrem Herzen eingeschlossen halte, und legt ein Bekenntnis zur Treue (*fides*), der Königin der Tugenden, ab. [Sie] [a]ntwortet auf seine Warnung vor einem Ritter als Nebenbuhler, daß sie dem Empfänger zwar die Treue halten werde, doch die Ritter nicht ganz verwerfen könne, denn von diesen, die die Quelle und der Ursprung der Ehrenhaftigkeit (*honestas*) seien, würden die Regeln des höfischen Benehmens (*iura curialitatis*) bestimmt. [Sie] [b]eschließt den Brief mit deutschen Versen, die das Treuegelöbnis und Liebesbekenntnis wiederholen" (Plechl 2002, S. 359). Den deutschen Versen gehen lateinische Verse voraus, diesen wiederum der in lateinischer Prosa verfasste Brieftext. Die deutschen Zeilen fassen die Hauptmotive des Briefes zusammen. Dies spricht dafür, dass sie eigens für diesen Zweck verfasst wurden und daher „nicht als selbständiges deutsches Gedicht bewertet werden dürfen" (ebd., S. 361).

Die Zeilen sind kein Beweis für die Existenz einer dem deutschen Minnesang vorausgehenden einheimischen Tradition der Liebeslyrik, sondern ein Indiz dafür, dass in der zweiten Hälfte des zwölften Jahrhunderts gebildete Damen unter Berufung auf Cicero briefliterarische Freundschaften mit ihren männlichen Lehrern pflegten. Außerdem hält die Dame den Rittern, deren Konkurrenz der Magister fürchtet, zugute, dass sie für Ehre und Wohlverhalten einstünden, spricht ihnen also ethische Qualifikationen im Sinne der höfischen Literatur zu. In diesem Brief berühren sich die Diskurse der Freundschaft und Liebe; und diese Verflechtung bestätigt die These, dass der höfische Liebesdiskurs dem gelehrten Freundschaftsdiskurs viel verdankt.

Drei weitere Strophen, die in *Minnesangs Frühling* bei den „namenlosen Liedern" stehen, stammen aus den *Carmina Burana*, jener berühmten Benediktbeurer Handschrift, die lateinische Lieder und Dramen versammelt. Es handelt sich um Zusatzstrophen, die die Redaktoren der Handschrift dem deutschen Minnesang entnahmen und an lateinische Lieder anhängten. Auch diese Strophen gehen der Tradition des Minnesangs nicht voraus, sondern folgen ihr nach. Wieder andere der „namenlosen Lieder" sind durchaus mit Autornamen überliefert; die Handschriften schreiben sie Sängern namens Niune, Alram von Gresten und Walther von Mezze zu. Mag die Authentizität dieser Zuschreibungen auch zweifelhaft sein, ändert dies doch nichts daran, dass diese Lieder als Werke namentlich bekannter Liederdichter überliefert sind. Auch sie gehören bereits dem etablierten Minnesang an, und zwar dem donauländischen Minnesang, in den sie sich formal und inhaltlich nahtlos einfügen.

Romanische Vorbilder
Minnesang ist eine europäische Gattung. Sein Ursprung ist im frühen zwölften Jahrhundert im Süden Frankreichs zu suchen, nämlich in der provenzalischen oder, wie man auch sagt, okzitanischen Liebeslyrik. Als erster Trobador gilt Wilhelm IX., Herzog von Aquitanien; ihm folgten zahlreiche männliche und weibliche Liederdichter. Von Südfrankreich aus strahlte die neue, höfische Liebeslyrik in alle Richtungen aus. Um 1170 florierte sie auch im spanischen, italienischen und nordfranzösischen Raum.

Dass die romanische Tradition auch im deutschsprachigen Raum aufgegriffen wurde, ist nicht verwunderlich, zumal die heiratspolitischen Verbindungen eng waren. Friedrich I. Barbarossa (um nur ein prominentes Beispiel zu nennen) war seit 1154 in zweiter Ehe mit Beatrix, Gräfin von Burgund, verheiratet, einer gebildeten, politisch und literarisch versierten Frau, die zur Rezeption der französischen Hofkultur am deutschen Kaiserhof beitrug. Am Mainzer Hoftag 1184, in dessen Rahmen die Schwertleite ihrer Söhne Heinrich und Friedrich gefeiert wurde, nahmen auch okzitanische Minnesänger teil. Doch waren heiratspolitische Verbindungen und geographische Kontaktzonen für die Rezeption nicht unbedingt erforderlich, denn der Adel war mobil und das Römisch-Deutsche Reich mehrsprachig.

Der deutsche Minnesang verdankt sich einer *selektiven und produktiven Rezeption* der romanischen Tradition. Aus dem breiten Spektrum der Gattungen und Themen der romanischen Liebeslyrik wurde nur ein Ausschnitt übernommen, und dieser wurde in mehreren Schüben eigenständig weiterentwickelt. Die Rezeption vollzog sich vor allem im rheinischen Minnesang, der in enger Verbindung mit dem staufischen Kaiserhof stand; doch schon für den donauländischen Minnesang ist mit Impulsen der romanischen Tradition zu rechnen.

2.1.1 Donauländischer Minnesang

Die Liederdichter
Die erste Phase des deutschen Minnesangs wird aufgrund der geographischen Herkunft der betreffenden Sänger oft als donauländischer Minnesang bezeichnet. Er setzt vor 1170 ein. Ihm sind fünf Liederdichter zuzurechnen: der Kürenberger, die Burggrafen von Regensburg und Riedenburg, Meinloh von Sevelingen und Dietmar von Aist. Ihre Namen setzen sich in der Form, wie sie überliefert sind, aus drei möglichen Bestandteilen zusammen: einer Standesbezeichnung, einem Personennamen und einer Herkunftsbezeichnung. Zwei Dichter sind mit ihren Personennamen überliefert: Meinloh von Sevelingen und Dietmar von Aist. Zwei weitere Dichter werden nur anhand des Standes und der Herkunft bezeichnet: die Burggrafen von Regensburg und Riedenburg. Vom frühesten donauländischen Minnesänger ist nur die Herkunftsbezeichnung überliefert: der von Kürenberg. In einer Handschrift trägt er den Titel „Herr", der aber wenig aussagekräftig ist, da er fast allen Liederdichtern zugebilligt wird, deren Stand nicht näher bekannt ist.

Die Herkunftsbezeichnungen weisen darauf hin, dass diese Minnesänger dem Donaugebiet entstammen. Ministerialen, die sich nach dem Ort Kürenberg benannten, sind im bayerisch-österreichischen Raum mehrfach bezeugt. Das bayerische Geschlecht der Riedenburger hatte bis 1185 zugleich das Burggrafenamt von Regensburg inne; die Burggrafen von Riedenburg und Regensburg lassen sich somit kaum voneinander trennen. Aist liegt nördlich der Donau in der Nähe von Linz, und die Freiherren von Aist, denen Dietmar angehört oder zu denen er in enger Beziehung stand, sind in Regensburg, Salzburg und Wien bezeugt. Mit Sevelingen ist Söflingen gemeint, heute ein Stadtteil von Ulm. Meinloh von Sevelingen war Ministeriale der Grafen von Dillingen, eines schwäbischen Adelsgeschlechts, das zwischen Ulm und Regensburg beheimatet war.

Zusammenfassend ist festzuhalten, dass vier donauländische Minnesänger der bayerisch-österreichischen Region zwischen Regensburg und Wien (Kürenberger, Regensburger, Riedenburger, Dietmar) entstammten und einer der schwäbisch-bayerischen Region zwischen Ulm und Regensburg (Meinloh). Insgesamt erstreckt sich das Gebiet des donauländischen Minnesangs somit von Wien im Osten bis Ulm im Westen. Dem geographischen Raum ihrer Herkunft dürften die Orte entsprechen, an denen die Dichter auftraten, wohl vornehmlich die größeren Höfe dieser Region. Aber auch im rheinischen Raum und darüber hinaus waren ihre Lieder bekannt. Die donauländischen Dichter verzichten in ihren Liedern auf die Nennung der Donau; aber sie erwähnen auch nicht den Rhein, den die späteren Minnesänger häufig als Metonymie für Heimat und Reich anführen (Tab. 2.2).

Einige überlieferte Korpora des donauländischen Minnesangs sind so umfangreich und vielfältig, dass man unterschiedliche Schichten unterscheiden kann. Diese lassen sich als verschiedene Schaffensphasen eines Dichters, aber auch als Werke verschiedener Dichter deuten, die unter demselben Namen überliefert sind. Von den Liedern Dietmars von Aist gelten in *Minnesangs Frühling* nur die

Tab. 2.2 Die Namen der donauländischen Minnesänger

	Hs	Artikel	Stand	Name	Herkunft
Der (Herr) von Kürenberg	Bu	*Der*	*Herre*		*von Churenberch*
	C	*Der*			*von Kiurenberg*
(Der) Burggraf von Regensburg	Bu	*Der*	*Burgrave*		*von Regenspurch*
	A	*Der*	*Burggrave*		*von Regensburc*
	C	*Der*	*Burggrave*		*von Regensburg*
(Der) Burggraf von Riedenburg	B		*Burggrave*		*von Rietenburg*
	C	*Der*	*Burggrave*		*von Rietenburg*
Herr Meinloh von Sevelingen	B		*Her*	*Meinlo*	*von Sewelingen*
	C		*Her*	*Milon*	*von Sevelingin*
Herr Dietmar von Aist	B		*Her*	*Dietmar*	*von Aste*
	C		*Her*	*Dietmar*	*von Ast*

ersten drei Lieder als authentisch, die übrigen dreizehn hingegen als „Dietmar zugeschriebene Lieder". Die Echtheitsfrage ist insofern problematisch, als die Autoren historisch kaum fassbar und auch „unechte" Lieder echte Zeugnisse des Minnesangs sind. Einen anders gelagerten Fall stellen die Burggrafen von Regensburg und Riedenburg dar. Ihre Namen verweisen möglicherweise auf zwei Schichten desselben Korpus, zumal, wie bereits erwähnt, die Riedenburger auch das Regensburger Burggrafenamt innehatten. Der Regensburger repräsentiert die ältere, der Riedenburger die jüngere Schicht dieses Doppelkorpus.

Formgeschichtliche Merkmale
In formaler Hinsicht zeichnen sich die Lieder des donauländischen Minnesangs durch drei typische Merkmale aus: die Einstrophigkeit des Lieds, den autorgebundenen Ton und den Gebrauch der Langzeilenstrophe.

Zu Beginn des donauländischen Minnesangs dominieren einstrophige Lieder. Zwar gibt es häufig motivische Bezüge zwischen mehreren Strophen eines Dichters, doch heißt dies nicht, dass sich die betreffenden Strophen zu festen Liedeinheiten zusammenfügen. Eher ist mit einer freien Kombinatorik der einstrophigen Lieder zu rechnen. Doch gibt es auch Beispiele für zweistrophige Lieder, zum Beispiel das berühmte Falkenlied des Kürenbergers. Die frühen Minnesänger verfügten in der Regel jeweils zunächst nur über einen Ton, d. h. eine Melodie, an der man sie erkennen konnte. Doch konnte der Ton variiert werden. Schon der Kürenberger, der als frühester deutscher Minnesänger gilt, verfügt über einen Haupt- und einen Nebenton.

Die Strophen setzen sich aus Langzeilen zusammen, die wiederum aus je zwei Kurzversen (An- und Abvers) bestehen. Daher spricht man auch von Langzeilenstrophen (s. Abschn. 3.2.2). Die Grundform findet sich beim Kürenberger. Die (mit der Nibelungenliedstrophe identische) Kürenbergerstrophe umfasst vier paargereimte Langzeilen mit dem Reimschema aabb. Die Kurzverse sind vierhebig, die Langzeilen entsprechend achthebig. Anverse können mit zwei betonten Silben enden (klingende Kadenz), Abverse können die vierte Hebung pausieren (stumpfe Kadenz). Ein Beispiel bietet die erste Strophe des Falkenlieds des Kürenbergers (MF 8,33; s. Abschn. 3.2.2; 5.1.1):

,Ich zôch mir einen valken   mêre danne ein jâr.   4 3 a
dô ich in gezamete,   als ich in wolte hân,   4 3 a
und ich im sîn gevidere   mit golde wol bewant,   4 3 b
er huop sich ûf vil hôhe   und vlouc in ándèriu lant.' 4 4 b

Ich richtete mir einen Falken ab, länger als ein Jahr. Als ich ihn gezähmt hatte, wie ich ihn haben wollte, und ich ihm sein Gefieder mit Gold schön geschmückt hatte, da erhob er sich in die Höhe und flog in andere Länder.

Diese Regeln wurden bald gelockert, wohl auch als Reaktion auf den rheinischen Minnesang, der sich formal eng an die romanischen Vorbilder anlehnte. Drei Tendenzen belegen diesen Annäherungsprozess: die Erweiterung des einstrophigen zum mehrstrophigen Lied, der Wechsel vom autor- zum liedgebundenen Ton und die Angleichung der Langzeilen- an die Kanzonenstrophe (s.

Abschn. 3.2.2). Schon der Kürenberger und der Burggraf von Regensburg weisen zweistrophige Lieder auf. Dabei handelt es sich meist um Wechsel, d. h. locker verbundene Strophen, in denen Ritter und Dame übereinander, aber nicht miteinander sprechen. Erst bei Dietmar von Aist treten dreistrophige Lieder auf, wie sie für den rheinischen Minnesang charakteristisch sind. Außerdem steigt die Zahl der Töne. Der Kürenberger verfügt über einen Hauptton mit dreizehn Strophen und einen Nebenton mit zwei Strophen. Der Burggraf von Regensburg hat zwei eng verwandte Töne, die jeweils nur zwei Strophen umfassen. Der Burggraf von Riedenburg kennt in der Zählung von *Minnesangs Frühling* sechs Töne, die sich auf drei Haupt- und drei Nebentöne zurückführen lassen. Meinloh von Sevelingen hat einen Hauptton mit neun Strophen und zwei Nebentöne mit einer bzw. zwei Strophen. Das Dietmar von Aist zugeschriebene Korpus umfasst in der Zählung von *Minnesangs Frühling* sechzehn Töne mit einundvierzig Strophen, deren Zahl sich wiederum verringert, wenn man Haupt- und Nebentöne unterscheidet. Zusammenfassend lässt sich festhalten, dass sich die Zahl der Töne in kleinen Schritten erweitert, bis sie im Korpus Dietmars von Aist einen großen Sprung macht. Hier kündigt sich das Prinzip des hohen Minnesangs an, dass der Ton nicht mehr den Dichter, sondern die Einheit des mehrstrophigen Lieds anzeigt.

▶ **Definition** Unter einem **Ton** (mhd. *dôn*) ist eine Melodie zu verstehen. Wenn eine Melodie nicht überliefert ist, lässt sich der Ton aus dem Metrum erschließen. Die frühen Minnesänger und Sangspruchdichter verfügten in der Regel nur über einen Ton, an dem man sie erkennen konnte. Seit dem hohen Minnesang verfügen die Liederdichter über mehrere Töne, es gilt das Variationsprinzip (jedes Lied hat einen eigenen Ton, alle Strophen eines Liedes folgen demselben Ton). Walther von der Vogelweide führte zahlreiche neue Töne in die Sangspruchdichtung ein, die später auch von anderen Sängern verwendet wurden.

Anhand der Annäherung der Langzeilen- an die Kanzonenstrophe lässt sich der frühe Minnesang tendenziell in zwei Binnenphasen einteilen. Der Kürenberger und der Burggraf von Regensburg verwenden die Langzeilenstrophe in ihrer Grundform, die vier paargereimte Langzeilen umfasst. Der Burggraf von Riedenburg und Meinloh von Sevelingen erweitern die Langzeilenstrophe so, dass man sie auch als Kanzonenstrophe mit Auf- und Abgesang (s. Abschn. 3.2.2) deuten kann; in *Minnesangs Frühling* werden sie bereits als solche eingerichtet. Das umfangreiche Korpus Dietmars von Aist verfügt über das gesamte, von der Grundform der Langzeilenstrophe bis zur elaborierten Kanzonenstrophe reichende Spektrum (Tab. 2.3).

Tab. 2.3 Die Strophenformen des donauländischen Minnesangs

Langzeilenstrophe	Der von Kürenberg	Der Burggraf von Regensburg	Meinloh von Sevelingen	Dietmar von Aist
Kanzonenstrophe		Der Burggraf von Riedenburg		

Die formale Annäherung an den rheinischen Minnesang ist nicht als Eigenständigkeitsverlust, sondern als Weiterentwicklung des donauländischen Minnesangs zu werten. Wenn die jüngeren Lieder dieser Phase elaborierte Strophenformen aufweisen, lassen sie doch in den meisten Fällen noch das Muster der Langzeilenstrophe durchscheinen, das eine formale Signatur des donauländischen Minnesangs darstellt.

Höfische Liebe als Lizenz

Der donauländische Minnesang propagiert ein Liebeskonzept, das mit den Modellen des „popularisierenden Registers" (Bec), des „Erfahrungsstils" (Brinkmann) und der „passionierten Liebe" (Luhmann) beschrieben werden kann (s. Abschn. 1.2.2). Das auf Gegenseitigkeit basierende Liebeskonzept unterscheidet den frühen vom hohen Minnesang, der die einseitige Liebe des Ritters zur Dame in den Vordergrund stellt.

Das Liebeskonzept des donauländischen Minnesangs lässt sich auch mit dem Stichwort der *Lizenz* bezeichnen. Sowohl dem Ritter wie auch der Dame wird das Recht zugestanden, eine eigenständige, freie Liebeswahl zu treffen. Die Autonomie und Egalität des Ritters und der Dame in der Liebe ist als Innovation des mittelalterlichen Liebesdiskurses zu werten. Die Frau wird dem Mann nicht unter-, sondern gleichgeordnet. Die Liebe basiert auf dem Konsens der Beteiligten. Beide haben das Recht, ihren Partner frei zu wählen und ihr Begehren offen zu äußern. Es handelt sich um eine „freie Liebe" – und eben nicht um eine eheliche Pflicht, die auf Dauer angelegt ist und von der Gesellschaft sanktioniert wird.

Dass Liebe nicht gewaltsam eingefordert werden kann, wird in einer Strophe des Kürenbergers parodistisch verdeutlicht. Ein Ritter bekennt, dass er nachts vor dem Bett der Dame gestanden, es aber nicht gewagt habe, sie aufzuwecken (MF 8,9):

> Jô stuont ich nehtint spâte   vor dînem bette,
> dô getorste ich dich, vrouwe,   niwet wecken.
>   ‚des gehazze got den dînen lîp!
>   jô enwas ich niht ein eber wilde', sô sprach daz wîp.

> „Ich stand nachts vor deinem Bett, da wagte ich es nicht, dich, Herrin, zu wecken." „Dafür bestrafe dich Gott! Ich war schließlich kein wilder Eber", so sprach die Frau.

Die enttäuschte Dame bedauert die höfliche Zurückhaltung des Ritters mit der drastischen Bemerkung, dass sie doch schließlich kein wilder Eber gewesen sei. Das parodistische Moment besteht darin, dass sich der Ritter in eine verfängliche Situation begibt, dann aber aus Höflichkeit mutlos wird und sich schließlich mit dem Vorwurf konfrontiert sieht, dass *sie* nicht das sei, was man von *ihm* hätte erwarten können, nämlich ein Keiler, der sich gewaltsam nimmt, was er will.

Da die Liebe auf gegenseitiger Wahl beruht, liegen die Hindernisse nicht innerhalb, sondern außerhalb der betreffenden Beziehung. In der Regel sind es Dritte, die sich der Liebe in den Weg stellen: Kontrolleure (*merkaere*), Intriganten (*lügenaere*) und Konkurrenten (*nîdaere*) der Hofgesellschaft. Wenn der Ritter oder die Dame eine Klage äußern, so beziehen sie sich meist auf die Behinderung ihrer Liebe durch fremde Missgunst. Ein weiterer Grund besteht darin, dass sich einer der Partner vom anderen entfernt, in der Regel der Mann. Dies hat mit der Mobilität des Ritters zu tun, der auf seinem Pferd davonreiten kann (oder muss), während die Dame an die Burg gebunden bleibt. Im Falkenlied des Kürenbergers beklagt die Frau, dass der geliebte Mann, den sie über einen langen Zeitraum an sich binden konnte, fortgezogen ist – sei es, weil er eine andere Frau begehrt, sei es, weil ihn ritterliche Verpflichtungen in ferne Länder führen.

Aus der Gegenseitigkeit der Liebe ist also nicht zu folgern, dass es um unproblematische Liebe geht. In den meisten Liedern fällt ein Schatten auf die Liebe, gibt es einen negativen Zug. Die ersehnte Nähe ist stets gefährdet. Liebe wird als fragil vorgestellt, als etwas, das man im Moment genießen sollte, weil es von Vergänglichkeit bedroht ist. Die Distanz zwischen den Liebenden, die im frühen Minnesang thematisiert wird, ist aber – anders als im hohen Minnesang – keine einseitige Erfahrung des Ritters, sondern eine geteilte Erfahrung von Ritter und Dame, deren Liebe durch äußere Widerstände gestört wird. Doch kann diese Distanz mithilfe von Boten überbrückt werden, die zwischen den Liebenden hin- und hergeschickt werden.

▶ **Definition** Die Grundkonstellation des frühen Minnesangs lässt sich an der Gattung des **Tagelieds** illustrieren. Als Vorbild diente die provenzalische Gattung der Alba, deren Name auf das weiße Licht des anbrechenden Tags verweist. Die typische Situation des Tagelieds besteht darin, dass Ritter und Dame sich nach gemeinsamer Liebesnacht im Morgengrauen voneinander trennen müssen, um ihre Affäre vor der Hofgesellschaft zu verbergen. Das erste Tagelied des deutschen Minnesangs verfasste Dietmar von Aist (MF 39,18; s. Abschn. 5.1.5). Der rheinische Minnesang hat, vom späten Vertreter Otto von Botenlauben (KLD 41, Lieder III, XIII) abgesehen, keine Tagelieder hervorgebracht. Erst die professionellen Minnesänger griffen die Gattung wieder auf und wandelten sie ab: Heinrich von Morungen (MF 143,22), Reinmar der Alte (MF 154,32: „Anti-Tagelied"), Wolfram von Eschenbach (MF XXIV, Lieder I, II, IV, V, VII: „Ehe-Tagelied"; s. Abschn. 5.3.5), Walther von der Vogelweide (L 88,9) (vgl. den von Martina Backes [2003] hg. Band Tagelieder des deutschen Mittelalters).

Die Gegenseitigkeit der Liebe kann raumsemantisch durch Natureingänge und die Beschreibung eines Liebesorts, eines *locus amoenus*, symbolisiert werden. Die Eröffnung des Liedes mit dem Motiv der singenden Vögel und blühenden Blumen präludiert das Thema der Liebesfreude; das Setting, das eine Linde, Rosen und eine Nachtigall umfasst, ist nicht nur der physische Ort, an dem das Rendezvous der Liebenden stattfindet, sondern auch erotisches Symbol dieser Begegnung selbst.

▶ **Definition** Unter dem *locus amoenus* („lieblicher Ort") ist ein idyllisches Naturbild zu verstehen, das auf die Liebe verweist. Typische Requisiten für den Liebesort des Minnesangs sind die Linde, der Quell, die Nachtigall und die Blume, insbesondere die Rose. Beispiele bieten die Lindenlieder Dietmars von Aist (MF 34,3; s. Abschn. 5.1.5) und Walthers von der Vogelweide (L 39,11).

Schon der donauländische Minnesang greift Motive auf, die erst für den hohen Minnesang romanischer Prägung typisch sind. Die frühen Minnesänger waren offenbar bereits mit dieser Tradition vertraut. Zu diesen Motiven gehören das höfische Hochgefühl (vgl. MF 10,20: *sô stêt wol hôhe mîn muot*), der Dienstgedanke (vgl. MF 12,1: *Swer werden wîben dienen sol*) und die Beständigkeit der Minne (vgl. MF 38,11: *ich wil im iemer staete sîn*).

Die Gleichberechtigung der Dame im donauländischen Minnesang äußert sich auch in der Präsenz der weiblichen Stimme. Die frühen Minnesänger leihen ihre Stimme beiden Geschlechterrollen und kompensieren somit den Sachverhalt, dass es – im Unterschied zum provenzalischen Minnesang – keine weiblichen Dichterinnen gab. Die donauländischen Sänger lassen in ihren Liedern selbstbewusste Damen auftreten, die ihrem Begehren unverhohlen Ausdruck verleihen. In diesen Liedern erscheinen die Frauen nicht als Objekt, sondern als Subjekt des Begehrens. Die Budapester und die Große Heidelberger Liederhandschrift sortieren die Strophen des Kürenbergers anhand der Geschlechterdifferenz: Der zweite Ton beginn mit acht Frauen-, Dialog- und Wechselstrophen und endet mit fünf Männerstrophen.

Das Gattungsspektrum
Das Liebeskonzept des frühen Minnesangs spiegelt sich im Repertoire der Gattungen. Diese kann man anhand der jeweiligen Rollen und Themen einteilen. Zu den rollenbezogenen Gattungen zählen das *Männerlied*, in dem ein Ritter spricht, das *Frauenlied*, in dem eine Dame spricht, das *Dialoglied*, in dem ein Ritter und eine Dame miteinander sprechen, der *Wechsel*, in dem ein Ritter und eine Dame übereinander sprechen, und das *Botenlied*, in dem ein Bote den Gruß der Dame an den Ritter ausrichtet oder umgekehrt. Zu den themenbezogenen Gattungen zählen das *Falkenlied*, in dem eine Dame im Bild des Falken über die Liebe spricht, und das *Tagelied*, in dem Ritter und Dame die Trennung am Morgen nach einer gemeinsamen Liebesnacht beklagen. Die Gattungen überschneiden sich: Das Tagelied kann als Dialog, das Botenlied als Wechsel, das Falkenlied als Frauenlied gestaltet sein.

▶ **Definition** Die im donauländischen Minnesang häufig anzutreffende Gattung des **Frauenlieds** hat eine lange Vorgeschichte in der lyrischen Tradition des romanischen Raums. Die ältesten schriftliterarischen Zeugnisse dieser Gattung sind als volkssprachliche, in einem spanisch-arabischen Dialekt verfasste Verse (Kharjas, Chardschas) überliefert, die an hochsprachliche arabische Gedichte (Muwaschschah) angehängt wurden. Die ältesten Zeugnisse dieser Gattung stammen aus der Mitte des elften Jahrhunderts, gehen also den Anfängen der provenzalischen Liebeslyrik um Jahrzehnte voraus. Auch die provenzalische (okzitanische) Liebeslyrik kennt Frauenlieder, die sowohl von männlichen als auch von weiblichen Dichtern verfasst wurden. Die Frauenlieder des donauländischen Minnesangs haben viele Gemeinsamkeiten mit den provenzalischen Frauenliedern zum Beispiel der Comtessa Beatriz de Dia, die von etwa 1140 bis nach 1175 lebte. Auch die provenzalischen Frauenlieder handeln von gegenseitigen Liebeswünschen, von Boten, die Liebesgrüße ausrichten, von Mitgliedern der Hofgesellschaft, die die Liebe behindern. Die Gattung des Frauenlieds wird auch im Altfranzösischen weitergeführt, hier aber von anonymen Verfasserinnen oder Verfassern. Auch von dieser Seite könnten die mittelhochdeutschen Frauenlieder Impulse empfangen haben (vgl. die Anthologien von Ingrid Kasten [1990] und Ulrich Mölk [1989] sowie den von Thomas Cramer u.a. hg. Sammelband [2000]).

Das Gattungsrepertoire stellt sich im Überblick wie folgt dar (Tab. 2.4): Der Kürenberger spielt sechs Gattungen durch, die er teilweise kombiniert. Das unter seinem Namen überlieferte Korpus umfasst acht Frauenstrophen (MF 7,1; 7,19; 8,1; 8,17; 8,25; 8,33; 9,5; 9,13), sechs Männerstrophen (9,21; 9,29; 10,1; 10,9; 10,17), eine Botenstrophe (MF 7,10) und eine Dialogstrophe (MF 8,9). Zwei Frauenstrophen fügen sich zu einem Falkenlied zusammen (MF 8,33/9,5). In zwei Fällen vereinen sich eine Frauen- und eine Männerstrophe zu einem Wechsel, und zwar zu einem regulären (MF 8,1/9,29) und einem Botenliedwechsel (MF 7,1/7,10).

▶ **Definition** Als **Falkenlieder** kann man solche Minnelieder bezeichnen, in denen der Falke als Symbol der Liebenden oder der Liebe figuriert. Lieder dieser thematischen Gattung verfassten der Kürenberger (MF 8,33; 10,17; s. Abschn. 5.1.1), Dietmar von Aist (MF 37,4; s. Abschn. 5.1.5) und Reinmar der Alte (MF 156,10), auch Wolfram von Eschenbach greift das Motiv auf (MF XXIV, Lied VIII). Die Falkenzucht war Adelsprivileg. Der staufische Kaiser Friedrich II.

Tab. 2.4 Das Gattungsrepertoire des donauländischen Minnesangs

Sänger	Gattungen						
	Rollen					Themen	
	Männerlied	Frauenlied	Dialoglied	Wechsel	Botenlied	Falkenlied	Tagelied
Der von Kürenberg	x	x	x	x	x	x	-
Bg. von Regensburg	-	x	-	x	-	-	-
Bg. von Rietenburg	x	x	-	-	-	-	-
M. von Sevelingen	x	x	-	-	x	-	-
Dietmar von Aist	x	x	x	x	x	x	x

verfasste in den 1240er Jahren ein Lehrbuch über die Falknerei: *De arte venandi cum avibus* („Über die Kunst, mit Vögeln zu jagen"). Die Große Heidelberger Liederhandschrift enthält zahlreiche Miniaturen, auf denen Falken als Liebessymbol abgebildet sind; besonders eindrucksvoll sind die Autorbilder zu Wernher von Teufen (der Ritter umarmt beim gemeinsamen Ausritt die Dame, die einen Falken hält; vgl. Walther 1988, S. 58) und Konrad von Altstetten (der Ritter liegt im Schoß der Dame und hält einen Falken; vgl. ebd., S. 165).

Die Burggrafen von Regensburg und Riedenburg und Meinloh von Sevelingen bewegen sich innerhalb des vorgegebenen Gattungsrepertoires, schöpfen es aber nicht voll aus. Wechsel und Botenlied kommen vor, nicht aber Dialoglied und Falkenlied. Der Burggraf von Regensburg hat drei Frauenstrophen (MF 16,1; 16,8; 16,23) und eine Männerstrophe (MF 16,15); zwei dieser Strophen werden oft als Wechsel aufgefasst (MF 16,15/16,23). Das Verhältnis von Frauen- und Männerstrophen kehrt sich beim Burggrafen von Riedenburg (und den weiteren Liederdichtern) um. Er hat sechs Männerstrophen (MF 18,9; 18,17; 18,25; 19,7; 19,17; 19,27) und nur eine Frauenstrophe (MF 18,1); davon wird ein Strophenpaar oft als Wechsel gedeutet (MF 181/18,9).

Meinloh von Sevelingen hat fünf Männerstrophen (MF 11,1; 12,27; 13,1; 14,1; 15,1) und drei Frauenstrophen (MF 13,14; 13,27; 14,26). Eine Männerstrophe und eine Botenstrophe fügen sich zu einem Botenliedwechsel zusammen, in dem nun erstmals auch der Bote spricht (MF 11,1/11,14).

Das umfangreiche Korpus, das unter dem Namen Dietmars von Aist überliefert ist, greift alle vorherigen Gattungen auf und fügt ihnen das Tagelied neu hinzu. Das Korpus umfasst

- dreiundzwanzig Männerstrophen (MF 32,9; 32,13; 33,7; 33,15; 33,23; 34,3; 34,19; 34,30; 35,5; 35,16; 36,14; 36,23; 36,34; 37,30; 38,23; 38,32; 39,11; 39,22; 39,30; 40,19; 40,27; MF XVI,1–2),
- fünfzehn Frauenstrophen (MF 32,1; 32,21; 34,11; 37,4; 37,18; 35,24; 35,32; 36,5; 38,5; 39,4; 39,18; 39,26; 40,3; 40,11; 40,35),
- eine Dialogstrophe (MF 32,5),
- eine Botenstrophe (MF 38,14) und
- eine Spruchstrophe (MF 33,31).

Die Einzelstrophen fügen sich zusammen zu

- einem dreistrophigen Dialoglied (MF 32,1/32,5/32,9),
- zwei dreistrophigen Botenliedwechseln (MF 32,13/32,21/33,7; MF 37,30/38,5/ 38,14),
- einem dreistrophigen Tageliedwechsel (MF 39,18/39,22/39,26) und
- einem zweistrophigen Wechsel (MF 34,3/34,11).

Zusammenfassend lassen sich drei Thesen zur gattungsgeschichtlichen Position des donauländischen Minnesangs festhalten. Erstens lässt sich der frühe Minnesang nicht ohne weiteres aus einer autochthonen (einheimischen) Liedtradition ableiten, auch wenn er formale Anleihen an der althergebrachten Form der Langzeile nimmt. Zweitens dürfte schon der frühe Minnesang Impulse vom romanischen Minnesang empfangen haben, insbesondere hinsichtlich der Gattung des Frauenlieds und des Konzepts der gegenseitigen, erfüllten Liebe. Drittens sind früher und hoher Minnesang nicht streng voneinander geschieden, sondern als zunächst konkurrierende Entwürfe der höfischen Liebeslyrik zu verstehen. Bereits im frühen Minnesang finden sich Anspielungen auf Motive, die für den hohen Minnesang charakteristisch sind: das höfische Hochgefühl, der Dienstgedanke und die Beständigkeit der Liebe. Umgekehrt greifen vor allem die ersten Vertreter des hohen Minnesangs auf formale und inhaltliche Elemente des frühen Minnesangs (Langzeile, Frauenlied, Gegenseitigkeit) zurück.

2.1.2 Rheinischer Minnesang

Die zweite Phase in der Gattungsgeschichte des deutschen Minnesangs setzt um 1170 im rheinischen Gebiet ein. Adelige und Ministerialen aus dem Umkreis des staufischen Kaiserhofs Friedrichs I., darunter sein Sohn, der spätere Kaiser Heinrich VI., begannen, verstärkt den romanischen Minnesang zu rezipieren, zu adaptieren und zu transformieren. Dass ihnen der donauländische Minnesang bekannt war, beweisen zwei Lieder Kaiser Heinrichs, die sich an Stil und Konzept des donauländischen Minnesangs anlehnen.

Die rheinischen Minnesänger grenzten sich in der Weise vom donauländischen Minnesang ab, dass sie besonders engen Anschluss an bestimmte Formen und Inhalte der romanischen Liebeslyrik suchten. Donauländischer und rheinischer Minnesang sind somit als alternative Formen der selektiven und produktiven Rezeption zu betrachten. Während sich der donauländische Minnesang an die einheimische Formtradition anlehnt, übernimmt der rheinische Minnesang die romanische Kanzonenstrophe. Und während der donauländische Minnesang ein gegenseitiges Liebeskonzept vertritt, hält sich der rheinische Minnesang an das Konzept der einseitigen Liebe – der „hohen Minne" (*fin'amors*).

Die Liederdichter

Dem rheinischen Minnesang lassen sich zwölf Liederdichter zuordnen, die man tendenziell in einen „inneren" und einen „äußeren Kreis" einteilen kann. Bei sechs Liederdichtern ist die Nähe zum staufischen Hof urkundlich bezeugt, sechs weitere Liederdichter stehen dem rheinischen Minnesang in Form und Inhalt ihrer Lieder nahe.

Im Mittelpunkt des inneren Kreises steht der staufische Reichsministeriale Friedrich von Hausen. Er gilt als bedeutendster und einflussreichster Repräsentant des rheinischen Minnesangs. Früher sprach man daher oft auch von der „Hausen-

Schule". Friedrich von Hausen ist in den Jahren von 1171 bis 1190 urkundlich bezeugt. Er war Sohn des Freiherrn Walther von Hausen, der sich nach der (heute nicht mehr bestehenden) Burg Rheinhausen bei Mannheim benannte und Eigengüter im rheinpfälzischen Gebiet besaß, Schenkungen an Klöster machte, an Rechtsgeschäften von Bischöfen und Äbten mitwirkte. Walther von Hausen ist am Hof Friedrichs I. bezeugt und wird in der frühen Sangspruchdichtung als Gönner erwähnt. Friedrich von Hausen erscheint seit Mitte der 1180er Jahre in italienischen Urkunden Heinrichs VI.; eine Chronik rechnet ihn zum Gefolge Friedrichs I. bei einem Treffen mit dem französischen König Philipp August (Tab. 2.5).

Weitere Vertreter des inneren Kreises sind Heinrich VI., Ulrich von Gutenburg, Bernger von Horheim, Bligger von Steinach und Otto von Botenlauben. Ranghöchster Repräsentant war Heinrich VI. (1165–1197), Sohn und Nachfolger Friedrichs I. Barbarossa, der seine Lieder vermutlich anlässlich des Mainzer Hoffests von 1184 verfasste, als er die Schwertleite empfing. In den Liederhandschriften wird er rückblickend als „Kaiser Heinrich" bezeichnet, obwohl er die Kaiserweihe erst 1191 erlangte. Ulrich von Gutenburg, der einem freiherrlichen elsässischen oder pfälzischen Geschlecht entstammte, ist zwischen 1172 und 1186 mehrfach im Umkreis der Staufer bezeugt. Bernger von Horheim war möglicherweise Ministeriale des Grafen Gottfried von Vaihingen; er wird 1196 in italienischen Urkunden Philipps von Schwaben als Zeuge genannt. Bligger von Steinach stammte aus einem Geschlecht, das eine Burg in Steinach am unteren Neckar (heute Neckarsteinach) besaß; er erscheint von 1193 bis 1196 in Urkunden Heinrichs VI. Otto von Botenlauben stammte aus dem fränkischen Adelsgeschlecht der Grafen von Henneberg, benannte sich aber nach der Burg Botenlauben im heutigen Bad Kissingen; er ist erstmals 1197 urkundlich am Hof Heinrichs VI. bezeugt, an dessen Kreuzzug er teilnahm. Er blieb bis 1221 in Palästina und stiftete nach seiner Rückkehr das Kloster Frauenrode.

Die Mainzer Hoftage von 1184 und 1188
Die festlichen Hoftage, die Friedrich I. Barbarossa 1184 und 1188 in Mainz veranstaltete, boten Gelegenheiten für die Aufführung höfischer Lyrik. Während des Hoftags von 1184 empfingen seine Söhne Heinrich (VI.) und Friedrich (von Schwaben) aus seiner Hand die Schwertleite. Es ist bezeugt, dass okzitanische Minnesänger sowie der deutsche Minnesänger und Epiker Heinrich von Veldeke an diesem Fest teilnahmen. Man vermutet, dass Heinrich (VI.) bei dieser Gelegenheit seine (unter dem Namen „Kaiser Heinrich" überlieferten) Minnelieder vortrug. Der Mainzer Hoftag von 1188, auch „Hoftag Jesu Christi" genannt, stand im Zeichen des dritten Kreuzzugs. Denkbar ist, dass bei diesem Anlass Kreuzzugslieder zur Aufführung kamen. Die Wahl der Termine war sinnträchtig: Der erste Hoftag fand an Pfingsten, der zweite am vierten Fastensonntag (*Laetare Jerusalem*, 27. März 1188) statt.

Tab. 2.5 Die Namen der rheinischen Minnesänger

	Sänger	Hs	Stand	Name	Herkunft
Innerer Kreis	Friedrich von Hausen	B	H(er)	Friderich	vo(n) Husen
		C	Her	Friderich	von Husen
	Kaiser Heinrich	B	Kaiser	Heinrich	
		C	Keiser	Heinrich	
	Ulrich von Gutenburg	B	Her	Ulrich	von Guotenburg
		C	Her	Uolrich	von Guotenburg
	Bernger von Horheim	B	Her	Bernger	von Horneim
		C	Her	Bernge	von Horhein
	Bligger von Steinach	B	Her	Bliger	von S[t]ainach
		C	Her	Bligge	von Steinach
	Otto von Botenlauben	A		Otto	von Bottenloben
		B	Grave	Otte	von Bottenlov[en]
		C	Grave	Otto	von Bottenloube
Äußerer Kreis	Heinrich von Veldeke	A		Heinrich	von Veltkilchen
		B	Maister	Hainrich	von Veldig
		C	Her	Heinrich	von Veldeg
	Heinrich von Rugge	A		Heinrich	von Rucche
		B	Her	Hainrich	von Ruche
		C	Her	Heinrich	von Rugge
	Hartwig von Raute	B	Her	Hatwig	Raute
		C			von Raute
	Albrecht von Johansdorf	A		Albrecht	von Johannesdorrf
		B	Her	Albreht	von Jansdorf
		C	Der		von Johansdorf
	Engelhart von Adelnburg	C		Endilhart	von Adelburg
	Rudolf von Fenis-Neuenburg	B	Grave	R[udolf]	von Fenis
		C	Grave	Ruodolf	von Niuwenburg

Zum weiteren Umkreis des rheinischen Minnesangs gehören Heinrich von Veldeke, Heinrich von Rugge, Hartwig von Raute, Albrecht von Johansdorf, Engelhart von Adelnburg und Rudolf von Fenis-Neuenburg. Heinrich von Veldeke stammte aus einem maasländischen Ministerialengeschlecht, das im heute belgischen Limburg ansässig war. Er verfasste einen höfischen Roman nach französischer Vorlage (*Eneasroman*) und gehört somit zur Gruppe der höfischen Dichter, die als Epiker und Lyriker zugleich auftraten. In seinem Roman bekundet er, dass er am Mainzer Hoffest von 1184 teilgenommen habe. Heinrich von Rugge gehörte wahrscheinlich einem Ministerialengeschlecht der Pfalzgrafen von Tübingen an, das seinen Burgsitz bei Blaubeuren hatte. Er dürfte mit jenem *Heinricus miles de Rugge* identisch sein, der in einer zwischen 1175 und 1178 verfassten Urkunde des Abts von Blaubeuren als Zeuge erscheint. Über den möglicherweise aus Bayern stammenden Hartwig von Raute ist wenig bekannt. Ein *Hartwicus de Riute* ist als Ministeriale des Markgrafen Ottokar von Steier bezeugt, er wird zwischen 1130 und 1150 in bayerischen und oberösterreichischen Urkunden erwähnt. Dabei dürfte es sich jedoch nicht um den Liederdichter, sondern um seinen Vater oder einen anderen Verwandten handeln. Albrecht von Johansdorf stammte aus einem Ministerialengeschlecht, das für die Bischöfe von Bamberg und Passau tätig war; Stammsitz war der niederbayerische Weiler Jahrsdorf an der Vils. Bei dem zwischen 1172 und 1209 mehrfach überlieferten Namen handelt es sich um Vater und Sohn, einer von beiden war der Dichter. Die Kreuzlieder legen nahe, dass Albrecht 1197 am Kreuzzug Heinrichs VI. teilnahm. Engelhart von Adelnburg gehörte vermutlich dem Geschlecht der Freiherrn von Adelnburg an, das in der bayerischen Oberpfalz ansässig war. Zwischen 1174 und 1230 gibt es zahlreiche Urkunden, die sich wieder auf zwei verschiedene Personen beziehen, vermutlich Vater und Sohn. Rudolf von Fenis-Neuenburg stammte aus dem schweizerischen Geschlecht der Grafen von Neuenburg, nannte sich nach seinem Burgsitz aber auch „von Fenis". Er ist seit 1181 bezeugt und zwischen 1192 und 1196 jung gestorben. Er lehnt sich besonders eng an die okzitanischen Trobadors an, deren Lieder er zum Teil nachdichtete.

Der Rhein als Metonymie der Heimat
Viele rheinische Minnesänger erwähnen den Rhein, nämlich Friedrich von Hausen, Ulrich von Gutenburg, Bligger von Steinach, Otto von Botenlauben und Heinrich von Veldeke. Zwei Gedankenfiguren lassen sich unterscheiden: Entweder steht der Rhein metonymisch für die Heimat oder metaphorisch für die Beständigkeit der Liebe.

Der Rhein als Metonymie der Heimat findet sich vor allem in solchen Liedern, die die räumliche Trennung des Sängers von der Dame thematisieren. Friedrich von Hausen gestaltet dieses Motiv gleich zweimal. Im ersten Lied (MF 45,1) sagt er, dass er *über die berge* gereist sei, sich also jenseits der Alpen in Italien befinde, wo er darüber nachdenke, wie es ihm wohl erginge, wenn er wieder am Rhein (*iender umb den Rîn*) bei seiner Dame wäre. Der zweite Beleg findet sich in einem seiner Kreuzlieder (MF 48,3). Darin ist von Rittern die Rede, die lieber am Rhein (*alumbe den Rîn*) geblieben wären, als am Kreuzzug teilzunehmen, da sie fürchten, ihre Damen könnten sich den daheimgebliebenen Männern zuwenden. Auch Bligger von Steinach greift die Gedankenfigur in einem Minnelied auf (MF 119,6). Aufgrund der Trennung von der Dame erscheint ihm das Leben als sinnlos, und er hofft, sie einst am Rhein (*bî dem Rîne*) wiederzusehen. Otto von Botenlauben erwähnt den Rhein zweifach. Einmal beklagt er die Trennung von seiner Dame, die am Rhein (*al umbe den Rîn*) weile (KLD 41,XII), ein anderes Mal vergleicht er die unerreichbar ferne Dame mit dem bei Lochheim im Rhein (*ze Lôche [...] in dem Rîne*) versunkenen Nibelungenhort (KLD 41,II). Heinrich von Veldeke singt, dass ihn die Dame mit Freude erfülle, wenn er in der Nähe des Rheins (*al über den Rîn*) an sie denke (MF 64,17). In Abwandlung des Rheinmotivs bezieht er sich in einem anderen Lied auf die Flüsse Rotte und Sauer, die auf seine maasländische Heimat verweisen (MF 56,1: *zwischen dem Roten und der Sowe*).

Die zweite Gedankenfigur ist ein Adynaton, d. h. ein unmöglicher Vergleich, der die Beständigkeit der Liebe betont. Friedrich von Hausen legt in einem Lied (MF 48,32) der Dame die Worte in den Mund, dass es ihren Gegenspielern eher gelänge, den Rhein über die Alpen in den Po umzuleiten (*Si möhten ê den Rîn / bekêren in den Pfât*), als sie von ihrem Minnediener abzubringen. Freilich ist zu beachten, dass die beiden Flüsse zugleich in politischer Hinsicht das Römisch-Deutsche Reich markieren. Ulrich von Gutenburg wendet in seinem Minneleich (MF 69,1) das Adynaton auf den Ritter an. Auch er beteuert, dass die Chancen, ihn seiner Dame abspenstig zu machen, so gering seien wie der Versuch, den Rhein in den Po umzuleiten (MF 75,6: *Er kêrte den Rîn ê in den Pfât*). Dasselbe Motiv variiert er, indem er den italienischen Fluss durch die Mosel ersetzt: Eher könnten seine Widersacher die Mosel vom Rhein ableiten (MF 71,39: *er schiede ê Musel und den Rîn*), als sein Herz von der Dame trennen.

Formgeschichtliche Merkmale
In formaler Hinsicht unterscheidet sich der rheinische vom donauländischen Minnesang durch die Ersetzung der Langzeilenstrophe durch die Kanzonenstrophe romanischer Prägung. Der Übergang ist fließend. Einerseits nähern die späteren donauländischen Minnesänger die Langzeilenstrophe bereits an die Kanzonenform an, andererseits greifen die früheren rheinischen Minnesänger noch vereinzelt auf die Langzeilenstrophe zurück. Dies gilt insbesondere für zwei Lieder von Kaiser Heinrich (MF 4,17; 4,35). Die Forschung hat dies oft so gedeutet, dass Kaiser Heinrich auf der Schwelle vom donauländischen zum rheinischen Minnesang stünde. Träfe dies zu, müsste der 1165 geborene Staufer schon im Kindesalter als Minnesänger aufgetreten sein. Plausibler ist die Annahme, dass es sich um eine Herrschaftsgeste handelt: Wenn er als Dichter nicht nur über den rheinischen, sondern auch den donauländischen Minnesang verfügen kann, dann steht er auch als Herrscher über beiden Gebieten.

Die Kanzonenstrophe weist eine komplexe Bauform auf, die sich an einem Lied Friedrichs von Hausen verdeutlichen lässt (MF 51,33; s. Abschn. 3.2.2; 5.2.1). Die erste Strophe lautet:

2.1 Minnesang

Ich denke underwîlen,	3- a
ob ich ir nâher waere,	3- b
waz ich ir wolte sagen.	3 c
daz kürzet mir die mîlen,	3- a
swenne ich mîne swaere	3- b
sô mit gedanken klage.	3 c
Mich sehent manige tage	3 c
die liute in der gebaerde,	3- b
als ich niht sorgen habe,	3 c
wan ich si alsô vertrage.	3 c

Ich denke unterwegs, wenn ich ihr näher wäre, was ich ihr dann sagen wollte. Das verkürzt mir die Meilen, wenn ich mein Leid so in Gedanken beklage. Mich sehen oftmals die Leute in der Haltung, als wenn ich keine Sorgen hätte, weil ich sie so gut verberge.

Dem Gedankenstil (*ich denke*, *sô mit gedanken*) entspricht die Dreiteiligkeit der Strophe, die eine gegliederte Argumentation ermöglicht. Die ersten sechs Verse bilden den Aufgesang, die letzten vier Verse den Abgesang. Der Aufgesang teilt sich in zwei Stollen zu je drei Versen. Das Reimschema lautet abc abc cbcc. Alle Verse sind dreihebig, die a- und b-Verse weisen eine weibliche, der c-Vers eine männliche Kadenz auf. Ein doppeltes Reimband verknüpft Auf- und Abgesang (bc). Im Aufgesang hält der Sänger eine Innenschau, in der er seine Gedankenspiele zunächst konstatiert (erster Stollen) und dann begründet (zweiter Stollen). Der Abgesang handelt dann von der Außenschau, der Haltung, in der sich der Sänger vor der Hofgesellschaft präsentiert.

Die zunehmende Komplexität des rheinischen Minnesangs kommt auch in der überwiegenden Mehrstrophigkeit der Lieder zum Ausdruck. Während im donauländischen Minnesang die Strophen nur locker verkoppelt wurden (sei es durch motivische Korrespondenzen, sei es durch die Gattung des Wechsels) werden nun nach romanischem Vorbild Lieder konzipiert, die über mehrere Strophen hinweg einen Gedankengang entfalten. Die Strophen haben nicht mehr szenischen, sondern einen fortschreitend diskursiven Charakter. Zwar gibt es noch einstrophige Lieder, aber sie sind (außer bei Heinrich von Veldeke) in der Minderzahl. Man findet Lieder mit bis zu sieben Strophen, doch dominieren die dreistrophigen, gefolgt von den zwei- und vierstrophigen Liedern. Heinrich von Rugge stellt insofern einen Sonderfall dar, als er in seinen Liedern mehrfach Töne wiederholt.

Höfische Liebe als Disziplin
Der rheinische Minnesang propagiert ein Liebeskonzept, das mit den Modellen des „aristokratisierenden Registers" (Bec), des „Gedankenstils" (Brinkmann) und der „höfischen Liebe" (Luhmann) beschrieben werden kann (s. Abschn. 1.2.2). Es beruht auf der Einseitigkeit der Liebe des Minnesängers zur Minnedame und unterscheidet sich somit vom frühen Minnesang, der die gegenseitige Liebe von Ritter und Dame in den Vordergrund stellt.

Der rheinische Minnesang lässt sich, in Abgrenzung vom Liebeskonzept der Lizenz im donauländischen Minnesang, mit dem Stichwort der *Disziplin* bezeichnen. Der Minnesänger erwählt eine Frau aufgrund ihrer Tugendhaftigkeit zu seiner Minnedame, die sich aber seiner Werbung entzieht. Die Einseitigkeit der Liebe hält den Ritter nicht davon ab, seine Werbung fortzusetzen. Der rheinische Minnesang dient somit der männlichen Selbstdisziplinierung. Er ist eine ethische und ästhetische Übung, die auf die Nobilitierung des Ritters zielt.

Die Barriere liegt nicht mehr außerhalb des Minneverhältnisses in Form von Mitgliedern der höfischen Gesellschaft, die kontrollierend, intrigierend und rivalisierend in entstehende und bestehende Liebesbeziehungen eingreifen. Vielmehr wird das Hindernis in die Minnedame und somit ins Innere des Minneverhältnisses verschoben. Der rheinische Minnesang ist mit einem Tabu versehen: Der Minnesänger darf von seiner Liebe sprechen, aber die Minnedame darf ihn nicht erhören, darf ihre Ablehnung nicht einmal aussprechen (vgl. aber die Gattung des Frauenlieds).

Das Verhältnis zwischen Minnesänger und Minnedame ist von Hierarchie geprägt. Das gesellschaftliche Prinzip des Lehnswesens wird als Beziehungsmodell in den Minnesang hineingespiegelt. Die Minnedame übernimmt strukturell und symbolisch die überlegene Rolle des Lehnsherrn, der Minnesänger die dienende Rolle des Lehnsmannes. Liebe wird im Modus der Herrschaft gedacht, als freiwillige Selbstunterwerfung unter die Minnedame (doch übt auch der Mann eine gewisse Macht auf die Frau aus, indem er sich von ihrer Ablehnung nicht beirren lässt). Wie schon das donauländische ist auch das rheinische Liebeskonzept von ehelichen Beziehungen zu unterscheiden. Da der Konsens der Dame ausbleibt, verharrt die Minnebeziehung im Stadium der Werbung. Zum sexuellen Vollzug kommt es nicht, dafür wird das Begehren moralisch und künstlerisch sublimiert.

Die vertikale Ausrichtung des Liebeskonzepts kommt in der Metapher der „hohen" Minne zum Ausdruck. Hoch ist sie insofern, als sie sich ein erhabenes Ziel steckt – nämlich die Perfektion der idealisierten Minnedame. Höhe bedeutet zugleich Ferne. Indem die Sänger der hohen Minne die geliebte Dame auf Distanz bringen, nehmen sie ihr die Präsenz. Es gibt kaum noch Strophen, in denen die weibliche Stimme zu Wort kommt. Die Gattungen des Frauenlieds, des Dialoglieds und des Wechsels treten in den Hintergrund, die Gattung des Männerlieds in den Vordergrund.

Der Minnesang wird somit monologisch. Der Ritter kreist in seinen Gedanken und Gefühlen um sich selbst. Insofern eignet der hohen Minne eine narzisstische Dimension. Im Medium des Minnesangs bespiegelt sich der Ritter selbst; er lotet seine affektiven und intellektuellen Tiefen aus und erlangt somit einen höheren Grad an Subjektivität. Die Selbstbezogenheit des Minnesängers lädt zu psychoanalytischen Deutungen ein, die sich auf Sigmund Freuds Narzissmustheorie und das von Jacques Lacan beschriebene Konzept des Spiegelstadiums stützen (vgl. Kraß 2009).

Hohe Minne
Die rheinischen und professionellen Minnesänger beschwören eine vertikal gedachte Form der Liebe: die „hohe Minne". Das hierarchische Rangverhältnis ist symbolisch zu verstehen. Die Minnedame des hohen Minnesangs ist keine ständisch überlegene Person, sondern eine Projektion des Minnesängers. Beispiele für die Metapher der „hohen" Minne bieten Friedrich von Hausen und Rudolf von Fenis im rheinischen und Reinmar der Alte und Heinrich von Morungen im professionellen Minnesang.

Friedrich von Hausen:
- *Hete ich sô hôher minne / mich nie underwunden, / mîn möhte werden rât* (MF 52,7–9; „Hätte ich mich nie auf so hohe Minne eingelassen, so könnte mir noch geholfen werden").
- *Al ze hôhe ‹...› minne / brâhten mich ûz dem sinne* (MF 56,19–20: „Allzu hohe Minne hat mich um den Verstand gebracht").

Rudolf von Fenis:
- *Mir ist alse dem, der ûf den boum da stîget / und niht hôher mac und dâ mitten belîbet / unde ouch mit nihte wider komen kan / und alsô die zît mit sorgen hine vertrîbet* (MF 80,5–8: „Mir ergeht es wie einem, der auf einen Baum steigt und nicht höher kann und mittendrin stecken bleibt und auch nicht herunterzuklettern weiß und so seine Zeit mir Sorgen vertreibt").

Reinmar der Alte:
- *waz touc mir ein ze hôhez zil?* (MF 217,5: „Was nutzt mir ein so hoch gestecktes Ziel?").

Heinrich von Morungen:
- *Ez tuot vil wê, swer herzeclîche minnet / an sô hôher stat, da sîn dienst gar versmât* (MF 134,14–15: „Der leidet großen Schmerz, der von Herzen an einer so hohen Stelle liebt, wo sein Dienst ganz und gar verschmäht wird").

Im rheinischen Minnesang werden weiterhin Natureingänge verwendet, die aber eine neue Funktion erhalten. Es geht nicht mehr um den raumsymbolischen Ausdruck gemeinsam genossener Liebesfreude, sondern um die Inszenierung eines Kontrasts: Während im Frühling die Natur erblüht und die Vögel sich paaren, verharrt der Minnesänger im seelischen Winter seiner Einsamkeit und Klage (s. Abschn. 5.2.7).

Das Gattungsspektrum
Im rheinischen Minnesang verändert sich das Gattungsspektrum. Dies betrifft zunächst die thematischen Gattungen des Tage- und Falkenlieds. Das Tagelied,

in dem sich das gegenseitige Liebeskonzept des donauländischen Minnesangs exemplarisch verkörpert, führt der rheinische Minnesang vorerst nicht weiter (abgesehen von Otto von Botenlauben). Auch die Gattung des Falkenlieds, das die freie Liebeswahl des Ritters (Kürenberger) und der Dame (Dietmar von Aist) gestaltet, wird im rheinischen Minnesang ausgesetzt (Tab. 2.6).

Außerdem verändert sich die Gewichtung der diskursiven Gattungen. Da die männliche Perspektive in den Vordergrund und die weibliche Perspektive in den Hintergrund tritt, dominiert fortan das Männerlied. Die Gattungen, in denen die weibliche Stimme zum Ausdruck kommt, werden verdrängt. Das Frauenlied, das Dialoglied und der Wechsel kommen nur noch selten vor – was nicht heißt, dass sie vernachlässigt werden können, sondern dass sie umso mehr Aufmerksamkeit verdienen. Auch das Botenlied verliert an Bedeutung, da die Hindernisse der Liebe nicht mehr, wie im frühen Minnesang, äußerlicher Natur sind, sondern in der Minnedame selbst begründet liegen. Folglich vermag auch ein Bote nicht zu ihr vorzudringen. Eine Ausnahme stellt Otto von Botenlauben dar, der jüngste der rheinischen Minnesänger. Dass er die Gattung des Botenlieds wiederbelebt, mag vielleicht auch seinem Namen geschuldet sein (die Große Heidelberger Liederhandschrift zeigt ihn, wie er einem Boten eine Pergamentrolle anvertraut).

Kreuzlieder
Zu den thematischen Gattungen tritt, wieder beeinflusst von romanischen Vorbildern, das Kreuzlied neu hinzu. Charakteristisch für diese Gattung ist das Dilemma zwischen Minne- und Gottesdienst.

▶ **Definition** Friedrich von Hausen, Heinrich von Rugge und Albrecht von Johansdorf beziehen sich in ihren **Kreuzliedern** auf den Kreuzzug Friedrichs I.

Tab. 2.6 Das Gattungsrepertoire des rheinischen Minnesangs

Sänger	Männerlied	Frauenlied	Wechsel	Dialoglied	Kreuzlied
Friedrich von Hausen	x	x	x	-	x
Kaiser Heinrich	x	x	-	-	-
Ulrich von Gutenburg	x	-	-	-	-
Bernger vonHorheim	x	-	-	-	-
Bligger von Steinach	x	-	-	-	-
Otto von Botenlauben	x	x	x	x	x
Heinrich von Veldeke	x	x	(x)	-	-
Heinrich von Rugge	x	-	x	-	x
Hartwig von Raute	x	-	-	-	-
Albrecht von Johansdorf	-	x	x	x	x
Engelhart von Adelnburg	x	-	-	-	-
Rudolf von Fenis	x	-	-	-	-

Barbarossa (1189-1192), Otto von Botenlauben (s. Abschn. 5.2.6) auf den Kreuzzug Heinrichs VI. (1197/1198). Die im rheinischen Minnesang bestehende Beziehung zwischen Lyrik und Politik tritt im Kreuzlied besonders deutlich hervor. Das Thema des Kreuzzugs wirkt sich auf das Liebeskonzept des hohen Minnesangs aus. Der Selbstverpflichtung des Minnesängers, seiner Dame treu zu dienen, tritt nun als konkurrierender Anspruch die Verpflichtung zum Dienst an Gott gegenüber. Die Distanz zwischen Minnesänger und Minnedame, die den hohen Minnesang ohnehin prägt, wird nun von der räumlichen Entfernung des Kreuzritters überlagert, der sich dem Kreuzzug angeschlossen hat, um das Heilige Land zu befreien (vgl. die von Ulrich Müller [1985] hg. Anthologie Kreuzzugsdichtung).

Friedrich von Hausen, der vier Kreuzlieder verfasste, spielt verschiedene Möglichkeiten durch, das Dilemma aufzulösen. Die erste Option besteht in einer Stufung der Ansprüche. Zwar zieht er die Geltung der Minnedame nicht in Zweifel, stellt aber den Dienst für Gott noch darüber (MF 45,37). Von Gott erhofft er jenen Lohn, den ihm die Minnedame stets vorenthielt: *nu wil ich dienen dem, der lônen kan* (MF 46,38: „Nun will ich dem dienen, der Lohn zu geben weiß"). Der hohe Minnesang öffnet sich also an der Stelle für die religiöse Thematik, wo es um das Verhältnis von Dienst und Lohn geht. Die Gegenseitigkeit der Beziehung zwischen Kreuzritter und Gott überwindet die Einseitigkeit der Beziehung zwischen Minnesänger und Minnedame. Die zweite Option, das Dilemma aufzulösen, besteht in der Einbeziehung der Minnedame in die religiöse Verpflichtung (MF 48,3). Es ist eine Frage ihrer Ehre, dass sie die Verpflichtung des Ritters zur Teilnahme am Kreuzzug anerkennt; dieser wiederum vertraut seine Minnedame der Obhut Gottes an: *herre got, ûf die genâde dîn / sô wil ich dir bevelhen die, / die ich durch dînen willen lie* (MF 48,10–12: „Herr Gott, deiner Gnade will ich diejenige anempfehlen, die ich um deinetwillen verließ"). Die dritte Option besteht in der Absage an die Minnedame (MF 47,9). Im betreffenden Lied inszeniert Friedrich von Hausen einen inneren Streit: Er will sich mit Leib und Seele dem Kreuzzug anschließen, doch sein *herze* hält an der Liebe zur Dame fest. Als Bruchstelle erweist sich wiederum die Einseitigkeit des Minnedienstes (47,33–36):

> Niemen darf mir wenden daz zunstaete,
> ob ich die hazze, die ich dâ minnet ê.
> swie vil ich sî gevlêhte oder gebaete,
> sô tuot si rehte, als sis niht verstê.

> Niemand darf mir das als Treulosigkeit auslegen, wenn ich nun die hasse, die ich früher liebte. Wie oft ich mich mein Flehen und Bitten auch an sie richtete, so verhält sie sich doch genauso, als wenn sie das nicht verstünde.

In einem einstrophigen Kreuzlied, das die Minnethematik ausspart, bekräftigt Friedrich von Hausen, dass es keine Alternative zur Teilnahme am Kreuzzug gibt. Ein Ritter, der ein entsprechendes Gelübde abgelegt hat, dieses dann aber bricht, hat sein Seelenheil verspielt (MF 53,31). Der Bruch mit Gott, so scheint der Minnesänger zu implizieren, wiegt schwerer als die Trennung von der Minnedame.

Der zweite rheinische Minnesänger, der sich mit dem Thema des Kreuzzugs auseinandersetzte, ist Albrecht von Johansdorf. Er verfasste fünf Kreuzlieder, in denen er zweimal die Minnedame zu Wort kommen lässt. Auch Albrecht spielt verschiedene Antworten auf das Dilemma zwischen Gottes- und Minnedienst durch. Er bekennt sich zwar zu seinem Minneverhältnis, stellt aber Gott über die Dame (MF 87,5). Auf ihre Frage, wie er beides zugleich erfüllen wolle, übers Meer fahren und doch bei ihr bleiben (*,wie wiltu nû geleisten diu beide, / varn über mer und iedoch wesen hie?'*), reagiert er mit einer Bitte an Gott, die die Dame in das religiöse Anliegen mit einbezieht: *heiliger got, wis gnaedic uns beiden!* (MF 87,12: „Heiliger Gott, sei uns beiden gnädig!"). Die Tendenz, den Kreuzzug zur gemeinsamen Sache zu machen, zeigen auch die übrigen Lieder. Der Minnesänger verspricht, dass er die Dame in seinem Herzen mitnehmen wolle: *si kumet mir niemer tac ûz dem herzen mîn* (MF 87,29, hier 88,4: „Sie verlässt mir an keinem einzigen Tag mein Herz"). Er ruft Gott als Zeugen an, dass sie auch in der Ferne stets in seinen Gedanken sei: *Got weiz wol, ich vergaz ir niet, / sît ich von lande schiet* (MF 92,7–8: „Gott weiß genau, dass ich sie nie vergaß, seit ich die Heimat verließ"). Er bittet Gott, dass er sie beschützen möge, und spricht ihr die Hälfte des erlangten Seelenlohns zu: *sô sî er der guoten dort umb halben lôn gemant* (MF 94,15, hier 94,34: „So sei Gott ermahnt, ihr dort den halben Lohn zu geben"). Das Festhalten an der Minnedame führt den Minnesänger dazu, vor Gott ein Schuldbekenntnis abzulegen, das wiederum als rhetorisches Minnebekenntnis gelesen werden kann. Gott möge es ihm nicht nur verzeihen, sondern als etwas Gutes anrechnen, dass die Teilnahme am Kreuzzug ihn nicht von seiner Liebe zur Dame abbringe (MF 90,13–15):

alle sünde liez ich wol wan die:
ich minne ein wîp vor al der welte in mînem muote.
got herre, daz vervâch ze guote!

Von allen Sünden ließ ich ab, außer von dieser einen: Ich liebe in meinem Herzen eine Frau mehr als die ganze Welt. Gott, das rechne als etwas Gutes an!

Heinrich von Rugge hat nicht nur ein Kreuzlied, sondern auch einen umfangreichen Kreuzleich verfasst (MF 96,1; vgl. s. Abschn. 7.1). Das Kreuzlied besteht aus zwei locker gereihten Strophen, deren erste auf die Minne und deren zweite auf den Kreuzzug abhebt (MF 102,1). Heinrich von Rugge löst das Dilemma, indem er die Minnedame selbst die Verbindung aufkündigen lässt. Daher ist er frei, alles Weltliche hinter sich zu lassen und sich ganz auf den göttlichen Lohn zu konzentrieren: *ûf bezzer lôn stêt aller mîn gedanc* (MF 102,22: „Auf höheren Lohn richten sich alle meine Gedanken").

Otto von Botenlauben schließt sich an Albrecht von Johansdorf an, der den Ausgleich zwischen Gottes- und Minnedienst suchte, und geht in dieser Hinsicht noch einen Schritt weiter. In einem Wechsel (KLD 41,12; vgl. II 1.2.6) beschwört zunächst der Minnesänger, dass die Dame sein Himmelreich (*himelrîche*) sei – er überträgt also die religiöse Thematik metaphorisch auf die höfische Liebe. Dann bittet er darum, Gott möge nicht nur ihm, sondern auch seiner Minnedame seine Gnade schenken: *herre got, nu tuo mir helfe schîn, / daz ich mir und ir erwerbe noch die hulde dîn!* (Str. 1, V. 6–7: „Herr Gott, nun erweise mir deine Hilfe, damit ich mir und ihr noch deine Gnade erwerbe"). In der zweiten Strophe spitzt die Dame die Metapher weiter zu: Wenn sie das Himmelreich des Minnesängers sei, dann sei er darin ihr Gott. Wohl wissend, dass sie damit die Grenze zur Blasphemie berührt, schickt sie eine Abbitte an Gott hinterher, dessen Vorrang sie durchaus respektiert: Er solle ihr nicht zürnen, denn wenn der Minnesänger nicht zu ihr zurückkehre, sei ihre Lebensfreude verloren.

Frauenlieder

Die Kreuzlieder Albrechts von Johansdorf und Ottos von Botenlauben zeigen, dass auch die rheinischen Minnesänger die Liedgattungen weiterführen, in denen die Dame zu Wort kommt: das Frauenlied, das Dialoglied und den Wechsel. Zu nennen sind Kaiser Heinrich, Friedrich von Hausen, Heinrich von Veldeke, Albrecht von Johansdorf und Heinrich von Rugge. Von Kaiser Heinrich stammen zwei Wechsel, die sich formal an den donauländischen Minnesang anschließen (Langzeilenstrophen), aber dem rheinischen Minnesang zuzurechnen sind (MF 4,17; 4,35). Friedrich von Hausen verfasste einen Wechsel, der aus zwei Kanzonenstrophen besteht (MF 48,32), und ein in zwei Fassungen überliefertes Frauenlied (MF 54,1), in dem die Minnedame ihre Position darlegt. Sie ist durchaus nicht so ignorant, wie es ihr in den Männerliedern vorgeworfen wird, sondern leidet ihrerseits daran, dass sie den Liebeswunsch des Ritters nicht erfüllen kann, ohne seine und ihre eigene gesellschaftliche Reputation zu gefährden (MF 54,1):

> ‚Wol ir, si ist ein saelic wîp,
>   diu von sender arbeit nie leit gewan.
> des hât ich den mînen lîp
>   vil wol behüetet, wan daz mich ein saelic man
>   Mit rehter staete hât ermant, daz ich im guotes gan.
>   nu twinget mich der kumber sîn und tuot mir wê,
>   und ist daz mîn angest gar:
>   sîn nement wol tûsent ougen war,
>   wenne er kome, dâ ich in sê.'

Wohl ihr, sie ist eine glückliche Frau, die sich nie wegen Liebeskummer quälen musste. Davor habe ich mich stets sorgsam geschützt; aber ein glücklicher Mann hat mich in aufrichtiger Treue ermahnt, dass ich ihm etwas Gutes gönnen solle. Nun bedrängt mich sein Kummer und bereitet mir Schmerz, und dies ist meine große Angst: Tausend Augen werden ihn genau wahrnehmen, wenn er dorthin kommt, wo ich ihn sehe.

Weitere Lieder, in denen die Stimme der Frau zur Geltung kommt, finden sich bei Heinrich von Veldeke, der zwei Frauenlieder (MF 57,10; Lied XXXVII) und zwei Wechsel (MF 60,13; 67,17) verfasste, bei Heinrich von Rugge, dessen Œuvre vier Frauenstrophen umfasst (MF 100,23; 107,17; 110,8; 111,5), und bei Albrecht von Johansdorf, der außer den bereits angesprochenen dialogischen Kreuzliedern (MF 87,5; 94,15) ein Frauenlied (MF 91,22) und ein Dialoglied (MF 93,12) dichtete.

Das Dialoglied Albrechts von Johansdorf ist besonders aufschlussreich (s. Abschn. 5.2.11). Er entwirft eine Szene, die dem frühen Minnesang entlehnt ist, aber mit dem Diskurs des hohen Minnesangs gefüllt wird. Ein Ritter trifft auf eine unbegleitete Dame; und es entspinnt sich ein höfisches Streitgespräch, in dem die Frau allen Bitten des werbenden Mannes souverän ausweicht, bis sie ihm am Ende doch einen Lohn in Aussicht stellt: ‚*daz ir dest werder sint unde dâ bî hôchgemuot*' (94,14: „dass ihr umso edler seit und dabei hochgestimmt"). Dieser Vers enthält einerseits eine mustergültige Definition des hohen Minnesangs, der auf die ethische Nobilitierung des Mannes zielt; er ist andererseits als ironische Schlusspointe lesbar, mit der die Dame dem hoffenden Ritter die Sprache verschlägt.

Die Frauenlieder gehören, auch wenn ihre Zahl vergleichsweise gering ist, ins Gesamtbild des rheinischen Minnesangs. Sie verhalten sich komplementär zu den Männerliedern und sind zu berücksichtigen, um eine verkürzte Perspektive auf das Liebeskonzept des rheinischen Minnesangs zu vermeiden.

Donauländischer und rheinischer Minnesang im Vergleich
Die Unterschiede zwischen donauländischem und rheinischem Minnesang lassen sich wie folgt tabellarisch zusammenfassen. Zu beachten ist, dass es sich nicht um Oppositionen, sondern Tendenzen handelt, die von den Anfängen des donauländischen bis zum Höhepunkt des rheinischen Minnesangs reichen (Tab. 2.7).

2.1.3 Professioneller Minnesang

Um 1190 setzte der professionelle Minnesang ein, der oft auch als klassischer Minnesang bezeichnet wird. Er umfasst fünf Liederdichter, die die zuvor von Mitgliedern der Hofgesellschaft nebenher ausgeübte Gattung professionalisierten.

Tab. 2.7 Donauländischer und rheinischer Minnesang im Vergleich

	Donauländischer Minnesang	⇒	Rheinischer Minnesang
Datierung	vor 1170	⇒	ab 1170
geographischer Raum	Donaugebiet	⇒	Rheingebiet
Ton (Melodie)	autorbezogener Ton	⇒	liedbezogener Ton
Strophenform	Langzeilenstrophe	⇒	Kanzonenstrophe
Umfang des Liedes	einstrophig	⇒	mehrstrophig
Rollen des Sängers	Frauen- und Männerlieder	⇒	größtenteils Männerlieder
Kommunikationsform	dialogisch	⇒	monologisch
Liebeskonzept	Gegenseitigkeit („Lizenz")	⇒	Einseitigkeit („Disziplin")
Ziel des Begehrens	Erfüllung	⇒	Sublimierung
literarischer Stil	szenisch („Erfahrungsstil")	⇒	diskursiv („Gedankenstil")
thematische Gattung	Tagelied, Falkenlied	⇒	Kreuzlied

2.1 Minnesang

Zwei Gruppen sind zu unterscheiden. Auf der einen Seite stehen Heinrich von Morungen und Reinmar der Alte, die ein besonders umfangreiches Œuvre aufweisen: Heinrich von Morungen verfasste fünfunddreißig, Reinmar der Alte sogar achtundsechzig Lieder. Auf der anderen Seite stehen Hartmann von Aue, Wolfram von Eschenbach und Gottfried von Straßburg, die (wie schon vor ihnen Heinrich von Veldeke) als Epiker hervortraten, aber jeweils auch Minnelieder komponierten. Von Hartmann von Aue, dem Verfasser zweier Artusromane (*Erec*, *Iwein*) und zweier Novellen (*Gregorius*, *Der arme Heinrich*), sind achtzehn Minnelieder überliefert, außerdem ein Streitgespräch über die Liebe (*Diu Klage*), das als diskursgeschichtliches Zeugnis der höfischen Liebe besonders wichtig ist. Von Wolfram von Eschenbach, dem Autor eines Artusromans (*Parzival*) und eines legendenhaften Heldenepos (*Willehalm*), stammen neun Minnelieder. Gottfried von Straßburg ist vor allem als Verfasser des Liebesromans *Tristan und Isolde* bekannt; unter seinem Namen ist auch ein Minnelied überliefert (Tab. 2.8).

Die professionellen Minnesänger führten die von ihren rheinischen Vorgängern begonnene Tradition des hohen Minnesangs in formaler und inhaltlicher Hinsicht weiter. Sie emanzipierten sich von den romanischen Einflüssen und entwickelten jeweils einen eigenen, unverkennbaren Stil. Heinrich von Morungen gilt als „Sensualist" (Günther Schweikle) unter den Minnesängern, da er besonders viel Wert auf Sinneseindrücke und Einbildungskraft legt. Reinmar der Alte wurde einprägsam als „Scholastiker der unglücklichen Liebe" (Ludwig Uhland) bezeichnet, weil er besonders viele Minneklagen verfasste. Hartmann von Aue wird oft als „Ethiker" der hohen Minne angesprochen, da in seinen Liedern moralische Erwägungen dominieren. Wolfram von Eschenbach ist für die Vielzahl seiner

Tab. 2.8 Die Namen der professionellen Minnesänger

	Hs	Stand	Name	Herkunft
Heinrich von Morungen	A	*Der*		*von Morunge*
	B	*H[erre]*	*H[einrich]*	*von Morungen*
	C	*Her*	*Heinrich*	*von Morunge*
Reinmar der Alte	A		*Reimar*	
	B	*Herre*	*Reinmar*	
	C	*Her*	*Reinmar*	*der Alte*
	E	*Her*	*Reymar*	
Hartmann von Aue	A		*Hartman*	*von Owe*
	B	*H[erre]*	*Hartman*	*von Owe*
	C	*Her*	*Hartman*	*von Owe*
Gottfried von Straßburg	A		*Gotfrit*	*von Strasburc*
	C	*Meister*	*Goetfrit*	*von Strasburg*
Wolfram von Eschenbach	A		*Wolfram*	*von Eschebach*
	C	*Her*	*Wolfran*	*von Eschilbach*

Tagelieder bekannt, die diese Gattung eigenwillig ausprägen. Wollte man auch für Gottfried von Straßburg, der nur ein Minnelied komponierte, ein Etikett finden, so könnte man ihn als den „Poetologen" bezeichnen, da er in seinen Dichtungen explizit und implizit stets auch den Akt des Dichtens mitverhandelt. Allen professionellen Minnesängern ist gemeinsam, dass sie als selbstbewusste Künstler hervortreten, die in ihren Liedern nicht nur vom Lieben, sondern auch vom Singen, also von der Ausübung ihrer Kunst sprechen. Der Gebrauch poetischer Mittel (s. Abschn. 3.2) ist bei ihnen besonders stark ausgeprägt.

2.1.3.1 Heinrich von Morungen

Der Liederdichter ist in zwei Urkunden als „Ritter Heinrich von Morungen" (*miles Henricus de Morungen*) bezeugt. Der Markgraf von Meißen hatte ihm eine Pension gewährt, die er im Jahr 1217 mit der Bitte zurückgab, sie dem Leipziger Thomaskloster zu überschreiben. Die Lieder zeigen eine dialektale Prägung, die ihn ebenfalls als ostmitteldeutschen Dichter ausweisen. In diesen Raum weisen auch die Wappen. Der Dichter leitete seinen Namen von der damals thüringischen Burg Morungen bei Sangerhausen her. Die Wappenzeichen, die ihm die Weingartner und Große Heidelberger Liederhandschrift (vgl. Abb. 1.7b) zuordnen, verweisen auf ein thüringisches Ministerialengeschlecht. Im Unterschied zu Reinmar war Morungen Mitglied der Hofgesellschaft, also kein fahrender Sänger.

In seinen fünfunddreißig Minneliedern, die das drittgrößte Œuvre nach Walther und Reinmar bilden, erweist sich Heinrich von Morungen als Vertreter des hohen Minnesangs. Er knüpft an das einseitige Liebeskonzept des rheinischen Minnesangs an, bezieht sich aber außerdem auf drei weitere literarische Traditionen: die Lieder der provenzalischen Trobadors (Kontrafakturen), die antike Liebesdichtung (Ovid) und die Mariendichtung. Die intertextuellen Bezüge zeugen von seiner hohen Bildung.

Die Lieder Heinrichs von Morungen sind von sinnlichen Wahrnehmungen und visuellen Bildern bestimmt. Motive und Metaphern des Lichts und des Glanzes sind sehr häufig. Das Auftreten der Minnedame wird, wie die Erscheinung der Gottesmutter in der Marienlyrik, als Epiphanie gestaltet, insbesondere durch ihren Vergleich mit dem Mond (vgl. Kesting 1965). Während Reinmar die Minnedame als weibliches Ideal vorstellt, erhält sie bei Morungen metaphysische Züge. Sie wird als übermächtiges Wesen geschildert, als Göttin (MF 138,17), Himmelsfrau (MF 145,1) oder Dämonin (MF 126,8). Morungen bedient sich der Liebesmetaphorik Ovids, um die Macht der Minnedame zu illustrieren: Er vergleicht sein Liebesleid mit Krankheit (MF 137,10), Verwundung (MF 141,37) und Tod (MF 147,4). Er bezieht sich auch auf Ovids *Metamorphosen*, insbesondere auf den Narziss-Mythos (s. Abschn. 5.3.1). Die Schönheit der Dame konstatiert er nicht nur, wie sonst im Minnesang üblich, als Faktum, sondern beschreibt sie auch: teils durch die Hervorhebung körperlicher Einzelheiten, insbesondere des roten Mundes, teils durch anschauliche Metaphern und Vergleiche. Zur Visualität tragen auch szenische Details bei, wie sie für den Erlebnisstil des frühen Minnesangs charakteristisch waren (Fenster, Zinne, Tanz etc.). Naturmotive meidet Morungen weitgehend (MF 139,19; 140,32).

Heinrich von Morungen unterstreicht seine Rolle als Künstler. Er behauptet, er sei von Geburt an dazu bestimmt gewesen, ein Sänger zu sein: *wan ich dur sanc bin ze der welte geborn* (MF 133,20: „denn ich wurde um des Gesangs willen in diese Welt geboren"). Zahlreiche weitere Lieder betonen den Akt des Singens (MF 123,10; 125,19; 127,1; 127,34; 131,25; 132,27; 135,9; 136,1; 140,11; 140,32; 141,15; 143,4; 145,33). In formaler Hinsicht zeichnen sich seine Lieder durch kunstvolle Reimtechnik und daktylische Rhythmen aus.

Wie für den hohen Minnesang typisch, dominiert in Morungens Liedern die männliche Perspektive. Die Hauptthemen sind traditionell, Frauenpreis und Minneklage, werden aber in origineller Weise ausgestaltet. Die Stimme der Frau kommt in drei Wechseln zur Geltung (MF 130,31; 142,19), ein reines Frauenlied hat Morungen aber nicht verfasst. Einer der Wechsel ist zugleich ein Tagelied (MF 143,22), das die Erfüllung der Liebe aber nicht als gegenwärtiges Ereignis darstellt, sondern als vergangenes Ereignis erinnert.

2.1.3.2 Reinmar der Alte

Reinmar, den die Große Heidelberger Liederhandschrift (vgl. Abb. 1.7a) zur Unterscheidung von anderen Dichtern gleichen Namens den „Alten" nennt (A: *Reimar*, B: *Her Reinmar*, C: *Her Reinmar der Alte*), galt schon im Mittelalter als bedeutendster Minnesänger neben Walther von der Vogelweide (vgl. Hausmann 1999). Gottfried von Straßburg preist ihn in seinem Tristanroman als „Nachtigall von Hagenau" (Vers 4779). Das elsässische, nördlich von Straßburg am Rhein gelegene Hagenau war die von den Staufern am häufigsten genutzte Kaiserpfalz. Gottfrieds Bezeichnung kann als Hinweis auf Reinmars enge Beziehung zum staufischen Kaiserhof gedeutet werden, die auch in Reinmars Variante des Kaisertopos zum Ausdruck kommt. Die frühere Forschungsmeinung, dass Reinmar Hofdichter in Wien gewesen sei, wird heute nicht mehr aufrechterhalten. Im Unterschied zu den früheren Minnesängern war Reinmar kein festes Mitglied der Hofgesellschaft, sondern Berufsdichter mit wechselnden Engagements an verschiedenen Fürstenhöfen.

Unter Reinmars Namen bietet *Minnesangs Frühling* achtundsechzig Lieder (einschließlich der ihm abgesprochenen Lieder). Dies ist das umfangreichste Œuvre vor Walther von der Vogelweide. In Form und Inhalt weist Reinmar enge Bezüge zum rheinischen Minnesang auf, insbesondere zu Friedrich von Hausen. Reinmar treibt den Gedankenstil des hohen Minnesangs auf die Spitze. Dass Uhland ihn als „Scholastiker der unglücklichen Liebe" bezeichnete, liegt an den zahlreichen Minneklagen, die Reinmars Liederœuvre prägen. Wie die hohen Minnesänger vor ihm bekundet er sein Leiden am unerwiderten Minnedienst, nimmt aber für sich in Anspruch, *daz nieman sîn leit alsô schône kan getragen* (MF 163,9: „dass niemand sein Leid auf so schöne Weise ertragen kann"). Dieser Satz enthält drei Aussagen: dass er an der Liebe leide, dass das Leid seine poetische Produktivität antreibe und dass er in seiner Kunst allen anderen Minnesängern überlegen sei. Die gesteigerte Minneklage geht mit einem gesteigerten Preis der Minnedame einher, der sich in Hyperbeln und Emphasen erweist. Zugleich neigt Reinmar zu einem abstrakten Frauenbild, das er eher an das Geschlecht (*wîp*) als den Stand (*vrouwe*) der Frau koppelt. Wie schon im rheinischen Minnesang erscheint die Minnedame nicht als konkrete Person, sondern als idealisierter Begriff: *Sô wol dir, wîp, wie reine ein nam!* (MF 165,28: „Wohl dir, Frau, welch edler Name!").

Häufig betont Reinmar den Akt des Singens: implizit durch das Vogelmotiv (MF 184,31; 187,31; 191,7) und explizit durch direkte Verweise auf den Gesang (MF 152,15; 156,27; 163,23; 168,30; 189,5; 195,10; LXV). Dem vorherrschenden Gedankenstil entsprechend, sind Natureingänge und Naturmotive bei Reinmar eher selten (MF 167,31; 169,9; 183,33; 184,31; 203,24; LXIV); dafür führt er das Motiv des Schachspiels in den Minnesang ein (MF 159,1). Auch das aus dem frühen Minnesang bekannte Motiv des Falken nimmt er auf (MF 156,10; 179,3).

Reinmar verfasste zwei Kreuzlieder, die nur in der Großen Heidelberger Liederhandschrift überliefert sind (MF 180,28; 181,13). Er setzt in ihnen andere Akzente als Friedrich von Hausen und Albrecht von Johansdorf, wenn er nicht vom Lohn, sondern von der Freude, und nicht vom Herzen, sondern von den Gedanken spricht. Der Konflikt zwischen Minne- und Gottesdienst verbindet sich für Reinmar mit der Frage, was ihm größere Freude schenken könne. Die Erinnerung an vergangene Liebesfreuden hat für ihn mehr Gewicht als die Freude, die er in Gott finden sollte; und während Friedrich von Hausen beklagt, dass sein Herz sich von ihm trennen wolle, sind es bei Reinmar die Gedanken, die ihm ständig entlaufen. Ihm geht es also nicht um eine Entscheidung für oder gegen den Minnedienst, sondern um die Schwierigkeit, sein Denken und Fühlen auf Gott statt auf die Dame zu verpflichten. Dafür bezichtigt er sich selbst der Narrheit (*gouch, toben*) und des Selbstbetrugs (*betrogenheit*), löst aber die Problematik nicht auf. Die geringere Verbindlichkeit, die Reinmar gegenüber dem Kreuzzug an den Tag legt, mag auch seinem sozialen Stand geschuldet sein. Da er nicht dem Ritterstand angehörte, war der Kreuzzug für ihn in erster Linie in der Rolle des Minnesängers relevant.

Charakteristisch für Reinmar ist auch die überraschende Vielzahl der Lieder, in denen er der weiblichen Stimme Raum gibt. Er verfasste sieben Frauenlieder (MF 167,31; 178,1; 186,19; 192,25; 195,37; 199,25; 203,10), acht Wechsel (MF 151,1; 152,15; 152,25; 154,32; 171,32; 195,37; 198,4, LXVII), und ein Dialoglied (MF 177,10) – diese Lieder bilden etwa ein Viertel seines Œuvres. Reinmar nimmt die Minnedame ebenso ernst wie der frühe Minnesang, nun aber unter den Bedingungen des hohen Minnesangs. Er gleicht die weibliche an die männliche Rolle an, indem er auch die Dame an der „Scholastik der unglücklichen Liebe" teilhaben lässt. Sie ist ihrerseits Konflikten und Paradoxien unterworfen, wenn sie die Gründe reflektiert, die sie von der Erhörung des Ritters, dem sie durchaus gewogen ist, abhalten. Reinmar geht soweit, eine weibliche Minneklage zu verfassen, in der die Dame den Tod ihres Ritters betrauert (MF 167,31). Zu den Gattungen des frühen Minnesangs, die er auf die Situation des hohen Minnesangs bezieht, zählen auch das Botenlied und das Tagelied. Letzteres münzt er zu einem „Anti-Tagelied" um, das als erweiterter Wechsel gestaltet ist (MF 154,32). Die Pointe besteht darin, dass er mit Formen des frühen Minnesangs spielt, sie aber inhaltlich im Sinne des hohen Minnesangs füllt. Ihm sei nie das Glück zuteil geworden, sich über den morgendlichen Abschied von der Dame beklagen zu können, denn ein nächtliches Rendezvous sei ihm stets vorenthalten geblieben. Auch das Botenlied prägt Reinmar im Sinne des hohen Minnesangs um (MF 177,10). Die Dame erkundigt sich beim Boten über das Wohlbefinden des Minnesängers und beschreibt das Dilemma, dass sie ihn zum Singen weder auffordern, noch ihn davon abhalten kann: Im ersten Fall riskiert sie ihre Ehre, im zweiten Fall den Ärger der Hofgesellschaft, die der Freude des Minnesangs beraubt wird.

2.1.3.3 Hartmann von Aue

Während Reinmar und Morungen nur als Liederdichter hervortraten, war Hartmann von Aue (wie vor ihm schon Heinrich von Veldeke) Lyriker und Epiker zugleich. Er bezeichnet sich im Prolog seiner Novelle *Der arme Heinrich* ausdrücklich als Ritter und gebildeter Ministeriale aus Aue. Wahrscheinlich ist Au bei Freiburg gemeint; von dort stammte ein seit 1112 nachweisbares Ministerialengeschlecht, das dem schwäbischen Fürstengeschlecht der Zähringer diente. In den Urkunden wird ein „Heinrich von Aue" (*Heinricus de Owen/Owon*) namentlich genannt. Die Miniatur zeigt Hartmann als Ritter in voller Rüstung. Das Motiv des Rosenbaums verweist wohl auf die Rolle als Minnesänger. Das Wappen, das die Große Heidelberger Liederhandschrift Hartmann zuordnet (vgl. Walther 1988, S. 123), ist vermutlich vom Wappen der Zähringer abgeleitet. Alemannische Spuren im Reim und ein literarisches Zeugnis des Dichters Heinrich von dem Türlin (*von der Swâbe lande*) bestätigen die schwäbische Herkunft. Die Zähringer unterhielten enge Beziehungen zum französischen Adel und konnten daher die altfranzösischen Erzählungen bereitstellen, die Hartmann in deutscher Sprache bearbeitete. Die räumliche Nähe der Zähringer zu den Staufern begünstigte den in seinen Liedern offenkundigen Einfluss des rheinischen Minnesangs.

Außer zwei Artusromanen (*Erec, Iwein*), zwei Novellen (*Gregorius, Der arme Heinrich*) und einem Streitgedicht über die Liebe (*Diu Klage*) sind von Hartmann achtzehn Minnelieder überliefert; sein Œuvre ist also nur halb so groß wie das Heinrichs von Morungen. Dem hohen Minnesang entsprechend, dominieren die Männerlieder, vor allem zu den Themen Minneklage und Frauenpreis. In einigen Liedern schließt er vom Misserfolg seiner Werbung auf das eigene Versagen als Minnesänger (MF 211,27; 205,1), da der Lohn doch dem Verdienst entsprechen müsse. Dies ist freilich eine rhetorische Geste, die das Dilemma der hohen Minne unterstreicht. Die Distanz zur Minnedame wird oft als räumliche Entfernung umgesetzt (MF 212,13; 213,29). Wie für die professionellen Minnesänger typisch, thematisiert Hartmann in einigen Liedern das Singen (MF 205,1; 206,19; 218,5). Nur eines seiner Lieder beginnt mit einem Natureingang (MF 216,1).

In seinen drei Kreuzliedern (MF 209,25; 211,20; 218,5; vgl. II 1.3.3) propagiert Hartmann den Kreuzzug als wahre Erfüllung des ritterlichen Ethos. Er erklärt den Minnesang zur Illusion (*wân*) und betont (wie vor ihm schon Friedrich von Hausen) die Überlegenheit der gegenseitigen Beziehung zu Gott über die einseitige Beziehung zur Minnedame.

Auch Hartmann verfasste drei Frauenlieder, die die Perspektive der Minnedame ausleuchten. Das erste Frauenlied kritisiert in sarkastischem Ton werbende Ritter, die ihre Tugendhaftigkeit nur vortäuschen (MF 212,37); das zweite äußert die Bereitschaft, sich einem tugendhaften Ritter zuzuwenden (MF 216,1), auch wenn die Freunde und Verwandten sich dann abwenden sollten; das dritte ist eine Totenklage, in der die Dame den Tod eines Ritters (beim Kreuzzug?) betrauert, der ihr gegenüber seine Treue und Ehre bewiesen hatte (MF 217,14). In allen drei Liedern knüpft die Frau ihre Bereitschaft, sich einem Mann zuzuwenden, an dessen ethische Qualifikationen. Außerdem verfasste Hartmann einen Botenwechsel, an dem eine Dame beteiligt ist (MF 214,34).

Da Hartmann in seinen Minne- und Kreuzliedern zu moralischen Aussagen neigt, wird er zuweilen als „Ethiker" unter den professionellen Minnesängern bezeichnet. Der ethische Anspruch erweist sich auch in seinen anderen Werken, insbesondere der *Klage*, einem Streitgespräch eines Ritters (repräsentiert durch seinen *lîp*, d. h. seine leibhafte Person) mit seinem Herzen (*herze*). Nachdem sich der Ritter über das Leid beklagt, das ihm die vergebliche Minne zufügt, entfaltet sein Herz als Antwort eine Minnelehre, die die höfischen Tugenden als Weg vorstellt, um die Anerkennung der Dame zu gewinnen, darunter *milte* (Freigebigkeit), *zuht* (Wohlerzogenheit), *diemuot* (Bescheidenheit), *triuwe* (Loyalität), *staete* (Beständigkeit), *kiusche* (Integrität) und *manheit* (Tüchtigkeit). Es gibt also einen Zusammenhang zwischen der Unzugänglichkeit der Dame und der Unzulänglichkeit des Ritters. Nur ein Ritter, der sich in der Tugend bewährt, darf auf die Zuneigung der umworbenen Dame hoffen. Hartmanns *Klage* ist ein bedeutendes Dokument für die Gattungsgeschichte des Minnesangs. Kein anderer Minnesänger hat eine eigene Theorie und Ethik der Minne verfasst.

2.1.3.4 Gottfried von Straßburg

Gottfried von Straßburg ist vor allem als Verfasser des höfischen Liebesromans über Tristan und Isolde bekannt. In seinem Namen ist in der Kleinen und Großen Heidelberger Liederhandschrift nur ein Minnelied überliefert. Außerdem werden ihm einige Spruchstrophen zugeschrieben, die in der Überlieferung nicht mit seinem Namen verbunden sind. Über Gottfried ist wenig bekannt, zumal er urkundlich nicht bezeugt ist. Sein Name legt nahe, dass er aus Straßburg stammte. Aus der rhetorischen Qualität des Romans schließt man auf die lateinische Bildung des Autors. Da der Roman auf einer altfranzösischen Vorlage basiert, sind entsprechende Sprachkenntnisse vorauszusetzen. Der Roman legt außerdem nahe, dass sich Gottfried im Rechtswesen, der Musik und der höfischen Sachkultur auskannte. Der Anfang des Romans enthält ein Akrostichon (ein Wort, das sich aus den Anfangsbuchstaben aufeinander folgender Verse zusammensetzt), das auf einen gewissen Dietrich verweist, den man für den Auftraggeber hält, den man aber nicht näher bestimmen kann.

Die Miniatur zeigt Gottfried als Lehrer, der eine Wachstafel in seiner Hand hält (vgl. Walther 1988, S. 246). Er ist von fünf männlichen Mitgliedern einer Hofgesellschaft umgeben, mit denen er ein Lehrgespräch zu führen scheint. Die Überschrift weist ihn als *meister*, d. h. als Magister aus, nicht aber als Adeligen oder Ritter, zumal ein Wappen fehlt.

Das sechsstrophige Minnelied ist als traditionelle Minnekanzone komponiert (s. Abschn. 1.3.4). Es handelt sich um ein Männerlied, in dessen Mittelpunkt der Frauenpreis steht. Ausgehend von einem Natureingang, dessen Motivik das gesamte Lied durchzieht, geht das lyrische Ich auf die Schöpfung ein, in die sich die Minnedame als göttliches Geschöpf einfügt. Sie wird als kosmologisches Phänomen vorgestellt: eine weitere Strategie, die Dame nicht als ständische, sondern als Figur von übergeordneter Bedeutung zu charakterisieren. Reinmar spricht von der Frau als Begriff (*name*), Morungen als Dämonin (*elbe*) und Gottfried nun als Krone der Schöpfung: *got hât vor aller crêatiure / dich gemachet alse wert* (Str. 2: „Gott hat dich vor allen Geschöpfen so wertvoll erschaffen").

Wie die anderen professionellen Minnesänger auch thematisiert Gottfried in seinem Minnelied das Singen und somit seine Rolle als Künstler. Er wählt eine Gedankenfigur, die *ex negativo* auf das Singen verweist: In Gegenwart der Dame verstummt er und kann kein Wort mehr sprechen.

2.1.3.5 Wolfram von Eschenbach

Auch Wolfram von Eschenbach verfasste höfische Epen, darunter den Artusroman *Parzival*. Wolfram nannte sich wohl nach der mittelfränkischen Stadt Eschenbach (seit 1917 Wolframs-Eschenbach) bei Ansbach. Dort ist seit 1268 eine adlige Familie von Eschenbach bezeugt, die den Dichter als ihren Vorfahren betrachtete und ihm in der Liebfrauenkirche in Eschenbach ein Grab errichten ließ, das mit Familienwappen und Epitaph geschmückt war. Aus den Erzählerhinweisen seiner Romane lässt sich erschließen, dass Wolfram mit einem Gebiet vertraut war, das von Franken aus bis Thüringen und Bayern reicht. Wolfram selbst rechnet sich im *Parzival* den Bayern zu (121,7: *wir Beier*). Er war ein gebildeter Berufsdichter, der sich ständisch nicht einordnen lässt. Die Miniatur in der Großen Heidelberger Liederhandschrift zeigt ihn als Ritter in voller Rüstung mit Knappe und gesatteltem Pferd (vgl. Walther 1988, S. 97). Als Auftraggeber kommt für mindestens eines seiner Werke Landgraf Hermann von Thüringen in Frage, der auch sonst als Gönner hervortrat.

Von Wolfram von Eschenbach sind neun Lieder überliefert, darunter fünf Tagelieder (MF 3,1; 4,8; 5,34; 6,10; 7,41). Da in diesen ein Wächter als Vertrauter der Liebenden auftritt oder genannt wird, spricht man auch von Wächtertageliedern. Tagelieder mit einer Wächtergestalt finden sich bereits in der provenzalischen Trobadorlyrik, doch sind direkte romanische Vorbilder nicht nachweisbar. Auch Bezugnahmen auf die Tagelieder Dietmars von Aist und Heinrichs von Morungen lassen sich nicht feststellen. Wolframs Tagelieder variieren einen gemeinsamen Grundtyp, der aus folgenden Elementen besteht: Morgenanbruch, Weckruf, Trennungsklage, letzte Vereinigung der Liebenden, Abschied. Das quantitative Verhältnis zwischen Erzähler- und Figurenrede wechselt. Drei Tagelieder enthalten Frauenstrophen (MF 3,1; 4,8; 7,41). Eines der Lieder nimmt eine Sonderstellung ein, indem es die Gattung auf die höfische Ehe bezieht (MF 5,34; vgl. II 1.3.5). Der Wächter wird überflüssig, wenn die Liebenden verheiratet sind und ihre Liebe nicht mehr, wie im traditionellen Tagelied, geheimhalten müssen. Die übrigen vier Minnelieder Wolframs von Eschenbach sind Werbungslieder im Stil des hohen Minnesangs, die sich durch ihre originelle Bildsprache auszeichnen.

2.1.4 Walther von der Vogelweide

Walther von der Vogelweide lebte von ca. 1170 bis 1230. Vermutlich stammte er aus dem Süden des deutschsprachigen Raums. Bis zum Tod des österreichischen Herzogs Friedrich I. im Frühjahr 1195 scheint er am Wiener Hof tätig gewesen zu sein. Danach war er fahrender Sänger, der als Sangspruchdichter und Minnesänger auftrat und auch einen Leich verfasste. Ein außerliterarisches Lebenszeugnis findet sich im Ausgabenregister des Passauer Bischofs Wolfger von Erla (Abb. 2.1). Dort heißt es mit Bezug auf den 12. November 1203: „Der Sänger Walther von der Vogelweide [erhielt] am folgenden Tag in Zeiselmauer bei Wien fünf Schillinge für einen Pelzrock" als Lohn (*sequenti die apud Zei[zemurum] Walthero cantori de Vogelweide pro pellicio. V. sol. longos*). Ein solches Zeugnis ist eine Besonderheit, die bei Datierungsfragen hilfreich ist.

Walther selbst erwähnt in einem seiner Lieder, dass er zunächst in Österreich tätig gewesen sei, wo er das Singen und Dichten erlernt habe (L 32,14: *ze Œsterrîch lernde ich singen unde sagen*). Nach seinem Abschied aus Wien war Walther mehrfach am königlichen bzw. kaiserlichen Hof tätig: zwischen 1198 und 1201 unter Philipp von Schwaben, von 1212 bis 1213 unter Otto IV. und noch im selben Jahr unter Friedrich II., für den (und dessen Reichsverweser Engelbert von Köln) er bis 1228 Sangsprüche verfasste. Walther war zudem an vielen Höfen des hohen und niederen Adels anzutreffen: mehrfach zwischen 1201 und 1214/15 beim Landgrafen Hermann von Thüringen, 1212 beim Markgrafen Dietrich von Meißen, 1203 und öfter beim Passauer Bischof Wolfger von Erla. Weitere Engagements boten ihm Herzog Bernhard von Kärnten, Graf Diether II. von Katzenelnbogen, Herzog Ludwig I. von Bayern, Heinrich von Mödling und der Abt von Tegernsee. Als Lebensziel nannte Walther in einem Lied die Rückkehr an den Wiener bzw. Klosterneuburger Hof Herzog Leopolds VI., wo er zwischen 1203 und 1219 mehrfach einkehrte. Um 1220 erhielt er von Kaiser Friedrich II. ein nicht näher fassbares Lehen.

Die Miniaturen der Weingartner (Abb. 2.2a, vgl. Irtenkauf 1983, S. 33–34) und Großen Heidelberger Liederhandschrift (Abb. 2.2b, vgl. Walther 1988, S. 90;

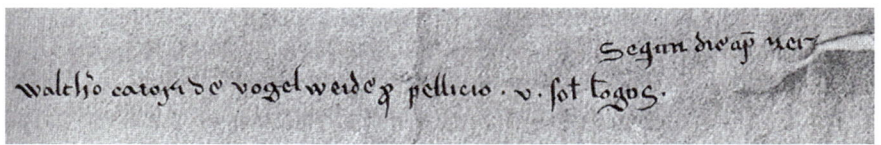

Abb. 2.1 Eintrag vom 12. November 1203 im Reiserechnungsbuch des Bischofs Wolfger von Erlau: Ein Pelzmantel für Walther von der Vogelweide

Abb. 2.2a–b Walther von der Vogelweide in der Weingartner und Großen Heidelberger Liederhandschrift

Bleuler 2018, S. 86–87) zeigen ihn in nachdenklicher Haltung auf einem Grashügel sitzend. Die Pose ist aus einem seiner Sangsprüche, der ersten Strophe des Reichstons, abgeleitet:

> Ich saz ûf einem steine
> dô dahte ich bein mit beine.
> dar ûf sazte ich mîn ellebogen,
> ich hete in mîne hant gesmogen
> daz kinne und ein mîn wange (L 8,4-8).

> Ich saß auf einem Felsen und schlug ein Bein über das andere. Darauf stützte ich den Ellbogen. Ich schmiegte Kinn und eine Wange in meine Hand.

Das Wappenzeichen, das die Große Heidelberger Liederhandschrift hinzufügt, ist aus Walthers Herkunftsnamen abgeleitet. Es zeigt einen Vogel im Vogelbauer, wohl zugleich ein Symbol für den Sänger selbst.

Revision des Minnesangs
Walther führte die Tradition des hohen Minnesangs, die bei Reinmar dem Alten einen professionellen Höhepunkt erreicht hatte, weiter, unterzog sie aber auch einer Revision (s. Abschn. 5.4.1). Im Rückgriff auf das Liebeskonzept des donauländischen Minnesangs fordert Walther Gegenseitigkeit als Voraussetzung der Minne ein, andernfalls habe diese ihren Namen nicht verdient. Außerdem betont er, dass die Idealität der Minnedame, die in den Liedern des hohen Minnesangs als selbstverständliche Gegebenheit vorausgesetzt wird, sich in der gesellschaft-

lichen Realität bewähren müsse. Anspruch und Wirklichkeit der Minnedame, und somit auch der höfischen Gesellschaft, sollen übereinstimmen. Während die hohen Minnesänger ihre Existenz von der Minnedame abhängig machen, dreht Walther die Logik um: Die Minnedame sei von *ihm* abhängig, da er sie als Minnesänger überhaupt erst zur Geltung bringe. Er droht damit, den Minnesang einzustellen, wenn seine Forderungen nicht erfüllt werden. In diesem neuen Minnesangkonzept zeichnet sich eine gesellschaftskritische Perspektive ab, wie sie für den Sangspruchdichter typisch ist. Walther nutzt das Medium des Minnesangs, um die Hofgesellschaft zu belehren; er integriert die Rolle des Sangspruchdichters in die Rolle des Minnesängers.

Wenn Walther von der Minnedame spricht, meint er oft auch die Hofgesellschaft. Sein Minnesang hat einen doppelten Boden: Einerseits geht es um das Verhältnis zwischen Minnesänger und Minnedame, andererseits um das Verhältnis des Sängers zum Gönner, von dem er Lohn für seinen Dienst erwartet. Walther macht die Unentbehrlichkeit seiner Kunst deutlich, indem er nicht nur Lohn verlangt, sondern auch selbst darüber entscheidet, welchem Hof er seine Dienste anbietet. Seine Forderungen implizieren, dass die höfische Gesellschaft auf ihn angewiesen ist: Als prominenter Künstler kann er den Rang eines Hofes bestätigen, indem er vor ihm als Sänger auftritt, oder verringern, indem er ihm seine Kunst vorenthält.

Kritische Fragen und Forderungen
Die Erneuerung des Minnesangs zeichnet sich in drei Gruppen von Liedern ab. Die erste umfasst Lieder, die Forderungen an die Minnedame richten. Für Walther entscheidet sich die Liebe an vier Voraussetzungen: Beglückung, Gegenseitigkeit, Unterscheidung und Erfüllung (vgl. Hahn 1986). Erstens soll Minne den Liebenden nicht in Trauer und Klage versetzen, sondern beglücken. Walther bezeichnet die beglückende Liebe als *herzeliebe*, d. h. als Herzensfreude, denn *liebe* ist der Gegenbegriff zum *leit*. Walther erläutert diese Forderung in seinem Lied *Saget mir ieman, waz ist minne?* (L 69,1: „Kann mir jemand sagen, was Liebe ist?"), in dem er von seinem Publikum eine Definition der Minne erbittet. Die Antwort gibt er dann selbst:

> Minne ist minne, tuot sie wol;
> tuot si wê, sô heizet sie niht rehte minne.
> sus enweiz ich, wie sie denne heizen sol.
>
> Minne ist Minne, wenn sie guttut; tut sie weh, heißt sie zu Unrecht Minne. Ich weiß nicht, wie man sie dann nennen soll.

Folglich hat das, was in der Tradition des hohen Minnesangs als *minne* bezeichnet wird, diesen Namen nicht verdient. Walther fordert eine neue Definition und eine neue Terminologie.

Das zweite Merkmal der Minne ist die Gegenseitigkeit, ohne die Beglückung nicht zu denken ist. Dieses Postulat leitet Walther aus dem frühen Minnesang ab, der die Übereinstimmung der Liebenden voraussetzt und ebenfalls auf Beglückung

2.1 Minnesang

angelegt ist. Walther entfaltet diesen Gedanken im weiteren Verlauf des eben zitierten Liedes. Er stellt fest, dass er mit seinem vollgültigen Minnedienst auf die Gleichgültigkeit der Dame stoße. Anders als die früheren Sänger der hohen Minne ist er nicht dazu bereit, die Unnahbarkeit der Dame hinzunehmen und seinen Minnedienst dennoch fortzusetzen. Höfisches Hochgefühl (*hôher muot*) folgt für ihn nicht aus der ethischen und ästhetischen Sublimation des Begehrens, sondern aus dem Entgegenkommen der Dame. Walther erinnert die Minnedame daran, dass niemand sie besser zu loben vermöge als er. Wenn sie ihm nicht das Glück der gegenseitigen Liebe schenke, so könne er ihr den Frauenpreis auch entziehen und sie somit ihres Rangs als Minnedame entheben (L 69,1, hier 69,20–21; s. Abschn. 5.4.3):

> dû solt aber einez rehte wizzen,
> daz dich lützel ieman baz geloben kan.

> Du sollst aber eines genau wissen, dass dich nämlich niemand besser preisen kann als ich.

Das dritte Merkmal ist die Unterscheidungsfähigkeit der Dame. Sie soll nur denjenigen Minnesänger erhören, der sich für ihre Liebe qualifiziert. Wenn sie den guten Ritter verschmähe und den schlechten Ritter erhöre, stelle sie die Ordnung der Gesellschaft in Frage und stifte ethische Orientierungslosigkeit. In Anlehnung an Reinmar spielt Walther die Bezeichnungen *vrouwe* und *wîp* gegeneinander aus. Minne, wie er sie definiert, verkörpert sich nicht in der Standesbezeichnung, sondern in der Geschlechtsbezeichnung, die frei von ständischen Konnotationen ist (L 48,38, nach C):

> Wîp muoz iemer sîn der wîbe hôhste name,
> und tiuret baz danne frowen, als ichz erkenne.
> swâ der deheiniu sî, diu sich ir wîpheit schame,
> diu merke disen sanc und kiese ouch denne.
>   Under frowen sind unwîp,
>   under wîben sint si tiure.
>   wîbes name und wîbes lîp
>   diu sind beidiu vil gehiure.
>   swiez umb alle frowen var,
>   wîp sint alle frowen gar.
>   zwîvellop, daz hœnet
>   als under wîlent frowen:
>   wîp ist ein name, ders alle kroenet.

> ,Frau' wird immer der höchste Titel für die Frauen sein und ist meiner Meinung nach ehrenvoller als die Bezeichnung ,Dame'. Wenn sich irgendeine dafür schämen sollte, eine Frau zu sein, so soll sie sich mein Lied genau anhören und dann entscheiden. Unter den Damen sind solche, die den Namen ,Frau' nicht verdienen, nicht aber unter den Frauen. Der Name ,Frau' und die Frau als solche sind sehr angenehm. Wie immer es um die Damen bestellt sein mag, Frauen sollten sie auf jeden Fall sein. Ein zweifelhafter Frauenpreis ist so beschämend wie zuweilen die Anrede als ,Dame'. Der Titel ,Frau' aber steht über allen.

Aus den genannten Merkmalen (Beglückung, Gegenseitigkeit, Unterscheidung) folgt die Forderung, dass die höfischen Werte und Verhaltensweisen, die im hohen Minnesang postuliert und auf die Minnedame projiziert werden, zur Verwirklichung gelangen. In diesem Sinn wird Frauenpreis zum Instrument der

Gesellschaftskritik. Walther ist bereit, der höfischen Gesellschaft den Minnesang zu entziehen, wenn sie nicht bereit ist, die im Medium des Minnesangs für sich beanspruchte Idealität in die Tat umzusetzen. Das schließt die Gegenseitigkeitsforderung des Sängers an den Gönner ein.

„Mädchenlieder"
Die Lieder, in denen Walther seine Fragen und Forderungen formuliert, sind als Reflexion angelegt und stehen somit der Gattung der Sangspruchdichtung nahe. Wirkliche Liebeslieder sind hingegen jene, in denen Walther die beglückende Gegenseitigkeit der Minne in Szene setzt. Diese Lieder werden in der Forschung oft als „Mädchenlieder" bezeichnet, obwohl sie über das Alter der betreffenden Frauen keine Aussage treffen. Das bekannteste Lied dieser Gruppe ist *Under der linden* (L 39,11), ein Frauenlied, das in keiner Anthologie deutscher Lyrik fehlt. In diesem Lied nimmt Walther die Rolle einer Frau ein, die von einem beglückenden Rendezvous mit ihrem Liebhaber in freier Natur spricht. Die Situation erinnert an die Gattung der Pastourelle (Lieder über die Begegnung einer Hirtin mit einem Ritter), doch handelt es sich um ein wirkliches Minnelied, denn die Liebesbegegnung wird von beiden Seiten gewollt und die Frau explizit als Dame (*frouwe*) angesprochen. Walther greift hier auf das gegenseitige Liebeskonzept des frühen Minnesangs zurück, um es dem hohen Minnesang entgegenzustellen. Weitere Beispiele für sogenannte „Mädchenlieder" sind *Nemet, frowe, disen kranz* (L 74,20; vgl. Keller/Miklautsch [Hgg.] 2008) und *Herzeliebez vrowelîn* (L 49,25; s. Abschn 5.4.4).

„Neue hohe Minne"
Eine dritte Gruppe von Liedern, deren Liebeskonzept von der Forschung als „neue hohe Minne" bezeichnet wird, setzt das Postulat der Beglückung, Gegenseitigkeit und Verwirklichung ebenfalls um. Im Unterschied zu den „Mädchenliedern" knüpfen sie nicht an den frühen, sondern an den hohen Minnesang an. Wie dort wird die Werbung um die Minnedame in den Mittelpunkt gerückt, aber die Liebeserfüllung nicht ausgeschlossen, sondern erwartet. Die Minnedame erscheint nicht mehr als unnahbar, sondern ist bereit, auf das Werben des Ritters einzugehen, wenn dieser gewisse Bedingungen erfüllt. Der ethische Anspruch des hohen Minnesangs wird also aufrechterhalten, aber die Paradoxie, dass der Minnesänger trotz beständigem Dienst keinen Lohn erwarten kann, aufgelöst. Unter der Bedingung, dass beide, der Minnesänger und die Minnedame, die rechte Wahl treffen, ist Liebeserfüllung möglich, ohne den ethischen Anspruch aufzugeben. Beispiele für die „neue hohe Minne" sind die Lieder *Ich hœre iu sô vil tugende jehen* (L 43,9), *Aller werdekeit ein vüegerinne* (46,32), *Ob ich mich selben rüemen sol* (L 62,6), *Die verzagten aller guoten dinge* (L 63,8) und *Ein niuwer sumer, ein niuwe zît* (L 92,9; s. Abschn. 5.4.5).

Liebeskonzepte im Vergleich
Fassen wir zusammen. Das Liebeskonzept des donauländischen Minnesangs beruht auf der Gegenseitigkeit des Begehrens. Die Liebe erscheint als solche

unproblematisch. Hindernisse werden von Dritten, nämlich den Aufpassern und Neidern der Hofgesellschaft, aufgebaut. Das Liebeskonzept des rheinischen Minnesangs wechselt zum Prinzip der Einseitigkeit und hebt die Minne auf ein ethisches Niveau. Das Hindernis liegt nicht mehr zwischen den Liebenden, sondern in der Minnedame selbst. Als ideale Verkörperung höfischer Werte und Tugenden wird sie auf Distanz gerückt. Eben in der vergeblichen Werbung um die idealisierte Minnedame beweist der dennoch beständige Ritter seine Qualitäten. Der professionelle Minnesang knüpft an den rheinischen Minnesang an, hebt aber den künstlerischen Anspruch des Minnesängers deutlicher hervor. Die Sänger entwickeln jeweils ein eigenes ästhetisches und poetisches Profil. Sie berufen sich nicht mehr auf ihren Stand, sondern auf ihre Kunst. Walther von der Vogelweide unterzieht den hohen Minnesang einer Revision. Er sucht dessen ethischen Anspruch mit dem Gegenseitigkeitsanspruch des frühen Minnesangs zu vereinbaren. Zugleich verleiht er dem Minnesang eine gesellschaftskritische Dimension, wenn er von der höfischen Gesellschaft die Verwirklichung der Idealität verlangt, die sie im hohen Minnesang für sich beansprucht. Implizit thematisiert Walther stets auch das Verhältnis zu seinen Gönnern, das ebenfalls von Gegenseitigkeit geprägt sein soll.

2.2 Sangspruchdichtung

Die höfische Sangspruchdichtung schließt sich an vorhöfische mündliche Traditionen an, die sich anhand einiger Strophen, die außerhalb der Liederhandschriften überliefert sind, beispielhaft rekonstruieren lassen.

▶ **Definition** Unter **Sangspruchdichtung** (auch: Spruchsang) versteht man eine lehrhafte Liedgattung, die moralische, religiöse und später auch politische Themen zum Inhalt hat. Sie wurde vor allem von Berufsdichtern ausgeübt, die ihre Kunst gegen Lohn an den Höfen darboten.

Vorhöfische Sangspruchdichtung
Die betreffenden fünf Strophen sind verstreut überliefert (Zürich, Zentralbibliothek, Ms. C 55; Wien, Österreichische Nationalbibliothek, Cod. 160; München, Bayerische Staatsbibliothek, Cgm 5249/42a). Es handelt sich um Mahnsprüche, die der kirchlichen Morallehre nahestehen. Sie warnen vor Trägheit, Unzucht, Hochmut, Habgier und Heuchelei und beziehen sich somit auf den christlichen Sündenkatalog. In formaler Hinsicht zeichnen sie sich durch die schlichte Reihung von vier bis sechs paargereimten Kurzversen aus (vgl. Brunner 2013b, S. 21–22).

Die folgende Beispielstrophe (MF S. 19) warnt vor der Heuchelei derer, die zwar zur Kirche gehen, aber keine Gottesfurcht zeigen und daher zur Hölle verdammt sind:

> Der zi chilchun gât
> und âne rûe dâ stât,
> der wirt zeme iungistime tage
> âne wâfin resclagin.
> swer dâ wirt virteilt,
> der hêt imir leit.
>
> Wer zur Kirche geht und dort keine Reue zeigt, der wird am Jüngsten Tag ohne Waffen erschlagen. Wer immer dort verurteilt wird, der wird für immer leiden.

Wie diese Strophe zeigt, weisen Sangsprüche oft eine moraldidaktische Sprechweise auf, die verallgemeinernde Relativsätze nutzt: *Wer* sich so und so verhält, *der* wird die und die Folgen gewärtigen müssen. Die Strophe enthält zwei solcher Folgerungen (*Der ... der ...*; *swer ... der ...*).

Höfische Sangspruchdichtung

An diese frühen Traditionen knüpft die höfische Sangspruchdichtung an, die seit der zweiten Hälfte des zwölften Jahrhunderts entstand (vgl. Brunner 2013b, S. 22–24). Sie wurde von reisenden Berufsdichtern verfasst und vorgetragen, die selbst nicht der Hofgesellschaft angehörten, aber gegen Lohn vor ihr auftraten. Die Sänger nahmen die Rolle weitgereister und welterfahrener Ratgeber ein, die über ein für die höfische Gesellschaft relevantes Themenrepertoire verfügten. Da sie ihre Lieder gegen Bezahlung aufführten, spielen sie oft auf die Großzügigkeit ihrer Gönner an, die sie, dem jeweiligen Maß ihrer Freigebigkeit entsprechend, loben oder tadeln.

Aufgrund des gemeinsamen Aufführungsorts konnten die Sangspruchdichter Impulse aus dem Minnesang aufnehmen – und umgekehrt die Minnesänger Anregungen aus der Sangspruchdichtung. Man kann daher von einer wechselseitigen Interferenz der Gattungen sprechen. Die Sangspruchdichter reagierten, stets mit einer gewissen Verzögerung, auf die zunehmend komplexeren Formen und den höheren literarischen Anspruch des Minnesangs. Umgekehrt betätigten sich einige Minnesänger auch in der Spruchdichtung, um über die Minne und andere Themen zu reflektieren. Die Spruchdichter hielten sich hingegen von der Gattung des Minnesangs fern. Erst Walther von der Vogelweide führte beide Gattungen gleichberechtigt zusammen. Nach seinen Anfängen als Minnesänger am Wiener Hof nahm er in seiner neuen Rolle als fahrender Sänger die Gattung der Sangspruchdichtung in sein Repertoire auf, glich sie formal und ästhetisch an den Minnesang an und erweiterte sie um politische Themen.

Die höfische Sangspruchdichtung vor Walther ist in drei Liederhandschriften überliefert, die den betreffenden Sänger als „Spervogel" bezeichnen: in der Kleinen (A) und Großen (C) Heidelberger Liederhandschrift und in der Jenaer Liederhandschrift (J). Handschrift A unterscheidet zwischen „Spervogel" und dem „Jungen Spervogel" – ein Hinweis darauf, dass es sich um verschiedene Sänger handelt, die denselben Künstlernamen trugen oder denen derselbe Künstlername zugewiesen wurde. Hinzu kommen zwei weitere Handschriften: die Heidelberger Handschrift cpg 349 (h), die weitere Strophen des „Jungen Spervogel" überliefert, und die Kolmarer Liederhandschrift (t), die zwei der sonst dem „Jungen Spervogel" zugeschriebenen Strophen einem gewissen „Jungen Stolle" zuweist.

Die komplexe Überlieferungssituation legt nahe, drei Schichten anzusetzen, die jeweils über einen spezifischen Ton (eine spezifische Melodie) verfügen und auf verschiedene Verfasser zurückgehen können. Diese Schichten lassen sich in chronologischer Reihenfolge als Spervogel I, II und III bezeichnen. Spervogel I und II sind in *Minnesangs Frühling* ediert, sie werden dort als „Herger" (Spervogel I) und „Spervogel" (Spervogel II) bezeichnet. Spervogel III ist in *Deutsche Liederdichter des 13. Jahrhunderts* (KLD) ediert und wird dort als „namenlos" geführt. Oft werden Spervogel III noch drei weitere Töne zugeordnet, die jeweils nur durch eine Strophe belegt sind; diese lasse ich hier beiseite.

„Spervogel" (Spervogel II) wird auch als „erster Spervogelton" und „Herger" (Spervogel I) als „zweiter Spervogelton" bezeichnet; diese verwirrende Zählung orientiert sich nicht an der Chronologie der Entstehung, sondern an der Reihenfolge in *Minnesangs Frühling* (Tab. 2.9).

Die drei Schichten lassen formal und inhaltlich eine Entwicklung erkennen. Die Gestaltung der Strophenform wird von Spervogel I bis III immer komplexer, der Inhalt passt sich mehr und mehr an das höfische Milieu an. Kurt Ruh erklärte diesen Prozess so, dass der Minnesang sich als „Leitbild" und „Motor" auf die Gattungsgeschichte der Sangspruchdichtung ausgewirkt habe (Ruh 1968). Folglich lassen sich die drei Schichten der höfischen Sangspruchdichtung tendenziell den gattungsgeschichtlichen Phasen des Minnesangs zuordnen. Mit dem donauländischen Minnesang korrespondiert die erste (Spervogel I), mit dem rheinischen Minnesang die zweite (Spervogel II) und mit dem professionellen Minnesang die dritte Schicht (Spervogel III) der Sangspruchdichtung. Hinzutreten in jeder Phase Minnesänger, die sich in begrenztem Umfang auch in der Gattung der Sangspruchdichtung betätigten.

2.2.1 Spervogel I: „Herger"

Die erste Schicht wird meist um 1170, also auf der Schwelle vom donauländischen zum rheinischen Minnesang, angesetzt. Zur Datierung kann man neben formalen Merkmalen auch jene Strophen heranziehen, in denen die Gönner

Tab. 2.9 Schichten der Spervogel-Überlieferung

Schicht	Ausgabe	Hs. A	Hs. C	Hs. J	Hs. h	Hs. T
Spervogel I (um 1170)	MF: „Herger"	Spervogel/ Junger Spervogel	Spervogel			
Spervogel II (bis 1200)	MF: „Spervogel"	Spervogel	Spervogel	Spervogel		
Spervogel III (ab 1200)	KLD: „namenlos"	Junger Spervogel	Spervogel		Anonym	Junger Stolle

namentlich genannt werden. Insbesondere wird der um 1173 urkundlich fassbare Walther von Hausen erwähnt, der Vater des Minnesängers Friedrich von Hausen. Wie bereits dargelegt (s. Abschn. 1.1.1), deuten die genannten Gönner darauf hin, dass Spervogel I im bayerischen Donauraum und am Mittelrhein zu lokalisieren ist, also in jenen Gebieten, die auch die ersten beiden Phasen des Minnesangs hervorbrachten.

Der Sängername „Herger" ist als solcher nicht überliefert, er wurde von der Forschung aus einer Strophe rekonstruiert, in der von einer Person dieses Namens die Rede ist. Die Ableitung beruht auf der Annahme, dass der Sänger zunächst in der ersten Person spricht und dann bei der Selbstnennung in die dritte Person übergeht (siehe unten).

Form
Mit dem donauländischen Minnesang teilt die erste Schicht der Sangspruchdichtung drei formale Merkmale: die Einteiligkeit der Strophe, die Einstrophigkeit des Liedes und die Beschränkung auf einen Ton.

Wie bereits erwähnt, bestanden die vorhöfischen Sangsprüche aus einer schlichten Reihung von vier bis sechs paargereimten Kurzversen. Dies gilt auch für die Strophenform der ersten Spervogel-Schicht. Die ersten vier Kurzverse sind vierhebig und paargereimt, die Kadenzen nicht geregelt. Eine Besonderheit ist die Betonung des Strophenendes durch eine Waisenterzine (s. Abschn. 3.2.2) und einen fünfhebigen Schlussvers. Als Beispiel wähle ich jene Strophe, aus der die Forschung den Namen Herger entlehnte (MF 26,20):

Mich müet daz alter sêre,	4-a	Reimpaarverse
wan ez Hérgêrè	4-a	
alle sîne kraft benam.	4 b	
ez sol der gransprunge man	4 b	
Bedenken sich enzîte,	4-c	Waisenterzine
swenne er ze hove werde leit,	4 x	
daz er ze gwissen herbergen rîte.	5-c	

Mich quält das Alter sehr, weil es Herger seine Kraft raubte. Der ergraute Mann soll sich rechtzeitig besinnen, damit er, wenn er am Hof nicht mehr gern gesehen ist, in ein sicheres Zuhause reiten kann.

In der Regel wird diese Strophenform als einteilig (unstollig) mit Schlussbetonung gedeutet. Dies entspricht dem donauländischen Minnesang, in dem die Strophen zunächst auch stets einteilig sind, aber eine Schlussbetonung aufweisen. Die Nähe zum donauländischen Minnesang wird besonders deutlich, wenn man die Strophenform mit dem zehnten Ton Dietmars von Aist vergleicht, der, bis auf die Kreuzreime im ersten Teil, weitgehend identisch ist. In beiden Fällen lässt sich die Strophe auch als einfache Kanzonenform deuten, wie man sie aus dem hohen Minnesang kennt. In dieser Lesart bilden die ersten vier Verse den Aufgesang und die Waisenterzine den Abgesang. Diese Doppeldeutigkeit kann als Hinweis auf die

Interferenz der Gattungen gewertet werden; der sich formal weiterentwickelnde Minnesang färbte offenbar schon früh auf die Sangspruchdichtung ab.

Spervogel I teilt mit dem donauländischen Minnesang neben der Einteiligkeit der Strophe auch die Einstrophigkeit des Lieds. Wie im donauländischen Minnesang können sich mehrere Strophen additiv zu motivischen und thematischen Reihen verbinden, die allerdings nicht als Liedeinheit zu deuten sind. Die dritte formale Parallele besteht in der Einheit des Tons. Alle achtundzwanzig Strophen von Spervogel I folgen derselben Melodie – abgesehen von einer Strophe, die formal auf der Schwelle zu Spervogel II steht (aber oft auch Spervogel III zugerechnet wird).

Themen
Die achtundzwanzig Strophen von Spervogel I lassen sich in sechs Themenkreise einteilen. Die ersten fünf Kreise umfassen je fünf Strophen, sogenannte Pentaden, der sechste hingegen nur drei Strophen. Wir bereits erwähnt, kann die Fünfzahl der Vögel an Spervogels Wanderstab in der Großen Heidelberger Liederhandschrift als Hinweis auf die Pentaden gedeutet werden (Abb. 1.4b). Mit Kurt Ruh (1986) lassen sich die thematischen Gruppen wie folgt überschreiben: erstens „Lohn des freigebigen Herrn", zweitens „karge Herren, elende Gäste", drittens „Tierbîspel", viertens „Himmel und Hölle", fünftens „Lebensregeln" und sechstens „Christus als Erlöser". Gerhard Hahn fasst diese Themenkreise wie folgt zusammen: „Herger handelt [...] ausführlich von den Nöten des Fahrendendaseins, der Besitzlosigkeit und Unbehaustheit, die insbesondere im Hinblick auf das Alter zu schaffen machen. Aus der Klage erwächst die Bitte an freigebige Herren. Im Gönnerpreis nennt er Lebende und Tote mit Namen. Weiter lehrt er allgemeine Lebensweisheit und kleidet sie zum Teil in Tierbeispiel und -fabel. Einen großen Raum nehmen seine religiösen Sangsprüche in, in denen er bildhaft-eindringlich die grundlegenden Heilstatsachen vorführt" (Hahn 1986, S. 91–92).

Auffällig ist, dass die Strophen, obwohl sie an Adelshöfen aufgeführt wurden, kein spezifisches Kolorit aufweisen. Die vermittelten Lebensweisheiten sind eher allgemeiner Natur, sie sind noch nicht näher auf die Lebenswelt der Adeligen bezogen. Doch ist die literarische Qualität in formaler und rhetorischer Hinsicht vergleichsweise hoch, deutlich höher als in den vorhöfischen Spruchstrophen.

2.2.2 Spervogel II: „Spervogel"

Die dreiundzwanzig Strophen der zweiten Spervogel-Schicht werden aus form- und stilgeschichtlichen Gründen im letzten Drittel des zwölften Jahrhunderts datiert, stehen also zeitlich neben dem rheinischen Minnesang. Eine Strophe erwähnt den Rhein, was diesen Bezug stützt (MF 22,36–38):

ich hôrte sagen, daz der Rîn
hie vor in engen vürten vlôz.   des muoz ich lônes bîten.
nu ist er worden alsô grôz,   daz in nieman mac gerîten.

Ich hörte sagen, dass der Rhein weiter oben in schmalen Furten floss; daher muss ich auf besseren Lohn warten. Hier ist er aber so breit geworden, dass niemand mehr hindurchreiten kann.

Der Rhein ist hier als Metapher der Freigebigkeit des Gönners zu verstehen. Der schmale Fluss verweist auf kargen Lohn, der breite auf die erhoffte Großzügigkeit.

Die Strophen sind in der Kleinen (A) und Großen (C) Heidelberger Liederhandschrift sowie in der Jenaer Liederhandschrift (J) überliefert, die fünf zusätzliche Strophen enthält. Die gemeinsamen Strophen weichen so deutlich voneinander ab, dass man unterschiedliche Fassungen veranschlagen kann. *Minnesangs Frühling* druckt den Text daher doppelt ab: zunächst in der Version von A/C, dann in der Version von J. Die Strophenform ist dieselbe.

Form

In formaler Hinsicht gelten weiterhin die Prinzipien der Einteiligkeit der Strophe, der Einstrophigkeit des Lieds und der Eintonigkeit der betreffenden Schicht. Während sich im rheinischen Minnesang die Kanzonenstrophe gegen die Langzeilenstrophe durchsetzt, greift Spervogel II auf das im donauländischen Minnesang etablierte Prinzip der Langzeile zurück. Somit verhält sich die Gattung wieder formal konservativ: Spervogel I orientierte sich an den Kurzversen der vorhöfischen Sangspruchdichtung und entwickelte sie weiter. Spervogel II orientiert sich nun an den Langzeilenstrophen des donauländischen Minnesangs und entwickelt auch diese weiter.

Hinsichtlich der Strophenform weicht Spervogel II von Spervogel I ab: Zum einen werden die ersten beiden Verse um je zwei Hebungen verlängert (sechs statt vier), zum anderen wird der Schluss mit einem Langzeilenpaar markiert (statt Waisenterzine). Auch diese Strophe ist also trotz prinzipieller Einteiligkeit in drei voneinander abweichende Verspaare gegliedert. Die Strophe umfasst im Vergleich zu Spervogel I eine größere Anzahl an Hebungen, ist also geräumiger. Als Beispiel folgt die Strophe, die den Namen des Sängers nennt (MF 20,17):

Swer suochet rât und volget des, der habe danc,	6	a
alse mîn geselle Spérvògel sanc.	6	a
und sold er leben tûsent jâr,	4	b
sîn êre stîgent, daz ist wâr.	4	b
ist danne, daz er triuwen pfliget und den niht wil entwenken,	4 3-	c
sô er in der erde ervûlet ist, sô muoz man sîn gedenken.	4 3-	c

Wer Rat sucht und ihn befolgt, dem sei gedankt, so sang mein Freund Spervogel. Und wenn er tausend Jahre leben sollte, so steigt sein Ansehen wirklich immer weiter. Wenn er sich um Treue bemüht und nicht davon abweicht, dann wird man noch an ihn denken, wenn er schon unter der Erde verwest ist.

Als Zwischenstufe zwischen Spervogel I und II lässt sich die Zusatzstrophe des „Herger"-Korpus auffassen, die (wie Spervogel I) in den ersten vier Zeilen vierhebige Kurzverse aufweist, aber (wie Spervogel II) mit zwei Langzeilen schließt (MF 30,34).

Themen
Inhaltlich fällt die Tendenz zu höfischen Motiven und Themen auf. Die Lieder sind stärker auf das höfische Publikum zugeschnitten als die Lieder von Spervogel I. Typisch für Spervogel II ist das Prinzip der Priamel, d. h. der Reihung von Sentenzen, insbesondere von Sprichwörtern und Tiervergleichen, die in eine Schlusspointe münden (s. Kap. 6). Die Strophen lassen wiederum thematische Gruppen erkennen, prägen aber im Unterschied zu Spervogel I keine Pentaden aus. Im Unterschied zum Repertoire von Spervogel I fehlen religiöse Themen. Die höfische Sangspruchdichtung emanzipiert sich also vom klerikalen Moraldiskurs. Spervogel II illustriert die Tugendlehre gern mit Tierbeispielen (MF 20,1; 20,9; 21,5; 23,21, 24,33), verzichtet aber im Unterschied zu Spervogel I auf Tierfabeln.

Die Themen leiten sich aus der Doppelrolle des Sängers als Weisheitslehrer und Fahrender her. In der ersten Rolle spricht er über die Tugend (MF 20,1; 20,9; 20,17; 21,29; 22,1), die Freundschaft (MF 23,5; 24,9; 24,17), das Glück (MF 20,25; 22,25) und die Ehre der höfischen Damen (MF 23,21; 24,1). Als fahrender Sänger, der auf einen Gönner angewiesen ist, thematisiert er die Nützlichkeit des Ratgebers (MF 24,25; 24,33) und die Oppositionen von Reichtum (MF 23,29) und Armut (MF 21,5; 22,9), von Dienst und Lohn (MF 21,5; 21,13; 21,21; 22,32; 23,13), von Gastgeber (MF 22,17) und Gast (MF 25,5). Die Großzügigkeit der Gönner bleibt also weiterhin ein wichtiges Thema, doch werden im Unterschied zu Spervogel I keine Gönnernamen mehr genannt.

2.2.3 Spervogel III: „Der junge Spervogel"

Die dritte Schicht wird um 1200 oder später datiert, sie überschneidet sich zeitlich mit dem professionellen Minnesang. Das Korpus umfasst zehn Strophen, die in vier Handschriften überliefert sind. Fünf dieser Strophen sind ohne Autorzuschreibung überliefert, folgen aber demselben Ton. Die Kleine Heidelberger Liederhandschrift (A) führt vier Strophen dieses Tons an, die Große Heidelberger Liederhandschrift (C) fünf, die Heidelberger Freidank-Handschrift (h: Universitätsbibliothek Heidelberg, Cpg 349) sieben und die Kolmarer Liederhandschrift (t: Bayerische Staatsbibliothek München, Cgm 4997) zwei. A schreibt die namentlich gekennzeichneten Strophen dem ‚jungen Spervogel' zu, C dem ‚Spervogel', t dem ‚jungen Stolle'. Dass A zahlreiche Strophen, die eindeutig Spervogel I zuzurechnen sind, dem ‚jungen Spervogel' zuschreibt, dürfte ein Überlieferungsfehler sein. Dass A und t die betreffenden Strophen dem „jungen" Spervogel bzw. Stolle zuschreiben, bestätigt den Sachverhalt, dass Spervogel III die jüngste Schicht darstellt. Eine Strophe ist unter falschem Namen zusätzlich in der Großen Heidelberger und in der Weingartner Liederhandschrift (B) überliefert. Tabellarisch lässt sich die Verteilung der zehn Strophen auf die fünf Handschriften und die jeweilige Autorzuschreibung wie folgt darstellen (die Zahlen verweisen auf die Position der Strophe in den Handschriften) (Tab. 2.10).

Form
Formal lehnt sich Spervogel III an Spervogel II an. Dies zeigt ein Vergleich der letzten vier Zeilen, die in beiden Tönen aus zwei paargereimten Kurzversen und zwei paargereimten Langzeilen bestehen. Deutlich verändert werden aber die Anfangsverse. Während Spervogel II die Strophe mit zwei paargereimten, sechshebigen Versen eröffnet, baut Spervogel III die beiden Verse zu zwei Stollen (s. Abschn. 3.2.2) aus, die jeweils drei Verse umfassen. Der erste Vers ist vierhebig, der zweite und dritte sind dreihebig, das Reimschema ist abc abc. Auf diese Weise wird eine Stollenstrophe erzeugt, die an die Kanzonenstrophe des hohen Minnesangs erinnert. Auf zwei gleiche Stollen folgt ein Abgesang, der seinerseits in zwei unterschiedliche Stollen gegliedert ist: eine Schwellenpartie und eine Schlusspartie, die jeweils zwei Verse umfassen.

Dies lässt sich an einer Strophe beispielhaft aufzeigen, die besonders häufig überliefert ist, nämlich nicht nur in A, C und h, sondern auch in B unter Reinmar und ein zweites Mal in C unter Dietmar von Aist. Dass diese Strophe in der Über-

Tab. 2.10 Die Überlieferung der Strophen des Jungen Spervogel

KLD Nr. 38 („Namenlos h")	Hs. h: anonym	Hs. C¹: Spervogel	Hs. A: Junger Spervogel	Hs. t: Junger Stolle	Hs. C²: Dietmar von Aist	Hs. B: Reinmar
16 (*In swelher ahte ...*)	16					
17 (*Swer des vromen ...*)	17	29	29		22	26
18 (*Diu werlt mir argen ...*)	18					
19 (*Ich gihe des vil ...*)	19					
20 (*Ich missevalle ...*)	20					
21 (*Diu sunne zieret ...*)	21	54				
22 (*Dâ mit diu werlt ...*)	22					
22a (*Ich bin ein wegemüeder ...*)		27	27	2		
22b (*Entwerfen ist ...*)		28	28	3		
22c (*Swer mir dur sîne...*)		30	30			

lieferung Reinmar zugetraut wurde, unterstreicht ihre formale Nähe zum hohen Minnesang (KLD 38,17):

Swer des vromen swache pfliget,	4	a
dâ bî des bœsen wol,	3	b
der hât si beide verlorn.	3	c
gewalt den witzen an gesiget;	4	a
ein sinnic herze sol	3	b
vil schône tragen den zorn.	3	c
des jâres kumt vil lîhte ein tac,	4	d
daz erz wol verenden mac.	4	d
unrehter gæhe nieman wonet, ern müeze ir dicke engelten:	4 3-	e
guoter bite gebrast noch nie mit zühten harte selten.	4 3-	e

Wer den Tüchtigen schlecht behandelt und zugleich den Bösen gut, der hat sich an beiden verfehlt. Gewalt siegt über den Verstand. Ein kluges Herz soll den Zorn auf edle Weise ertragen; gewiss kommt im Laufe des Jahres ein Tag, an dem er das wohl überwinden kann. An ungebührliche Eile gewöhnt sich niemand, ohne oft dafür bezahlen zu müssen: Eine gute Bitte ging niemals fehl und sehr selten, wenn sie anständig war.

Themen
Wie schon bei Spervogel II fehlen geistliche Themen. Im Unterschied zu Spervogel I und II fehlen auch Strophen, die von den Gönnern Großzügigkeit einfordern. Im Vordergrund stehen die bereits in Spervogel II angesprochenen höfischen Tugenden, insbesondere Freundschaft, Treue und Aufrichtigkeit. Wie Spervogel II neigt auch Spervogel III dazu, Sentenzen zu reihen, ohne dass sich der Zusammenhang immer klar erschließen lässt. Wie die oben zitierte Strophe zeigt, bleibt der Sinn für heutige Leserinnen und Leser oft dunkel. Dies ist freilich nicht als Mangel, sondern als künstlerische Eigenart des Sängers zu deuten, der gewiss auch nonverbale Mittel einsetzte, um den Sinn seiner Lieder zu unterstreichen.

2.2.4 Minnesänger als Sangspruchdichter

Während die Sangspruchdichter den Minnesang mieden, betätigten sich einige Minnesänger in der Gattung der Sangspruchdichtung. Sie übernahmen die traditionellen Themen der Sangspruchdichtung, äußerten sich aber auch zum Thema der höfischen Liebe. Dies ist ein Novum, denn die Sangspruchdichter hielten sich vom Thema Minne fern. Ein weiteres neues Thema ist der Kreuzzug. Doch ist die Zahl der Töne und Strophen, die die Minnesänger vor Walther von der Vogelweide auf die Spruchdichtung verwenden, gering. In formaler Hinsicht ist festzuhalten, dass die Minnesänger die Kanzonenstrophe in die Sangspruchdichtung einführten, die sich dann in ausgeprägter Weise auch bei Spervogel III findet (Tab. 2.11).

Minne und Kreuzzug
Sprüche über die Minne verfassten zunächst die donauländischen Minnesänger. Meinloh von Sevelingen stellt in drei Strophen Minneregeln auf, die dem gegen-

Tab. 2.11 Die Spruchstrophen der Minnesänger

Phase	Dichter	Töne	Str.	*Minnesangs Frühling*
donauländisch	Meinloh von Sevelingen	2	3	12,1; 12,14; 14,14
	Dietmar von Aist	1	1	33,31
rheinisch	Friedrich von Hausen	1	1	53,31
	Heinrich von Veldeke	5	6	61,1; 61,9; 61,18; 61,25; 62,11; 62,18
	Bligger von Steinach	1	1	119,13
	Heinrich von Rugge	1	2	102,27; 102,34
	Engelhart von Adelnburg	1	1	148,25
professionell	Gottfried von Straßburg	1	2	XXIII,I.1–2

seitigen, aber heimlichen Liebeskonzept des donauländischen Minnesangs entsprechen. Er fordert vom Ritter Verschwiegenheit und Selbstbeherrschung, auch wenn ihm das Liebeskummer einbringt; nur so könne er von der Minnedame Lohn für seinen Dienst erwarten (MF 12,1; s. Abschn. 6.2.1). In einer anderen Strophe empfiehlt er dem liebenden Ritter, seine Liebe schnell in die Tat umzusetzen, da langes Zögern und Zweifeln den Aufpassern (*merkaere*) Raum gebe (MF 12,14). Der dritte Spruch preist die Tugend der Verschwiegenheit und tadelt die Untugend der Redseligkeit, die wiederum die Aufpasser auf den Plan rufe und die Liebesbeziehung zunichte mache (MF 14,14). Meinlohs Ratschläge bieten eine Minnelehre, die auf die Praxis bezogen ist; sie sind eher pragmatisch als ethisch ausgerichtet. Dies ist bei Dietmar von Aist anders, der in seiner einzigen Spruchstrophe empfiehlt, das rechte Maß zu halten; man solle sich nicht selbst allzuviel rühmen und es auch nicht allen Frauen recht machen wollen (MF 33,31; s. Abschn. 6.2.2).

Die rheinischen Minnesänger dichteten nur wenige Minnesprüche. Heinrich von Veldeke schlägt wie Dietmar von Aist einen moralischen Ton an. Von ihm stammen zwei Minnesprüche, die den sittlichen Verfall am Hofe beklagen. Im ersten Spruch tadelt er die Leichtfertigkeit und Regellosigkeit, die der Minne Schaden zufüge (MF 61,1). Während man früher in rechter Weise zu lieben gewusst habe, setze sich heutzutage schlechtes Betragen durch (MF 61,18; s. Abschn. 6.4.3). Engelhart von Adelnburg verteidigt in seinem Minnespruch die höfische Liebe gegenüber kirchlicher Kritik: Wenn ein Ritter in ehrenvoller Weise um eine Dame werbe, dann könne das seiner Seele nicht schaden; wenn dies aber doch der Fall sein sollte, dann gäbe es im Himmel nur gewöhnliche Menschen, aber keine edlen Ritter (MF 148,25; s. Abschn. 6.4.5).

Friedrich von Hausen verfasste einen Spruch über den Kreuzzug, der auch in seinen Minneliedern eine wichtige Rolle spielt. Er tadelt diejenigen Ritter, die öffentlich ihre Teilnahme am Kreuzzug versprechen, dann aber doch zuhause bleiben. Sie haben ihr Seelenheil verwirkt und werden nicht in den Himmel gelangen (MF 55,31; s. Abschn. 6.4.1).

Traditionelle Themen
Mit traditionellen Themen der Sangspruchdichtung befassen sich nur die Dichter des hohen Minnesangs. Von Heinrich von Veldeke stammen Sprüche, die vom Neid (MF 61,9) und allgemeinen Fehlverhalten zwischen den Geschlechtern handeln: Die Männer sollen die Frauen nicht grundlos schelten (MF 61,25), diese wiederum die törichten jungen Männer nicht den verständigen alten Männern vorziehen (MF 62,11/62,18).

Heinrich von Rugge verfasste zwei Sprüche, für die er einen eigenen Ton reservierte. Sie erinnern in formaler, thematischer und rhetorischer Hinsicht an die traditionelle Sangspruchdichtung. Auf fünf vierhebige, gleich gereimte Kurzverse (aaaaa) folgen zwei paargereimte Verse, deren erster auf drei Hebungen verkürzt ist (b) und deren zweiter eine binnengereimte Langzeile darstellt (ccb). Beide Sprüche sind durch den gemeinsamen b-Reim miteinander verklammert. Der erste Spruch tadelt die Heuchelei, Heinrich von Rugge vergleicht denjenigen, der einen freundlichen Gruß vortäuscht, mit einem Hund, der den beißt, der ihm nichts getan hat (MF 102,27). Der zweite Spruch lobt den aufrichtigen Freund und unterscheidet ihn von den Heuchlern, die ihre Falschheit hinter schönen Gewändern verstecken (MF 102,34; s. Abschn. 6.4.4).

Bligger von Steinach verfasste eine Spruchstrophe, die in ihrer Formkunst alles in den Schatten stellt, was man zuvor in der Sangspruchdichtung gehört und gesehen hat (MF 119,13; s. Abschn. 6.4.2). Die stollig gebaute Strophe umfasst fünfzehn Verse mit dem komplexen Reimschema aabc ddbc efef gxg. Auch Bligger lässt durch die Mischung von Kurz- und Langversen (die in *Minnesangs Frühling* nicht als solche kenntlich sind) und die abschließende Waisenterzine den formalen Bezug zur traditionellen Sangspruchdichtung erkennen, die er, wie Heinrich von Rugge, ästhetisch übertrumpft. Thema des Spruchs ist Reichtum ohne Freigiebigkeit; wer sich dies zuschulden kommen lasse, verliere seine Ehre gleich dem Glas, das trotz – und wegen – seiner Härte schnell zerbrechen kann.

Dasselbe Bild greift Gottfried von Straßburg – der einzige Vertreter des professionellen Minnesangs, der sich auch in der Sangspruchdichtung betätigte – in einem seiner zwei Sprüche auf. Er bezieht das sprichwörtliche Bild aber nicht auf den Geiz, sondern auf die Vergänglichkeit des Glücks, die er außerdem mit dem Bild des Fortunarads illustriert (MF XXIII,I.2; vgl. 2.6.1). Dem Geiz (*gîte*) widmet er einen eigenen Spruch: Die Unterscheidung der Wörter ‚dein' und ‚mein', also der erklärte Besitzanspruch, führe zu Krieg, Lüge und Heuchelei in der Welt, die sonst in Frieden leben könnte (MF XXIII,I.1). Beide Strophen folgen demselben, wiederum kunstvollen Ton (Reimschema: aab ccb dd effe).

2.2.5 Walther von der Vogelweide

Als Walther von der Vogelweide den Wiener Hof verließ und als fahrender Berufssänger seinen Lebensunterhalt verdiente, griff er die Gattung der Sangspruchdichtung auf und entwickelte sie in formaler und inhaltlicher Weise weiter.

Form
In formaler Hinsicht setzte er eine Tendenz fort, die bereits in den Sangsprüchen der Minnesänger sowie bei Spervogel III ihren Anfang nahm: den Entwurf komplexer Stollenstrophen in Anlehnung an die Kanzonenform des hohen Minnesangs. Zugleich brach er mit dem Prinzip der Eintonigkeit. Wie im hohen Minnesang entwickelte er für seine Sangspruchdichtung zahlreiche Töne. Doch hielt er am Prinzip der Einstrophigkeit fest. Wie seine Vorgänger fügte er thematisch verwandte Sprüche zu Reihen zusammen, die er teils auch stilistisch verknüpfte, beispielsweise durch Anaphern. Während aber seine Vorgänger die thematischen Gruppen innerhalb eines Tons bildeten, prägte Walther für jede thematische Reihe einen eigenen Ton aus. Man konnte daher oft bereits an der Melodie erkennen, in welchen diskursiven Zusammenhang eine Strophe gehörte.

Insgesamt verfasste Walther rund einhundert Spruchstrophen in dreizehn Haupttönen; hinzukommen weitere Töne, die jeweils nur eine Strophe umfassen. Die Töne trugen ursprünglich keine Bezeichnungen, doch bürgerten sich in der Forschung die Namen ein, die Karl Simrock ihnen 1870 in seiner Walther-Ausgabe zum Zweck der besseren Unterscheidbarkeit gegeben hatte. Die Bezeichnungen orientieren sich in erster Linie an den historischen Persönlichkeiten, die jeweils im Mittelpunkt stehen, bilden aber keine systematische Ordnung aus und sind immer wieder verändert worden. Simrock wählte als Paten für Walthers Töne die Staufer Philipp von Schwaben (Erster und Zweiter Philippston), Friedrich II. (König Friedrichston, Kaiser Friedrichston) und Heinrich VII. (König Heinrichston), den Welfen Otto von Braunschweig (Ottenton), den österreichischen Herzog Leopold VI. (Leopoldston), den thüringischen Ministerialen Gerhart Atze (Atzeton), den Markgrafen Dietrich von Meißen (Meißnerton) und den Grafen Diether II. von Katzenelnbogen (Bognerton). Hinzu kommen zwei Bezeichnungen, die sich auf das Reich (Reichston) und den Wiener Hof (Wiener Hofton) beziehen, und eine, die auf Walthers Kritik an Papst Innozenz III. anspielt (Unmutston). Die Zählung orientiert sich an den Seiten und Zeilen in der Erstausgabe von Karl Lachmann (s. Abschn. 4.2.1) (Tab. 2.12).

Traditionelle Themen
Walther führte die Themen der traditionellen Spruchdichtung fort. Wie seine Vorgänger äußert er sich über das Verhältnis zu seinen Gönnern. Er preist ihre Großzügigkeit, tadelt ihren Geiz, beklagt seine missliche Lage als besitzloser Sänger und preist seine Kunst an, die den Ruhm der Gönner zu steigern vermöge. Walther vergleicht sich mit seinen Konkurrenten und fordert aufgrund seiner überlegenen dichterischen Fähigkeiten eine Vorzugsstellung ein. Das beständige Werben um die Großzügigkeit seiner Gönner wurde von Erfolg gekrönt, als Friedrich II. ihm schließlich ein Lehen verlieh (L 28,31):

> Ich hân mîn lêhen, al die werlt, ich hân mîn lêhen!
> nû enfürhte ich niht den hornunc an die zêhen
> und wil alle bœse hêrren dester minre vlêhen.

> Ich habe mein Lehen, rufe ich allen zu, ich habe mein Lehen! Jetzt fürchten meine Zehen nicht mehr den Frost des Februars. Jetzt muss ich nicht mehr all die geizigen Herren anbetteln.

2.2 Sangspruchdichtung

Tab. 2.12 Spruchtöne Walthers von der Vogelweide

	Ton	Zählung (Lachmann)	Str.
1	Reichston	8,4–9,39	3
2	Erster Philippston	18,29–20,15	5
3	Wiener Hofton	20,16–26,2	14
4	Erster Atzeton (Zweiter Thüringerton)	103,13–104,22	3
5	Zweiter Philippston	16,36–18,28	5
6	Leopoldston (Zweiter Atzeton, Erster Thüringerton)	82,11–84,13	6
7	Ottenton	11,6–13,4	6
8	Meissnerton	105,13–106,16	3
9	Unmutston (Zweiter Ottenton)	31,13–36,10	18
10	König Friedrichston	78,24–82,10	11
11	Bognerton	78,24–82,10	17
12	Kaiser Friedrichston (Engelbrechtston)	10,1–11,5; 84,14–85,2	11
13	König Heinrichston (Rügeton)	101,23–102,28	3

Stärker noch als die Spervogel-Sänger richtet Walther seine Sangsprüche auf das höfische Publikum aus. Er entwirft eine Hoflehre, die zwar christliche Motive einbezieht, aber dennoch als höfisch-laikale Ethik zu verstehen ist. Er behandelt das Verhältnis dreier Werte, die den Stand des Adels betreffen: *guot* (Besitz), *werltlichiu êre* (gesellschaftliches Ansehen) und *gotes hulde* (göttliche Gnade). Diese Güterlehre läuft darauf hinaus, dass Gottes Gnade und Ansehen unter den Menschen höhere Ziele seien als Besitz und Gewinn. Diese sollen eingesetzt werden, um jene zu erlangen. In einer Strophe des Wiener Hoftons entfaltet er diese Lehre wie folgt (L 20,16):

```
      Waz wunders in der werlte vert!        20,16 – C
      wie manic gâbe uns ist beschert
      von dem, der uns ûz nihte hât gemacht!
      dem einen gît er schœnen sin,
   5  dem andern guot und den gewin,
      daz er sich mit sîn selbes guote swachet.
        Armen man mit guoten sinnen
        sol man für den rîchen minnen,
        ob er êren niht engert.
  10  jâ enist ez niht wan gotes hulde und êre,
      dar nâch diu welt sô sêre vihtet.
      swer sich ze guote alsô verphliht,
      daz er beider wirt entwert,
      der enhabe ouch hie noch dort niht lônes mêre,
  15  wan sî eht guotes hie gewert.
```

Welche Wunder es in der Welt gibt! Wie viele Gaben uns beschert sind von dem, der uns aus dem Nichts erschaffen hat! Dem einen schenkt er einen schönen Geist, dem anderen Besitz und Ertrag, sodass er sich mit seinem eigenen Besitz schwächt. Den Armen, der ein gutes Herz hat, soll man vor den Reichen lieben, wenn er keine höheren Ehren begehrt. Wirklich zählt nichts mehr als Gottes Gnade und Ansehen. Danach strebt die Welt mit Eifer. Wer so sehr am Besitz hängt, dass er die anderen beiden Werte verliert, der soll weder im Diesseits noch im Jenseits Lohn erhalten, denn ihm ist sein Besitz schon hier gewährt worden.

Politische Lyrik

Die entscheidende Neuerung besteht darin, das Walther die Rolle des Sangspruchdichters nutzte, um politische Propaganda zu betreiben. Im Dienst seiner Gönner griff er in aktuelle Debatten ein und begründete somit seinen Ruf als politischer Sänger. Insbesondere setzte er sich im jahrelangen Thronstreit (s. Abschn. 1.1.1) für die staufische Seite ein. Im Dienst Philipps von Schwaben und später Friedrichs II. verteidigte er die Legitimität des staufischen Herrschaftsanspruchs gegen den Welfen Otto von Braunschweig. Er unterstützte aber zwischenzeitlich auch Otto, als dieser nach der Ermordung Philipps die Macht im Reich übernahm und in einen Konflikt mit dem Papst geriet. Walther vertrat im Lauf der Jahre auch die Interessen der geistlichen und weltlichen Fürsten, die sich der staufischen oder welfischen Seite zuwandten (und zuweilen auch die Seiten wechselten). Ein Beispiel für Walthers scharfzüngige politische Lyrik bietet die zweite Strophe des König Friedrichstons, in der er den Herrschaftsanspruch des jungen Staufers Friedrich gegen den amtierenden Kaiser Otto verteidigt (L 26,33; s. Abschn. 6.7.3).

Kirchen- und Papstkritik

In vielen Sprüchen äußert Walther heftige Kritik an Kirche und Papst. Auch sie gehören zur politischen Lyrik, denn Walther verteidigte im Streit zwischen geistlicher und weltlicher Vorherrschaft stets die Seite des Kaisers. Die Papstkritik richtet sich vor allem gegen Innozenz III. (1198–1216), der den Thronstreit nutzte, um den universalen Herrschaftsanspruch des Papstes zu begründen. Walther hält dagegen, dass der Kaiser der legitime Stellvertreter Gottes auf der Erde sei. Er stellt den Papst als neuen Judas dar und kritisiert die Kirche für die Simonie, d. h. den Verkauf geistlicher Ämter. In einer Strophe des Unmutstons wirft er dem Papst vor, den Thronstreit zu schüren, um für sich und den Klerus materielle Vorteile daraus zu ziehen (L 34,4):

    Ahî, wie kristenlîche nû der bâbest lachet,   L 34,4 – C
    swenne er sînen Walhen seit: ‚ich hânz alsô gemachet!'
    daz er dâ seit, des solt er niemer hân gedâht.
    er gihet: ‚ich hân zwêne Allamân under eine krône brâht,
5   Daz si daz rîche suln stœren unde wasten.
    al die wîle vulle ich die kasten.
    ich hân si an mînen stoc gemenet, ir guot ist allez mîn.
    ir tiutschez silber vert in mînen welschen schrîn.
    ir pfaffen, ezzent hüenr und trinket wîn,
    unde lânt die tiutschen ‹…› vasten.'

Ha, wie christlich der Papst jetzt lacht, wenn er zu seinen Welschen sagt: ‚Das habe ich schön hinbekommen!'. Was er sagt, das hätte er niemals auch nur denken dürfen. Er sagt: ‚Zwei Deutsche habe ich unter eine Krone gebracht, damit sie das Reich verwirren und verwüsten. Derweil fülle ich die Truhen. Ich habe sie an meinen Opferstock getrieben, ihr Besitz gehört ganz mir. Ihr deutsches Silber fährt in meinen welschen Schrein. Ihr Geistlichen, esst nun Hühner und trinkt Wein und lasst die Deutschen fasten.'

Auch in seinem Leich bringt Walther diese Argumentation vor und bindet ihn, jedenfalls im zweiten, kirchenkritischen Teil, eng an die politische Sangspruchdichtung an (s. Abschn. 2.2.3).

2.3 Leich

Unter dem Leich (mhd. *leich*) ist eine lyrische Großform zu verstehen, die mit jenen Themen gefüllt werden kann, die auch den Minnesang bestimmen. Aus der Zeit bis Walther von der Vogelweide sind nur vier Exemplare dieser Gattung bekannt. Sie stammen allesamt von Minnesängern, die mit dem staufischen Hof in Verbindung standen: der Kreuzleich Heinrichs von Rugge, die Minneleiche Ulrichs von Gutenburg und Ottos von Botenlauben und der zwischen Marienpreis und Kirchenkritik schillernde Leich Walthers von der Vogelweide. Vermutlich ist der Leich Ottos von Botenlauben jünger als der Walthers von der Vogelweide oder etwa gleichzeitig mit ihm entstanden. Ein späterer Liederdichter behauptete, dass auch Friedrich von Hausen und Hartmann von Aue sich in dieser Gattung betätigt hätten, doch sind unter ihren Namen keine Leiche überliefert (Apfelböck 1991, S. 137).

2.3.1 Leich und Sequenz

Der Leich ist die formal anspruchsvollste Gattung der höfischen Lyrik. Er ist deutlich umfangreicher als das Minnelied. Der Leich Ottos von Botenlauben umfasst 119, der Leich Heinrichs von Rugge 120, der Leich Walthers von der Vogelweide 165 und der Leich Ulrichs von Gutenburg gar 387 Verse. Im Unterschied zum Minnesang besteht der Leich aus Reihen ungleicher Strophen. Er umfasst bei Ulrich von Gutenberg sieben, bei Heinrich von Rugge zehn, bei Walther von der Vogelweide dreizehn und bei Otto von Botenlauben sechzehn verschiedene Strophentypen. Diese können sich mehrfach wiederholen: bei Heinrich von Rugge und Walther von der Vogelweide bis zu dreimal, bei Ulrich von Gutenburg bis zu siebenmal, bei Otto von Botenlauben bis zu neunmal. Eine weitere Besonderheit ist das Prinzip der Reprise, d. h. der nachträglichen Wiederholung einzelner Strophenreihen. Dieses Prinzip kann so weit geführt werden, dass ein doppelter Kursus entsteht, d. h. eine Gliederung des Leichs in zwei große Bögen.

Der Leich ist mit der Sequenz verwandt. Die im frühen Mittelalter entwickelte liturgische Liedgattung besteht im Unterschied zum Hymnus, der ihr gattungsgeschichtlich vorausgeht, nicht aus gleichförmigen Strophen, sondern aus einer Serie von Strophen ungleicher Bauart. Die Strophen können aus zwei oder drei identischen Teilen, sogenannten Versikeln, bestehen. Ein berühmtes und einflussreiches Beispiel ist die Mariensequenz *Ave praeclara maris stella*, die der Benediktinermönch Hermann von Reichenau in der Mitte des elften Jahrhunderts verfasste (vgl. die Nachweise im *Berliner Repertorium*). Schon in der Mitte des zwölften Jahrhunderts wurde sie mehrfach ins Deutsche übertragen (Mariensequenzen aus Seckau und Muri). Die Sequenz preist die jungfräuliche Gottesmutter in zahlreichen Bildern und biblischen Bezügen und bittet sie, die Gebete der Gläubigen zu erhören. Die kunstvolle Form des Leichs legt nahe, dass er im Rahmen höfischer Festlichkeiten eine ähnlich liturgieartige Funktion erfüllte wie die Sequenz in der Messe an kirchlichen Feiertagen.

Hugo Kuhn (1967) unterschied drei formale Typen des Leichs, die er anhand der Liedgattungen der Sequenz, der Estampie und des Lais bezeichnete. Der Estampie-Typus (Abfolge ungleicher Strophen: ABC) liegt bei Heinrich von Rugge vor, der Sequenz-Typus (Wiederholung von Strophenblöcken: ABAB) bei Ulrich von Gutenburg und Walther von der Vogelweide und der Lai-Typ (freie Bauform) bei Otto von Botenlauben. Die drei Subtypen können miteinander verschränkt sein, zumal die betreffenden Liedgattungen ohnehin verwandt sind.

2.3.2 Minneleich und Kreuzleich

Neben der formalen ist auch eine thematische Typologie möglich. Grundsätzlich lassen sich Leiche mit kirchlichen (Kreuzleich) und weltlichen Themen (Minneleich) unterscheiden. Intertextuelle Bezugspunkte sind entsprechend vor allem der Minnesang und die Kreuzzugsdichtung.

Ulrich von Gutenburg (MF 69,1; s. Abschn. 7.2) und Otto von Botenlauben (KLD 41,XI; s. Abschn. 7.3) sind Vertreter des Minneleichs (vgl. Kreibich 2000). Sie umkreisen die ambivalente Liebeserfahrung des werbenden Ritters, der vergeblich auf die Gunst der Minnedame hofft und das Leid beklagt, das ihm die Einseitigkeit der Liebe beschert. Die hohe Minne, so legen ihre Lieder nahe, war die weltliche Religion der Adelsgesellschaft. Der Minneleich ist dem Minnesang thematisch eng verbunden, der Unterschied besteht vor allem im Umfang und in der formalen Komplexität des Leichs. Die vielfältigen Symmetrien, Kontraste und Variationen, die für ihn typisch sind, erlauben entsprechend elaborierte Gedankengänge.

Heinrich von Rugge (MF 96,1; s. Abschn. 7.1) steht für die Untergattung des Kreuzleichs. Hier liegt der religiöse Bezug näher, da die Teilnahme am Kreuzzug nicht nur als ritterliche, sondern auch als christliche Pflicht vorgestellt wird. Der Ritter soll ein christlicher Ritter, ein *miles christianus* sein. Heinrich von Rugge fordert unter dem Eindruck des Todes Friedrichs I. Barbarossa, der während des Kreuzzugs (1190) starb, die Ritter auf, das Kreuz zu nehmen, um das Seelenheil zu gewinnen und sich als *helden* zu bewähren. Heinrich tritt in der Rolle des Laien auf, als ungelehrtes Mitglied (*tumber man*) der Hofgesellschaft, an die er sein Lied adressiert. Er will den Klerikern keine Konkurrenz machen. Obwohl er religiöse Motive aufgreift, ist sein Leich letztlich als weltliches Lied zu verstehen. Den Kreuzliedern des Minnesangs entstammt das Argument, dass ein Ritter, der sich um der Damen willen dem Kreuzzug verweigere, von Letzteren als feige missachtet werde. In Heinrichs Leich ist ein didaktischer Gestus erkennbar, der an die Gattung der Sangspruchdichtung erinnert (in der er sich ebenfalls betätigte). Er ist überhaupt der erste Sänger, der sich in allen drei Gattungen zugleich hervortat: Minnesang, Sangspruch und Leich.

2.3.3 Walther von der Vogelweide

Während Ulrich von Gutenburg, Heinrich von Rugge und Otto von Botenlauben ihre Leiche im höfischen Themenfeld von Ritterschaft und Minnedienst ansiedeln, präsentiert Walther seinen Leich als religiöse Dichtung, die Maria und die Trinität umkreist (L 3,1; s. Abschn. 7.4). Von Ritterschaft ist keine Rede; und wenn von Liebe gesprochen wird, so gilt sie der Jungfrau Maria. Mit Ulrich von Gutenburg und Otto von Botenlauben teilt Walther den Preis der Herrin, mit Heinrich von Rugge die religiöse Motivik. Doch während Ulrich und Otto eine weltliche Dame im Blick haben, verehrt Walther die Gottesmutter. Und während Heinrich diejenigen kritisiert, die sich der Kreuzzugsforderung der Kirche entziehen, tadelt Walther im zweiten Teil seines Leichs die Kirche selbst, die mit der Unsitte der Simonie ihren göttlichen Auftrag verrate.

So entsteht im Resultat ein Leich, der sich an die Gattung der Mariensequenz annähert, dann aber in eine kirchenkritische Schelte umschwenkt. Die Verbindung besteht darin, dass die Gottesmutter als Verkörperung der Kirche gilt, diese sich also an jener messen lassen müsse. So öffnet Walther die Gattung des Leichs auf die Sangspruchdichtung hin, in der er ebenfalls vielfach Romkritik übt (s. Abschn. 2.2.5). Das Resultat ist ein politisches Marienlied. So sehr der Leich zunächst als Mariendichtung erscheinen mag, wird er doch für den Transport einer politischen Aussage instrumentalisiert. Entscheidend ist die Romkritik, deren Geltung Walther mit der liturgischen Autorität und Dignität der Gattung der Mariensequenz unterstreicht, an die Walther seinen Leich annähert.

2.4 Ausblick: Höfische Lyrik neben und nach Walther von der Vogelweide

Die Gattungsgeschichte der höfischen Lyrik endet nicht mit Walther. Neben und nach ihm sind weitere Liederdichter des dreizehnten Jahrhunderts zu nennen, die zum Teil ihrerseits traditionsbildend waren.

2.4.1 Minnesang

Mit Blick auf den Minnesang unterscheidet man vielfach zwischen der „klassischen" Epoche, die bis Walther reicht, und der „nachklassischen" Epoche (vgl. Hübner 2008; Braun 2021, S. 494–500). Dazwischen vollzog sich ein Paradigmenwechsel, den Hugo Kuhn in einer wegweisenden Untersuchung als „Minnesangs Wende" (Kuhn ^{2}1967) bezeichnete. Zwei Tendenzen markieren den Übergang: die parodistische Dekonstruktion des Liebeskonzepts des hohen Minnesangs und die Steigerung der formkünstlerischen Dimension.

Parodie

Für die parodistische Tradition des „nachklassischen" Minnesangs steht der bayerische Liederdichter Neidhart, der die Konstellation des hohen Minnesangs in ein dörflich-bäuerliches Milieu überträgt und damit komische Effekte erzielt. Sein umfangreiches Œuvre (132 Lieder, davon 55 mit Melodie überliefert) lässt sich in zwei Gruppen gliedern, die anhand ihrer charakteristischen Natureingänge als ‚Sommerlieder' und ‚Winterlieder' bezeichnet werden. Die in freien, stets paargereimt beginnenden Strophen (Reienstrophen) verfassten Sommerlieder kreisen um das erotische Begehren, das Bauernmädchen und ihre Mütter auf den Ritter Neidhart von Reuental, das fiktive Doppel des Dichters, richten. Es handelt sich vielfach um erzählerisch gerahmte Monologe und Dialoge, die an die Gattung des Frauenlieds anknüpfen und Vorbilder in der romanischen Liebeslyrik haben. Die als Kanzonenstrophen komponierten Winterlieder nehmen hingegen die männliche Perspektive ein; sie thematisieren die Frustration des Ritters, dessen Bemühungen um die Bauernmädchen von konkurrierenden Bauernjungen behindert werden. Ziel dieser Lieder ist weniger die Schelte der Bauernleute (der *dörper*, wie Neidhart sie nennt) als die satirische Verfremdung des Minnesangs durch die Überschreitung der aristokratischen Ständeklausel.

Formkunst

Im Vergleich mit Neidhart erscheinen jene Liederdichter des dreizehnten Jahrhunderts, die weiterhin Anschluss an die Tradition des hohen Minnesangs suchen, als konservativ. Charakteristisch für sie ist, dass sie ihr Bemühen vor allem auf die Formkunst richten, die sie teilweise bis hin zur Virtuosität steigern. Der schwäbische Liederdichter Gottfried von Neifen stellt in dieser Hinsicht einen Gegenpol zu Neidhart dar. Die 45 Minnelieder, die unter seinem Namen überliefert sind, greifen auf das etablierte Motivrepertoire des hohen Minnesangs zurück und spielen typische Konstellationen immer wieder aufs Neue durch. Die meisten seiner Lieder beginnen mit Natureingängen, sodass man auch hier von Sommer- und Winterliedern sprechen könnte, die freilich ganz anders geartet sind als die von Neidhart. Weitere Liederdichter, die dieser Gruppe zugerechnet werden können, sind Burkhard von Hohenfels, Hiltbolt von Schwangau, Ulrich von Singenberg (Abb. 1.5b), Ulrich von Liechtenstein und Ulrich von Winterstetten sowie nichtadelige Sänger wie der Tannhäuser (Abb. 1.5a), Konrad von Würzburg, der Kanzler, Steinmar, der Wilde Alexander, Frauenlob (Heinrich von Meißen) und Johannes Hadlaub.

2.4.2 Sangspruchdichtung

Die Sangspruchdichtung neben und nach Walther von der Vogelweide lässt sich in zwei Phasen unterteilen: die Walther-Nachfolge der ersten Hälfte des dreizehnten

Jahrhunderts und die hinsichtlich ihrer Artifizialität und Intellektualität mit neuem Ehrgeiz auftretende Sangspruchdichtung der zweiten Hälfte des dreizehnten und des frühen vierzehnten Jahrhunderts (vgl. Brunner 2019).

Walther-Nachfolge
Die Sangspruchdichter, die als jüngere Zeitgenossen Walthers von der Vogelweide auftraten, orientierten sich an dessen Vorbild. Zu nennen sind vor allem die professionellen Dichter Bruder Wernher, Reinmar von Zweter, der Marner und der Tannhäuser. In formaler Hinsicht übernahmen sie das Prinzip der kanzonenartigen Stollenstrophe, griffen aber nicht auf die von Walther komponierten Töne zurück und erreichten auch nicht deren kompositorisches Niveau. In thematischer Hinsicht führten sie Walthers politische Lyrik fort, oft verbunden mit Fürstenlob und Fürstenschelte; größeres Gewicht als Walther legten sie auf religiöse Themen sowie auf Herren-, Tugend- und Minnelehren. Mit dem Marner trat ein Anspruch auf Gelehrsamkeit hinzu, der in der zweiten Hälfte des dreizehnten Jahrhunderts vielfach weitergeführt wurde.

Formkunst und Gelehrsamkeit
Wie im späteren Minnesang spielt auch für die Sangspruchdichter, die in der zweiten Hälfte des dreizehnten Jahrhunderts tätig waren, die Formkunst eine große Rolle. Zu nennen sind vor allem Friedrich von Sonnenburg, Konrad von Würzburg, der Kanzler, Rumelant von Sachsen, der Meißner und Frauenlob. Denjenigen Dichtern, die ihre poetische Artistik auf die Spitze trieben, hat die Forschung einen „geblümten Stil" attestiert, insbesondere Konrad von Würzburg und Frauenlob. Blumen (*flores*) waren in den lateinischen Rhetoriken und Poetiken jener Zeit eine Metapher für den Redeschmuck, also für die Tropen und Figuren (s. Abschn. 3.3). Die Steigerung der Formkunst geht mit einer gesteigerten Tendenz zur Selbstbezüglichkeit einher, wie man sie von Walther kennt. Im Anschluss an den Marner erschließen viele Sangspruchdichter dieser Zeit Themen aus den Wissensbeständen der Naturkunde, der Freien Künste (Grammatik, Rhetorik, Dialektik; Arithmetik, Geometrie, Harmonielehre, Astronomie), der Theologie und Philosophie sowie der geistlichen Allegorese.

Wartburgkrieg
Der Gattung der Sangspruchdichtung steht der *Wartburgkrieg* nahe, eine umfangreiche strophische Dichtung, die mehrere Töne umfasst und in mehreren Schichten entstand. Die Dichtung thematisiert einen fiktiven Sängerwettstreit auf der thüringischen Wartburg, der auf die literarische Szene um den Landgrafen Hermann I. verweist (vgl. Abb. 1.6a). In der als „Fürstenlob" bezeichneten Schicht treten sechs Sänger gegeneinander an, darunter Walther von der Vogelweide, der Tugendhafte Schreiber (ein weiterer Sangspruchdichter), Reinmar von Zweter und Wolfram von Eschenbach (von dem Minnelieder, aber keine Sprüche überliefert sind) sowie die historisch kaum fassbaren Dichter Biterolf und Heinrich von Ofterdingen.

2.4.3 Leich

Die Blütezeit des Leichs war das dreizehnte Jahrhundert (vgl. Apfelböck 1991, S. 137–150). Auf den Kreuzleich Heinrichs von Rugge, die Minneleiche Ulrichs von Gutenburg und Ottos von Botenlauben und den religiös-romkritischen Leich Walthers von der Vogelweide folgten rund dreißig weitere Dichtungen dieser Art, die sich weitgehend an das vorgegebene thematische Spektrum hielten. In der Mehrzahl handelt es sich um Minneleiche (vgl. Kreibich 2000). In dieser Untergattung betätigten sich Rudolf von Rotenburg, der Tannhäuser, Ulrich von Liechtenstein, Heinrich von Sax, Ulrich von Winterstetten, Konrad von Würzburg, der Wilde Alexander, Wilhelm von Gliers, der Taler und Frauenlob. Geringer ist der Anteil der religiösen Leiche (Reinmar von Zweter, Konrad von Würzburg, Hermann Damen, Frauenlob) und des Kreuzleichs (Frauenlob). Nach Frauenlob trat die Gattung des Leichs in den Hintergrund.

Formgeschichte

3

Inhaltsverzeichnis

3.1   Melodien 103
    3.1.1   Minnesang 104
    3.1.2   Sangspruchdichtung 104
3.2   Vers und Strophe 105
    3.2.1   Der Vers 105
    3.2.2   Die Strophe 107
3.3   Poetische Mittel 113
    3.3.1   Figuren 115
    3.3.2   Tropen 126

Die Formanalyse ist eine wertvolle Hilfe bei der Analyse und Interpretation höfischer Lieder, denn die Form dient deren inhaltlicher Gliederung und sprachlicher Gestaltung. Es gibt einen Zusammenhang zwischen der formalen und der logischen Struktur eines Verses, einer Strophe und eines Liedes. Man kennt diesen Sachverhalt vom Sonett, das in der Regel aus zwei Quartetten und einem Terzett besteht. Diese Bauform ist geeignet, eine rhetorische Argumentation zu gestalten, indem die verschiedenen Strophenteile zum Beispiel eine These, eine Antithese und eine Synthese aufnehmen. Ähnlich verhält es sich mit der Kanzone, dem im hohen Minnesang dominierenden Vorläufer des Sonetts.

3.1   Melodien

Bei der höfischen Lyrik des deutschen Mittelalters handelt es sich um gesungene Lieddichtung (s. Abschn. 1.1.2.2). Daher sollte man grundsätzlich bei der Interpretation der Lieder auch die Melodien heranziehen. Doch ist dies nur eingeschränkt möglich, da für den deutschen Minnesang und den Leich keine, für die deutsche Sangspruchdichtung nur wenige Melodien überliefert sind.

3.1.1 Minnesang

Die Liederhandschriften, die den deutschen Minnesang überliefern, verzichten darauf, die Texte mit Notensystemen auszustatten. Entweder setzten sie die Melodien als bekannt voraus, oder sie kannten sie schon nicht mehr, oder sie waren nur an den Texten interessiert. Doch lassen sich die Melodien in einigen Fällen annäherungsweise erschließen, nämlich immer dann, wenn Kontrafakturen vorliegen, d. h. wenn die deutschen Minnesänger romanische Vorbilder aufgriffen, deren Melodien überliefert sind (vgl. Brunner 2021; Minnesangs Frühling II [1977], S. 36–38). Dies betrifft vor allem Lieder des rheinischen Minnesangs, der sich insgesamt besonders eng an die romanische Tradition anlehnt.

Sichere, wahrscheinliche und mögliche Kontrafakturen stammen von:

- Burggraf von Riedenburg (MF 18,25 in der Fassung B),
- Dietmar von Aist (MF 35,16; in A Heinrich von Veldeke zugeschrieben),
- Friedrich von Hausen (MF 43,28; 44,13; 45,1; 45,37; 48,3; 48,32; 49,13; 50,19; 51,33 [s. Abschn. 5.2.1),
- Ulrich von Gutenburg (MF 77,36 [s. Abschn. 5.2.3]),
- Bernger von Horheim (MF 112,1; 113,1; 114,21; 115,27 [s. Abschn. 5.2.4]),
- Bligger von Steinach (MF 118,19),
- Heinrich von Veldeke (MF 57,10; 61,33; 65,28),
- Hartwig von Raute (MF 116,1 [s. Abschn. 5.2.9]),
- Albrecht von Johansdorf (MF 87,5),
- Rudolf von Fenis (MF 80,1 [s. Abschn. 5.2.12]; 80,25; 81,30; 83,11; 84,10),
- Heinrich von Morungen (MF 147,17),
- Reinmar der Alte (MF 194,18),
- Hartmann von Aue (MF 215,14).

3.1.2 Sangspruchdichtung

In der Sangspruchdichtung sieht die Überlieferungslage besser aus. Die Jenaer Liederhandschrift überliefert viele Melodien, darunter auch diejenige zum Ton Spervogel II (s. Abschn. 4.1.2; Abdruck in *Minnesangs Frühling* II [1977], S. 35).

Auch zu einigen Spruchtönen Walthers von der Vogelweide sind Melodien überliefert (vgl. Brunner [2013a], S. L–LII). Das ‚Münstersche Fragment' (Z), ein erhaltenes Doppelblatt aus einer mit lesbaren Melodieaufzeichnungen in gotischer deutscher Choralnotation versehenen Liederhandschrift, die in der ersten Hälfte des vierzehnten Jahrhunderts entstand und heute in Münster aufbewahrt wird (Landesarchiv Nordrhein-Westfalen/Staatsarchiv, Msc. VII, 51), enthält die Melodien zum Zweiten Philippston (Abdruck in der Walther-Ausgabe von Bein [2013], S. 51), zum König-Friedrichston (ebd., S. 78) und zum Palästinalied (ebd., S. 30). Weitere Melodien sind, ebenfalls in gotischer deutscher Choralnotation, in den Melodienhandschriften der späteren Meistersinger bezeugt, nämlich der Wiener Hofton (ebd., S. 67) und der Ottenton (ebd., S. 19).

3.2 Vers und Strophe

Bevor wir uns den Strophentypen der höfischen Lyrik zuwenden, ist zunächst ein Blick auf die Struktur der Verse zu richten, aus denen sich die Strophen zusammensetzen. Die verwendete Beschreibungssprache (Auftakt, Kadenz, Metrum, etc.) ist neuzeitlicher Herkunft und somit eigentlich anachronistisch, wenn sie auf mittelalterliche Verhältnisse angewendet wird. Das ändert freilich nichts an ihrer Nützlichkeit, zumal die Begrifflichkeit des deutschen Mittelalters begrenzt ist. Sie umfasst nur wenige Wörter wie *dôn* (Melodie), *liet* (Strophe) und *rîm* (Reim), die für eine vollständige Beschreibung der Vers-, Strophen- und Liedstruktur nicht ausreichen.

3.2.1 Der Vers

▶ **Definition** In der höfischen Lyrik des deutschen Mittelalters versteht man unter **Versen** die endgereimten Zeilen einer Strophe. Es gilt das hebungszählende Prinzip, die Hebungen folgen in der Regel den natürlichen Wortbetonungen. Der Vers umfasst drei Zonen: den Anfang, das Innere und das Ende. Mit Blick auf den Versanfang fragt man, ob ein Auftakt vorliegt (Eröffnung des Verses mit einer unbetonten Silbe); mit Blick auf das Versende fragt man nach der Kadenz (weibliche Kadenz: unbetonte Silbe am Schluss; männliche Kadenz: betonte Silbe am Schluss; klingende Kadenz: zwei betonte Silben am Schluss, eine mit Haupt- und eine mit Nebenbetonung). Das Prinzip des mittelhochdeutschen Verses ist die Alternation, d.h. der regelmäßige Wechsel von Hebung und Senkung; doch auch Daktylen (eine Hebung gefolgt von zwei Senkungen, „Walzertakt") kommen häufig vor. Die Grundform ist im frühen Minnesang der vierhebige Kurzvers, der aber schon bald abgewandelt wird; seit dem hohen Minnesang werden die Verstypen zunehmend ausdifferenziert.

Der Versanfang kann betont oder unbetont sein, d. h. mit einer betonten oder unbetonten Silbe beginnen. Ist der Versanfang regelmäßig unbetont, spricht man von einem Auftakt. Im frühen Minnesang ist ein geregelter Auftakt nicht so häufig anzutreffen wie im hohen Minnesang.

In der mittelhochdeutschen Lyrik gilt das hebungszählende Prinzip. Die Verse folgen dem Grundsatz der Alternation, d. h. des regelmäßigen Wechsels zwischen betonter und unbetonter Silbe. Die Hebungen orientieren sich an der natürlichen Wortbetonung. Doch kann durchaus eine gegenläufige Betonung eingesetzt werden, um ein Wort zu markieren, auf das besondere Aufmerksamkeit gelenkt werden soll. Wenn der Versanfang unreguliert ist, spielt die Unterscheidung von

Versfüßen wie Jambus (unbetonte plus betonte Silbe) und Trochäus (betonte plus unbetonte Silbe) keine Rolle; entscheidend ist die Alternation. Im hohen Minnesang wird der Daktylus relevant, d. h. die dem Walzertakt entsprechende Abfolge von einer betonten und zwei unbetonten Silben. Immer ist auch mit der Möglichkeit der Elision zu rechnen, d. h. dass ein am Wortende stehender Vokal nicht ausgesprochen wird, wenn ein weiterer Vokal folgt (dies wird oft mit einem Punkt unter dem Vokal markiert; Bsp.: *dannę ein = dannein*).

Das Versende kann betont oder unbetont sein. Ist es betont, spricht man von einer männlichen Kadenz, ist es unbetont, von einer weiblichen Kadenz. Im frühen Minnesang kommen noch die Optionen der klingenden und stumpfen Kadenz hinzu. Klingende und stumpfe Kadenzen sind Variationen der vierhebigen Kurzverse. Unter einer klingenden Kadenz versteht man eine sprachliche Dehnung; zwei aufeinanderfolgende Silben werden in der Weise betont, dass die erste Silbe die Haupt- und die zweite Silbe die Nebenbetonung trägt. Unter einer stumpfen Kadenz versteht man die Auslassung der vierten Hebung; sie besteht also aus einer männlichen Kadenz und einer Pause. Oft werden in Forschung und Lehre klingende mit weiblichen und stumpfe mit männlichen Kadenzen gleichgesetzt, doch ist dies mit Blick auf die Langzeilenstrophe ungenau.

Zu beachten ist, dass zweisilbige Wörter mit kurzer offener Tonsilbe (wie mhd. *sagen*, *geben*) metrisch als einsilbig aufgefasst werden und daher am Versende eine männliche Kadenz bilden. Zur Erläuterung kann man die Aussprache der betreffenden Wörter im heutigen Bairischen heranziehen, das dem Mittelhochdeutschen noch nahesteht: Dem neuhochdeutschen Wort *sagen* entspricht das bairische Wort *sagn* (gesprochen: *såŋ*), dem neuhochdeutschen Wort *geben* das bairische Wort *gebn* (gesprochen: *ge:m*). Wörter mit kurzen offenen Tonsilben können keine klingende Kadenz bilden.

Zur Beschreibung des Versendes gehört auch der Reim. Die Lieder der höfischen Lyrik sind stets endgereimt (im Unterschied zum althochdeutschen Stabreim, vgl. Kraß 2022). Im frühen Minnesang liegen statt reiner Reime oft Halbreime (unreine Reime, Assonanzen) vor, also Gleichklänge, die sich auf die Vokale beschränken (Beispiel: *jâr/hân*). Seit dem hohen Minnesang setzten sich die reinen Reime durch, also Gleichklänge ab dem letzten betonten Vokal. Reime und Kadenzen spielen zusammen. Ein Beispiel für Reimwörter mit weiblicher Kadenz wäre *minne/zinne*, ein Beispiel für Reimwörter mit männlicher Kadenz *guot/muot*. Eine dritte Möglichkeit neben Halb- und Vollreim ist die Waise, d. h. ein absichtsvoll ungereimter Reim. Basale Reimformen sind Paarreim (aabb), Kreuzreim (abab), umarmender Reim (abba) und Schweifreim (aabccb). Im rheinischen und professionellen Minnesang kommen auch Binnenreime vor.

Im frühen Minnesang dominieren Langzeilen, die sich aus zwei vierhebigen Kurzversen zusammensetzen. Diese werden als An- und Abvers bezeichnet. Im hohen Minnesang liegen ungeteilte Verse vor, die eine beliebige Hebungszahl aufweisen können. In den Strophen können Verse unterschiedlicher Länge gemischt werden.

3.2.2 Die Strophe

Die Verse fügen sich zu Strophen zusammen. Die Einteilung der Strophen in Verse, wie sie in den Editionen (z. B. in *Minnesangs Frühling*) dargeboten wird, ist bereits eine Interpretationsleistung. In den Liederhandschriften werden in der Regel die Strophen, nicht aber die Verse abgesetzt; doch können die Verse mithilfe von Verspunkten markiert werden. In den Ausgaben wird jedem Vers eine eigene Zeile eingeräumt, Strophen werden durch einen Leerraum voneinander abgetrennt. Die jüngste Ausgabe von *Minnesangs Frühling* bildet auch das Reimschema ab, indem sie miteinander reimende Verse mit demselben Abstand nach rechts einrückt. Außerdem werden die Strophenbestandteile (Auf- und Abgesang der Kanzone) mit Großbuchstaben markiert. So enthalten die Ausgaben bereits wertvolle Hinweise auf die Formanalyse der Verse, Strophen und Lieder.

Langzeilenstrophe
Die höfische Lyrik beginnt mit einer Strophenform, die sich aus vierhebigen Kurzversen zusammensetzt. Kurzverse können sich paarweise zu Langzeilen verbinden. Die Kurzverse einer Langzeile nennt man Anvers und Abvers. Diese Strophenform beherrscht den frühen Minnesang wie auch die frühe Sangspruchdichtung.

Als klassische Langzeilenstrophe des frühen Minnesangs gilt die Kürenbergerstrophe, die mit der Nibelungenliedstrophe identisch ist (MF 8,33):

> ‚Ich zôch mir einen valken   mêre dannę ein jâr.   *8, 33 – 8 C*
> dô ich in gezamete,   als ich in wolte hân,
>   und ich im sîn gevidere   mit golde wol bewant,
>   er huop sich ûf vil hôhe   und vlouc in ándèriu lant.'

x x́x x́x –́ x́   x́x x́x x́ ∧   Anvers mit klingender Kadenz | Abvers mit stumpfer Kadenz
x́x x́x x́x x́   x́x x́x x́ ∧   Anvers mit männlicher Kadenz | Abvers mit stumpfer Kadenz
x x́x x́x x́x x́   x́x x́x x́ ∧   Anvers mit männlicher Kadenz | Abvers mit stumpfer Kadenz
x x́x x́x –́ x́   x x́x –́ x̀x x́   Anvers mit klingender Kadenz | Abvers mit männlicher Kadenz

Die Kürenbergerstrophe umfasst vier paargereimte Langzeilen. Der Reim setzt nicht am Ende der Kurzverse, sondern der Langzeilen an. Es liegt kein geregelter Auftakt vor. Die Langzeilen enden im vorliegenden Beispiel durchgehend mit männlicher bzw. stumpfer Kadenz; doch ist hieraus keine Regel abzuleiten, denn männliche und weibliche Kadenzen sind in den Kürenbergerstrophen beliebig verteilt. Die Reimtechnik ist locker, neben vollen Reimen (*bewant/lant*) stehen Halbreime (*jâr/hân*). Alle Kurzverse sind vierhebig, alle Langzeilen entsprechend achthebig. Die vierhebigen Kurzverse können in unterschiedlicher Weise ausgeführt werden. Stets ist mit klingenden Kadenzen zu rechnen; in der vorliegenden Strophe trifft dies auf die Wörter *válkèn* und *hôhè* zu.

Ferner wird in der Regel in den ersten drei Abversen die vierte Hebung pausiert (Pausenzeichen: ∧), also im Text nicht (wohl aber in der Melodie) realisiert (vgl. stumpfe Kadenz). Nur im vierten und letzten Abvers werden stets alle vier Hebungen durchgeführt. Aus der Verkürzung der ersten drei Abverse und der Vollständigkeit des vierten Abverses resultiert die spezifische Binnenstruktur der Langzeile. Die ersten drei Verse bilden eine Einheit; die vierte setzt sich aufgrund der quantitativen Schlussbetonung ab und weist oftmals eine inhaltliche Pointe auf.

Grundsätzlich verfügen die Sänger des frühen Minnesangs jeweils nur über einen Ton (s. Abschn. 2.1.1), der allerdings variiert werden kann. So ist die oben erläuterte Kürenbergerstrophe in der Zählung von *Minnesangs Frühling* der zweite Ton. Der erste, aus nur zwei Strophen bestehende Ton kann als Variation des zweiten Tons beschrieben werden (MF 7,1):

,Vil lieben vriunt ‹verkiesen›, daz ist schedelîch;   7, 1 – *1 C*
swer sînen vriunt behaltet, daz ist lobelîch.
    die site wil ich minnen.
        bite in, daz er mir holt sî, als er hie bevor was,
5   und man in, waz wir redeten, dô ich in ze jungest sach.'

Die Abweichung besteht im ungereimten Kurzvers, der zwischen die Langzeilenpaare geschoben wird. Man bezeichnet den eingefügten Vers als Steg und die Strophe entsprechend als Stegstrophe. Wird der ungereimte Kurzvers in die Mitte des zweiten Langzeilenpaars eingeschoben, liegt ein Sonderfall der Stegstrophe vor, die als Waisenterzine bezeichnet wird. Ein Beispiel findet sich bei Meinloh von Sevelingen. Er fügt der Kürenbergerstrophe ein drittes Langzeilenpaar an, das er mit einem ungereimten Kurzvers unterbricht (MF 11,1):

Dô ich dich loben hôrte, dô het ich dich gerne erkant.   11, 1 – *1 BC*
durch dîne tugende manige vuor ich ie welende, unz ich dich vant.
    daz ich dich nû gesehen hân, daz enwirret dir niet.
    er ist vil wol getiuret, den dû wilt, vrowe, haben liep.
5   Du bist der besten eine, des muoz man dir von schulden jehen.
        sô wol den dînen ougen!
    diu kunnen, swen si wellen, an vil güetelîchen sehen.

Auf diese Weise nähert Meinloh die Langzeilenstrophe bereits der Kanzonenstrophe an. Diese besteht aus zwei Teilen, die im Strophenbild jeweils durch einen Großbuchstaben gekennzeichnet sind. Der erste Teil (Aufgesang) umfasst hier die ersten vier Zeilen (*Dô ...*), der zweite Teil (Abgesang) die abschließenden drei Zeilen (*Du ...*). Der zweite Teil präsentiert sich als Waisenterzine. Von einer Terzine spricht man, weil es sich um drei Zeilen handelt, von einer Waise, weil der mittlere Vers keinen Reimpartner hat. Das Reimschema lautet: aa bb cxc. Eine weitere Variation dieser Strophe besteht darin, dass alle Abverse vierhebig sind und entsprechend mit einer männlichen statt einer stumpfen Kadenz enden. Der als Steg fungierende Kurzvers wird hingegen durch eine klingende Kadenz hervorgehoben (*óugèn*).

Langzeilen begegnen auch in der frühen Sangspruchdichtung. Zu unterscheiden ist zwischen den Tönen Spervogel I („Herger", s. Abschn. 2.2.1) und II

3.2 Vers und Strophe

("Spervogel", s. Abschn. 2.2.2). Der Ton Spervogel II ("Spervogel") besteht aus drei gereimten Zeilenpaaren. Das erste Paar besteht aus zwei sechshebigen Versen, das mittlere aus zwei vierhebigen Kurzversen, das dritte aus zwei Langzeilen (MF 20,17):

> Swer suochet rât und volget des, der habe danc, 20, 17 – 3 AC
> alse mîn geselle Spérvògel sanc.
> und sold er leben tûsent jâr,
> sîn êre stîgent, daz ist wâr.
> 5 ist danne, daz er triuwen pfliget und den niht wil entwenken,
> sô er in der erde ervûlet ist, sô muoz man sîn gedenken.

Der Ton Spervogel I ("Herger") besteht aus Kurzversen, die nicht zu Langzeilen zusammengefasst werden (MF 26,20):

> Mich müet daz alter sêre, 26, 20 – Sper 18 AC
> wan ez Hérgêrè
> alle sîne kraft benam.
> ez sol der gransprunge man
> 5 Bedenken sich enzîte,
> swenne er ze hove werde leit,
> daz er ze gwissen herbergen rîte.

Des Reimschema entspricht demjenigen, das auch von Meinloh von Sevelingen verwendet wird: aa bb cxc. Es handelt sich um zwei paargereimte Verspaare, die den ersten Teil der Strophe, und eine Waisenterzine, die den zweiten Teil der Strophe bilden (*Minnesangs Frühling* markiert den Beginn des zweiten Teils durch Großschreibung). Im Unterschied zu Meinlohs Strophe handelt es sich um Kurzverse, die man jedoch auch als Langzeilen anordnen könnte:

> Mich müet daz alter sêre, wan ez Hérgêrè
> alle sîne kraft benam. ez sol der gransprunge man
> bedenken sich enzîte, swenne er ze hove werde leit,
> daz er ze gwissen herbergen rîte.

In dieser Anordnung sind die ersten beiden Langzeilen binnengereimt. Der Anvers der dritten Langzeile reimt mit dem letzten Vers, der sich als auf fünf Hebungen erweiterter Kurzvers deuten lässt.

Die vorgeführten Beispiele aus dem frühen Minnesang und der frühen Sangspruchdichtung zeigen den Variationsreichtum der Langzeilenstrophe, deuten aber auch schon den Übergang zum neuen Strophentyp an, der sich seit 1170 im deutschen Minnesang durchsetzte: dem aus der romanischen Liebeslyrik übernommenen Typ der Kanzonenstrophe.

Kanzonenstrophe

▶ **Definition** Im hohen Minnesang dominiert die aus dem romanischen Raum übernommene **Kanzonenstrophe** (vgl. frz. *chanson*: ‚Lied'). Die Kanzone ist ein

Vorläufer des Sonetts. Sie besteht aus zwei Teilen, dem Aufgesang und dem Abgesang. Der Aufgesang setzt sich aus zwei gleich gebauten Stollen (von mhd. *stolle*: ‚Pfosten') zusammen, die auch als Stollen und Gegenstollen bezeichnet werden. Der Abgesang unterscheidet sich formal vom Aufgesang, er ist mindestens so lang wie ein Stollen.

Im Grundsatz gilt, dass die frühen Minnesänger und Sangspruchdichter einstrophige Lieder verfassen, die auf derselben Melodie basieren. Man konnte die Verfasser also an ihren Melodien erkennen. Doch werden im Minnesang beide Grundsätze von Anfang an gelockert. Gelegentlich treten zwei Strophen zu einem Lied zusammen; außerdem kann die Strophenform abgewandelt werden wie schon im Fall des Kürenbergers, der über einen Hauptton mit dreizehn Strophen und einen Nebenton mit zwei zu einer Liedeinheit verbundenen Strophen verfügt. Im Übergang vom frühen zum hohen Minnesang verändern sich die Verhältnisse. Von nun an hat jedes Lied eine eigene Melodie, das mehrstrophige Lied wird zum Regelfall. Zugleich wird eine neue Strophenform eingeführt, die fortan weitgehend verbindlich ist: die Kanzonenstrophe. Das Bauprinzip ist immer gleich, die ausgeführten Spielarten hingegen sind stets verschieden. So beherrschen fortan zwei Grundsätze den Minnesang: das Prinzip der Identität (alle Strophen folgen demselben Bauplan) und das Prinzip der Variation (dem Bauplan wird in jedem Lied eine neue Spielart abgewonnen). Hoher Minnesang ist daher Variationskunst.

Die Kanzonenstrophe besteht aus zwei Teilen, dem Aufgesang und dem Abgesang. Der Aufgesang setzt sich aus zwei gleichen Hälften zusammen, die als Stollen bezeichnet werden. Der zweite Stollen wird auch als Gegenstollen bezeichnet. Der Abgesang hat mindestens den Umfang eines Stollens, weicht aber in der Form von ihm ab. In den meisten Fällen lässt sich die Struktur der Kanzonenstrophe problemlos am Reimschema ablesen: Die beiden Stollen des Aufgesangs weisen dieselbe Reimfolge auf (z. B. abc abc), das Reimschema des Abgesangs weicht davon ab (z. B. deed).

Die ersten Vertreter des hohen Minnesangs folgen dem neuen, aus dem südfranzösischen Raum übernommenen Strophentyp, behalten aber auch noch Merkmale des frühen Minnesangs bei, insbesondere den Halbreim, der bald dem Vollreim weicht. Von den romanischen Vorbildern wird auch die Technik des Reimbandes übernommen, d. h. die Verknüpfung von Auf- und Abgesang mit gleichen Reimklängen.

Schauen wir uns je ein Beispiel aus der Anfangsphase (Friedrich von Hausen) und Hochphase (Reinmar der Alte) des hohen Minnesangs an. Von Friedrich von Hausen, der Reichsministeriale am staufischen Hof war und als zentraler Vertreter des rheinischen Minnesangs gilt, stammt folgende Liedstrophe (MF 49,13):

3.2 Vers und Strophe

      Mir ist daz herze wunt   49, 13 – *32 B*, 34 C
        und siech gewesen nû vil lange,
      – daz ist réht, wan ez ist tump –
        sît ez éine vrowen êrst bekande.
5   Der keiser ist in allen landen,
        kustę er sî zę einer stunt
        an ir vil rôten munt,
        er jaehę, ez waerę im wol ergangen.

x x́x x́x x́	a	dreihebig, männliche Kadenz ⎤ Stollen ⎤	
x x́x x́x x́x x́x	b	vierhebig, weibliche Kadenz ⎦	Aufgesang
x x́x x́x x́	a	dreihebig, männliche Kadenz ⎤ Stollen	
x x́x x́x x́x x́x	b	vierhebig, weibliche Kadenz ⎦	
x x́x x́x x́x x́x	b	vierhebig, weibliche Kadenz	
x x́x x́x x́	a	dreihebig, männliche Kadenz	Abgesang
x x́x x́x x́	a	dreihebig, männliche Kadenz	
x x́x x́x x́x x́x	b	vierhebig, weibliche Kadenz	

Anhand des Reim- und Hebungsschemas lässt sich die Kanzonenform leicht bestimmen. In Kurzform lautet es: 3a 4-b / 3a 4-b // 4-b 3a 3a 4-b). Der Aufgesang umfasst vier kreuzgereimte Verse (abab), der Abgesang vier umarmend gereimte Verse (baab). Die Verse mit dem Reimklang a sind dreihebig und weisen eine männliche Kadenz auf; die Verse mit dem Reimklang b sind vierhebig und weisen eine weibliche Kadenz auf. Der Auftakt ist reguliert, alle Verse beginnen mit einer unbetonten Silbe. Ein doppeltes Reimband zieht sich durch die Strophe, denn der Abgesang weist dieselben Reimklänge auf wie der Aufgesang, nur in anderer Anordnung. Die formale Leistung des Dichters besteht darin, dass er mit nur zwei Reimklängen eine aus acht Versen bestehende Kanzonenstrophe komponiert. Zu diesem Zweck erlaubt er sich die Freiheit, mit Halbreimen zu arbeiten. Den ersten Reimklang realisiert er dreimal als Vollreim (*wunt, stunt, munt*) und einmal als Halbreim (*tump*). Den zweiten Reimklang bestreitet er durchgehend mit Halbreimen (*lange, bekande, landen, ergangen*). Die Gegenprobe in den übrigen Strophen sichert die Analyse der Reim-, Vers- und Strophenstruktur ab. In der vorliegenden Strophe ist dieses Verfahren auch bei der Bestimmung der Hebungszahl hilfreich. Im dritten Vers lassen sich die Wörter *daz ist* so zusammenziehen, dass sie dem Umfang einer unbetonten Silbe entsprechen; dasselbe gilt für *sît ez* im vierten Vers. Im sechsten und achten Vers liegen Elisionen vor.

    Eine hinsichtlich der Reimtechnik komplexere Spielart der Kanzonenform bietet Reinmar der Alte in folgender Strophe (MF 187,31):

Nu muoz ich ie mîn alten nôt　　　　　　187, 31 – *174 C*, 52 A
mit sange niuwen unde klagen,
wan sî mir alse nâhen lît,
daz ich ír vergezzen nien enmac.
5　ir gruoz mich vie, diu mir gebôt
vil langen niuwen kumber tragen,
erkande sî der valschen nît,
baz vuogete sî mir heiles tac.
Sol mir an ir guot endę ergân,
10　die wîle ich muot von herzen hân,
sô mac uns beiden liep geschehen.
swaz sî es lenget, daz ist schade,
wil sî mich iemer vrô gesehen.

x x́x x́x x́x x́	a	vierhebig, männliche Kadenz	⎫ Stollen
x x́x x́x x́x x́	b	vierhebig, männliche Kadenz	
x x́x x́x x́x x́	c	vierhebig, männliche Kadenz	
x x́x x́x x́x x́	d	vierhebig, männliche Kadenz	⎭ Aufgesang
x x́x x́x x́x x́	a	vierhebig, männliche Kadenz	⎫ Stollen
x x́x x́x x́x x́	b	vierhebig, männliche Kadenz	
x x́x x́x x́x x́	c	vierhebig, männliche Kadenz	
x x́x x́x x́x x́	d	vierhebig, männliche Kadenz	⎭
x x́x x́x x́x x́	e	vierhebig, männliche Kadenz	
x x́x x́x x́x x́	e	vierhebig, männliche Kadenz	Abgesang
x x́x x́x x́x x́	f	vierhebig, männliche Kadenz	⎫ Waisen-
x x́x x́x x́x x́	x	vierhebig, männliche Kadenz	⎬ terzine
x x́x x́x x́x x́	f	vierhebig, männliche Kadenz	⎭

Hinsichtlich des Alternationsprinzips sind alle Verse identisch; sie weisen einen regelmäßigen Auftakt, vier Hebungen und eine männliche Kadenz auf. Die Reimtechnik ist komplex. In den Stollen des Aufgesangs folgen je vier verschiedene Reimklänge aufeinander (abcd abcd). Auch der Abgesang ist in sich gegliedert; er besteht aus zwei paargereimten Versen (ee) und einer Waisenterzine (fxf). Hinzu kommen versteckte Reime im Inneren des jeweils zweiten Verses der beiden Stollen (*sange niuwen*/*langen niuwen*). Alle Endreime sind rein. Die Reimwörter *klagen*, *tragen*, *geschehen* und *gesehen* sind aufgrund der kurzen offenen Tonsilben metrisch als einsilbig zu werten; dasselbe gilt für die Waise *schade*. Als Formel stellt sich die Bauform so dar: 4a 4b 4c 4d / 4a 4b 4c 4d // 4e 4e / 4f 4x 4f.

Stollenstrophe

Die Kanzonenform ist dem Minnesang vorbehalten, doch haben einige Minnesänger spruchartige Lieder über die Minne verfasst, die ebenfalls Kanzonenform aufweisen. Dies sind jedoch Ausnahmen. Entscheidend ist eine Innovation, die Walther von der Vogelweide in die Sangspruchdichtung einführte. Walther war Minnesänger und Sangspruchdichter zugleich, und diese Doppelrolle schlägt sich in der formalen Gestaltung seiner Spruchlieder nieder. Auch er verzichtet als Sangspruchdichter auf die Kanzonenstrophe, führt aber den stolligen Strophenbau in die Gattung ein. Seine oft reich gegliederten Spruchstrophen stehen der formalen Komplexität der Minnekanzonen in nichts nach.

Dies lässt sich am Beispiel einer Strophe des sogenannten Zweiten Thüringertons verdeutlichen (L 103,13):

    Swâ guoter hande wurzen sint   103,13
    in einem grüenen garten
    bekliben, die sol ein wîser man
    niht lâzen unbehuot.
5   er sol in spilen vor als ein kint
    mit ougenweide zarten.
    dâ lît gelust des herzen an,
    und gît ouch hôhen muot.
      Sî bœse unkrût dar under,
10 daz breche er ûz besunder
    – lât erz, das ist ein wunder –
    und merke, ob sich ein dorn
    mit kündekeit dar breite,
    daz er den furder leite
15 von sîner arbeite:
    si ist anders gar verlorn!

x́ xx x́x x́x x́	a	vierhebig, männliche Kadenz	⎫
x́ xx x́x xx	b	dreihebig, weibliche Kadenz	⎬ Stollen
x́ xx x́x x́x x́	c	vierhebig, männliche Kadenz	⎬
x́ xx x́x x́	d	dreihebig, männliche Kadenz	⎭
x́ xx x́x x́x x́	a	vierhebig, männliche Kadenz	⎫
x́ xx x́x xx	b	dreihebig, weibliche Kadenz	⎬ Stollen
x́ xx x́x x́x x́	c	vierhebig, männliche Kadenz	⎬
x́ xx x́x x́	d	dreihebig, männliche Kadenz	⎭
x́ xx x́x xx	e	dreihebig, weibliche Kadenz	⎫
x́ xx x́x xx	e	dreihebig, weibliche Kadenz	⎬ Stollen
x́ xx x́x xx	e	dreihebig, weibliche Kadenz	⎬
x́ xx x́x x́	f	dreihebig, männliche Kadenz	⎭
x́ xx x́x xx	g	dreihebig, weibliche Kadenz	⎫
x́ xx x́x xx	g	dreihebig, weibliche Kadenz	⎬ Stollen
x́ xx x́x xx	g	dreihebig, weibliche Kadenz	⎬
x́ xx x́x x́	f	dreihebig, männliche Kadenz	⎭

Der Auftakt ist geregelt, die Reime sind rein. Die ersten beiden Stollen haben einen gereihten Reim (wie in Reinmars zitierter Strophe), die nächsten beiden Stollen je einen Dreireim sowie einen wiederkehrenden Reim, der sie miteinander verknüpft. Die Formel lautet: 4a 3-b 4c 3-d / 4a 3-b 4c 3-d / 3-e 3-e 3-e 3f / 3-g 3-g 3-g 3f.

3.3 Poetische Mittel

Die mittelalterlichen Liederdichter verfügten, soweit sie eine Kloster- oder Domschule besucht oder eine private Schulbildung erhalten hatten, über Kenntnisse der Rhetorik. Diese war, neben Grammatik und Dialektik, Teil des Triviums, der drei „redenden Künste", die zum mittelalterlichen Bildungssystem gehörten. Rhetorik wurde anhand lateinischer Lehrbücher aus der Antike unterrichtet, darunter Ciceros Schriften *Über den Redner* (*De oratore*) und *Über die Auffindung des Stoffs* (*De inventione*), die Cicero zugeschriebene *Rhetorik für Herennius* (*Rhetorica ad Herennium*) und Quintilians *Rhetorische Unterweisung* (*Institutio oratoria*).

Die antike Rhetorik unterscheidet fünf praktische Aufgaben (*officia*), die auf den Redner zukamen, sobald er sein Thema definiert hatte, nämlich die Findung (*inventio*), Gliederung (*dispositio*) und sprachliche Gestaltung (*elocutio*) der Argumente sowie das Auswendiglernen (*memoria*) der Rede und die artikulatorische und gestische Einübung des Vortrags (*pronuntiatio*). Diese fünf Schritte waren auch für die mittelalterlichen Liederdichter von Interesse, denn sie mussten sich ebenfalls Argumente überlegen und sie in eine überzeugende Reihenfolge bringen und stilistisch einkleiden; auch sie mussten das Lied auswendig lernen und den Vortrag einüben. Bei der Findung der Argumente konnten sie sich auf die Traditionen stützen, die in den jeweiligen Gattungen bereits vorlagen. Für die Gliederung bot die Strophenform Anhaltspunkte; so legte die Minnekanzone einen Gedankengang in drei Schritten nahe (Stollen, Stollen, Abgesang). Von größter Bedeutung ist für die Lyrik die stilistische Gestaltung, also jene Aufgabe, die die antike Rhetorik als *elocutio* bezeichnet.

Tropen und Figuren
Die rhetorischen Lehrbücher, insbesondere die *Rhetorica ad Herennium* und Quintilians *Institutio oratoria*, stellen eine elaborierte Stilistik bereit, die für den Redner gedacht, aber auch für den Liederdichter nützlich war. Sie umfasste zwei Abteilungen: zum einen die Figuren, d.h. die Anordnung der Wörter und Gedanken, zum anderen die Tropen, d.h. Formen des uneigentlichen Sprechens und der semantischen Substitution (man sagt das eine und meint das andere). Zwischen Tropen und Gedankenfiguren besteht eine gewisse Nähe, da sie nicht auf das Wort, sondern auf den Sinn zielen (vgl. Lausberg 2008; Historisches Wörterbuch der Rhetorik).

Eine Auswahl der in den mittelalterlichen Lehrbüchern genannten Figuren und Tropen wird im Folgenden an Beispielen aus der höfischen Lyrik illustriert (Tab. 3.1).

Tab. 3.1 Figuren und Tropen im Überblick

Figuren			Tropen
Wortfiguren	Wiederholung	Anapher	
		Epipher	
		Complexio	
		Epanalepse	
		Anadiplose	
		Klimax	
		Paronomasie	
	Häufung	Asyndeton	
		Polysyndeton	
	Reihenfolge	Hyperbaton	
		Parallelismus	
		Isokolie	
		Chiasmus	
Gedankenfiguren		Rhetorische Frage	Metapher
		Exclamatio	Metonymie
		Apostrophe	Synekdoche
		Aposiopese	Antonomasie
		Antithese	Periphrase
		Oxymoron	Euphemismus
		Adynaton	Litotes
		Descriptio	Hyperbel
		Vergleich	Personifikation
		Prosopopöe	Allegorie
		Interpretatio	Ironie

3.3.1 Figuren

3.3.1.1 Wortfiguren

Die Wortfiguren lassen sich in Figuren der Wiederholung, Häufung und Stellung einteilen.

Wiederholung

Unter einer **Anapher** ist die Wiederholung eines Wortes oder einer Wortgruppe am Anfang eines Verses, eines Stollens oder einer Strophe zu verstehen. Meinloh von Sevelingen hebt in einer spruchartigen Strophe (MF 12,1) über den Dienst, den ein Ritter seiner Dame leistet, zwei Aspekte hervor, die er mit einer Anapher markiert. Im Aufgesang (*Swer werden wîben dienen sol*) warnt er, dass Minnedienst zu Liebeskummer führen könne; im Abgesang, der die die Wortgruppe in leichter Variation wiederholt (*Swer biderben dienet wîben*), verspricht er, dass der Ritter mit dem Lohn der Dame rechnen dürfe, wenn er sich als ebenso tugendhaft erweise wie sie:

> *Swer werden wîben dienen sol,* der sol semelîchen varn.
> ob er sich wol ze rehte   gegen in kunne bewarn,
> sô muoz er under wîlen   senelîche swaere tragen
> verholne in dem herzen;   er sol ez nieman sagen.
> *Swer biderben dienet wîben,* die gebent alsus getânen solt.
> ich waene, unkiuschez herze
> wirt mit ganzen triuwen werden wîben niemer holt.

Wer immer Frauen dienen will, der soll entsprechend vorgehen. Wenn er sich wohl recht ihnen gegenüber zu verhalten versteht, dann muss er zuweilen im Herzen verborgen Liebeskummer ertragen; er darf es niemandem sagen. Wer tugendhaften Frauen dient, dem geben sie entsprechenden Lohn. Ich glaube, dass ein unlauteres Herz den Frauen niemals in vollkommener Treue zugetan sein wird.

Das Gegenstück zur Anapher ist die **Epipher**, die Wiederholung eines Wortes oder einer Wortgruppe am Ende eines Verses, eines Stollens oder einer Strophe. In der Lyrik ist diese Wortfigur schwierig umzusetzen, da Verse mit Reimwörtern enden, die sich in der Regel nicht wiederholen. Heinrich von Morungen verleiht in einem scherzhaften Liebeslied (MF 137,17) seinem Liebeswunsch mit einer Epipher Nachdruck. Er beklagt das unerbittlich wiederholte „Nein" der Dame und erhofft sich ein euphorisch wiederholtes „Ja":

> Vrowe, mîne swaere sich,
>   ê ich verliese mînen lîp.
> ein wort du spraeche wider mich:
>   verkêre daz, du saelic wîp!
>   Du sprichest iemer neinâ neinâ *nein,*
>   neinâ neinâ *nein.*
> daz brichet mir mîn herze enzwein.
>   maht dû doch eteswenne sprechen *jâ,*
>   jâ jâ jâ jâ jâ jâ *jâ?*
>   daz lît mir an dem herzen nâ.

Herrin, sieh meinen Kummer an, bevor ich mein Leben verliere. Ein Wort sprachst du gegen mich: Das drehe bitte um, du glückselige Frau! Du sagst immer: nein, nein, nein, nein, nein, nein. Das bricht mir das Herz entzwei. Magst du doch jemals sprechen: ja, ja, ja, ja, ja, ja, ja? Das liegt mir sehr am Herzen.

Eine Verbindung von Anapher und Epipher stellt die **Complexio** dar. Heinrich von Morungen setzt sie in einem vierstrophigen Tagelied ein (MF 143,22). Es handelt von der Klage eines Ritters, der sich morgens nach gemeinsam verbrachter Liebesnacht von der Dame trennen muss. Der Sänger wiederholt Strophe für Strophe den Klageruf (*Owê*) als Anapher und das Motiv des anbrechenden Tages (*Dô tagte ez*) als Epipher, die man auch als kurzen Refrain auffassen kann:

3.3 Poetische Mittel

Owê, –
Sol aber mir iemer mê
 geliuhten dur die naht
noch wîzer danne ein snê
 ir lîp vil wol geslaht?
  Der trouc diu ougen mîn.
  ich wânde, ez solde sîn
  des liehten mânen schîn.
 Dô tagte ez.

Ach, wird mir jemals wieder durch die Nacht weißer noch als Schnee ihr wunderschöner Leib leuchten? Der täuschte meine Augen. Ich glaubte, es wäre der helle Schein des Mondes. Da wurde es Tag.

Als **Epanalepse** bezeichnet man eine Figur der Wortwiederholung, bei der das Anfangswort eines Verses oder einer Strophe am Ende wiederaufgenommen wird. In einem zweistrophigen Wechsel Heinrichs von Veldeke (MF 60,13) lässt sich dieses Stilmittel fassen. Die erste, in der Rolle der Frau gesungene Strophe beginnt und endet mit dem Leitmotiv der Freude (*blîdeschaft*); die zweite, in der Rolle des Ritters gesungene Strophe nimmt es am Ende noch einmal auf. Das betreffende Wort steht zwar nicht exakt am Anfang und am Schluss, ist aber so prominent platziert, dass man die Wortwiederholung als Epanalepse gelten lassen kann:

‚Der *blîdeschaft* sunder riuwe hât
 mit êren hie, der ist rîche.
daz herze, dâ diu riuwe inne stât,
 daz lebet jâmerlîche.
  Er ist edel unde vruot,
   swer mit êren
   kan gemêren
  sîne *blîtschaft*, daz ist guot.'

‚Wer Freude ohne Leid hier auf ehrenvolle Weise hat, der ist reich. Das Herz, in dem Leid wohnt, das lebt jämmerlich. Der ist edel und klug, der auf ehrenvolle Weise vermehren kann seine Freude, das ist gut.'

Das Gegenstück zur Epanalepse ist die **Anadiplose**, die Wiederholung des Schlusswortes eines Verses oder einer Strophe am Anfang des folgenden Verses oder der folgenden Strophe. Diese Wortfigur kann genutzt werden, um die Gedankenspiralen des hohen Minnesangs zu markieren. Rudolf von Fenis verflicht in einem vierstrophigen Lied (MF 80,25) auf diese Weise die zweite mit der ersten, die dritte mit der zweiten und die vierte mit der dritten Strophe. Hier die betreffenden Ausschnitte:

[…]
nu waere mîn reht, moht ich, daz ich ez lieze.
Ez stêt mir niht sô, ich enmac ez niht lâzen,
[…]

ist ez ir leit, doch diene ich ir iemer mêre.
Iemer mêre wil ich ir dienen mit staete
[…]
ez wellent durch daz niht von ir mîne sinne.
Mîne sinne wellent durch daz nicht von ir scheiden,
[…]

[…] Nun wäre es mein Recht, dass ich davon abließe, wenn ich es könnte. So steht es nicht um mich, ich kann nicht davon ablassen […]. Mag sie es auch leid sein, ich diene ihr doch immerfort. Immerfort will ich ihr mit Beständigkeit dienen […]. Deswegen wollen meine Gedanken nicht von ihr fort. Meine Gedanken wollen sich deswegen nicht von ihr trennen […].

Eine weitere Wiederholungsfigur ist die **Klimax**, eine meist in drei Stufen erfolgende Steigerung. Ein Beispiel bietet Walther von der Vogelweide in der Rolle des politischen Sangspruchdichters im Reichston. Er beklagt die herrschende Rechtlosigkeit, die zur Schädigung des Ansehens, des Besitzes und der Gnade Gottes führe. Walther reiht drei parallel formulierte Verse, deren dritter den Höhepunkt und das Fazit zugleich darstellt (L 8,4 hier 8,24–26):

untriuwe ist in der sâze,
gewalt ist ûf der strâze,
fride und reht sint beide wunt.

Treulosigkeit liegt im Hinterhalt, Gewalt zieht durch die Straße, Friede und Recht sind schwer verwundet.

Die **Paronomasie** unterscheidet sich von den anderen Wiederholungsfiguren darin, dass die Wiederholung mit einer lautlichen Differenz eingeht. Es handelt sich um ein Wortspiel, das Begriffe zusammenbringt, die ähnlich klingen, aber gegensätzliche Bedeutung haben. Ein sarkastisches Wortspiel bietet Hartmann von Aue in einer Absage an den Minnesang aus der Perspektive des Kreuzzugs (MF 218,21). Er ordnet dem Wort *minnesinger* (Minnesänger) das Verb *misselingen* (misslingen) zu und suggeriert damit, dass der Minnesänger immer schon ein Versager sei, da er von der Dame stets zurückgewiesen werde. Dagegen dürfe sich der Kreuzritter der erwiderten Liebe Gottes gewiss sein:

Ir *minnesinger*, iu muoz ofte *misselingen*,
  daz iu den schaden tuot, daz ist der wân.
ich wil mich rüemen, ich mac wol von minnen singen,
  sît mich diu minne hât und ich si hân.
    Daz ich dâ wil, seht, daz wil alse gerne haben mich.
  sô müest aber ir verliesen underwîlent wânes vil:
  ir ringent umbe liep, daz iuwer niht enwil.
    wan müget ir armen minnen solhe minne als ich?

Ihr Minnesänger, es muss euch immer wieder misslingen. Was euch den Schaden bringt, das ist die falsche Hoffnung. Ich will mich rühmen, dass ich wohl von der Liebe singen kann, da die Minne mich ergreift und ich sie. Was ich will, seht, das will mich ebenso gern. Dagegen müsst ihr viele Hoffnungen verlieren: Ihr kämpft um eine Liebe, die euch nicht will. Warum könnt ihr Armen nicht solche Liebe lieben wie ich?

Häufung

Eine zweite Gruppe der Wortfiguren betrifft die Häufung der Wörter. Die Rhetorik unterscheidet zwischen dem Asyndeton, d. h. der Wortreihung ohne Bindewörter, und dem Polysyndeton, d. h. der Wortreihung mit Bindewörtern. Wolfram von Eschenbach nutzt in einem seiner Tagelieder das **Asyndeton**, um die geschilderte Szene erotisch aufzuladen (MF 6,50–54). Drei substantivierte Verben, die unverbunden aneinandergereiht werden, illustrieren, wie sich Ritter und Dame vor ihrem Abschied noch einmal lieben:

> unvrômedez *rucken*,
> gar heinlîch *smucken*,
> ir brüstel *drucken*
> und mê dannoch
> urloup gap, des prîs war hôch.

Enges Zusammenrücken, ganz heimliches Aneinanderschmiegen, Liebkosung der Brüste und noch mehr gab es zum Abschied, das wurde hochgepriesen.

Ein Beispiel für ein **Polysyndeton** bietet Ulrich von Gutenburg in seinem Minneleich. Er malt sich die Folgen aus, die es hätte, wenn die geliebte Dame ihm im bevorstehenden Winter die Gunst verwehrte (MF 71,8–12):

> ich wurdes alt
> *und* sorgen balt
> *und* doch versalt
> ze manicvalt
> *und* waere verlorn, swaz ez noch galt.

Ich würde deswegen alt und sorgenschwer und auch auf zu vielfältige Weise betrübt und verloren wäre alles, was sich vorher noch auszahlte.

Mit der Konjunktion ‚und' werden drei sinnverwandte Eigenschaftswörter verbunden: ‚alt', ‚besorgt' und ‚betrübt'; mit derselben Konjunktion wird noch eine vierte bedeutungsähnliche Eigenschaft (‚verloren') angeschlossen, die nicht mehr auf das Subjekt des Hauptsatzes (*ich*), sondern des nachfolgenden Nebensatzes (*swaz*) bezogen ist.

Reihenfolge

Die dritte Gruppe der Wortfiguren bezieht sich auf die Reihenfolge der Wörter. Zu ihnen zählt das **Hyperbaton**, d. h. eine syntaktische Inversion, die die zu erwartende Reihenfolge der Satzteile unterbricht, um einen Satzteil vorzuziehen und so zu betonen. Man spricht auch von einer Sperrung, da der Einschub die zusammengehörigen Wörter voneinander trennt. Heinrich von Veldeke hat in einem Lied (MF 62,29–33; s. Abschn. 5.2.7) ein Hyperbaton formuliert, das in der Überlieferung zu einer vermeintlichen Korrektur der Wortfolge geführt hat:

> *sô habent ir willen*
> *die vogele und singen,*
> wan sie minne vinden
> aldâ si suochen
> An ir gnôz.
>
> So haben ihren Willen die Vögel und singen, weil sie Liebe finden, wo sie sie suchen ihresgleichen.

Eigentlich müsste es heißen: „So haben die Vögel ihren Willen und singen"; entsprechend heißt es in der Weingartner Liederhandschrift, die in der syntaktischen Glättung noch einen Schritt weitergeht: *So singent die vogele und heben iren willen.*

Der **Parallelismus** ist eine Wortfigur, die sich durch eine doppelte Reihe gleichgeordneter Satzglieder auszeichnet. Auf diese Weise wird die semantische Entsprechung von Sachverhalten syntaktisch gestützt. Ein Beispiel bietet Walther von der Vogelweide in der zweiten Strophe des Reichstons (L 8,28). Er gliedert mit Hilfe von Parallelismen seine Naturbeobachtungen, aus denen er schließlich politische Schlüsse zieht:

> *Ich hôrte diu wazzer diezen*
> *und sach die vische fliezen,*
> ich sach, swaz in der welte was,
> walt, velt, loup, rôr unde gras.
> swaz fliuzzet oder fliuget
> und bein zer erde biuget,
> daz sach ich unde sage iu daz:
> deheinez lebet âne haz.
> daz wilt und daz gewürme,
> die stritten starke stürme,
> alsô tuont die vogel under in,
> wan daz siu habent einen sin
> – si wæren anders ze nihte –:
> *siu schaffent guot gerihte.*
> *siu setzent künege unde reht*
> *und schaffent hêrren unde kneht.*
>
> Ich hörte ein Gewässer rauschen und sah die Fische schwimmen, ich sah, was in der Welt war, Wald, Feld, Laub, Rohr und Gras. Was schwimmt oder fliegt und die Beine zur Erde beugt, das sah ich und sage euch dies: Keines von ihnen lebt ohne Feindschaft. Das Wild und das Gewürm fechten heftige Kämpfe aus; so halten es auch die Vögel untereinander, nur dass sie einen vernünftigen Gedanken gefasst haben, denn sonst gingen sie zugrunde. Sie schaffen ein starkes Gericht, sie bestimmen Könige und Gesetz, sie schaffen Herren und Knechte.

Eine **Isokolie** liegt vor, wenn in zwei Versen die einander entsprechenden Wörter die gleiche Länge aufweisen. Ein Beispiel findet sich in einer Strophe des Minnesängers Meinloh von Sevelingen, der die beständige Steigerung seiner Liebe beschwört (MF 13,1):

> Ich bin holt einer vrowen, ich weiz vil wol umbe waz.
> sît ich ir begunde dienen, si geviel mir ie baz und ie baz.
> *ie lieber und ie lieber* so ist si zallen zîten mir,
> *ie schoener und ie schoener*, vil wol gevallet si mir.
> Si ist saelic zallen êren, der besten tugende pfligt ir lîp.
> stürbe ich nâch ir minne
> und wurde ich danne lebende, sô wurbe ich aber umbe daz wîp.

> Ich bin einer Dame zugeneigt, und ich weiß genau warum. Seit ich ihr zu dienen begann, gefiel sie mir immer besser und besser. Immer lieber und lieber ist sie mir allezeit geworden, immer schöner und schöner, sie gefällt mir sehr gut. Sie ist gesegnet mit allen Ehren, sie weist die besten Tugenden auf. Wenn ich aus Liebe zu ihr sterben und dann wieder lebendig werden sollte, ich würbe erneut um diese Frau.

Die Steigerung wird dreifach beschrieben (besser, lieber, schöner), aber nur die zweite und dritte Phrase stehen an entsprechender Stelle, nämlich im Anvers, und weisen die gleiche Reihenfolge und Länge der Wörter auf.

Als **Chiasmus** bezeichnet man die spiegelsymmetrische Anordnung von Satzgliedern nach dem Muster xyyx. Ein Beispiel findet sich im Kreuzleich Heinrichs von Rugge, der den Rittern, die im Kampf gegen die Andersgläubigen zu Tode kommen, als Lohn das ewige Leben verspricht (MF 99,4–5):

> erst *saelic*, der dâ *sterben* sol,
> dâ got *erstarp*, dô er warp daz *heil* der kristenheite.

> Der ist selig, der dort sterben wird, wo Gott starb, als er das Heil der Christenheit erkaufte.

Die chiastische Wortstellung erlaubt es, den Tod des Ritters (*sterben*) und den Tod Christi (*erstarp*) eng zusammenzurücken und mit dem doppelten Motiv des Heils (*saelic, heil*) zu umschließen.

3.3.1.2 Gedankenfiguren

Wortfiguren ordnen immer auch einen Gedankengang, aber für ihre Definition ist nicht die semantische, sondern die sprachliche Gestalt entscheidend. Anders ist dies bei den Gedankenfiguren, bei denen es nicht auf die Wortwahl, sondern auf die inhaltliche Wirkung ankommt.

Zu den Gedankenfiguren zählt die **rhetorische Frage**, d. h. eine Suggestivfrage, auf die keine Antwort erwartet wird, weil sie diese schon in sich trägt. So fragt Hartmann von Aue in einem seiner Kreuzlieder nach dem Nutzen des Kreuzes, das die Gewänder der Kreuzritter schmückt (MF 209,33–36):

> Ez wil niht, daz man sî
> der werke dar under vrî.
> *waz touget ez ûf der wât,*
> *der sîn an dem herzen niene hât?*

> Das Kreuz will nicht, dass man darunter ohne Taten sei. Was nutzt es auf dem Gewand, wenn man es nicht im Herzen trägt?

Die Antwort ist in der Frage enthalten: Das Zeichen ist sinnlos, wenn es nicht durch die Tat eingelöst wird.

Heinrich von Morungen verknüpft in dem oben bereits zitierten Tagelied (MF 143,22) eine rhetorische Frage mit einer weiteren Gedankenfigur, nämlich einer **Exclamatio**. Darunter ist ein – in diesem Fall klagender – Ausruf zu verstehen, der einen Affekt zum Ausdruck bringen, aber auch erregen soll (*Owê*). Diese doppelte Gedankenfigur findet sich zu Beginn der ersten (in der Rolle des Ritters gesungenen) und zweiten (in der Rolle der Dame gesungenen) Strophe:

> *Owê, –*
> Sol aber mir iemer mê
>   geliuhten dur die naht
> noch wîzer danne ein snê
>   ir lîp vi wol geslaht?
> [...]

>   ‚*Owê, –*
> Sol aber er iemer mê
>   den morgen hie betagen?
> [...]

Ach, wird mir jemals wieder durch die Nacht weißer noch als Schnee ihr wunderschöner Leib leuchten? [...]

Ach, wird er jemals wieder hier bis zum Morgen bleiben? [...]

In beiden Strophen geht es nicht um die Frage, ob der Ritter die Dame und die Dame den Ritter wiedersehen werde. Vielmehr kleidet die Frage den emphatischen Wunsch der Liebenden ein, dass es so sein möge.

Eine weitere Gedankenfigur ist die **Apostrophe**, d. h. eine fingierte Anrede an eine Person oder Sache. So fordert Hartmann von Aue in einem seiner Kreuzlieder sein eigenes Herz auf, sich von der Frauenliebe abzukehren und der Gottesliebe zuzuwenden (MF 47,25). Dieselbe Strophe enthält außerdem eine Exclamatio (*Owê*) und drei rhetorische Fragen. Alle drei Gedankenfiguren dienen gemeinsam der Inszenierung eines Gesprächs, das das lyrische Ich mit sich selbst führt:

> Sît ich *dich, herze,* niht wol mac erwenden,
>   *du* wellest mich vil trûreclîchen lân,
> sô bite ich got, daz er *dich* geruoche senden
>   an eine stat, dâ man *dich* welle enpfân.
> Owê! wie sol ez armen *dir* ergân?
> wie getorstest *du* eine an solhe nôt ernenden?
> wer sol *dir* dîne sorge helfen enden
>   mit triuwen, als ich hân getân?

Weil ich dich, Herz, nicht daran hindern kann, mich in so großer Trauer zurückzulassen, so bitte ich nun Gott, dass er dich an einen Ort senden möge, wo man dich aufnehmen will. Ach! Wie soll es dir Armen ergehen? Wie konntest du den Mut aufbringen, dich allein in diese Not zu wagen? Wer wird dir helfen, deiner Sorge ein Ende zu setzen, wie ich es beständig getan habe?

Als **Aposiopese** bezeichnet man einen Satz, der abbricht, bevor das Entscheidende gesagt wird; das Fehlende lässt sich aber aus dem Zusammenhang erschließen. Ein

3.3 Poetische Mittel

Beispiel bietet eine Spruchstrophe Walthers von der Vogelweide. Dieser beklagt sich über Angehörige des thüringischen Hofes, die mit ihrem höhnischen Geschrei rechtschaffene Sänger wie ihn nicht zu Wort kommen lassen, und zieht folgenden Schluss (L 103,13; hier 104,2–5):

> gefüeges mannes dœnen,
> daz sol man wol beschœnen,
> müeget des mannes hœnen,
> *hie gêt diu rede enzwei.*
>
> Das Singen eines guten Mannes soll man wohl loben; es verdrießt das Höhnen eines Mannes – hier bricht die Rede ab.

Wenn diese Lesart zutrifft, besteht Walthers Pointe darin, dass er die Drohung, zu der er ansetzt, abwendet und den Schlussvers stattdessen mit der Bemerkung füllt, dass er das Lied an dieser Stelle abbreche.

Dass man in den zitierten Versen den abgebrochenen Satz problemlos vervollständigen kann, liegt daran, dass sie als **Antithese** formuliert sind. Wenn man die Guten loben soll, dann verdienen die Bösen Tadel. Ein Beispiel für eine ausgeführte Antithese bietet eine Strophe aus einem Lied Rudolfs von Fenis (MF 81,8–10):

> ez ist ein nôt, daz ich mich niht kan mâzen:
> ich *minne* sî, diu mich dâ *hazzet* sêre,
>   Und iemer tuon, swie ez doch dar umbe mir ergât.
>
> Es ist eine Not, dass ich mich nicht mäßigen kann. Ich liebe sie, die mich sehr hasst, und werde sie immer lieben, wie es mir deswegen auch ergehen mag.

Der Gegensatz besteht zwischen der beständigen Liebe des Minnesängers und der großen Feindseligkeit der Minnedame; er bringt die Grundkonstellation des hohen Minnesangs auf den Punkt.

Eine weitere Strophe desselben Liedes enthält eine Gedankenfigur, die ebenfalls auf einem logischen Kontrast beruht, nämlich ein **Oxymoron**. Im Unterschied zur Antithese verteilt sich der Gegensatz in diesem Fall nicht auf zwei Positionen und lässt sich daher auch nicht auflösen. Es handelt sich um einen logischen Widerspruch, der rhetorisch genutzt wird, um gleichwohl eine sinnvolle Aussage zu machen (MF 81,26–29):

> Lîde ich dar under nôt, daz ist an mir niht schîn.
> *diu nôt ist diu meiste wunne mîn.*
> sî sol ir zorne dar umbe lâzen sîn,
> wan si enkan mich niemer von ir vertrîben.
>
> Leide ich deswegen Not, so wird das an mir nicht offenbar. Die Not ist meine größte Freude. Sie soll deswegen von ihrem Zorn ablassen, denn sie kann mich niemals von sich vertreiben.

Wenn es dem Sänger gelingt, sein Leid in Freude zu wenden, dann treibt ihre Ablehnung seine Bereitschaft zum Minnedienst umso mehr an – auch diese Pointe markiert die paradoxe Grundstruktur des hohen Minnesangs.

Eine dritte Gedankenfigur, die sich mit der Antithese und dem Oxymoron verbinden lässt, ist das **Adynaton**. Die Unwahrscheinlichkeit eines Sachverhalts wird unterstrichen, indem etwas tatsächlich Unmögliches als wahrscheinlicher ausgewiesen wird. So lässt Friedrich von Hausen eine Dame bekennen, dass sie sich niemals von ihrem Ritter abbringen lassen werde (MF 49,4):

‚Sie waenent hüeten mîn,
  diu sî doch niht bestât,
und tuon ir nîden schîn;
  daz wênic sî vervât.
*Si möhten ê den Rîn
  bekêren in den Pfât,*
ê ich mich iemer sîn
  getrôste, swie ez ergât,
der mir gedienet hât.'

‚Sie glauben, dass sie auf mich aufpassen können, die sie doch nicht angreift, und lassen ihren Neid offenbar werden; das nützt ihnen wenig. Sie könnten eher den Rhein in den Po umleiten, als dass ich jemals auf den verzichtete, der mir gedient hat, was immer auch geschehen mag.'

Der hypothetische Vergleich mit dem Versuch, den deutschen Fluss über die Alpen hinweg in den italienischen Fluss umzuleiten, bekräftigt die Beständigkeit der Liebe – in diesem Fall der Dame zum Ritter.

Descriptio ist der rhetorische Fachbegriff für die detaillierte Beschreibung einer Person oder Sache. Diese Technik wird im hohen Minnesang selten angewendet, der ja die Minnedame eher als ideales Wesen denn als körperliche Person vorstellt. Die Beschreibung ihrer Schönheit beschränkt sich meist auf den roten Mund, ein erotisches Emblem, das auf den erhofften Gruß und Kuss verweist. Doch hat Walther von der Vogelweise ein Lied komponiert, in dessen fünf Strophen er die Minnedame als von Gott geschaffenes Gesamtkunstwerk preist, zugleich aber auch implizit zu verstehen gibt, dass sie die Schönheit der kunstvollen Beschreibung des Dichters verdankt (L 53,25: *Si wunder wol gemachet wîp*). Walther beginnt mit dem Kopf, dessen strahlende Augen (Str. 2), weiß-rote Wangen (Str. 3) und roten Mund (Str. 4) er hervorhebt, und endet mit dem Hals, den Händen und den Füßen (Str. 5). Die Beschreibung mündet in einen impliziten Vergleich mit der biblischen Susanna, die nackt aus dem Bade tritt und dabei heimlich von zwei Männern betrachtet wird. Auf diese Weise macht Walther den voyeuristischen Charakter seines Blicks deutlich, an dem er sein Publikum teilhaben lässt.

Schönheitsbeschreibungen arbeiten oft mit **Vergleichen**, die es erlauben, andere Sinnbereiche einzubeziehen. Wenn Walther im vorgenannten Lied den Kopf der Dame mit einem Himmel und ihre Augen mit Sternen vergleicht, so entsteht weniger das Bild einer schönen Frau als eines Sternenhimmels (L 54,27–33):

3.3 Poetische Mittel 125

> Ir houbet ist sô wunnen rîch,
> als ez mîn himel welle sîn.
> *wem mœhte ez anders sîn gelîch?*
> ez hât ouch himeleschen schîn.
> Dâ liuhtent zwêne sternen abe,
> dâ müeze ich mich noch inne ersehen
> – daz sî mirs alsô nâhe habe!

Ihr Haupt bringt soviel Freude, als wollte es mein Himmel sein. Wem sollte es sonst zu vergleichen sein? Es hat einen himmlischen Glanz. Da leuchten zwei Sterne herab, darin möchte ich mich noch spiegeln, so nahe soll sie mir ihr Haupt zuneigen.

Heinrich von Morungen vergleicht sich selbst mit dem sprichwörtlichen Schwan, der am schönsten singt, wenn er stirbt. Der Minnesänger singt am schönsten, wenn er vor Klage über die Unerreichbarkeit der Dame vergeht (MF 139,15–18):

> *Ich tuon sam der swan,* der singet, swenne er stirbet.
> waz ob mir mîn sanc daz lîhte noch erwirbet,
>   swâ man mînen kumber sagt ze maere,
>   daz man mir erbunne mîner swaere?

Ich handle wie der Schwan, der singt, wenn er stirbt. Was aber, wenn mein Sang vielleicht das noch erreicht, dass man mich dort, wo man von meinem Kummer erzählt, um meinen Schmerz beneidet?

Wie im Oxymoron des freudvollen Schmerzes wird das Leid auch hier sublimiert. Aus dem Leid entsteht ein Lied, das dem Sänger Bewunderung einbringt.

Eine weitere Gedankenfigur ist die **Prosopopöie**, d. h die Einführung redender Gegenstände. Während in der Apostrophe abwesende Personen oder Dinge angesprochen werden, sprechen hier die abwesenden Dinge oder Abstrakta selbst. Im Minnesang tritt die personifizierte Minne auf, in der Sangspruchdichtung, die in diesem Punkt der Fabel nahesteht, personifizierte Tiere. In einer Strophe von Spervogel I („Herger") sagt der Igel, dass es gut sei, eine eigene Wohnung zu haben. Daraus leitet der Sänger den Rat ab, ein Kollege namens Kerling solle sich ein Haus bauen, um nicht länger von geizigen Gönnern abhängig zu sein (MF 26,33):

> Weistu, *wie der igel sprach*?
> ,vil guot ist eigen gemach.'
>   zimber ein hûs, Kerlinc.
>   dar inne schaffe dîniu dinc.
>   Die hêrren sint eraget.
>   swer dâ heime niht enhât,
>   wie maneger guoter dinge der darbet.

Weißt du, was der Igel sagte? „Eine eigene Wohnung ist sehr gut". Zimmere dir ein Haus, Kerling! Darin richte dich ein. Die Herren sind geizig geworden. Wer kein Zuhause hat, auf wieviel gute Dinge muss der verzichten.

Die zitierte Strophe ist zugleich ein Beispiel für die Gedankenfigur der **Sentenz**, also der Anführung eines allgemeinen Erfahrungssatzes, der dem vorgebrachten Argument Evidenz und Relevanz verleiht. Der sprichwortartige Satz, den der Igel spricht (*vil guot ist eigen gemach*; vgl. das Sprichwort „Eigener Herd ist Goldes wert"), nimmt den Ratschlag vorweg, den der Sangspruchdichter dann selbst vorbringt und entfaltet.

Schließlich ist noch auf die **Interpretatio** (Paraphrase) hinzuweisen, d. h. die abgewandelte Wiederholung eines bereits zuvor formulierten Gedankens, um diesen zu unterstreichen und in seinen Aspekten zu beleuchten. So beklagt Walther von der Vogelweide in seiner sogenannten Elegie den Verfall der höfischen Kultur, den man an der gelockerten Kleiderordnung erkennen könne. Walther wiederholt diese Aussage, indem er sie auf beide Geschlechter verteilt (L 124,24–25):

> nû merket, wie den frouwen *ir gebende stât*,
> die stolzen ritter *tragent dörpellîche wât*.

> Nun seht, wie die Frauen ihren Kopfputz tragen; die stolzen Ritter tragen bäurische Gewänder.

3.3.2 Tropen

Wie die Gedankenfiguren betreffen auch die Tropen den Sinn der Rede, aber in anderer Weise. Es geht nicht um die Anordnung, sondern die Ersetzung des Gedankens.

Dies lässt sich an der **Metapher** illustrieren. Der gewählte Begriff steht, wie beim Vergleich, in einer Ähnlichkeitsbeziehung zum gemeinten Begriff, doch wird diese kaschiert. Es handelt sich also um einen verkürzten Vergleich. Dass die Liebe *wie* ein Pfeil sei, ist ein Vergleich, der ‚Liebespfeil' hingegen eine Metapher. Im Minnesang begegnen zahlreiche Metaphern für die Liebe, den Liebenden und die Geliebte. Wenn Reinmar seine Minnedame als „meinen Ostertag" bezeichnet, meint er, dass sie ihn mit feierlicher Freude erfülle wie das Osterfest (MF 170,15):

> Swaz in allen landen
>   mir ze liebe mac beschehen,
> daz stât in ir handen:
>   anders nieman wil ichs verjehen.
>   Si ist mîn *ôsterlîcher tac*,
>   und hân si in mînem herzen liep:
>   daz weiz er wol, dem ich niht geliegen mac.

> Was mir in allen Ländern zur Freude geschehen kann, das liegt in ihren Händen. Niemandem sonst will ich es zusprechen. Sie ist mein österlicher Tag, und ich habe sie von Herzen lieb. Das weiß der, den ich nicht belügen kann.

Auf diese Weise wird die Minnedame, aber auch der Minnesang sakralisiert. Gott selbst wird als Zeuge der Liebe angerufen, die so als weltliche Religion erscheint.

Im Unterschied zur Metapher steht bei der **Metonymie** das gewählte Wort nicht in einer Ähnlichkeitsbeziehung, sondern einer sachlichen Verbindung mit der gemeinten Sache. So kann beispielsweise das Gefäß für den Inhalt stehen. Hartmann von Aue bedient sich in einem Kreuzlied der Metonymie, um die Kampfbereitschaft des Kreuzritters zu illustrieren (MF 210,3–6):

> swes *schilt* ie was zer welte bereit
> ûf hôhen prîs,
> ob er den gote nû verseit,
> der ist niht wîs.

Wenn derjenige, dessen Schild für die Welt bereit war, um großen Ruhm zu erlangen, ihn nun Gott versagt, so ist er nicht klug.

Hier steht die Waffe für den Waffengang, den Kampf. Wenn Hartmann auf den Schild (und nicht auf das Schwert oder die Lanze) abhebt, so geht es um den Aspekt des Schutzes und der Verteidigung.

Ein Sonderfall der Metonymie ist die **Synekdoche**. In diesem Fall verweist ein Teil auf das Ganze. Eine Spruchstrophe, die Gottfried von Straßburg zugeschrieben wird, tadelt das Laster der Habsucht und schließt mit einer Verurteilung der Lüge, die in deren Dienst gestellt wird (MF XXIII,I.1):

> *deweder hant noch zunge*
> die meinent noch minnent niht wan valsch und anderunge.
> lêre und volge liegent offenlîche.

Jegliche Hand und Zunge meint und liebt nur noch Falschheit und Verstellung. Die Lehrer und Schüler lügen in aller Öffentlichkeit.

Hand und Zunge verweisen auf den Menschen insgesamt, aber in verschiedenen Aspekten. Die Zunge verweist auf sein Reden, die Hand auf sein Tun. Außerdem unterstreicht Gottfried jedes Motiv durch eine synonyme oder komplementäre Doppelung: Hand und Zunge, *minnen* und *meinen*, Falschheit und Verstellung, Lehrer und Schüler.

Eine weitere Trope, die der Metonymie nahesteht, ist die **Antonomasie**, d. h. die Benennung einer Person mit einer bezeichnenden Eigenschaft statt mit ihrem Namen. Im Minnesang ist damit kaum zu rechnen, da in ihm in der Regel keine historischen Personen oder fiktiven Figuren vorkommen, die man entsprechend benennen könnte. Anders ist dies in der Sangspruchdichtung, in der immer wieder von historischen Personen gesprochen wird, insbesondere von den Gönnern, in deren Dienst die Dichter stehen. Als Antonomasie könnte man die Bezeichnung gelten lassen, die Walther von Vogelweide in mehreren Tönen (Meißnerton, Ottenton) für den Markgrafen Dietrich von Meißen wählt. Er nennt ihn nicht beim Namen, sondern anhand des Herrschaftsgebiets: „der Meißner" (L 12,1–5):

> die fürsten sint iu undertân
> und habent mit zühten iuwer kunft erbeitet.
> und ie *der Mîssenære*,
> der ist iemer iuwer âne wân,
> von gote wurde ein engel ê verleitet.

Die Fürsten sind Euch untertan und haben mit Anstand Eure Ankunft erwartet. Und vor allem der Meißner ist immer ohne Trug der Eure; eher würde ein Engel von Gott abtrünnig.

Angesprochen wird der Kaiser, Otto IV. von Braunschweig, dem der Markgraf redlicher diene als die Engel Gott. Durch diesen Vergleich werden die Beteiligten ähnlich sakralisiert wie die Minnedame in Reinmars Lied. Der Kaiser und seine Fürsten erscheinen wie Gott und seine himmlischen Heerscharen.

Eine weitere Form der Umbenennung ist die **Periphrase**, d. h. die umschreibende Bezeichnung einer Person oder Sache. Die Umschreibung dient nicht nur der Variation der Benennung, sondern auch der Betonung eines bestimmten Aspekts der betreffenden Person. So umschreibt Friedrich von Hausen in einem seiner Minnelieder Gott (MF 48,32):

> Dô ich von der guoten schiet
> und ich ir niht ensprach,
> als mir waere liep,
> des lîde ich ungemach.
> Daz liez ich durch die [] diet,
> von der mir nie geschach
> deheiner slahte liep.
> wan *der die helle brach*,
> der vüege in ungemach.

> Weil ich von der Vollkommenen Abschied nahm und nicht mit ihr sprechen konnte, wie es mir lieb gewesen wäre, deswegen leide ich Kummer. Das unterließ ich wegen der Leute, von denen mir noch nie irgendetwas Liebes geschehen ist. Doch der die Hölle bezwang, der soll ihnen Kummer zufügen.

Die Strophe endet mit einem Rachewunsch: Christus soll die Gegenspieler des Minnesängers für das Leid bestrafen, das sie ihm zugefügt haben. Wenn Friedrich Christus als denjenigen umschreibt, der die Hölle bezwang, weist er seine Gegenspieler als Teufel und sein Leid als Höllenqualen aus. In der zweiten Strophe desselben Lieds antwortet die Dame ihrerseits mit einer rhetorischen Übertreibung, nämlich jenem Adynaton, das oben bereits besprochen wurde (die Gegenspieler können eher den Po in den Rhein umleiten, als sie von ihrem geliebten Ritter abbringen).

Auch der **Euphemismus**, die beschönigende Umschreibung eines unschönen Sachverhalts, ist eine Form der uneigentlichen Rede. Albrecht von Johansdorf setzt ihn in einer Strophe ein, die vom Kreuzzug handelt (MF 86,25):

> Ich hân dur got daz criuze an mich genomen
> und var dâ hin durch mîne missetât.
> nu helfe er mir, obe ich her wider kome,
> ein wîp diu grôzen kumber von mir hât,
> Daz ich si vinde an ir êren.
> sô wert er mich der bete gar.
> süle aber sî ir leben verkêren,
> sô gebe got, daz ich *vervar*.

> Ich habe für Gott das Kreuz auf mich genommen und ziehe wegen meiner Sünden aus. Nun helfe mir Gott, dass ich, wenn ich wieder zurückkomme, die Frau, die wegen mir großen Kummer duldet, ehrenvoll vorfinde, dann hat er mein Gebet erhört. Wenn sie sich aber verändert haben sollte, dann gewähre Gott mir, dass ich dahinfahre.

3.3 Poetische Mittel

Der Sänger umschreibt den Todeswunsch für den Fall, dass die Dame sich während seiner Abwesenheit von ihm abwendet, euphemistisch mit dem Wort *vervarn*, das das Motiv seiner Abreise (*var da hin*) wiederaufnimmt. Entsprechend ist auch die Formulierung, dass die Dame *ir leben verkêren* könnte, eine Beschönigung, denn Untreue und Ehrverlust werden als Abkehr vom früheren Lebenswandel umschrieben. Bezeichnend ist auch, dass der Tod des Kreuzritters nicht, wie sonst in der Kreuzzugslyrik, als Garantie für den Gewinn des geistlichen Seelenheils, sondern als Ersparung einer weltlichen Liebesenttäuschung ausgegeben wird.

Die **Litotes** ist eine Umschreibung eines Sachverhalts durch Verneinung des Gegenteils. Es handelt sich um eine Untertreibung, die auf steigernde Wirkung zielt. Friedrich von Hausen setzt sie in einem seiner Lieder zum Zwecke des Frauenpreises ein (MF 49,37–40):

> Ich sihe wol, daz got wunder kan
> von schoene würken ûz wîbe.
> daz ist an ir wol [] schîn getân,
> wan er *vergaz niht* an ir lîbe.

> Ich sehe genau, dass Gott an Frauen Wunder der Schönheit wirken kann. Das ist an ihr wohl offenbar geworden, denn er vergaß nichts an ihr.

Wenn der Minnesänger sagt, dass Gott an der Dame „nichts vergessen" habe, so dient dies nur der Unterstreichung der vollkommenen Schönheit, die der Schöpfergott ihr geschenkt habe.

Als **Hyperbel** bezeichnet man die steigernde Umschreibung eines Sachverhalts. Dietmar von Aist setzt sie ein, um dem Liebeskummer einer Dame Nachdruck zu verleihen. Diese beklagt, dass sie ihren Geliebten schon „tausend Jahre" lang nicht mehr gesehen habe (MF 34,11):

> ‚Ez dunket mich wol *tûsent jâr*, daz ich an liebes arme lac.
> sunder âne mîne schulde vremedet er mich menegen tac.
> sît ich bluomen niht ensach noch enhôrte der vogel sanc,
> sît was mir mîn vröide kurz und ouch der jâmer alzelanc.'

> Es kommt mir wie wohl tausend Jahre vor, dass ich in den Armen des Geliebten lag. Ohne meine Schuld hat er mich schon viele Tage gemieden. Seit ich keine Blumen mehr sah und keinen Vogelgesang mehr hörte, seitdem war meine Freude kurz und mein Jammer allzu lang.

Die Hyperbel wird im ersten Vers gesetzt (*tûsent jâr*), im zweiten aufgelöst (*menegen tac*) und im vierten gedeutet (*jâmer alzelanc*). Weil der Trennungsschmerz groß ist, kommen der Dame viele Tage wie tausend Jahre vor. Zugleich unterstreicht die Dame (bzw. der Minnesänger, der ihr die Worte in den Mund legt) ihre Rede mit einer Wortfigur (dem Chiasmus: Blumen/sehen/hören/Vogelgesang) und einer Gedankenfigur (der Antithese: kurz/lang).

Unter einer **Personifikation** versteht man eine vermenschlichende Umschreibung. Im Unterschied zur Prosopopöie wird das betreffende Phänomen zwar beschrieben, spricht aber nicht selbst. Ein Beispiel bietet das oben im Zusammenhang der

Metonymie bereits zitierte Kreuzlied Hartmanns von Aue. Hartmann personifiziert die Welt als Verführerin (MF 210,11–18):

> Diu werlt lachet mich triegende an
> und winket mir.
> nu hân ich als ein tumber man
> gevolget ir.
>   der hacchen hân ich manigen tac
>   geloufen nâch,
>   dâ niemen staete vinden mac
>   dar was mir gâch.

> Die Welt lacht mich trügerisch an und winkt mir zu. Nun bin ich ihr wie ein törichter Mensch nachgefolgt. Dieser Verführerin bin ich lange Zeit hinterhergelaufen. Wo niemand Beständigkeit finden kann, dahin hatte ich es eilig.

Hartmann greift den christlichen Gemeinplatz der Frau Welt auf, der auch in der mittelalterlichen Kunst vielfach anzutreffen ist. Während viele andere Kreuzlieder den Widerstreit zwischen Frauendienst und Gottesdienst verhandeln, erscheint die Frau hier nicht als Minnedame, sondern als verführerisches Trugbild, das den Ritter ins Verderben stürzt.

Die **Allegorie** ist mit der Metapher verwandt, bietet aber eine komplexere Bildlichkeit. Die allegorische Beschreibung einer Person oder eines Ortes weist über sich selbst hinaus, zur eigentlichen tritt eine uneigentliche Bedeutung hinzu. Im christlichen Mittelalter ist die Allegorie im Zusammenhang mit der Allegorese zu sehen, einer hermeneutischen Methode, die dem buchstäblichen Sinn der Bibel einen geistlichen Sinn zuschreibt, der auf Gott verweist. Allegorien können als Personifikationen in Erscheinung treten wie im Fall der „Frau Welt" (s. o.). Walther von der Vogelweide setzt auf allegorische Effekte, wenn er in einer Strophe den staufischen König Philipp von Schwaben und seine Ehefrau Irene von Byzanz in einer Weise beschreibt, die Assoziationen an Christus und die Gottesmutter Maria weckt (L 19,5–13, nach C; s. Abschn 6.7.2):

> Ez gienc eines tages, als unser hêrre wart geborn
> von einer maget, die er im ze muoter hât erkorn,
> ze Megdeburc der künic Philippes schône.
> *dâ gienc eins keisers bruoder und eins keisers kint*
> *in einer wât, swie doch die namen drîge sint,*
> er truoc des rîches zepter und die krône.
>   Er trat vil lîse, im was niht gâch:
>   im sleich ein hôhgeborne küniginne nâch,
>   *rôse âne dorn, ein tûbe sunder gallen.*
> [...]

> Es ging an jenem Tage, als unser Herr geboren wurde von einer Jungfrau, die er sich als Mutter auserwählt hatte, in Magdeburg der König Philipp in gemessener Weise. Da schritt eines Kaisers Bruder und eines Kaisers Sohn in einem Ornat, obgleich es doch drei Bezeichnungen sind. Er trug des Reiches Zepter und die Krone. Er schritt sehr langsam, er hatte es nicht eilig, ihm folgte feierlich eine hochgeborene Königin, eine Rose ohne Dorn, eine Taube ohne Galle. [...]

3.3 Poetische Mittel

Walther beschreibt eine weihnachtliche Prozession, die Philipp im Jahr 1199 in Magdeburg veranstaltete, um sich als rechtmäßigen König zu zeigen. Walther greift die Motivik des christlichen Hochfests auf, um Philipp in die Nähe des trinitarischen Gottes und Irene in die Nähe der Gottesmutter zu rücken, die traditionell als Rose ohne Dorn und Taube ohne Galle bezeichnet wird. Auch der Name der Stadt Magdeburg wird beim Wort genommen und auf die von Gott auserwählte Jungfrau (*maget*) bezogen, die an Weihnachten Mutter wurde.

Die **Ironie**, also die Umschreibung der gemeinten durch eine gegenteilige Aussage, ist schwer zu erkennen, wenn der mimische oder gestische Kontext fehlt, der die Scheinaussage als solche verrät. Dies gilt auch für die Schlusspointe eines Dialoglieds Albrechts von Johansdorf. Ritter und Dame liefern sich einen gewitzten Wortwechsel, der das Konzept der hohen Minne zum Gegenstand hat. Als der Minnesänger am Ende fragt, ob ihm denn sein Dienst gar nichts einbringen werde, vertröstet ihn die Dame mit der Aussicht auf ethischen Lohn (MF 94,9–14; s. Abschn. 5.2.10):

"Sol mich dan mîn singen
und mîn dienst gegen iu niht vervân?"
,iu sol wol gelingen,
âne lôn sô sult ir niht bestân.'
"Wie meinent ir daz, vrowe guot?"
,daz ir dest werder sint unde dâ bî hôchgemuot.'

[Ritter:] „Sollen mir dann mein Gesang und mein Dienst für Euch nichts einbringen?" [Dame:] ,Ihr sollt durchaus einen Erfolg haben, ohne Lohn sollt ihr nicht bleiben.' [Ritter:] „Wie meint Ihr das, gute Herrin?" [Dame:] ,Dass ihr dadurch umso edler seid und dabei auch hochgestimmt.'

Die abschließende Sentenz ist in der Forschung sowohl als ernsthafte Definition der hohen Minne wie auch als ironische Überführung des Minnesängers gelesen worden. Für die zweite Lesart spricht der Kontext, in den Albrecht die Szene rückt. Das Lied beginnt mit der Feststellung des Sängers, dass er die liebreizende Dame allein und ohne Aufsicht (MF 93,12–13: *Ich vant si âne huote / die vil minneclîche eine stân*), also in einer verfänglichen Situation angetroffen habe, die eher auf ein verbotenes Rendezvous als auf einen ethischen Minnedialog hinweist.

4 Überlieferungs- und Editionsgeschichte

Inhaltsverzeichnis

4.1 Handschriften... 133
    4.1.1 Streuüberlieferung................................. 134
    4.1.2 Liederhandschriften................................ 136
    4.1.3 Mischhandschriften................................ 137
4.2 Ausgaben.. 138
    4.2.1 Textkritische Editionen............................. 139
    4.2.2 Digitale Editionen................................. 141
4.3 Beispiel: Das Falkenlied des Kürenbergers................. 143
    4.3.1 Der Editionstext in *Minnesangs Frühling*........... 143
    4.3.2 Die Textfassung der Budapester Liederhandschrift..... 145
    4.3.3 Textgeschichtliche Edition......................... 146

Dieses Kapitel macht den Weg sichtbar, der von den mittelalterlichen Handschriften zu den modernen Editionen führt. Die Kenntnis dieses Weges ist erforderlich, damit man im Einzelfall den Wortlaut der edierten Textfassungen anhand der Überlieferung überprüfen oder auch verschiedene Textfassungen unterscheiden kann, die im Editionstext nicht ausreichend kenntlich gemacht sind. Es gibt im Mittelalter keine von den Autoren verantworteten „Ausgaben letzter Hand", sondern in der Regel nur eine Mehrzahl abweichender Textfassungen, aus denen die heutigen Herausgeberinnen und Herausgeber einen philologisch verantworteten Editionstext erstellen, der dann als Basis für die Lektüre und Interpretation dient.

4.1 Handschriften

Die schriftliche Überlieferung der höfischen Lyrik von den Anfängen bis Walther von der Vogelweide umfasst zahlreiche Handschriften, die sich in drei Gruppen unterteilen lassen (Tab. 4.1). Die erste Gruppe steht am Anfang der Überlieferung,

Tab. 4.1 Mittelalterliche Handschriften mit höfischer Lyrik

	Handschrift	Provenienz	Datierung	Ausstattung	Sigle
I	Benediktbeurer Handschrift Clm 4570	Chur	Ende 12. Jh		N
	Benediktbeurer Handschrift Clm 4660 (*Carmina Burana*)	Brixen?	um 1230	Neumen	M
	Münchener Parzivalhandschrift	Schwaben?	um 1250		G
II	Kleine Heidelberger Liederhandschrift	Straßburg?	1270/80		A
	Budapester Liederhandschrift	Regensburg?	vor/um 1300	Autorbilder	Bu
	Große Heidelberger Liederhandschrift (*Codex Manesse*)	Zürich	1300/40	Autorbilder	C
	Weingartner Liederhandschrift	Konstanz	1310/20	Autorbilder	B
	Jenaer Liederhandschrift	Wittenberg?	um 1330	Notensysteme	J
III	Würzburger Liederhandschrift	Würzburg	1345/54		E
	Weimarer Liederhandschrift	Nürnberg	um 1475		F

sie umfasst die *Streuüberlieferung* einzelner Strophen oder Lieder in anderen Zusammenhängen. Die zweite Gruppe umfasst die eigentlichen *Liederhandschriften*, die ausschließlich Lieder einer oder mehrerer Gattungen sammeln. Die dritte Gruppe umfasst die *Mischüberlieferung*, also Handschriften, die Texte verschiedener Herkunft vereinen, darunter auch Korpora einzelner Liederdichter.

Einen vollständigen Überblick über die mittelalterlichen Lyrik-Handschriften bieten die Einführungen in den Minnesang von Schweikle (1995, S. 1–16) und in die Sangspruchdichtung von Tervooren (2001, S. 10–16) sowie die Ausgaben *Minnesangs Frühling* (Bd. I [1988], S. 12–16; Bd. II [1977], S. 39–63) und *Walther von der Vogelweide, Leich, Lieder, Sangsprüche* (hg. von Th. Bein [2013], S. XXV–XLV). Alle hier besprochenen Handschriften sind online als Digitalisate verfügbar (s. Abschn. III.5: Online-Ressourcen):

4.1.1 Streuüberlieferung

Die schriftliche Überlieferung setzt ein mit der Streuüberlieferung. Am Anfang steht also noch keine Sammelabsicht, sondern die Aufzeichnung einzelner Lieder von Dichtern wie Heinrich von Rugge (N) und Wolfram von Eschenbach (G) oder die produktive Aneignung einzelner Strophen des Minnesangs in neuen poetischen Zusammenhängen (M).

Benediktbeurer Handschrift (N)
Der älteste Textzeuge der höfischen Lyrik ist die Aufzeichnung des Kreuzleichs Heinrichs von Rugge. Es handelt sich um eine lateinische Handschrift, die im dritten Viertel des zwölften Jahrhunderts im Kloster Benediktbeuern entstand. Sie enthält eine Sammlung kirchenrechtlicher Bestimmungen (*Canon decretorum*) des Bischofs Burkhard von Worms. Ende des zwölften Jahrhunderts, in der Hochblüte der höfischen Lyrik, wurde Heinrichs Leich auf freien Seiten dieser Handschrift nachgetragen. Dies ist nicht nur wegen des frühen Datums der Aufzeichnung bemerkenswert, sondern auch wegen der Dignität, die Heinrichs Kreuzleich im klösterlichen Umfeld zuerkannt wurde. Die Handschrift wird heute in der Bayerischen Staatsbibliothek München aufbewahrt (Clm 4570).

Benediktbeurer Handschrift (M) – Carmina Burana
Um 1230, also im Ausklang der staufischen Lyrik und gegen Ende der Lebenszeit Walthers von der Vogelweide, entstand im südlichen Alpenraum, vermutlich am fürstbischöflichen Hof von Brixen, eine Handschrift, die als Sammlung der *Carmina Burana* bekannt ist. Es handelt sich um eine lateinisch-deutsche Handschrift, die zweiundfünfzig Strophen aus Liedern Dietmars von Aist, Ottos von Botenlauben, Reinmars des Alten, Heinrichs von Morungen, Walthers von der Vogelweide und Neidharts enthält. Die Strophen wurden aus ihrem ursprünglichen Zusammenhang herausgelöst und an lateinische oder mischsprachliche Lieder mit gleicher Melodie (Kontrafakturen) angefügt. Die betreffenden Liederdichter werden nicht genannt. Einige Strophen lassen sich keinen bekannten Verfassern zuordnen, sie werden in *Minnesangs Frühling* als „namenlose Lieder" geführt. Teilweise ist die Handschrift mit Neumen (Notenzeichen) ausgestattet, doch lassen sich die Melodieverläufe kaum nachvollziehen, da keine Liniensysteme beigefügt sind. Die Handschrift erhielt ihren Namen vom Kloster Benediktbeuern, wo sie lange Zeit aufbewahrt wurde. Heute liegt sie in der Bayerischen Staatsbibliothek München (Clm 4660).

Münchener Parzivalhandschrift (G)
Die Münchener Parzivalhandschrift überliefert zwei epische Werke Wolframs von Eschenbach (*Parzival*, *Titurel*), aber auch zwei seiner Tagelieder. Die Handschrift entstand Mitte des dreizehnten Jahrhunderts im bairisch-alemannischen Sprachraum, vielleicht in Schwaben. Sie wird heute in der Bayerischen Staatsbibliothek München aufbewahrt (Cgm 19).

4.1.2 Liederhandschriften

Als wichtigste Überlieferungsträger der höfischen Lyrik um 1200 sind fünf Liederhandschriften zu nennen, die entweder alle Gattungen (A, C) oder nur Minnelieder (B, Bu) oder nur Sangsprüche (J) enthalten. Sie sind jeweils nach Liederdichtern gegliedert. Drei Liederhandschriften sind mit Autorbildern illustriert (B, Bu, C), eine ist mit Notensystemen ausgestattet (J). Die Liederhandschriften entstanden zwischen 1270 und 1330.

Kleine Heidelberger Liederhandschrift (A)
Die älteste erhaltene Liederhandschrift entstand zwischen 1270 und 1280 im Elsass, vermutlich in Straßburg. Sie wird heute in der Heidelberger Universitätsbibliothek aufbewahrt (Cpg 357) und als ‚Kleine Heidelberger Liederhandschrift' bezeichnet. Sie versammelt die Lieder von 34 namentlich genannten Dichtern. Die kleinformatige Handschrift umfasst 45 Pergamentblätter in mittlerem Format (18,5 × 13,5 cm).

Große Heidelberger Liederhandschrift (C) – Codex Manesse
Die Große Heidelberger Liederhandschrift, auch *Codex Manesse* genannt, entstand ab 1300 in Zürich und wurde bis 1340 sukzessiv vervollständigt (vgl. Bleuler 2018). Heute liegt sie in der Universitätsbibliothek Heidelberg (Cpg 848). Sie versammelt 140 namentlich genannte Liederdichter und ordnet fast allen von ihnen ganzseitige Miniaturen zu. Sie besteht aus 426 Pergamentblättern in großem Format (35,5 × 25 cm). Die Handschrift bietet vielfach stilistisch geglättete Textfassungen.

Budapester Liederhandschrift (Bu)
Die Budapester Liederhandschrift entstand vor oder um 1300 im bairisch-österreichischen Sprachraum, möglicherweise in Regensburg. Sie ist nicht vollständig ausgeführt und nur fragmentarisch erhalten: ein Doppel- und ein Einzelblatt aus Pergament in mittlerem Format (21,4 × 15,3 cm). Sie enthält neun Strophen des Kürenbergers, sieben Strophen des Rietenburgers, drei Strophen Heinrichs von Rugge und jeweils eine Strophe Reinmars des Alten und Rudolfs von Rotenburg. Die Illustrationen zeigen den Kürenberger, den Burggrafen von Regensburg (unter dessen Namen die Strophen des Burggrafen von Rietenburg stehen) und Rudolf von Rotenburg. Die Handschrift liegt heute in der Budapester Nationalbibliothek (Cod. Germ. 92).

Weingartner Liederhandschrift (B)
Die Weingartner Liederhandschrift wurde um 1310 bis 1320 in Konstanz geschrieben und war im Besitz des Klosters Weingarten. Sie umfasst 25 nament-

lich genannte Dichter. Die illustrierte Handschrift weist jedem Dichter eine ganz- oder halbseitige Miniatur zu. Die sehr kleinformatige Handschrift (15 × 11,5 cm) besteht aus 156 Pergamentblättern. Die Handschrift wird heute in der Württembergischen Landesbibliothek Stuttgart aufbewahrt (HB XIII 1).

Jenaer Liederhandschrift (J)
Die Jenaer Liederhandschrift wurde um 1330 im mittel- oder niederdeutschen Sprachraum angefertigt. Sie enthält vorwiegend Sangspruchdichtung, darunter Spervogel II, und überliefert auch die Melodien. Die Textseiten sind zweispaltig angelegt. Das Spervogel-Korpus beginnt mit einer roten Namensüberschrift und der Melodie. Die sehr großformatige Pergamenthandschrift (56 × 41 cm) im Umfang von 133 Blättern wird heute in der Thüringer Universitäts- und Landesbibliothek Jena aufbewahrt (Ms. El. f. 101).

4.1.3 Mischhandschriften

Zwei Mischhandschriften, die für die Überlieferung der Lieder Reinmars des Alten und Walthers von der Vogelweide von Bedeutung sind, seien hier beispielhaft genannt.

Würzburger Liederhandschrift (E)
Um 1350 ließ der Würzburger Notar Michael de Leone ein lateinisch-deutsches Hausbuch anfertigen, dessen zweiter Band neben pragmatischen und epischen Texten Lieder Reinmars und Walthers enthält und deshalb auch als Liederhandschrift bezeichnet wird. Das Buch umfasst 285 Pergamentblätter im Großformat (34,5 × 26,5 cm). Heute liegt es in der Universitätsbibliothek München (2° Cod. ms. 731).

Weimarer Liederhandschrift (F)
Um 1475 entstand in Nürnberg die sogenannte Weimarer Liederhandschrift, die vor allem Werke des um 1300 wirkenden Liederdichters Frauenlob (Heinrich von Meißen) und einen Anhang mit Reimpaardichtungen enthält, aber auch, allerdings ohne Namensnennung, einige Lieder und Strophen Walthers von der Vogelweide, Friedrichs von Hausen und Rudolfs von Fenis-Neuenburg. Die anspruchslose Papierhandschrift mit 142 Blättern im Kleinformat (15 × 18,6 cm) wird heute in der Herzogin Anna Amalia Bibliothek in Weimar aufbewahrt (Signatur: Cod. Quart 564).

Tab. 4.2 zeigt, welche Liederdichter der staufischen Epoche in den betreffenden Handschriften bezeugt sind. Klammern verweisen auf Lieder, die unter abweichenden Autornamen verzeichnet sind.

Tab. 4.2 Liederdichter und Überlieferung

Liederdichter	I			II				III		
	N	M	G	A	Bu	C	B	J	E	F
Spervogel I				x		x				
Spervogel II				x		x		x		
Spervogel III				x		x				
Der von Kürenberg					x	x				
Meinloh von Sevelingen						x	x			
Burggraf von Regensburg				(x)		x				
Burggraf von Riedenburg					(x)	x	x			
Dietmar von Aist	x			(x)		x	x			
Friedrich von Hausen						x	x			x
Kaiser Heinrich						x	x			
Ulrich von Gutenburg						x	x			
Bernger von Horheim						x	x			
Bligger von Steinach						x	x			
Heinrich von Rugge	x				x	x	x			
Hartwig von Raute						x	x			
Otto von Botenlauben		x		x		x	x			
Heinrich von Veldeke				x		x	x			
Rudolf von Fenis-Neuenburg				(x)		x	x		(x)	x
Albrecht von Johansdorf				x		x	x			
Engelhart von Adelnburg						x				
Reinmar der Alte	x			x		x	x		x	x
Heinrich von Morungen	x			x		x	x		(x)	
Hartmann von Aue				x		x	x		(x)	
Gottfried von Straßburg				x		x				
Wolfram von Eschenbach			x	x		x	x			
Walther von der Vogelweide				x	x	x	x		x	x

4.2 Ausgaben

▶ **Definition** Unter **Editionsphilologie** versteht man die Lehre von der Edition eines Textes auf der Basis der Überlieferung. **Textkritische Editionen** basieren auf einem Vergleich der überlieferten Textfassungen (**Kollationierung**). Die abweichenden Lesarten, die in den Handschriften bezeugt sind, werden auch als **Varianten** bezeichnet. Als Grundlage für die Edition wird oft eine **Leit-**

handschrift herangezogen. Die Varianten der übrigen Handschriften, aber auch die von der Forschung vorgeschlagenen Lesarten werden in der Regel unterhalb des Editionstextes in einem **textkritischen Apparat** vermerkt. Man unterscheidet zwei Arten von Eingriffen in den überlieferten Text: offenkundige (**Emendationen**) und hypothetische (**Konjekturen**) Verbesserungen. Die Eingriffe werden im Editionstext mit Kursivierungen sowie eckigen und spitzen Klammern gekennzeichnet. Unauflösbare Störungen im überlieferten Text, die man als **Crux** bezeichnet, werden mithilfe von Kreuzen markiert. Der Edition geht die **diplomatische Transkription** voraus, d. h. die buchstabengetreue Umschrift der handschriftlichen Vorlage.

Der Editionstext wird in der Regel in normalisierter Form dargeboten. Dies schließt die Vereinheitlichung der mittelalterlichen Schreibweisen (z. B. *und* statt *vnd*, *jar* statt *iar*), die Auflösung der diakritischen Zeichen (z. B. *uo* statt *ů*) und Abkürzungen (z. B. *einen* statt *einē*, *und* statt *v̄n*, *herzen* statt *h̃zen*) sowie die Einfügung von Längenzeichen (z. B. *â* statt *a*) und einer modernen Interpunktion ein.

4.2.1 Textkritische Editionen

***Des Minnesangs Frühling* (MF)**
Die Lieder der Dichter, die vor Walther von der Vogelweide tätig waren, sind in der traditionsreichen Ausgabe *Des Minnesangs Frühling* ediert (vgl. Lange/Schumacher 2015). Sie enthält nicht nur den Minnesang, sondern auch die Sangspruch- und Leichdichtung. Die erste Ausgabe wurde bereits 1857 von Karl Lachmann und Moriz Haupt herausgegeben. Sie erschien nachfolgend in zahlreichen Neuauflagen, die die Textpräsentation an die jeweils aktuellen editionsphilologischen Leitlinien anpassten. Während sich Lachmann und Haupt in ihrer *textkritischen Edition* vergleichsweise eng an den Handschriften orientierten, griff der spätere Herausgeber Carl von Kraus viel stärker in die überlieferten Texte ein. Aufgrund der Vielzahl der vorgenommenen Konjekturen spricht man in seinem Fall auch von *Konjekturalkritik*.

Die bislang letzte Ausgabe wurde 1977 von Hugo Moser und Helmut Tervooren vorgelegt. Diese verpflichteten sich auf das Prinzip der *textgeschichtlichen Edition*, eine Form der textkritischen Edition, die die historisch überlieferten Textfassungen stärker respektiert. Sie rückten das Prinzip der Leithandschrift wieder in den Vordergrund, legten aber als Einheit nicht das Lied, sondern die Strophe zugrunde. Dies führt oft dazu, dass innerhalb eines edierten Liedes die Leithandschrift von Strophe zu Strophe wechselt. Diese Vorgehensweise wurde vielfach kritisiert. Moser und Tervooren fügten ihrer Ausgabe 1988 einen Anhang hinzu, der die inzwischen neu gefundenen Handschriften, darunter die Budapester Fragmente, in Fotos und Transkriptionen dokumentiert. Eine aktualisierte Neuausgabe, die die neuen Handschriftenfunde in den Editionstext integriert und das leithandschriftliche Editionsprinzip wieder auf die Einheit des Liedes bezieht, steht aus.

Deutsche Liederdichter des 13. Jahrhunderts (KLD)
1952 edierte Carl von Kraus, nachdem er zuvor bereits die Neuauflage von *Minnesangs Frühling* besorgt hatte, die höfische Lyrik des dreizehnten Jahrhunderts, soweit sie nicht schon in *Minnesangs Frühling* berücksichtigt war. Diese Ausgabe ist auch für die Lyrik der staufischen Zeit relevant, weil sie die Lieder Ottos von Botenlauben, der noch zum rheinischen Minnesang zu rechnen ist, sowie Strophen aus dem Korpus Spervogel III enthält. Diese Ausgabe erschien 1978 in zweiter, von Gisela Kornrumpf durchgesehener Auflage.

Mittelhochdeutsche Minnelyrik I: Frühe Minnelyrik
Zeitgleich mit der 1977 erschienenen Neuauflage von *Minnesangs Frühling* veröffentlichte Günther Schweikle den ersten Band seiner Ausgabe *Mittelhochdeutsche Minnelyrik*. Im Unterschied zu *Minnesangs Frühling* beschränkt sich der erste Band auf den donauländischen und rheinischen Minnesang (außer Heinrich von Rugge). Der angekündigte zweite Band, der die Lieder Reinmars des Alten und Heinrichs von Morungen enthalten sollte, blieb aus. Die Ausgabe ist mit neuhochdeutschen Übersetzungen und Stellenkommentaren ausgestattet. In editionsphilologischer Hinsicht entschied sich Schweikle für einen textgeschichtlichen Ansatz, der in der Regel den Text der Großen Heidelberger Liederhandschrift, in vielen Fällen aber auch der Weingartner oder Kleinen Heidelberger Liederhandschrift zugrunde legt – selbst dann, wenn der Text vollständig in der Großen Heidelberger Liederhandschrift vorliegt. Schweikles Ausgabe konnte sich nicht gegen die Edition *Minnesangs Frühling* durchsetzen, die seit Moser und Tervooren ebenfalls dem textgeschichtlichen Editionsprinzip folgt.

Deutsche Lyrik des frühen und hohen Mittelalters
1995 legte Ingrid Kasten eine Auswahlausgabe vor, die die höfische Lyrik bis einschließlich Walther von der Vogelweide umfasst. Die mit neuhochdeutschen Übersetzungen und einem Stellenkommentar versehene Ausgabe ist für die Lehre hilfreich, zumal sie 2005 in einer preiswerten Taschenbuchausgabe erschien. Der Titel ist etwas irreführend, denn der Band deckt weder das frühe Mittelalter noch die geistliche Lyrik ab, die ja auch zur deutschen Lyrik zählt. Kasten entschied sich wie Schweikle dafür, den Text der Großen Heidelberger Liederhandschrift zugrunde zu legen, und weicht nur dann auf andere Liederhandschriften aus, wenn diese ein Lied nicht enthält. Dieses Verfahren ist, wie schon bei Schweikle, problematisch: zum einen, weil die Große Heidelberger Liederhandschrift vielfach stilistisch überarbeitete, also offenkundig sekundäre Textfassungen enthält, zum anderen, weil die Wahl der Leithandschrift auf dem Zufall beruht, ob ein Lied in der Großen Heidelberger Liederhandschrift überliefert ist oder nicht.

Autorbezogene Ausgaben
Drei Liederdichter, die dem professionellen Minnesang angehören, sind nicht nur in den oben genannten Anthologien, sondern auch in separaten Textausgaben

zugänglich: Heinrich von Morungen (1975/²1992), Hartmann von Aue (1985) und Reinmar der Alte (1986). Die Ausgaben der Lieder Heinrichs von Morungen (Helmut Tervooren) und Hartmanns von Aue (Ernst von Reusner) beruhen auf *Minnesangs Frühling*, vertreten also keinen eigenen editionsphilologischen Anspruch. Anders verhält es sich bei der von Günther Schweikle besorgten Ausgabe der Lieder Reinmars des Alten, für die er – im Unterschied zu seiner *Mittelhochdeutschen Minnelyrik I* – als Leithandschrift nicht die Große Heidelberger, sondern die Weingartner Liederhandschrift zugrunde legte.

Walther von der Vogelweide
Der Berliner Philologe Karl Lachmann zeichnete nicht nur für die erste Ausgabe von *Minnesangs Frühling*, sondern auch der Lieder Walthers von der Vogelweide verantwortlich. Seine Walther-Ausgabe von 1825 dient bis heute als Referenz, sie ist bis in die jüngste Zeit immer wieder neu bearbeitet worden. Besonders bemerkenswert sind die vierzehnte Auflage (1996) von Christoph Cormeau, der die Edition auf das textgeschichtliche Leithandschriftenprinzip umstellte, und die fünfzehnte Auflage (2013) von Thomas Bein, der für Lieder, die in verschiedenen Textredaktionen überliefert sind, parallele Fassungseditionen erarbeitete.

Daneben steht die zweibändige Ausgabe von Günther Schweikle. Der erste, 1993 erschienene Band umfasst die „Spruchlyrik" (gemeint ist die Sangspruchdichtung), der zweite, 1998 erschienene Band die „Liedlyrik" (gemeint sind Minnesang und Leich). Wie in seiner *Mittelhochdeutschen Minnelyrik I* wählte Schweikle den die Große Heidelberger Liederhandschrift als Leithandschrift. Verbesserte und erweiterte, doch editionsphilologisch unveränderte Auflagen dieser Ausgabe besorgte Ricarda Bauschke-Hartung 2009 (Bd. 1) und 2011 (Bd. 2).

4.2.2 Digitale Editionen

An der Editionsgeschichte der höfischen Lyrik der staufischen Epoche lassen sich die vielfachen Paradigmenwechsel nachvollziehen, die die Geschichte der Editionsphilologie prägten. Am Anfang standen textkritische Editionen, die sich relativ eng an den Handschriften orientierten (Lachmanns Ausgaben von *Minnesangs Frühling* und der Lieder Walthers). Es folgte seit den 1930er Jahren die Konjekturalkritik, die sich zutraute, anhand der überlieferten Varianten und eigener philologischer Expertise die Autorfassungen der Lieder zu rekonstruieren (Kraus' Ausgaben von *Minnesangs Frühling* und *Liederdichter des 13. Jahrhunderts*). In den 1970er Jahren setzte sich zunehmend die textgeschichtliche Methode durch, die die historisch überlieferten Textfassungen wieder stärker respektierte und die Edition an Leithandschriften ausrichtete (Mosers und Tervorens Ausgabe von *Minnesangs Frühling*, Cormeaus Ausgabe der Lieder Walthers, Schweikles Ausgaben der mittelhochdeutschen Minnelyrik und der Lieder Reinmars und Walthers). Noch konsequenter wird das textgeschichtliche Prinzip durchgeführt, wenn die Fassungen eines überlieferten Textes, sofern sie signifikant voneinander abweichen, in der Edition neben- oder nacheinander abgedruckt werden (Beins Ausgabe der Lieder Walthers, teilweise schon in Mosers und Tervoorens Ausgabe von *Minnesangs Frühling*).

Lyrik des deutschen Mittelalters (LDM)
Der nächste logische Schritt, nämlich die synoptische Darstellung *aller* handschriftlich überlieferten Fassungen, wurde mithilfe der digitalen Textpräsentation ermöglicht. Seit 2016 entsteht die von Manuel Braun, Sonja Glauch und Florian Kragl herausgegebene elektronische Edition *Lyrik des deutschen Mittelalters* (http://www.ldm-digital.de/). Sie, beschränkt sich auf die höfische Lyrik des zwölften und dreizehnten Jahrhunderts. Die frei zugängliche Online-Ausgabe erlaubt die Darstellung der Lieder in allen überlieferten Fassungen als Handschriftendigitalisate, Transkriptionen und Editionstexte, die sowohl separat als auch synoptisch angezeigt werden können.

> **Digitale Edition:** *Lyrik des deutschen Mittelalters* (LDM)
> „Das Ziel des Projekts ist es, die deutschsprachige Lyrik des 12. und 13. Jahrhunderts neu aus den Quellen herauszugeben, und zwar in Form einer frei verfügbaren Online-Ausgabe. Die elektronische Edition ermöglicht erstmals die von der Forschung seit längerem entschieden eingeforderte Überlieferungsnähe, da sie neben dem Editionstext auch Digitalisate und Transkriptionen der Handschriften anbieten und jede denkbare Synopse erzeugen kann. Mit der Neuedition werden Leiche, Minnelieder und Sangsprüche des Hochmittelalters in zeitgemäßer, einheitlicher und leicht zugänglicher Gestalt vorliegen, während sie bisher auf eine Vielzahl überwiegend veralteter, höchst unterschiedlicher und vielfach vergriffener Ausgaben verstreut sind" (Projektbeschreibung auf der Homepage, Stand 2022).

So werden drei Arbeitsschritte der traditionellen Editionsphilologie – Autopsie, Transkription und Kollationierung – als eigenständige Präsentationsformen sichtbar gemacht. Der letzte Schritt, die Erstellung einer kritischen Textfassung im engeren Sinn, bleibt aus. Zwar werden normalisierte, emendierte und mit moderner Interpunktion ausgestattete Editionstexte zur Verfügung gestellt (Normalisierungen und Interpunktion lassen sich nach Wunsch ein- und ausblenden). Auch werden in einem dreifachen Apparat vorgenommene Emendationen sichtbar gemacht, abweichende Textrekonstruktionen früherer Herausgeber dokumentiert und erforderliche Worterläuterungen beigegeben. Außerdem werden umfangreiche Kommentare zur Überlieferung, zur Form, zum Inhalt und ggf. zu Intertexten beigefügt. Aber dem streng textgeschichtlich orientierten Ansatz entsprechend wird darauf verzichtet, die überlieferten Fassungen gegeneinander abzuwägen, eine Leithandschrift auszuwählen und in begründeten Einzelfällen abweichende Varianten aus anderen Handschriften in den leithandschriftlich basierten Editionstext einzufügen. Zwar kann eine „Leitversion" ausgewählt werden, womit aber keine Leithandschrift gemeint sind, sondern die in der Synopse auf Wunsch an die erste Stelle gerückte Textfassung.

Eine noch offene Frage ist, ob sich dieses digitale Editionsmodell durchsetzen und weitere Neuauflagen der traditionellen Print-Editionen – insbesondere *Minnesangs Frühling*, *Deutsche Liederdichter des 13. Jahrhunderts* und die auf Lachmann zurückgehende Walther-Ausgabe – obsolet machen wird. Denkbar wäre auch, dass die traditionelle Editionsphilologie in eine neue Phase eintritt, indem sie die neuen digitalen Möglichkeiten nutzt, aber an dem Ziel festhält, kritische Editionstexte zu erarbeiten, die sich nicht nur auf überlieferte Fassungen, sondern auch auf methodisch begründete und von den Herausgeberinnen und Herausgebern verantwortete Entscheidungen stützen.

4.3 Beispiel: Das Falkenlied des Kürenbergers

Die editionsphilologischen Aufgabenstellungen lassen sich am Fallbeispiel des Falkenlieds des Kürenbergers demonstrieren. Das zweistrophige Lied ist in *Minnesangs Frühling* nur gemäß der Fassung der Großen Heidelberger Liederhandschrift (C) ediert worden. Eine textgeschichtliche Neuedition, die die Fassung der 1985 bekannt gewordenen Budapester Liederhandschrift mit einbezieht, hat Dorothea Klein in ihrer Minnesang-Ausgabe vorgelegt.

4.3.1 Der Editionstext in *Minnesangs Frühling*

In der Großen Heidelberger Liederhandschrift sieht der Text des Falkenlieds wie in Abb. 4.1 aus.

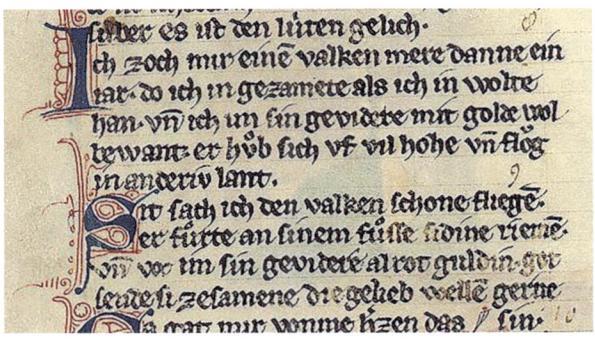

Abb. 4.1 Große Heidelberger Liederhandschrift, Bl. 63 verso (Ausschnitt)

Jede Strophe beginnt mit einer neuen Zeile. Die Strophenanfänge werden durch mehrzeilige blaurote Schmuckinitialen hervorgehoben. Die Verse sind nicht abgesetzt, doch sind zwischen den Versen Verspunkte gesetzt. Einige Wörter sind abgekürzt: *einen* in Vers 1, *und* in Vers 3, 4 und 7, *fliegen* in Vers 5, *riemen* in Vers 6, *wellen* in Vers 8. Einige Diphthonge sind so geschrieben, dass der zweite Vokal über dem ersten steht: *huob* und *floug* in Vers 4, *fuorte* und *fuoze* in Vers 6.

▶ **Definition** In mittelalterlichen Handschriften werden Verse oft mithilfe von **Verspunkten** voneinander abgegrenzt. Dabei handelt es sich um Punkte, die zwischen den Versen auf mittlerer Zeilenhöhe platziert werden. Die mittelalterlichen Verspunkte sind von der modernen Interpunktion zu unterscheiden; sie dienen der Kennzeichnung von Versen, nicht von syntaktischen Einheiten.

In der buchstabengetreuen Umschrift stellt sich der Text wie folgt dar (Pfaff 1909, ²1984):

    8. Ich zoch mir einē valken mere danne ein iar.
         do ich in gezamete als ich in wolte han.
         vn̄ ich im ſin gevidere mit golde wol bewant.
         er hv̊b ſich vf vil hohe vn̄ flōg in anderiv lant.

    9. Sit ſach ich den valken ſchone fliegē.
         er fv̊rte an ſinem fv̊ſſe ſidine riemē.
         vn̄ wc im ſin gevidere alrot guldin.
         got ſende ſi zeſamene die gelieb wellē gerne ſin.

Die Strophen werden gezählt und abgesetzt, so auch die Verse, ansonsten folgt die Umschrift buchstabengetreu der handschriftlichen Vorlage.

Auf der Basis der Transkription wird der Editionstext hergestellt, der sich in *Minnesangs Frühling* so darstellt (ich ändere in 7,4 *gelieb* zu *geliep*):

6 ‚Ich zôch mir einen valken mêre danne ein jâr.		8, 33 – 8 C
dô ich in gezamete, als ich in wolte hân,		
und ich im sîn gevidere mit golde wol bewant,		9, 1
er huop sich ûf vil hôhe und vlouc in ánderiu lant.		
7 Sît sach ich den valken schône vliegen,		9, 5 – 9 C
er vuorte an sînem vuoze sîdîne riemen,		
und was im sîn gevidere alrôt guldîn.		
got sende sî zesamene, die gelíep wéllen gerne sîn!'		

7, 4 *die gerne geliep wellen sîn* K(V), *die geliep geren sîn* Joseph, Frühzeit
   d. dt. Ms. I, 1896, 46, Wapnewski Euph. 53, 18, Anm.

Die Strophen werden durchgezählt: Es handelt sich um die Strophen 6 und 7 im zweiten Ton des Kürenbergers. Die Zahlen am rechten Rand verweisen auf weitere Zählungen. Die Ziffern rechts neben den Gedankenstrichen besagen, dass es sich im Korpus des Kürenbergers in der Handschrift C um die Strophen 8 und 9 handelt. Die Kursivierung verweist darauf, dass C als Leithandschrift dient (der damals einzige bekannte Überlieferungsträger des Kürenberger-Korpus). Die

Zahlen links neben dem Gedankenstrich geben die Zählung in der Lachmannschen Erstausgabe von *Minnesangs Frühling* wieder: Dort begann die erste Strophe des Falkenlieds in der dreiunddreißigsten Zeile der achten Seite. Entsprechend kürzt man das Falkenlied in der Forschung mit der Signatur MF 8,33 ab, um es eindeutig zu referenzieren.

Wie in der Handschrift werden die Strophen abgesetzt, nun aber auch die Verse. Verse, die sich reimen, werden mit gleichem Abstand eingerückt. Spatien (Zwischenräume) markieren die Grenze zwischen den An- und Abversen der Langzeilen. Die Strophen sind in einfache Anführungszeichen gesetzt, wenn es sich um Frauenlieder handelt. Die Abkürzungen und Diphthonge werden aufgelöst, die Schreibweisen normalisiert (Ausgleich von i und j, u und v, langem und rundem s). Die Auslautverhärtung wird kenntlich gemacht (c statt g, p statt b). Zur Erleichterung der Aussprache werden Langvokale mit einem Dachakzent und nicht gleich erkennbare Hebungen mit einem einfachen Akzent markiert (Haupthebungen mit einem nach rechts, Nebenhebungen mit einem nach links geneigten Akzent). Ein weitgehender Eingriff ist die Ersetzung der Verspunkte durch eine moderne Interpunktion, die anzeigt, wie die Herausgeber die syntaktische Ordnung der Strophen interpretieren.

Da aufgrund der unproblematischen Textüberlieferung keine Emendationen erforderlich sind, beschränkt sich der textkritische Apparat auf ein Feld, das die abweichenden Lesarten früherer Herausgeber und Forscher verzeichnet. Carl von Kraus (K) und Friedrich Vogt (V) änderten die Wortfolge des letzten Verses, um den Satzbau zu glätten. Dieser Eingriff wurde von Moser und Tervooren wieder rückgängig gemacht, da der Text auch ohne ihn syntaktisch nachvollziehbar ist. Auch eine von Eugen Joseph und Peter Wapnewski vorgeschlagene Konjektur, der die Herausgeber von *Minnesangs Frühling* nicht gefolgt sind, ist vermerkt.

4.3.2 Die Textfassung der Budapester Liederhandschrift

In der Budapester Liederhandschrift sieht der Text des Falkenliedes so aus, wie in Abb. 4.2 dargestellt.

Wie in C sind die Strophen, nicht aber die Verse abgesetzt. Zu Beginn der Strophen sieht man ausgesparte Felder, die mit Schmuckinitialen gefüllt werden

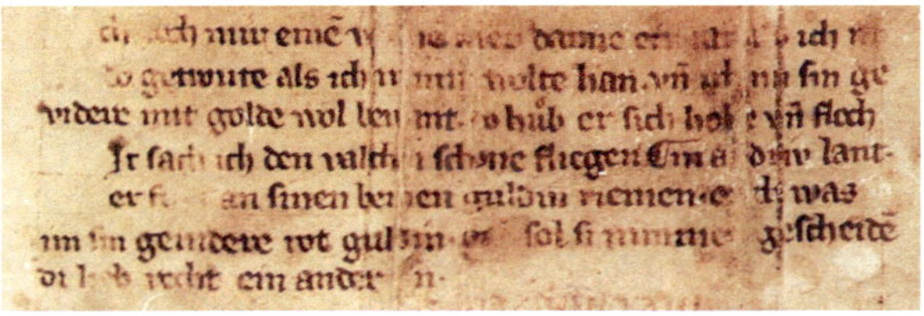

Abb. 4.2 Budapester Liederhandschrift, Bl. 1 verso (Ausschnitt)

sollten. Auch Verspunkte sind erkennbar. Die Schreibweisen und Abkürzungen entsprechen dem Textbild von C.

Im Anhang der letzten Neuauflage von *Minnesangs Frühling* findet sich eine von Moser und Tevooren erstellte getreue Umschrift des Falkenlieds, die deutlich stärker in das Schriftbild eingreift als die oben vorgestellte diplomatische Transkription des Falkenliedes gemäß der Großen Heidelberger Liederhandschrift:

8 ⟨I⟩ch zoch mir einen v[alc]hen mer danne ein iar
als ich in / do getroute als ich in mir wolte han.
vnd ich im sin ge / videre mit golde wol bewant.
do hůb er sich hohe vnd floch / in andriv lant.

9 ⟨S⟩it sach ich den valchen schone fliegen /
er fu[r]t an sinen beinen guldin riemen.
ouch was / im sin geuidere rot guldin.
got sol si nimmer gescheiden / di lieb recht ein ander sin.

Die Transkription befindet sich schon auf dem halben Weg zur Edition. Die ausgesparten Stropheninitialen werden in eckigen Klammern eingefügt, abgeriebene Buchstaben in eckigen Klammern ergänzt oder mit einem Punkt markiert, die Verse abgesetzt, die Abkürzungen aufgelöst, langes durch rundes s ersetzt. Die Zeilenumbrüche werden mit Schrägstrichen gekennzeichnet.

Wie sähe der Editionstext des Falkenlieds aus, wenn man die Fassungen C und Bu zugleich berücksichtigt? Bu bietet einen konsistenten Text, der signifikant von C abweicht. Eine vergleichende Textanalyse zeigt, dass Bu die ältere Textfassung bietet, C hingegen eine stilistisch überarbeitete und somit sekundäre, jüngere Textfassung (s. Abschn. 5.1.1). Um nur einige Beispiele zu nennen: *getroute* statt *gezamete* (Vers 2) ist die schwierigere Lesart (*lectio difficilior*), die in C vereinfacht wurde; die Ersetzung von *beinen* durch *vuoze* (Vers 6) ergibt eine Alliteration und Assonanz, die als stilistische Aufwertung verstanden werden kann. Vor allem unterscheiden sich die Schlussverse. Während C die Trennung voraussetzt und die Vereinigung als Wunsch formuliert („Gott schicke die zusammen, die einander gern liebhaben wollen"), setzt Bu umgekehrt die Einheit voraus und formuliert den Wunsch, dass es nie zur Trennung kommen möge („Gott soll die niemals trennen, die einander aufrichtig liebhaben"). Man kann mit diesem Vers geradezu die Differenz zwischen frühem und hohem Minnesang illustrieren, denn jener setzt auf Nähe und Gegenseitigkeit, dieser auf Distanz und Einseitigkeit der Liebe. Offenbar wollten die Redaktoren von C das Falkenlied an das stilistische Niveau und das Liebeskonzept des hohen Minnesangs angleichen.

4.3.3 Textgeschichtliche Edition

Was ergibt sich aus diesem Befund für eine textgeschichtliche Neuedition des Falkenlieds auf der Basis beider Textzeugen? Zwei Optionen sind denkbar. Die erste ist eine synoptische Edition, die an erster Stelle die Fassung Bu und an zweiter Stelle die Fassung C abdruckt. Die Fassung C muss zu diesem Zweck

4.3 Beispiel: Das Falkenlied des Kürenbergers

nicht neu erstellt werden, sie liegt in *Minnesangs Frühling* bereits vor. Die zweite Option ist eine textkritische Edition, die Bu als Leithandschrift wählt und die abweichenden Lesarten von C im textkritischen Apparat verzeichnet. In diesem Fall sähe der Editionstext etwa so aus (ich orientiere mich an der textkritischen Ausgabe von Dorothea Klein, bleibe aber enger bei den Leitlinien von *Minnesangs Frühling*):

    6 ‚*I*ch zôch mir einen va*l*ken   mêr danne ein jâr.   8, 33 – 8 *Bu*C
        als ich in dô getr*u*te,   als ich i*n* mir wolte hân,
        und ich im sîn gevidere   mit golde wol bewant,   9, 1
        dô huop er sich hôhe   und vlouc in a*n*driu lant.

    7 *S*ît sach ich den valken   schône vliegen,   9, 5 – 9 *Bu*C
        er vuort an sînen beinen   guldîn riemen,
        o*u*ch was im sîn gevidere   rôt guldîn.
        got sol si nimmer gescheiden,   die liep reht einander sîn!'

Der textkritische Apparat, der die abweichenden Lesarten von C verzeichnet, sähe wie folgt aus (wieder näher an *Minnesangs Frühling* als an Klein):

    6, 2 *als*] *do* C. *do* fehlt C. *getroute* Bu. *gezamete* C. *mir* fehlt C. 4 *er hv̂b sich vf vil hohe* C.
    7, 2 *sînen beinen*] *sinem fůsse* C. *guldîn*] *sidine* C. 3 *ouch*] *vn̄* C. *alrot* C. 4 *got sende si zesamene die gelib wellē gerne sin* C.

Die erste Ziffer einer Zeile verweist auf die Strophe, die nachfolgende Ziffer auf den betreffenden Vers. Die eckigen Klammern trennen die edierten von den abweichenden Lesarten, diese werden im textkritischen Apparat nicht normalisiert. Der Apparat zeigt somit für die erste Strophe folgende Varianten an: In der zweiten Langzeile hat C das Wort *als* statt *do*, fehlt in C das Wort *do*, hat C das Wort *gezamete* statt *getrûte* und fehlt in C das Personalpronomen *mir*. Im Anvers der vierten Langzeile hat C die Formulierung *er hv̂b sich vf vil hohe*. Auch in der zweiten Strophe hat C abweichende Lesarten: im zweiten Vers *sinem fůsse* statt *sînen beinen* und *sidine riemen* statt *guldîn riemen*, im dritten Vers *vn̄* statt *ouch* und *alrot* statt *rôt*, im vierten Vers eine vollständig neue Formulierung: *got sende si zesamene die gelib wellē gerne sin*.

Text und Bild
Die Differenz der Textfassungen korrespondiert mit der Differenz der Autorbilder, die Bu und C dem Kürenberger zuweisen. Während sich der Illustrator von Bu (Abb. 4.3a) auf den Sündenfall (vgl. Abb. 4.3b) bezieht, wählt der Illustrator von C (Abb. 4.4a) die Verkündigung des Engels Gabriel an die Gottesmutter Maria (vgl. Abb. 4.4b) als Modell. Die Grundsituation ist dieselbe: der Mann zur Linken und die Frau zur Rechten sind einander zugewandt. Doch während das Paar in Bu vor einem Baum steht und der Ritter der Dame einen Kranz übergibt, überreicht in C der Ritter vor leerem Hintergrund der Dame eine Schriftrolle mit seinem Liebeslied. Bu bezieht sich auf Adam und Eva vor dem Baum der Erkenntnis und bei der Darbietung des verbotenen Apfels; C bezieht sich auf die Ankündigung der jungfräulichen Geburt durch den Erzengel. Vergleiche mit Fallbeispielen der

Abb. 4.3a–b Miniatur des Kürenbergers in der Budapester Liederhandschrift (Bl. 1 recto) im Vergleich mit der Sündenfalldarstellung auf der Bilderdecke der Hildesheimer Michaeliskirche (um 1230)

Abb. 4.4a–b Miniatur des Kürenbergers in der Großen Heidelberger Liederhandschrift (Bl. 63 recto) im Vergleich mit einer Verkündigungsdarstellung in einem lateinischen Psalter von 1190/1200

christlichen Ikonographie, die älter sind als die Liederhandschriften, illustrieren die typologischen Referenzen:

Während der Sündenfall, auf den das sexuelle Erwachen der ersten Menschen folgt, auf die gegenseitige, körperliche Liebe verweist, die für die Lieder des frühen Minnesangs typisch ist, lässt sich die Verkündigung des Engels an Maria als Hinweis auf die vergeistigte Liebe des hohen Minnesangs deuten, denn die Jungfrau, die Gott sich erwählt hat, wird vom Heiligen Geist beschattet, ohne ihre Jungfräulichkeit zu verlieren.

Teil II
Interpretationen

Minnesang 5

Inhaltsverzeichnis

5.1 Donauländischer Minnesang 154
    5.1.1 Der von Kürenberg. 154
    5.1.2 Der Burggraf von Regensburg 156
    5.1.3 Meinloh von Sevelingen 158
    5.1.4 Der Burggraf von Riedenburg 160
    5.1.5 Dietmar von Aist 162
5.2 Rheinischer Minnesang 168
    5.2.1 Friedrich von Hausen. 168
    5.2.2 Kaiser Heinrich 171
    5.2.3 Ulrich von Gutenburg 175
    5.2.4 Bernger von Horheim 178
    5.2.5 Bligger von Steinach 180
    5.2.6 Otto von Botenlauben 181
    5.2.7 Heinrich von Veldeke 183
    5.2.8 Heinrich von Rugge. 185
    5.2.9 Hartwig von Raute 187
    5.2.10 Albrecht von Johansdorf 189
    5.2.11 Engelhart von Adelnburg 192
    5.2.12 Rudolf von Fenis-Neuenburg. 194
5.3 Professioneller Minnesang. 196
    5.3.1 Heinrich von Morungen. 196
    5.3.2 Reinmar der Alte 199
    5.3.3 Hartmann von Aue 204
    5.3.4 Gottfried von Straßburg 206
    5.3.5 Wolfram von Eschenbach 210
5.4 Walther von der Vogelweide 212
    5.4.1 Rivalität mit Reinmar. 213
    5.4.2 Preislieder 215
    5.4.3 Minnekritik 218
    5.4.4 „Mädchenlieder" 220
    5.4.5 „Neue hohe Minne" 222

© Der/die Autor(en), exklusiv lizenziert an Springer-Verlag GmbH, DE, ein Teil von Springer Nature 2024
A. Kraß, *Höfische Lyrik,* https://doi.org/10.1007/978-3-662-66651-7_5

Die Reihenfolge der Interpretationen orientiert sich an den gattungsgeschichtlichen Phasen des donauländischen, rheinischen, professionellen und Waltherschen Minnesangs (vgl. Tervooren [Hg.] 1993; Keller/Miklautsch [Hgg.] 2008). Für jeden Liederdichter wird mindestens ein Textbeispiel vorgestellt. Während Textanalysen objektiv überprüfbar sind (das Vorliegen einer Anapher oder einer Antithese lässt sich eindeutig feststellen), sind Interpretationen oft subjektiv gefärbt. Wenn es um Liebeslieder geht, könnten zum Beispiel männliche Interpreten dazu neigen, die Perspektive des Ritters zu übernehmen (hierfür gibt es zahlreiche Beispiele aus der Forschung); viele weibliche Interpretinnen hingegen dürften die Bilder, die die Minnesänger von ihren Minnedamen entwerfen, skeptischer betrachten. Die folgenden Interpretationen bemühen sich um eine neutrale Sichtweise, die auf Identifikationen verzichtet. Die Übersetzungen orientieren sich teilweise an den Übersetzungen der jeweils zitierten Ausgaben.

5.1 Donauländischer Minnesang

5.1.1 Der von Kürenberg

Gesamtausgaben
MF I, S. 24–27, 464–465 (Text); MF II, S. 66–67 (Kommentar); MF III/1, S. 13–35 (Kommentar); MF III/2, S. 326–336 (Kommentar); Schweikle (Hg.), Minnelyrik I, S. 118–123 (Text und Übersetzung), 361–374 (Kommentar); LDM (www.ldm-digital.de).

Teilausgaben
Brackert (Hg.), Minnesang, S. 10–15 (Text und Übersetzung), 280–283 (Kommentar); Räkel, Der deutsche Minnesang, S. 23–27 (Text und Übersetzung); Kasten (Hg.), Deutsche Lyrik, S. 44–51 (Text und Übersetzung), 583–594 (Kommentar); Brunner (Hg.), Früheste deutsche Lieddichtung, S. 30–39 (Text), 195–200 (Kommentar); Klein (Hg.), Minnesang, S. 13, 101 (Text und Übersetzung), 324–326, 386–388 (Kommentar); Kasten (Hg.), Frauenlieder, S. 34–39 (Text und Übersetzung), 209–215 (Kommentar).

Dem Kürenberger werden fünfzehn Strophen in zwei Tönen zugeschrieben. Sie sind in zwei Gruppen eingeteilt. Die ersten acht Strophen des zweiten Tons werden ganz oder teilweise einer Frau, die letzten fünf Strophen einem Mann in den Mund gelegt. Auch die beiden Strophen des ersten Tons halten sich an dieses Prinzip: Auf die Frauenstrophe folgt die Männerstrophe. Die Strophen des zweiten Tons sind durch motivische Korrespondenzen miteinander verknüpft. Übergreifende Motive sind das nächtliche Stehen (MF 7,19; 8,1; 8,9), das Herz (MF 7,19; 8,17; 8,25; 9,13), das Leid (MF 7,10 7,19; 8,17; 9,13), der Falke (MF 8,33/9,5; 10,17), die Neider (MF 7,19; 9,13) und der Bote (MF 7,1; 10,9). Die Strophen MF 8,33 und MF 9,5 treten zum Falkenlied zusammen, die Strophen MF 8,1 und MF 9,29 zu einem Wechsel. Aufgrund dieser Korrespondenzen sind die Strophen vielfach kombinierbar.

5.1 Donauländischer Minnesang

Ich zôch mir einen valken (**MF 8,33**)
Das Falkenlied handelt von der Trennung der Liebenden. Die ersten sieben Verse entfalten das Bild der Falkenzucht, das erst im Schlussvers aufgelöst wird. In der Fassung C lauten die Strophen wie folgt (zur Form vgl. Abschn. 3.1.2, zur Fassung Bu vgl. Abschn. 4.3.2):

1 ‚Ich zôch mir einen valken   mêre danne ein jâr.   8, 33 – 8 C
   dô ich in gezamete,   als ich in wolte hân,
     und ich im sîn gevidere   mit golde wol bewant,
     er huop sich ûf vil hôhe   und vlouc in anderiu lant.

2 Sît sach ich den valken   schône vliegen,   9, 5 – 9 C
   er vuorte an sînem vuoze   sîdîne riemen,
     und was im sîn gevidere   alrôt guldîn.
     got sende sî zesamene,   die geliep wellen gerne sîn!'

1 Ich erzog mir einen Falken länger als ein Jahr. Als ich ihn gezähmt hatte, wie ich ihn haben wollte, und ich ihm sein Gefieder mit Gold schön umwunden hatte, da erhob er sich in die Höhe und flog in andere Länder.

2 Später sah ich den Falken schön fliegen; er trug an seinem Fuß seidene Bänder, und sein Gefieder war ganz rotgolden. – Gott möge die zusammensenden, die einander gern lieben wollen.

Es handelt sich (so die vorherrschende Forschungsmeinung) um ein Frauenlied, d. h. die Figurenrede einer Dame. In der ersten Strophe erzählt sie eine kleine Geschichte: Sie richtete einen Falken ab und schmückte ihn, doch eines Tages entflog er ihr. Die zweite Strophe setzt die Geschichte nach einem Zeitsprung fort: Die Dame sieht den geschmückten Falken noch einmal seine Kreise ziehen. Im letzten Vers wird deutlich, dass es nicht um die Zähmung eines Falken, sondern um die Liebe zu einem Ritter geht. Er ist es, den die Dame geschmückt und sich vertraut gemacht hat; er ist es, den sie schließlich verliert und nur noch aus der Ferne sieht. Die Auflösung der Bildrede geht mit einem Wechsel des Sprechakts einher: von der Erzählung, die sich an ein unbestimmtes Publikum richtet, zu einer Bitte, die an Gott adressiert ist.

Die poetische Wirkung des schlicht anmutenden Liedes ist genau kalkuliert. Legt man die Strophen übereinander, wird ihre motivische Kongruenz sichtbar. Der erste Vers führt jeweils den Falken ein, der zweite handelt von seiner Abrichtung, der dritte von seinem Schmuck und der vierte vom unerwünschten Abschied. Zentrale Wörter stehen an entsprechender Stelle (Responsion): der Falke (*valken*) im ersten, das Gefieder (*gevidere*) und der Goldschmuck (*golde*, *guldîn*) im dritten Vers. Die Motive werden in der Wiederholung variiert, denn die Bedingungen ändern sich. In der ersten Strophe wird die Gemeinschaft, in der zweiten – nach dem Zeitsprung (*Sît*) – die Trennung beschworen. Die Kalkulation reicht bis in die Wahl der Vokale und Konsonanten hinein. Klangeffekte durchziehen die Verse in Form von Assonanzen (*golde/wol*) und Alliterationen (*huop/hôhe*, *valken/vliegen/vuorte/gevidere*), die in der Fassung C noch gesteigert werden (*vuoze* statt Bu: *beinen*).

Am Beispiel des Falkenlieds lassen sich viele Merkmale aufzeigen, die für den Kürenberger und den frühen deutschen Minnesang insgesamt charakteristisch sind, insbesondere die Selbstverständlichkeit, mit der weibliches Begehren artikuliert wird, und der Anspruch, dass das Begehren auf Gegenseitigkeit beruht. Auch wenn es im Falkenlied zur Trennung zwischen Ritter und Dame kommt, besteht in den ersten drei Versen eine Zeit der Gemeinsamkeit, die im Schlussgebet aufs Neue ersehnt wird. Die Liebesgemeinschaft ist fragil; sie ist stets gefährdet durch die Missgunst der Aufpasser und Neider, aber auch den Sinneswandel eines der Partner, insbesondere des Mannes. Thema ist also nicht nur die erreichte, sondern auch die ersehnte, gefährdete und verlorene Gemeinschaft der Liebenden. Es ist eine Einheit, auf die der Schatten der Trennung fällt.

Wîp unde vederspil (MF 10,17)
Auf das sentimentale Falkenlied antwortet eine frivole Strophe, in der es ebenfalls um einen Falken (*vederspil*) geht:

> Wîp unde vederspil   diu werdent lîhte zam.   10, 17 – *15 C*
> swer sî ze rehte lucket,   sô suochent sî den man.
>   als warb ein schoene ritter   umbe eine vrouwen guot.
>   als ich dar an gedenke,   sô stêt wol hôhe mîn muot.

> Frauen und Falken lassen sich leicht zähmen. Wenn man sie richtig anlockt, dann fliegen sie dem Mann zu. So warb ein schöner Ritter um eine edle Dame. Wenn ich daran denke, hebt sich meine Stimmung.

Die ersten zwei Zeilen formulieren eine Sentenz, die einen Vergleich zwischen Falken und Frauen herstellt. Beide fliegen auf den Mann, wenn dieser nur zu den richtigen Mitteln greift. Dies ist eine parodistische Umkehrung des Falkenlieds, denn nun geht es nicht um Männer, die erzogen, sondern um Frauen, die angelockt werden. Die Verkehrung der Geschlechterrollen ist die erste Pointe. Die zweite ist die Anwendung der Bildrede auf die höfische Werbung eines Ritters um eine Dame, die dritte die Anspielung auf den *hôhen muot*, d. h. die höfische Hochgestimmtheit – ein zentrales Motiv des hohen Minnesangs, der offenbar bereits als bekannt vorausgesetzt wird.

5.1.2 Der Burggraf von Regensburg

Gesamtausgaben
MF I, S. 32–33 (Text); MF II, S. 68 (Kommentar); MF III/1, S. 43–45 (Kommentar); MF III/2, S. 338–340 (Kommentar); Schweikle (Hg.), Minnelyrik I, S. 124–125 (Text und Übersetzung), 375–377 (Kommentar); LDM (www.ldm-digital.de).

5.1 Donauländischer Minnesang

Teilausgaben
Brackert (Hg.), Minnesang, S. 16–17 (Text und Übersetzung), 283 (Kommentar); Kasten (Hg.), Deutsche Lyrik, S. 62–63 (Text und Übersetzung), 598–599 (Kommentar); Brunner (Hg.), Früheste deutsche Liederdichtung, S. 53–57 (Text), 203–210 (Kommentar); Kasten (Hg.), Frauenlieder, S. 50–53 (Text und Übersetzung), 225–226 (Kommentar).

Dem Burggrafen von Regensburg werden zwei Töne zugeschrieben. Der erste umfasst zwei Frauenstrophen, der zweite einen Wechsel, der aus einer Männer- und einer Frauenstrophe besteht. Die Töne präsentieren sich als Variationen der Langzeilenstrophe.

In formaler und inhaltlicher Hinsicht steht der Regensburger dem Kürenberger nahe. Wieder geht es um Liebe, die von Dritten bedroht wird; wieder artikuliert eine Dame ihr Begehren nach einem Ritter. In der ersten Frauenstrophe des ersten Tons (MF 16,1) liegt eine Umkehrung jenes Geschlechterverhältnisses vor, das im hohen Minnesang dominiert. Hier ist es die Dame, die sich dem Ritter unterordnet (*undertân*), aus der Liebe ein Gefühl höfischen Stolzes zieht (*hôhe tragen den muot*) und dem Geliebten beständige Treue (*staete*) verspricht. Im Unterschied zum hohen Minnesang wird jedoch die Erfüllung der Liebe vorausgesetzt – die Dame erinnert sich beglückt daran, wie sie den geliebten Ritter in ihren Armen hielt. Ein Hauptmotiv des Regensburgers sind die Neider, die die Liebenden behindern (MF 16,8; 16,15/16,23).

Ich lac den winter eine (MF 16,15)

Die Strophen des zweiten Tons bilden einen Wechsel. Die erste Strophe ist das erste Beispiel für den Gemeinplatz des Natureingangs. Mit dem Umschwung vom Winter zum Sommer wird zugleich der erhoffte Wechsel von der Einsamkeit zur Liebesgemeinschaft beschworen:

1 Ich lac den winter eine. wol trôste mich ein wîp,   16, 15 – *1 A*, 3 C
   vore si mir mit vröiden [] kunde die bluomen und die sumerzît.
   daz nîden merkaere. dêst mîn herze wunt.
   ez enheile mir ein vrowe mit ir minne, ez enwirt niemêr gesunt.

2 ‚Nu heizent sî mich mîden einen ritter: ich enmac.   16, 23 – *4 C*, 2 A
   swenne ich dar an gedenke, daz ich sô güetlîchen lac,   17,1
   verholne an sînem arme, des tuot mir senede wê.
   von im ist ein als unsenftes scheiden, des mac sich mîn herze wol entstên.'

1 Den Winter über schlief ich allein, doch eine Frau gab mir Zuversicht. Denn vorher hatte sie mir freudenvoll die Blumen und den Sommer verkündet. Dafür hassen mich die Aufpasser, deswegen ist mein Herz wund. Wenn nicht die eine Dame es mit ihrer Liebe heilt, wird es niemals mehr gesund.

2 Nun befehlen sie mir einen Ritter zu meiden – das kann ich nicht. Wann immer ich daran denke, wie ich so schön und heimlich in seinem Arm lag, das tut mir schmerzlich weh. Von ihm gibt es nur ein unsanftes Scheiden, das vermag mein Herz deutlich zu spüren.

Wie für die Gattung des Wechsels typisch, sprechen die Liebenden übereinander, aber nicht miteinander. Die motivischen Bezüge, die die Einheit zwischen

Männer- und Frauenstrophe stiften, sind die neidvollen Aufpasser (Str. 1: *daz nîden merkaere*, Str. 2: *Nu heizent sî mich mîden*) und das aus der Trennung resultierende Herzensleid (Str. 1: *dêst mîn herze wunt*, Str. 2: *des tuot mir senede wê. [...] des mac sich mîn herze wol entstên*). Die Botschaft des Liedes ist einfach: Liebeskummer (Winter) kann nur durch die Wiederkehr der Liebesfreude (Sommer) geheilt werden. Beide, Ritter und Dame, sind einander trotz vorübergehender Trennung eng verbunden: im Gefühl der Liebessehnsucht, in der Erinnerung an die gemeinsame Zeit und im Trotz gegen die höfische Kontrolle. Die Behinderung seitens der Aufpasser bewirkt das Gegenteil dessen, was diese beabsichtigten. Sie steigert das Begehren der Liebenden, die, wie schon in der Vergangenheit, auch in der Gegenwart den Weg zueinander finden werden.

5.1.3 Meinloh von Sevelingen

Gesamtausgaben
MF I, S. 28–31 (Text); MF II, S. 67–68 (Kommentar); MF III/1, S. 35–42 (Kommentar); MF III/2, S. 336–338 (Kommentar); Schweikle (Hg.), Mhd. Minnelyrik, S. 126–135 (Text und Übersetzung), 378–387 (Kommentar); LDM (www.ldm-digital.de).

Teilausgaben
Brackert (Hg.), Minnesang, S. 18–21 (Text und Übersetzung), 283–284 (Kommentar); Räkel, Der deutsche Minnesang, S. 29–31 (Text und Übersetzung); Kasten (Hg.), Deutsche Lyrik, S. 52–61 (Text und Übersetzung), 594–598 (Kommentar); Brunner (Hg.), Früheste deutsche Lieddichtung, S. 42–51 (Text), 200–203 (Kommentar); Klein (Hg.), Minnesang, S. 102 (Text und Übersetzung), 388–389 (Kommentar); Kasten (Hg.), Frauenlieder, S. 42–45 (Text und Übersetzung), 218–220 (Kommentar).

Meinloh von Sevelingen steht formgeschichtlich zwischen den Burggrafen von Regensburg und Riedenburg. Unter seinem Namen sind zwölf Strophen in drei Tönen überliefert. Wie der Kürenberger und der Regensburger verwendet er Langzeilenstrophen, die er, wie der Riedenburger, der Kanzonenstrophe annähert. Er tut dies in verschiedener Weise. Im ersten Ton, der neun Strophen umfasst, lässt er auf eine traditionelle Langzeilenstrophe zwei weitere Langverse folgen, die durch einen ungereimten Steg zu einer Waisenterzine erweitert werden. In Meinlohs Korpus finden sich fünf Männer-, zwei Frauen- und zwei Botenstrophen. Wechsel und Dialog kommen nicht vor. Meinloh war wohl der erste Minnesänger, der sich zugleich in der Gattung der Sangspruchdichtung betätigte. Seine Lieder enthalten drei Spruchstrophen über die Minne (MF 12,1; 12,14; 14,14). Zwei typische Motive stechen hervor: das Motiv der Augen, das in fünf Minnstrophen aufgegriffen wird (MF 11,1; 12, 27; 13,14; 13,27; 15,1) und das Motiv des Dienstes, das bereits auf den hohen Minnesang verweist (MF 11,14; 12,1; 13,1; 13,27; 14,1; 14,26). Weiterhin spielen die Neider eine wichtige Rolle (MF 13,14; 13,27).

5.1 Donauländischer Minnesang

Dô ich dich loben hôrte (MF 11,1)

Die erste Strophe des ersten Tons führt ein Motiv in den deutschen Minnesang ein, das aus der romanischen Liebeslyrik bekannt ist (Jaufré Rudel), nämlich die sogenannte Fernliebe (*amor de lonh*):

> Dô ich dich loben hôrte, dô het ich dich gerne erkant. 11, 1 – *I BC*
> durch dîne tugende manige vuor ich ie welende, unz ich dich vant.
> daz ich dich nû gesehen hân, daz enwirret dir niet.
> er ist vil wol getiuret, den dû wilt, vrowe, haben liep.
> 5   Du bist der besten eine, des muoz man dir von schulden jehen.
> sô wol den dînen ougen!
> diu kunnen, swen sie wellen, an vil güetelîchen sehen.

Als ich dich preisen hörte, da wollte ich dich gerne kennenlernen. Deiner vielen Tugenden wegen begab ich mich auf die Suche, bis ich dich fand. Dass ich dich nun gesehen habe, das kümmert dich nicht. Dessen Ansehen steigt, den du, Herrin, liebhaben willst. Du bist die Allerbeste, das muss man dir mit Recht zuerkennen. Wohl deinen Augen! Die können, wen immer sie wollen, sehr freundlich ansehen.

Fernliebe verdankt sich nicht eigener Anschauung, sondern ist durch den Lobpreis Dritter vermittelt. Der Affekt wird über die Ohren ausgelöst und, sobald der Ritter die Dame aufgesucht hat, über die Augen bestätigt. Doch beruht das Gefühl im vorliegenden Lied nicht, wie sonst im frühen Minnesang meist der Fall, auf Gegenseitigkeit, denn die Ankunft des Ritters lässt die Dame unberührt. Gleichwohl bleibt die Erwiderung der Liebe Ziel und Hoffnung des Ritters, der sich davon die Erhöhung seines gesellschaftlichen Ansehens verspricht. Von ihrer Schönheit redet er nicht, sondern von ihren Tugenden. In der Auffassung, dass die Begehrte vollkommen sei, stimmt der Ritter mit der Gesellschaft überein. Die Wertschätzung, die die Gesellschaft der Dame entgegenbringt, hat seine Liebe allererst entfacht. Das Begehren ist also mimetisch: Der Ritter begehrt das, was die Gesellschaft begehrt. Geht man davon aus, dass es männliche Mitglieder der Hofgesellschaft sind, die das Lob der Dame singen und das Begehren des Sängers induzieren, so sind zwei Aspekte dieses Affekts festzuhalten: Einerseits richtet er sich auf die Dame, andererseits auf die Ritter, die sie schon länger begehren und ihm somit als Vorbilder die Liebeswahl vermitteln. Das Geschlechterverhältnis dieses Liedes hat folglich zwei Seiten: eine heterosoziale (Ritter/Dame) und eine homosoziale (Ritter/Ritter).

Weiter ist festzustellen, dass die Dame in demselben Maß entrückt wird, wie sie erhöht wird. Sie erscheint nicht mehr, wie sonst oft im frühen Minnesang, als Begehrende und Begehrte zugleich, sondern nur noch als Begehrte. Sie gewinnt Züge einer Fee, die einen Ritter aus der Ferne zu sich ziehen und mit ihren Augen in den Bann schlagen kann. Sie selbst bleibt von den Männern unabhängig; es ist allein ihre Entscheidung, welchen Mann sie mit ihrer Gunst beschenkt und somit erhöht. Das Verhältnis zwischen Ritter und Dame ist nicht mehr egalitär, sondern hierarchisch, aber in einer Weise, die die realen sozialen Verhältnisse umkehrt: Die Frau steht über dem Mann, der Mann entbietet ihr seinen Dienst.

Das Lied zeigt, wie sich das Bild der geliebten Dame im Übergang vom frühen zum hohen Minnesang transformiert. Immer noch geht es um gesuchte Nähe, wechselseitige Zuneigung, selbstbestimmte Liebeswahl. Doch verschieben sich die Gewichte. Die Ausgangssituation ist nicht mehr Nähe, die von Distanz bedroht wird, sondern Distanz, die Nähe werden soll. Die Gegenseitigkeit des Begehrens wird nicht mehr als gegeben vorausgesetzt, sondern vom Mann erhofft. Die Dame ist nicht Subjekt, sondern Objekt des Begehrens; und dennoch kommt ihr in der Liebe alle Macht zu. Der Ritter wirbt um sie, doch sie entscheidet, ob sie auf die Werbung eingeht oder nicht. In diesem Lied tut sie es nicht: Der Ritter wird von ihrem Anblick in der Fernliebe bestätigt, doch sie bleibt von seinem Anblick unberührt. Der Modus dieser Liebe ist das Begehren, Werben und Hoffen, das Ziel die soziale Aufwertung des Ritters. Der Akzent verschiebt sich vom Erotischen zum Ethischen, von der Intimität zur Öffentlichkeit. Das Hindernis der Liebe liegt nicht mehr in der Gesellschaft, sondern in der Dame, die entscheidet, ob sie dem Ritter die Gunst gewährt oder nicht. Liebe wird kompliziert. Es geht nicht mehr darum, die Störenfriede, die Aufpasser, Lügner und Neider zu umgehen, sondern allererst das Interesse der Dame zu wecken. Deren Desinteresse lässt das Begehren des Ritters nicht erlöschen, sondern facht es an, denn sie ist das höchste Ziel, das er erreichen kann. Darum begibt er sich in ihren Dienst.

Meinloh stellte den Männerstrophen drei Frauenstrophen zur Seite, die die Idealisierung der Dame hinterfragen. Die gattungsgeschichtlichen Positionen werden gewissermaßen auf die Geschlechter verteilt. Während der Mann sich auf den Weg zum hohen Minnesang begibt, der sich durch Einseitigkeit und Distanz auszeichnet, beharrt die Dame im Sinne des frühen Minnesangs auf der Gegenseitigkeit der Liebe und ihrem Begehren (MF 13,14; 13,27; 14,26).

5.1.4 Der Burggraf von Riedenburg

Gesamtausgaben
MF I, S. 34–37, 465–467 (Text); MF II, S. 68–69 (Kommentar); MF III/1, S. 45–48 (Kommentar); MF III/2, S. 340–342 (Kommentar); Schweikle (Hg.), Minnelyrik I, S. 160–165 (Text und Übersetzung), 409–413 (Kommentar); LDM (www.ldm-digital.de).

Teilausgaben
Brackert (Hg.), Minnesang, S. 23–24 (Text und Übersetzung), 284–285 (Kommentar); Räkel, Der deutsche Minnesang, S. 28–29 (Text und Übersetzung); Kasten (Hg.), Deutsche Lyrik, S. 64–67 (Text und Übersetzung), 599–602 (Kommentar); Brunner (Hg.), Früheste deutsche Lieddichtung, S. 53–57 (Text), 203–210 (Kommentar); Kasten (Hg.), Frauenlieder, S. 52–53 (Text und Übersetzung), 226–227 (Kommentar).

5.1 Donauländischer Minnesang

Unter dem Namen des Riedenburgers sind sieben Strophen in sechs Tönen überliefert, die sich auf drei Töne zurückführen lassen. Dass die letzten drei Strophen einen diskursiven Zusammenhang bilden, ist schon daran erkennbar, dass sie jeweils mit der Phrase *Sît* bzw. *Sît si wil* beginnen. Wenn die Burggrafen von Riedenburg und Regensburg identisch, also verschiedene Namen für dasselbe Œuvre sind, so kann man die Unterscheidung gattungsgeschichtlich deuten. Während die Strophen des Regensburgers noch ganz dem Bauprinzip der Langzeile folgen, stellen die Strophen des Riedenburgers bereits Kanzonen dar, auch wenn die Tradition der Langzeile noch deutlich erkennbar ist. Entsprechend nähern sich die Lieder des Riedenburgers auch hinsichtlich ihres Liebeskonzepts dem hohen Minnesang an. Der Riedenburger hat nur eine Frauenstrophe, die mit einer Männerstrophe einen Wechsel bildet (Ton I, MF 18,1/18,9); alle anderen Strophen sind monologisch aus der Perspektive des Mannes gesprochen.

Wie bei Meinloh wird in den Männerstrophen mehrfach das für den hohen Minnesang konstitutive Motiv des Liebesdienstes aufgegriffen. In vier Strophen verspricht der Ritter, der Dame zu dienen (MF 18,9; 18,17; 19,27) bzw. sich der Herrschaft der Liebe zu unterwerfen (MF 18,25). Der Topos des Natureingangs, der schon beim Regensburger begegnete, wird weitergeführt und ausgebaut. Wieder ist vom Wandel der Jahreszeiten die Rede (MF 19,7: *Sît sich hât verwandelt diu zît*). Neu hinzu kommt das Motiv der Nachtigall und ihres „hohen Sangs", das als poetologische Metapher für den Sänger selbst zu verstehen ist. Auch die wiederholte Thematisierung des eigenen Gesangs (MF 18,17; 19,7; 19,17) ist eine Innovation. Erstmals wird zwischen den Rollen des Liebenden und des Singenden, zwischen den Ebenen der Minne und des Minnesangs differenziert. Dies alles weist auf die gattungsgeschichtliche Phase des hohen Minnesangs voraus. Doch klingt der frühe Minnesang noch deutlich nach, insbesondere in den Strophen des ersten Tons, die, ganz im Sinne des Kürenbergers und Regensburgers, den Trotz der liebenden Frau (MF 18,1) und des liebenden Mannes (MF 18,9) gegen die Neider beschwören.

***Sît si wil versuochen mich* (MF 19,17)**
Besondere Aufmerksamkeit verdient die Strophe des fünften Tons, da sie im Bild des geläuterten Goldes den für den hohen Minnesang typischen Gedanken einführt, dass der Minnedienst den Minnesänger veredle, vorausgesetzt, dass dieser den Dienst auch dann beständig leistet, wenn die umworbene Dame ihre Gunst verweigert. Die Gegenseitigkeit der Liebe des frühen Minnesangs weicht der Einseitigkeit der Liebe des hohen Minnesangs romanischen Gepräges. Das Motiv des Goldes als Metapher der Liebe ist bereits beim Kürenberger vorgeprägt, wird hier aber neu gedeutet:

Sît si wil versuochen mich,   19, 17 – 5 B, 6 C
daz nim ich vür allez guot.
sô wirde ich golde gelîch,
daz man dâ brüevet in der gluot
5   Und versuochet ez baz.
bezzer wirt ez umbe daz,
lûter, schoener unde klâr.
swaz ich singe, daz ist wâr:
gluotes ez iemer mê,
10   ez wurde bezzer vil dan ê.

Dass sie mich auf die Probe stellen will, das schätze ich höher als jedes Gut. So werde ich dem Gold gleich, das man in der Glut prüft und umso mehr auf die Probe stellt. Dadurch wird es besser, reiner, schöner und klar. Was ich singe, das ist wahr: Glühte es immer mehr, so würde es besser als zuvor.

Was hier in der Tradition des frühen Minnesangs als metaphorische Rätselrede umschrieben wird, wird später ein Dialoglied des späteren Minnesängers Albrecht von Johansdorf im Klartext formulieren (MF 94,14: *daz ir dest werder sint unde dâ bî hôchgemuot*).

Sehr schön lässt sich an diesem Lied nachvollziehen, dass der komplexe Bau der Kanzonenstrophe (4a 4b / 4a 4b // 4c 4c 4d 4d 4e 4e) die Gliederung eines komplexen Gedankengangs ermöglicht. Der Aufgesang etabliert das Bild des geläuterten Goldes in zwei Schritten. Zunächst wird der Gedanke auf der Sachebene formuliert (erster Stollen), dann in die Bildebene überführt (zweiter Stollen). Der Abgesang zieht dann im Modus des Komparativs (der Steigerung) die Schlussfolgerung: Je mehr das Gold – also der Minnesänger – geprüft wird, desto besser wird es. Dies ist ein dialektischer Gedanke, denn der Sänger verwandelt den Nachteil, dass die Dame ihn nicht erhört, in den Vorteil, dass er im gewählten Bild eine Wahrheit verkünden kann, nämlich die Veredelung seiner selbst. Der Nachteil ist auf der Ebene der Liebe angesiedelt, der Vorteil auf der Ebene des Sängers (*swaz ich singe*), der aus seiner Prüfung Profit schlägt. Bildrede und Wahrheitsanspruch verweisen zugleich auf die Gattung der Sangspruchdichtung, deren Autorität sich der Minnesänger hier auszuleihen scheint.

5.1.5 Dietmar von Aist

Gesamtausgaben
MF I, S. 56–69 (Text); MF II, S. 71–73 (Kommentar); MF III/1, S. 75–104 (Kommentar); MF III/2, S. 365–379 (Kommentar); Schweikle (Hg.), Minnelyrik I, S. 136–159 (Text und Übersetzung), 388–408 (Kommentar); LDM (www.ldm-digital.de).

Teilausgaben
Brackert (Hg.), Minnesang, S. 24–31 (Text und Übersetzung), 285–286 (Kommentar); Räkel, Der deutsche Minnesang, S. 32–35 (Text und Übersetzung); Kasten (Hg.), Deutsche Lyrik, S. 68–83 (Text und Übersetzung), 603–613 (Kommentar); Brunner (Hg.), Früheste deutsche

5.1 Donauländischer Minnesang

Lieddichtung, S. 76–107 (Text), 210–219 (Kommentar); Klein (Hg.), Minnesang, S. 14, 58, 103–105 (Text und Übersetzung), 326–327, 352–354, 390–391 (Kommentar); Kasten (Hg.), Frauenlieder, S. 44–51 (Text und Übersetzung), 220–225 (Kommentar); Backes (Hg.), Tagelieder, S. 84–85 (Text und Übersetzung), 239 (Kommentar).

Dietmar von Aist weist unter den Liederdichtern des frühen Minnesangs das größte Spektrum an Formen, Gattungen und Themen auf. Das unter seinem Namen überlieferte Liederkorpus umfasst einundvierzig Strophen in sechzehn Tönen. Die Vielzahl der Töne hat mit der deutlich erkennbaren Tendenz zur Ausbildung mehrstrophiger Lieder zu tun, die jeweils über eine eigene Melodie verfügen. In formaler Hinsicht reichen die Lieder von einfachen Langzeilenstrophen bis hin zu komplexen Kanzonenstrophen, die sich aber stets auf das Prinzip der Langzeile zurückführen lassen.

An diesem Beispiel wird besonders deutlich, wie problematisch die Kategorie des Autors im hochmittelalterlichen Minnesang ist. Die Lieder sind vollständig in der Großen Heidelberger Liederhandschrift überliefert, außerdem teilweise in der Weingartner und Kleinen Heidelberger Liederhandschrift, dort aber zuweilen unter anderen Namen, nämlich Heinrichs von Veldeke (A), Leutholds von Seven (A) und Reinmars des Alten (B). Auch der Reichtum an Formen und Themen hat die Forschung zu der Annahme bewogen, dass ein Teil der Dietmar zugeschriebenen Lieder ‚unecht' sei. In *Minnesangs Frühling* werden nur die ersten drei Töne als unbestritten eingeordnet, die übrigen gelten als „Dietmar zugeschriebene Lieder", weil sie in „mindestens einer [Handschrift], durchweg in C, unter Dietmars Namen überliefert" sind (S. 59). Unter den „zugeschriebenen" Liedern finden sich ganz hervorragende Stücke, die vielfach als echt angesehen werden. Hier stellt sich die grundsätzliche Frage, welche Relevanz die Unterscheidung zwischen ‚echt' und ‚unecht' hat, wenn man über die Autoren ohnehin kaum Aussagen machen kann. Das Tagelied *Slâfest du, vriedel ziere*, das älteste des deutschen Minnesangs, ist eines der schönsten und originellsten Lieder, die überliefert sind. Es findet sich im Unterschied zu den ‚echten' Liedern nur in der Großen Heidelberger Liederhandschrift, die Autorzuschreibung wird also nicht durch eine zweite Handschrift gestützt.

Ergiebiger als die Frage nach der Echtheit ist eine formgeschichtliche Reihung der Lieder in der Annahme, dass zunehmende formale mit zunehmender inhaltlicher Komplexität einhergeht und sich so der Weg vom frühen zum hohen Minnesang nachzeichnen lässt.

Zu den typischen Merkmalen des frühen Minnesangs, die auch im Dietmar-Korpus anzutreffen sind, zählen das Prinzip der Langzeile, die vielfache Einstrophigkeit der Lieder, der hohe Anteil an Frauenstrophen (15 von 41), das in vielen Strophen anzutreffende Prinzip der Wechselseitigkeit der Liebe. Gattungen, die wieder aufgegriffen werden, sind in diskursiver Hinsicht Wechsel (MF 34,3; 36,5; 40,19) und Dialoglied (MF 32,1) und in thematischer Hinsicht Botenliedwechsel (MF 32,13) und Falkenlied (MF 37,4). Neu hinzu kommen die thematischen Gattungen des (dialogischen) Tagelieds (MF 39,18) und der Minneklage mit (MF 38,23) und ohne Refrain (MF 34,19; XVI). Das Nebeneinander des

Tagelieds, das gegenseitige Liebeserfüllung voraussetzt, und der Minneklage, die die unerwiderte Liebe des Ritters thematisiert, zeigt die Spannweite der zwischen frühem und hohem Minnesang schillernden Liebeskonzepte.

Charakteristisch für Dietmars Lieder sind auch die Schilderung von Naturorten (33,15; 34,3; 34,11; 35,16; 37,30; 39,18; 39,30; 40,3) und das Motiv des Vogelgesangs (MF 33,15; 34,3; 37,18; 37,30; 39,18).

Ûf der linde obene (MF 34,3)

Das Lied ist in A, B und C überliefert. A schreibt es nicht Dietmar, sondern Heinrich von Veldeke zu, vielleicht aufgrund des elaborierten Natureingangs. Es ist als Wechsel gestaltet und beginnt mit dem Szenario eines idyllischen Liebesorts (*locus amoenus*). Formal entspricht es der Grundform der Langzeilenstrophe, wie sie beim Kürenberger (Ton II) und Regensburger anzutreffen ist:

> 1 Ûf der linden obene   dâ sanc ein kleinez vogellîn.   34, 3 – *10 CB*, Veltkilchen 10 A
>   vor dem walde wart ez lût.   dô huop sich aber daz herze mîn
>   an eine stat, dâ ez ê dâ was.   ich sach dâ rôsebluomen stân,
>   die manent mich der gedanke vil,   die ich hin zeiner vrouwen hân.
>
> 2 ,Ez dunket mich wol tûsent jâr,   daz ich an liebes arme lac.   34, 11 – *Veltkilchen 9 A*, 11 BC
>   sunder âne mîne schulde   vremedet er mich menegen tac.
>   sît ich bluomen niht ensach   noch enhôrte der vogel sanc,
>   sît was mir mîn vröide kurz   und ouch der jâmer alzelanc.'
>
> 1 Oben auf der Linde sang ein kleines Vögelchen. Vor dem Wald wurde es laut. Da erhob sich mein Herz wieder an einen Ort, an dem es früher gewesen war. Ich sah dort Rosen stehen, die erinnern mich an viele Gedanken, die ich zu einer Dame habe.
>
> 2 ,Es kommt mir wie tausend Jahre vor, dass ich im Arm des Geliebten lag. Ich kann nichts dafür, dass er seit langem nicht bei mir ist. Seitdem ich weder die Blumen sah, noch den Gesang der Vögel hörte, seitdem ist meine Freude kurz und mein Kummer allzu lang gewesen.'

Die erste Strophe beginnt mit einer Erzählung des Ritters. In der Vergangenheit hörte er, wie ein Vogel im Wipfel einer Linde am Waldrand sang, und sah, wie dort Rosen blühten. Dieser doppelte, zugleich akustische und visuelle Sinnesreiz erinnerte ihn an ein Erlebnis in der Vorvergangenheit, als er sich an einem ähnlichen Ort befand. Der Akt des Erinnerns wird als Erhebung des Herzens verbildlicht. Gegenstand der Erinnerung ist nicht die Dame selbst, sondern der Gedanke an sie. So erfahrungsbezogen die Strophe in der Gegenständlichkeit der Naturbeschreibung auch wirken mag, ist sie doch von großer zeitlicher, räumlicher und mentaler Distanz geprägt. Der Ritter erzählt in der Gegenwart, wie er sich in der Vergangenheit an Gedanken der Vorvergangenheit erinnerte, die eine Dame betrafen. Im Unterschied zur Natur wird die Dame nicht beschrieben, auch nicht das Verhältnis zu ihr. Doch ist die Naturbeschreibung als erotische Allegorie zu verstehen: Die Rosen verweisen auf die Liebe, der Vogel auf das Liebeslied. Bemerkenswert ist auch die zeitliche Reihung der Sinneseindrücke. Der Vogelsang erinnert den Ritter an jenen Liebesort, an dem er Rosen sah. Sieht er die Rosen in der erzählten Vergangenheit oder in der erinnerten Vorvergangenheit? Die Verwischung der zeitlichen Grenze trägt zur Distanz und Diffusion der Liebeserfahrung mit einer Dame bei.

Ganz anders die Frauenstrophe, die mit einer Hyperbel (Übertreibung) beginnt. Während sich der Mann leise an eine unbestimmte Vergangenheit erinnert, beklagt die Dame, dass ihr die vergangene Zeit wie tausend Jahre vorkommt. Und während der Ritter sich in verblümter Symbolik an Gedanken erinnert, die er auf eine Dame richtet, erinnert sie sich sehr konkret daran, wie sie damals „in den Armen des Geliebten lag". Im zweiten Vers macht sie den Ritter für seine Abwesenheit verantwortlich: Während er sentimental seinen Gedanken nachhängt, stellt sie klar, dass es nicht ihre, sondern – so kann man schließen – seine Schuld sei, dass sie getrennt sind. Er bleibt ihr fern, nicht sie ihm. Im dritten Vers greift sie die Sinnes- und Naturmotive auf: Seit sie die Blumen nicht mehr sieht und die Vögel nicht mehr hört – also vom geliebten Ritter getrennt ist –, ist ihre Freude klein und ihr Leid groß. Die Antithese von Freude und Leid korrespondiert mit dem Parallelismus der Blumen und Vögel. Die Dame gibt sich im Unterschied zum Ritter nicht der Melancholie hin, die ja ein gewisses Einverständnis mit der Trennung impliziert, einen Genuss der empfundenen Trauer, in der die verlorene Liebesfreude nachschwingt. Sie stellt eine Forderung: Der Ritter soll sie nicht länger meiden, sondern zurückkehren, sie wieder in ihre Arme nehmen und so Leid in Freude verwandeln.

Die Gattung des Wechsels erlaubt es, die Unterschiedlichkeit der Liebeserfahrungen zu akzentuieren, indem die Liebenden nicht miteinander, sondern übereinander sprechen. Beide bedienen sich derselben Natursymbolik und beziehen sich auf dieselbe Situation, gehen aber in sehr unterschiedlicher Weise damit um. Die Dame verharrt, so könnte man mit Brinkmann sagen, in der Erfahrungswelt, während der Mann sich bereits der Gedankenwelt hingibt.

Ez stuont ein vrouwe alleine (MF 37,4)
Bemerkenswert ist auch Dietmars Falkenlied, das sich auf das entsprechende Lied des Kürenbergers zurückbezieht, aber auch bei Meinloh von Sevelingen eine Anleihe nimmt. Es ist nur in der Großen Heidelberger Liederhandschrift überliefert und zählt in *Minnesangs Frühling* zu den Dietmar zugeschriebenen Liedern. Es handelt sich um eine Reihe von paargereimten Kurzversen, die sich auch als binnengereimte Langzeilen auffassen lassen:

          Ez stuont ein vrouwe alleine   37,4 – *12 C*
          und warte über heide
          unde warte ir liebes,
          sô gesach si valken vliegen.
     5   ,sô wol dir, valke, daz du bist!
          du vliugest, swar dir liep ist,
          du erkiusest dir in dem walde
          einen boum, der dir gevalle.
          alsô hân ouch ich getân:
     10   ich erkôs mir selbe einen man,
          den erwelten mîniu ougen.
          daz nîdent schoene vrouwen.
          owê, wan lânt si mir mîn liep?
          joch engerte ich ir dekeines trûtes niet!'

Eine Dame stand allein und hielt Ausschau über die Heide und hielt Ausschau nach ihrem Geliebten. Da sah sie einen Falken fliegen: ‚Wohl dir, dass du ein Falke bist! Du fliegst, wohin es dir beliebt; du suchst dir im Wald einen Baum aus, der dir gefällt. So habe auch ich gehandelt: Ich suchte mir einen Mann aus, den erwählten meine Augen. Das neiden mir schöne Damen. Ach, warum lassen sie mir nicht meinen Liebsten? Ich habe ja auch keinen ihrer Lieblinge begehrt!'

Das Lied lässt sich in vier Abschnitte aufteilen; die ersten drei umfassen je vier, der letzte nur zwei Kurzverse. Der erste Abschnitt liefert eine szenische Exposition, es spricht ein Erzähler. Die Dame steht am Waldrand, hält Ausschau nach ihrem Geliebten und erblickt einen Falken, der seine Kreise zieht. Das Motiv der allein dastehenden Dame ist eine offenkundige Bezugnahme auf den Kürenberger, der dieses Motiv ebenfalls mehrfach verwendet. Die Konkretisierung des Standorts der Dame – sie befindet sich auf der Wiese vor einem Wald – erinnert an die Geste des Natureingangs, ruft aber auch die Vorstellung des *locus amoenus* auf, wie Dietmar ihn auch im zuerst besprochenen Lied verwendet. Auf diese Exposition folgt die Rede der Dame. Deren erster Abschnitt (der zweite des Lieds) bietet einen Kommentar. Die Dame preist den Falken für seine Freiheit, dorthin zu fliegen, wohin er will, und sich auf einem Baum niederzulassen, der ihm gefällt. Der zweite Abschnitt der Frauenrede (der dritte des Liedes) wendet den Kommentar in eine Allegorie. Die Dame identifiziert sich mit dem Falken, denn wie der Falke den Baum, so hat auch sie sich nach eigenem Belieben einen Mann ausgesucht. Die Verse spielen unverkennbar auf Meinloh von Sevelingen an, für den das Motiv der Augen, die eine Liebeswahl treffen, charakteristisch ist (vgl. MF 13,27: *Mir erwelten mîniu ougen einen kindeschen man*). Auch das folgende Motiv, dass neidische Damen die Liebe behindern, zitiert Meinloh von Sevelingen, bei dem es in derselben Strophe heißt: *daz nîdent ander vrowen* (MF 13,27). Die letzten beiden Verse wechseln noch einmal den Sprechakt; nun äußert die Dame eine Klage, die an die Schlussbitte in Kürenbergers Falkenlied erinnert. Sie wünscht sich, dass die Rivalinnen ihr den Geliebten lassen, wie sie ihrerseits deren Geliebte niemals begehrt habe.

Am Ende ist nicht klar, ob es den Damen gelingt, ihren Mann abzuwerben, oder ob er zu ihr zurückkommen wird. Er kann ja ebenso wählen, wie die Dame ihn gewählt hat. Das Liebeskonzept, das in diesem Falkenlied entworfen wird, beruht auf dem freien Willen der Beteiligten, beide haben das Recht, ihre Liebeswahl zu treffen und somit auch zu widerrufen.

5.1 Donauländischer Minnesang

Slâfest du, vriedel ziere? **(MF 39,18)**
Das dritte Lied, das näher vorgestellt werden soll, ist das erste Tagelied des deutschen Minnesangs; es präsentiert sich in der Form eines dreistrophigen Dialoglieds. Es ist wiederum nur in der Großen Heidelberger Liederhandschrift überliefert. Jede Strophe umfasst paargereimte Kurzverse. Die Frau hat das erste und letzte Wort:

1	‚Slâfest du, vriedel ziere?	39, 18 – *32 C*
	wan wecket uns leider schiere;	
	ein vogellîn sô wol getân	
	daz ist der linden an daz zwî gegân.‘	
2	„Ich was vil sanfte entslâfen,	39, 22 – *33 C*
	nu rüefestû, kint, wâfen.	
	liep âne leit mac niht sîn.	
	swaz dû gebiutest, daz leiste ich, vriundîn mîn."	
3	Diu vrouwe begunde weinen:	39, 26 – *34 C*
	‚du rîtest hinnen und lâst mich eine.	
	wenne wilt du wider her zuo mir?	
	owê, du vüerest mîne vröide sant dir!‘	

1 ‚Schläfst du, schöner Geliebter? Man weckt uns leider bald. Ein hübsches Vögelchen ist auf den Lindenzweig geflogen.'
2 „Ich war sehr sanft eingeschlafen, nun rufst du, Kind, Alarm. Freude ohne Leid kann es nicht geben. Was immer du befiehlst, das werde ich erfüllen, meine Freundin."
3 Die Dame begann zu weinen: ‚Du reitest von hier fort und lässt mich allein zurück. Wann wirst du wieder zu mir kommen? Ach, du nimmst meine Freude mit dir fort!‘

Die Dame bezeichnet den Ritter als Geliebten, der Ritter die Dame seinerseits als Geliebte. Sie verwendet unterschiedliche Begriffe, die auf denselben Wortstamm zurückgehen: *vriedel* und *vriundîn*. Die Alliteration unterstreicht den Bund zwischen Ritter und Dame. Dass es sich um eine höfische Dame handelt, geht aus der Bezeichnung *vrouwe* hervor, die der Erzähler für sie wählt; dass es sich um einen höfischen Ritter handelt, lässt sich aus den Worten der Dame ableiten, dass er nun „fortreiten" (*du rîtest hinnen*) werde. Wie es für die Gattung des Tagelieds typisch ist, müssen sich die Geliebten nach gemeinsam verbrachter Liebesnacht bei Tagesanbruch voneinander trennen. Als Bote des kommenden Tages tritt ein Vogel auf, ein Requisit des *locus amoenus*, an dem das Treffen stattgefunden hat (vgl. MF 34,3). Der Gesang des Vogels löst den Warnruf der Dame aus, die den Ritter aufweckt (Str. 1). Dieser hat den Vogel nicht gehört, erst der Weckruf der Dame (*nu rüefestû … wâfen*) reißt ihn aus dem Schlummer.

Die Reaktionen der beiden auf die Notwendigkeit des Abschieds ist sehr unterschiedlich. Während der Ritter sich mit dem Sprichwort begnügt, dass es Freude ohne Leid nicht geben könne, bricht die Dame, wie der Erzähler mitteilt, in Tränen aus und beklagt die nun zu erwartende Einsamkeit und Freudlosigkeit. Sie fordert die Rückkehr des Ritters, während dieser sich in sein Schicksal ergibt. Es scheint fast, dass er die Dame für die Trennung verantwortlich macht; ein milder Vorwurf klingt in seinen Worten an. Unverkennbar ist es die Dame, die am Abschied mehr leidet; sie flüchtet sich nicht in eine Binsenweisheit, sondern weiß um die Trauer, die sie während der Trennung erfüllen wird, und will wissen, wann der Geliebte zu ihr zurückkehrt. In ihrem Liebeswunsch ist die Dame konkreter und untröstlicher als der Ritter. Eine Ironie besteht darin, dass der Ritter – im Sinne des hohen Minnesangs – die Dame zu seiner Gebieterin erklärt; er werde erfüllen, was sie befiehlt. Doch ist der Abschied ja durchaus nicht ihr Wunsch, sondern nur eine Notwendigkeit, weil der anbrechende Tag die heimliche Liebe ans Licht zu bringen droht. Auf ihre Frage, wann er wiederkommen werde, erhält sie keine Antwort mehr. Die drei Strophen sind durch eine fortgesetzte Alliteration miteinander verbunden, die zentrale Wörter des Lieds betrifft: *vriedel* (1,1), *vogellîn* (1,3) *vriundin* (2,4), *vrouwe* (3,1), *vüerest ... vröide* (3,4).

5.2 Rheinischer Minnesang

Zum inneren Kreis des rheinischen Minnesangs zählen Friedrich von Hausen, Kaiser Heinrich, Ulrich von Gutenburg, Bernger von Horheim, Bligger von Steinach und Otto von Botenlauben, zum äußeren Kreis Heinrich von Veldeke, Heinrich von Rugge, Heinrich von Raute, Engelhart von Adelnburg, Albrecht von Johansdorf und Rudolf von Fenis (vgl. Abschn. 2.1.2).

5.2.1 Friedrich von Hausen

Gesamtausgaben
MF I, S. 73–96 (Text); MF II, S. 74–79 (Kommentar); MF III/1, S. 115–160 (Kommentar); MF III/2, S. 386–397 (Kommentar); Schweikle (Hg.), Minnelyrik I, S. 222–259 (Text und Übersetzung), 468–505 (Kommentar); LDM (www.ldm-digital.de).

Teilausgaben
Brackert (Hg.), Minnesang, S. 36–45 (Text und Übersetzung), 288–290 (Kommentar); Räkel, Der deutsche Minnesang, S. 42–57 (Text und Übersetzung); Kasten (Hg.), Deutsche Lyrik, S. 110–135 (Text und Übersetzung), 636–658 (Kommentar); Klein (Hg.), Minnesang, S. 59–64, 106 (Text und Übersetzung), 354–358, 392 (Kommentar); Kasten (Hg.), Frauenlieder, S. 56–57 (Text und Übersetzung), 229–230 (Kommentar); Müller (Hg.), Kreuzzugsdichtung, S. 38–43 (Text), 144–145 (Kommentar).

Von Friedrich von Hausen sind siebzehn Lieder überliefert. Es dominieren mehrstrophige Lieder in Kanzonenform, die als Minneklagen (MF 42,1; 43,28; 45,1; 45,37; 48,3; 48,23; 49,13; 51,13; 51,33; 52,37), Frauenpreis (MF 49,37) oder beides (MF 44,13; 50,19) gestaltet sind. Zwei Lieder bringen die weibliche Perspektive ein: ein Wechsel (MF 48,32) und ein Frauenlied (MF 54,1). Bemerkenswert sind seine Kreuzlieder, die ersten des deutschen Minnesangs (MF 47,9; 53,31).

Ich denke underwîlen (MF 51,33)
Typisch für die Minnelieder Friedrichs von Hausen (und des rheinischen Minnesangs insgesamt) ist das vierstrophige Lied *Ich denke underwîlen*, in dem der Sänger seine widerstreitenden Gedanken und Gefühle beleuchtet, die ihn aufgrund der Trennung von seiner Minnedame erfüllen. Das Lied ist vermutlich eine Kontrafaktur auf romanische Vorbilder, zu denen allerdings keine Melodie über-

5.2 Rheinischer Minnesang

liefert ist (vgl. Brunner 2021, S. 222). Es folgt der Kanzonenform und weist ein doppeltes Reimband auf (3a- 3b- 3c / 3a- 3b- 3c // 3c 3b- 3c 3c). Das Lied ist in den Handschriften B (Str. 45–48) und C (Str. 47–50) überliefert; die Edition in *Minnesangs Frühling* legt B als Leithandschrift zugrunde. Das Lied weist eine zyklische Struktur auf. Die zweite und dritte Strophe umkreisen das Motiv der Nähe zur Dame im Schmerz, die vierte und erste Strophe das Motiv der Nähe zur Dame in Gedanken. Das Lied illustriert sehr schön, was Brinkmann als „Gedankenstil" des hohen Minnesangs bezeichnete. Der Minnesänger kreist in seinen Gedanken um sich selbst:

1 Ich denke underwîlen,   51, 33 – *45 B*, 47 C
    ob ich ir nâher waere,
    waz ich ir wolte sagen,
    daz kürzet mir die mîlen,
5   swenne ich mîne swaere
    sô mit gedanken klage.
    Mich sehent manige tage
    die liute in der gebaerde,
    als ich niht sorgen habe,
    wan ich si alsô vertrage.

2 Hete ich sô hôher minne   52, 7 – *46 B*, 48 C
    mich nie underwunden,
    mîn möhte werden rât.
    ich tet ez âne sinne;
5   des lîde ich ze allen stunden
    nôt, diu mir nâhe gât.
    Mîn staete mir nu hât
    daz herze alsô gebunden,
    daz sî ez nicht scheiden lât
    von ir, als ez nu stât.

3 Ez ist ein grôze wunder: 52, 17 – *47 B*, 49 C
    die ich alre sêrste minne,
    diu was mir ie gevê.
    nu müeze solchen kumber
5   niemer man bevinden,
    der alsô nâhe gê.
    Erkennen wânde ich in ê,
    nu hân ich in baz bevunden:
    mir was dâ heime wê
    und hie wol drîstunt mê.

4 Swie klein ez mich vervâhe,   52, 27 – *48 B*, 50 C
    sô vröwe ich mich doch sêre,
    daz mir nieman kan
    erwern, ich gedenke ir nâhe,
5   swar ich landes kêre.
    den trôst sol sî mir lân.
    wil sîz vür guot enpfân,
    ‹des vröwe ich mich iemer mêre,›
    wan ich vür alle man
    ir ie was undertân.

1 Ich denke unterwegs, wenn ich ihr näher wäre, was ich ihr dann sagen wollte. Das verkürzt mir die Meilen, wenn ich mein Leid so in Gedanken beklage. Mich sehen oftmals die Leute in der Haltung, als wenn ich keine Sorgen hätte, weil ich sie so gut verberge.

2 Hätte ich auf so hohe Liebe mich niemals eingelassen, so könnte mir noch geholfen werden. Ich tat es unbedacht; deswegen leide ich immerfort Not, die mir nahegeht. Meine Beständigkeit hat mir nun das Herz so gebunden, dass sie es nicht fortgehen lässt von ihr; so steht es nun um mich.

3 Es ist ein großes Wunder: Die ich so sehr liebe, die war mir immer feind. Nun möge solche Qual niemand erfahren müssen, die so nahegeht. Ich glaubte sie einst gut zu kennen, nun habe ich sie noch besser erkannt: Ich war schon zuhause traurig und bin es hier wohl dreimal mehr.

4 Wie wenig es mir auch nützen mag, so freue ich mich doch sehr, dass mich niemand daran hindern kann, mich in ihre Nähe zu denken, in welches Land ich auch immer reise. Die Zuversicht muss sie mir lassen. Will sie das freundlich aufnehmen, so freue ich mich immer mehr, weil ich ihr vor allen Männern stets untertan war.

Friedrich von Hausen nutzt die Struktur der Kanzonenstrophe in ihrer Mehrteiligkeit (Aufgesang mit zwei gleichen Stollen, Abgesang), um seine Gedankengänge zu organisieren. Die erste Strophe führt zunächst das Motiv der räumlichen Entfernung des Minnesängers von der Minnedame ein und illustriert so die Unerreichbarkeit der Dame. Die physische Distanz gibt Anlass für eine Nabelschau: Der Sänger erkundet seine Gedanken und vermag die Trennung durch intellektuelle Annäherung an die Dame zu überbrücken. Wenn er schon nicht in ihrer Nähe sein kann, so will er sich doch in ihre Nähe denken. Die Minnedame fungiert als Spiegelbild, als Möglichkeit zur Selbsterkundung, die nicht bestünde, wenn der Ritter tatsächlich bei der Dame wäre und diese ihm ihre Gunst schenkte. Als dritte Partei werden die *liute* hinzugenommen, also die höfische Gesellschaft, vor der der Minnesänger seine Sorgen verbirgt. Paradoxerweise schafft er eine Distanz gegenüber den anwesenden Menschen, sucht aber die Nähe der abwesenden Minnedame. So wird er ganz auf sich selbst zurückgeworfen. Minnesang erscheint hier als selbstbezügliche Angelegenheit. Es geht um die Selbsterkundung des männlichen Individuums, um Subjektivierung, um die Ausprägung einer Ich-Position, die sich aus dem Kollektiv der höfischen Gesellschaft löst. Entsprechend bezieht sich der Sänger häufiger auf sich selbst als auf die Dame: neunmal nennt er Pronomina der ersten Person (*ich, mir, mich, mîne*), nur zweimal der dritten Person (*ir*). Niemals spricht er die Dame in seinen Gedanken in der zweiten Person an.

In der zweiten Strophe schildert der Sänger das Dilemma, in dem er sich befindet. Dass er sich auf *hôhe minne* eingelassen habe, sei ein unbedachter Schritt gewesen, der sich nicht mehr rückgängig machen lasse. Seine Treue (*staete*) habe sein Herz an die Dame gefesselt, sodass er sich nicht mehr von ihr trennen könne und fortan für immer leiden müsse. Wie der Sänger in der ersten Strophe die Gedankennähe zur Dame beschwört, so nun die Schmerznähe: Der Kummer geht ihm nahe, der Affekt der Liebe führt zum Affekt des Schmerzes. Der Handlungsspielraum des Sängers ist eingeschränkt; *minne* und *staete* werden als Akteurinnen vorgestellt, denen er ausgeliefert ist: die Liebe hat ihn unterworfen, die Treue gefesselt.

In der dritten Strophe richtet der Sänger den Fokus auf die Dame, die weiterhin nur als abstrakte Instanz erscheint, auf die er mit einem Pronomen verweist und die er nicht näher beschreibt. Er imaginiert, dass sie ihm feindselig (*gevê*) gesonnen sei. Die Lage ist paradox: Je mehr er sie liebt, desto mehr lehnt sie ihn ab. Noch einmal betont der Sänger den Schmerz über die Entfernung von der

Dame, der aber zugleich eine affektive Nähe schafft (*nâhe gê*). Weiterhin spricht der Sänger mehr von sich selbst als von der Dame.

In der vierten Strophe schildert der Sänger eine weitere Paradoxie. Obwohl seine Liebe bei ihr nicht verfängt und er sich daher in einer schmerzlichen Lage befindet, weiß er dieser doch eine Freude abzugewinnen. Im Sinne des Sprichworts, dass die Gedanken frei seien, erfreut er sich daran, dass ihn niemand davon abhalten könne, an die Dame zu denken und sich ihr auf diese Weise nahe zu fühlen. Noch einen weiteren Vorzug weiß er aus seiner desolaten Lage zu ziehen. Er stellt sich vor, dass sie die Beständigkeit seines hoffnungslosen Werbens als etwas Gutes betrachten könnte, und nimmt dies als einen Gewinn, der seine Freude im Schmerz steigert. Das Lied schließt mit einem Bekenntnis seiner Untertänigkeit, das auf die zweite Strophe rekurriert: Das Wort *undertân* (4,10) nimmt das Wort *underwunden* wieder auf (2,2).

Das Lied illustriert den intellektuellen Stil des hohen Minnesangs. Merkmale sind die Hypotaxe (komplexer Satzbau), die paradoxen Gedankenfiguren, das hypothetische Sprechen, die Bezogenheit des Sängers auf sich selbst.

5.2.2 Kaiser Heinrich

Gesamtausgaben
MF I, S. 70–72 (Text); MF II, S. 73–74 (Kommentar); MF III/1, S. 104–115 (Kommentar); MF III/2, S. 379–386 (Kommentar); Schweikle (Hg.), Minnelyrik I, S. 260–265 (Text und Übersetzung), 506–510 (Kommentar); LDM (www.ldm-digital.de).

Teilausgaben
Brackert (Hg.), Minnesang, S. 32–35 (Text und Übersetzung), 286–288 (Kommentar); Räkel, Der deutsche Minnesang, S. 80–82 (Text und Übersetzung); Kasten (Hg.), Deutsche Lyrik, S. 104–109 (Text und Übersetzung), 631–636 (Kommentar); Brunner (Hg.), Früheste deutsche Lieddichtung, S. 110–115 (Text), 219–221 (Kommentar); Klein (Hg.), Minnesang, S. 199–201 (Text und Übersetzung), 466–468 (Kommentar); Kasten (Hg.), Frauenlieder, S. 54–55 (Text und Übersetzung), 227–228 (Kommentar); Neumeister (Hg.), Die Dichtungen der Staufer, S. 23–33 (Text und Kommentar).

Unter dem Dichternamen ‚Kaiser Heinrich' sind drei Lieder überliefert: zwei zweistrophige Wechsel in Langzeilen (MF 4,17), darunter ein Tageliedwechsel (MF 4,35), und ein vierstrophiges Männerlied in Kanzonenform, das einen elaborierten Frauenpreis umfasst (MF 5,16).

Ich grüeze mit gesange (**MF 5,16**)
Das Lied steht in den illustrierten Liederhandschriften B und C an erster Stelle. Es bringt drei Körperteile des Kaisers zur Sprache, und zwar jeweils im dritten Vers: in der ersten Strophe den Mund, in der dritten das Herz und in der vierten das Haupt. Mund, Herz und Haupt verweisen auf die verschiedenen Rollen: das fühlende Herz auf den liebenden, der grüßende Mund auf den dichtenden und das gekrönte Haupt auf den herrschenden Kaiser. Es handelt sich um eine Kanzonenstrophe mit daktylischer Tendenz, die Kadenzen sind nicht streng geregelt (Str. 1: 4-a 4b / 4-a 4b // 4c 4c 5c):

1	Ich grüeze mit gesange die süezen,	5, 16 – *1 BC*
	die ich vermîden niht wil noch enmac.	
	daz ich sie von munde rehte mohte grüezen,	
	ach leides, des ist manic tac.	
5	Swer nu disiu liet singe vor ir,	
	der ich sô gar unsenfteclîch enbir,	
	ez sî wîp oder man, der habe si gegrüezet von mir.	
2	Mir sint diu rîche und diu lant undertân,	5, 23 – *2 BC*
	swenne ich bî der minneclîchen bin;	
	unde swenne ich gescheide von dan,	
	sô ist mir al mîn gewalt und mîn rîchtuom dâ hin;	
5	Wan senden kumber, den zel ich mir danne ze habe.	
	sus kan ich an vröiden stîgen ûf und ouch abe	
	und bringe den wehsel, als ich waene, durch ir liebe ze grabe.	
3	Sît daz ich si sô gar herzeclîchen minne	5,30 – *3 CB*
	und si âne wenken zallen zîten trage	
	beide in herze und ouch in sinne,	
	underwîlent mit vil maniger klage,	
5	Waz gît mir dar umbe diu liebe ze lône?	
	dâ biutet si mirz sô rehte schône;	
	ê ich mich ir verzige, ich verzige mich ê der krône.	
4	Er sündet, swer des niht geloubet,	5, 37 – *4 CB*
	daz ich möhte geleben manigen lieben tac,	
	ob joch niemer krône kaeme ûf mîn houbet;	
	des ich mich ân si niht vermezzen mac.	
5	Verlur ich si, waz het ich danne?	
	dâ tohte ich ze vreuden weder wîben noch manne,	
	und waer mîn bester trôst beide ze âhte und ze banne.	

1 Ich grüße mit meinem Gesang die Süße, die ich nicht lassen will noch kann. Dass ich sie mit meinem Munde auf rechte Weise grüßen konnte, das ist ach, leider, schon viele Tage her. Wer immer nun diese Strophen vor ihr singt, die ich so sehr schmerzlich entbehre, es sei Mann oder Frau, der grüße sie damit von mir.

2 Mir sind die Reiche und Länder untertan, wenn immer ich bei der Lieblichen bin. Wenn immer ich jedoch von dannen scheide, dann ist meine ganze Macht und Herrschaft dahin. Nur Sehnsucht und Kummer betrachte ich dann noch als mein eigen. So kann ich auf den Stufen des Glücks auf- und niedersteigen, und aus Liebe zu ihr, glaube ich, wird mich das Schwanken bis ins Grab begleiten.

3 Nachdem ich sie so sehr von Herzen liebe und sie ohne Wanken alle Zeit in Herz und Verstand trage, manchmal unter vielen Klagen, was gibt mir die Geliebte dafür zum Lohn? Sie macht mich immer wieder vollkommen glücklich. Ehe ich auf sie verzichte, verzichte ich eher auf die Krone.

4 Der versündigt sich, der das nicht glaubt, dass ich lange Zeit angenehm leben könnte, auch wenn wirklich niemals die Krone auf mein Haupt käme, wozu ich mich ohne sie nicht erkühnen kann. Verlöre ich sie, was bliebe mir dann? Da taugte ich weder Frauen noch Männern zur Freude, und es wäre meine beste Zuversicht in Acht und Bann.

Wenn der Sänger sinngemäß sagt, dass er die Krone auf dem Haupt, die Dame aber im Herzen trage, ordnet er seine Doppelrolle als Macht- und Liebhaber in der Weise, dass er ihnen separate Plätze zuweist. Sein Herz liebt, sein Haupt herrscht. Der im rheinischen Minnesang oft verwendete Kaisertopos gewinnt an Brisanz, wenn er vom (künftigen) Kaiser selbst zitiert wird. In seinem Falle ist die behauptete Bevorzugung des Liebesglücks vor dem Herrscherglück problematisch, weil er in der Tat ein Reich zu verlieren hat. Das Argument wird in Form eines antithetischen Chiasmus vorgetragen (Str. 2, V. 1–4; vgl. Abschn. 3.3.1.1). Es besagt, dass der Kaiser nur dann Herrscher über Reich und Länder sei, wenn er bei der Geliebten weile. Wenn er aber von ihr getrennt sei, so seien auch Macht und Reichtum verloren. Ein Kaiser ohne Liebe ist ein Kaiser ohne Land. Das Motiv des Kaiserreichs steht auf der Schwelle zwischen politischer Realität und erotischer Metapher. Ist zunächst das reale Reich gemeint, dem der Kaiser als Herrscher voransteht, so gewinnt es durch die Einbeziehung der Minnethematik eine bildliche Bedeutung hinzu als Kaiserreich der Liebe, dessen Herrscherin die Dame ist. Beide Gewalten sind so aufeinander bezogen, dass die Abwesenheit der Geliebten eine Stimmung von Schmerz und Kummer erzeugt, die den Herrscher von seiner Herrschaft entfremdet: *Wan senden kumber, den zel ich mir danne ze habe* (Str. 2, V. 5).

Im nächsten Schritt illustriert der Kaiser den Wechsel von An- und Abwesenheit der Geliebten und den daraus erwachsenden Wechsel von Freude und Kummer, Glück und Unglück, Macht und Ohnmacht mit dem Bild des Glücksrades (Str. 2, V. 6–7). Das Motiv der *rota fortunae* wird im Mittelalter oft auf den König bezogen. Das Kreisen des Rades verbildlicht das auf- und absteigende Glück des Herrschers: „Ich werde herrschen, herrsche, habe geherrscht, bin ohne Herrschaft", lauten die vier Stationen (*regnabo – regno – regnavi – sum sine regno*). Das Bild des Glücksrades wird im vorliegenden Minnelied auf den beständigen Wechsel von Liebesfreude und Liebesleid gemünzt, es demonstriert das Auf und Ab, das die Existenz des liebenden Kaisers bis zum Tod beherrscht.

In der vierten Strophe wird der Kaisertopos, der bereits eine Verdoppelung der Königreiche und der Glücksräder provoziert hat, noch einmal verschärft. Im letzten Vers der dritten Strophe fasst der Kaiser sein Argument pointiert zusammen, wenn er der Liebe nicht nur einen privilegierten, sondern den absoluten Rang vor der Herrschaft einräumt: *ê ich mich ir verzige, ich verzige mich ê der krône* (Str. 3, V. 7: „Bevor ich auf die Geliebte verzichte, verzichte ich lieber auf die Krone"). Wenn der Kaiser das zentrale Herrschaftszeichen um der geliebten Dame willen zur Disposition stellt, spitzt er den Kaisertopos in einer Weise zu, die Widerspruch provozieren muss. Kann es wahr sein, dass der Kaiser seiner Geliebten den Vorzug vor der Krone gibt? Im Aufgesang der vierten Strophe wird dieser Einwand vorweggenommen und zurückgewiesen (Str. 4, V. 1–3). Der Sprechakt ist insofern paradox, als der Kaiser seine Bereitschaft, um der Liebe willen auf die Herrschaft zu verzichten, aus der Position dessen verkündet, der die Herrschaft bereits innehat. Er stellt die in Frage gestellte Macht eben dadurch unter Beweis, dass er die kokettierende Beteuerung seiner Ohnmacht mit einem kaiserlichen Machtwort bekräftigt. Wenn er von der Sünde des Zweiflers spricht, zitiert er Christus selbst, der im Johannesevangelium sagt: „Wer nicht glaubt, ist schon gerichtet. [...] Wer an den Sohn nicht glaubt, wird das Leben nicht erlangen, sondern der Zorn Gottes bleibt über ihm" (Joh 3,18.36). Die Pointe dieses biblischen Autoritätsbeweises besteht darin, dass es um eine Versündigung nicht gegen den Glauben, sondern die Liebe, nicht gegen Gott, sondern die Dame geht. Der Kaiser beruft sich nicht auf das Gottesgnadentum, nicht auf die geistliche Weihe, die er in der Krönung empfangen hat, sondern auf die weltliche Weihe der höfischen Liebe, die er der Dame darbringt und die ihn selbst heiligt.

Wenn der Kaiser von der Liebe ergriffen wird, verdoppelt sich seine Person, denn zu jedem Phänomen, das seine Rolle als Herrschender betrifft, tritt ein paralleles Phänomen hinzu, das seine Rolle als Liebender betrifft. So ist die Rede von zwei Königreichen, zwei Glücksrädern und zwei Kaiserweihen. Doch ist diese Entzweiung nur eine Pose, die Herrschaft wird nie ernsthaft in Frage gestellt. Das Lied weist verschiedene Strategien auf, um die Spannung von Liebe und Herrschaft auszugleichen. Die erste besteht in der Hierarchisierung der Instanzen, wenn der Kaiser sagt: Ich bin Herrscher über das Reich, aber die Dame ist Herrscherin über mich. Die Körpersymbolik unterstreicht diesen Aspekt, indem das Herz zwar über das Haupt gestellt wird, aber beide doch Teile eines Ganzen, Organe *eines* Körpers sind. Entscheidend ist, dass der Kaiser das Dilemma von Liebe und Herrschaft als Minnesänger zum Vortrag bringt und sich somit in die Tradition des *rex et poeta* stellt (darauf verweist der Mund). Nach dem Vorbild des biblischen Königs David betätigt sich der Kaiser als profaner Psalmist, der seine Macht durch Kunst affirmiert.

Das Minnelied blendet das Dichteramt des Kaisers auf die Symbolik des politischen Körpers zurück. Im Abgesang der ersten Strophe bittet der Kaiser Männer und Frauen (*ez sî wîp oder man*) darum, die geliebte Dame in seinem Namen und mit seinen Liedern zu grüßen, wenn er aufgrund einer Trennungssituation selbst dazu nicht in der Lage sei. Die Verse enthalten zwei Aspekte. Der erste zielt auf eine Substitution: Die Sänger sind der Mund des Kaisers. Der zweite Aspekt zielt auf eine Totalität: Sie sind es in ihrer Gesamtheit als Männer und Frauen. Im Abgesang der letzten Strophe wird die Totalitätsformel wiederholt, wenn der Kaiser sagt, dass er zur Freude aller Menschen, der Männer und Frauen, nur dann tauge, wenn die Geliebte bei ihm sei. Fehle sie ihm, so sei er beeinträchtigt; dann sei die Zuversicht dessen, der kraft seines Amtes alleinige Verfügungsgewalt über Acht und Bann besitzt, selbst wie geächtet und verbannt.

Die Ausgestaltung des Kaisertopos erinnert an die politische Zweikörperlehre des Mittelalters. Wie Ernst H. Kantorowicz in seinem Buch *Die zwei Körper des Königs* zeigte, wurde der Person des Königs ein doppelter Leib zugesprochen: ein natürlicher (*body natural*), der ihm angeboren ist, und ein transpersonal-symbolischer (*body politic*), der ihm durch die Königsweihe zukommt. Das Lied Kaiser Heinrichs behauptet, dass die Liebe, die den natürlichen Körper des Herrschers ergreift, sich zugleich in den politischen Körper einschreibt, und zwar so, dass der Herrscher als *rex et poeta* sein Amt mit der Weihe der höfischen Liebe bestätigt, den politischen Körper also als erotischen und poetischen Körper in Szene setzt.

5.2.3 Ulrich von Gutenburg

Ausgaben
MF I, S. 150–165 (Text); MF II, S. 83–85 (Kommentar); MF III/1, S. 193–203 (Kommentar); MF III/2, S. 413–418 (Kommentar); Schweikle (Hg.), Minnelyrik I, S. 284–315 (Text und Übersetzung), 524–537 (Kommentar); LDM (www.ldm-digital.de).

Teilausgaben
Kasten (Hg.), Deutsche Lyrik, S. 136–139 (Text und Übersetzung), 658–661 (Kommentar); Klein (Hg.), Minnesang, S. 149–152 (Text und Übersetzung), 423–427 (Kommentar).

Von Ulrich von Gutenburg ist nur ein Minnelied (MF 77,36) überliefert, doch handelt auch sein Leich von der Liebe (vgl. Abschn. 7.2).

Ich hôrte ein merlikîn wol singen (**MF 77,36**)
Das sechsstrophige Lied bezieht sich auf ein Lied des nordfranzösischen Sängers Blondel de Nesle (*Bien doit chanter qui fine amors adrece*), von dem Ulrich nicht nur Form und Melodie, sondern auch zentrale Motive übernimmt (Str. 2: Verwundung durch den Blick der Dame, die allein ihn wieder gesund machen kann; Wiedererweckung der entschlafenen Gnade der Dame; Str. 3: Blick der Dame als Rute, die den Liebenden schlägt; Str. 4: Appell an den Gerechtigkeitssinn der Dame). Außerdem schließt es sich an die Lieder Friedrichs von Hausen an, insbesondere an das oben besprochenen Lied *Ich denke underwîlen* (MF 51,33; s. Abschn. 5.2.1). Er übernimmt sprachliche Wendungen (Str. 1,6 zu 4,10; 5,3–4 zu 2,5–6; 6,2 zu 3,1; 6,3 zu 4,1; 6,8–9 zu 2–10) und Reimwörter (z. B. *undertân/ man, gât/stât/rât/hât/lât*). Die Strophenform (4-a 5b / 4-a 5b // 5b 5b 5b 4-a 5b) beschränkt sich auf zwei Reimklänge, weist also ein doppeltes Reimband auf. Zwei Reimklänge, die auch Friedrich von Hausen oft verwendet, wiederholen sich strophenübergreifend (-*ân* in Str. 1, 2 und 4; -*ât* in Str. 5 und 6). In der letzten Strophe weicht das Reimschema ab; dies ist wohl als Überlieferungsstörung zu werten, denn die Verse lassen sich leicht so umordnen, dass das Reimschema wieder stimmt. Die Herausgeber von *Minnesangs Frühling* bezweifeln die Zugehörigkeit der Strophe zum Lied und markieren sie daher mit einem Sternchen:

1	Ich hôrte ein merlikîn wol singen	77, 36 – 1 *BC*
	daz mich dûhte der sumer wolt entstân.	
	ich waene, ez al der welte vröide sol bringen,	
	wan mir einen, mich entriege mîn wân.	
5	Swie mîn vrowe wil, sô sol ez mir ergân,	
	der ich bin ze allen zîten undertân.	
	ich wânde, iemen sô hete missetân,	
	suochte genâde, er solte si vinden.	
	daz muoz leider an mir einen zergân.	
2	Wie sol ich mînen dienest so lâzen,	78, 6 – 2 *BC*
	den ich lange mit triuwen hân getân?	
	ich bin leider sêre wunt ane wâfen,	
	daz habent mir ir schoeniu ougen getân.	
5	Daz ich niemer mê geheilen kan,	
	ez enwelle der ich bin undertân.	
	wê, ⟨waz⟩ sol ein sô verdorben man?	
	ich waene, an ir ist gnâde entslâfen,	
	daz ich ir leider niht erwecken kan.	
3	Ich wil iemer mê wesen holt mînem muote,	78, 15 – 3 *BC*
	daz er ie sô nâch ir minne geranc.	
	het ich vunden deheine sô guote,	
	dâ nâch kêrte ich gerne mînen gedanc.	
5	Si schuof, daz ich mich vröiden underwant,	
	die ich mir hân ze einer vrowen erkant.	
	ich was wilde, swie vil ich doch gesanc;	
	ir schoeniu ougen daz wâren die ruote,	
	dâ mite si mich von êrste betwanc.	
4	Ich wil iemêr mit genâden belîben.	78, 24 – 4 *BC*
	si muoz sünde âne schult an mir begân,	
	si kan mich niemêr anders von ir vertrîben,	
	ich welle haben gedingen und wân,	
5	Daz diu triuwe hôher solte gân	
	dan unstaete, der ich guotes verban.	
	swâ man wiste einen valschaften man,	
	den solten gerne alliu wîp vermîden;	
	sô möhte man in an ir prîse gestân.	
5	Ich wil niemer durch mînen kumber vermîden,	78, 33 – 5 *BC*
	ich ensinge des alleine, swie ez mir ergât,	
	und wil gerne sölhe nôt iemer lîden,	
	diu von minnen mir alse nâhe gât,	
5	Sît mîn lîp an dem zwîvel stât,	
	daz mîn leider niemer kan werden rât,	
	âne diu mich sô betwungen hât.	
	sol nu mîn vröide von ir schult belîben,	
	daz ist ir sünde und grôziu missetât.	
***6**	Von dem herzen daz wazzer mir gât	79, 6 – 6 *BC*
	ûz zuo den ougen, daz ist ein wunder,	
	als ich gedenke, daz mich niht vervât	
	al mîn dienest, sô lîde ich den kumber,	
5	Den ie dehein man gewan oder hât.	
	des muoz ich sîn von der welte besundert,	
	sît mich ir güete alsô sêre hât	
	betwungen, daz sî mîne sêle niht lât	
	von ir scheiden, als ez nu stât.	

5.2 Rheinischer Minnesang

1 Ich hörte eine Amsel schön singen, sodass mir schien, der Sommer wolle beginnen. Ich glaube, sie wird der ganzen Welt Freude schenken, außer mir allein, wenn mich die Ahnung nicht trügt. Wie meine Herrin es will, so soll es mir ergehen, der ich stets untertan bin. Ich glaubte, niemand könnte so falsch handeln, dass er nicht Gnade fände, wenn er sie suchte.

2 Wie soll ich von meinem Dienst ablassen, den ich so lange in Treue geleistet habe? Ich bin leider ohne Waffen schwer verwundet; das haben mir ihre schönen Augen angetan, dass ich niemals mehr gesunden kann, außer sie will es, der ich untertan bin. Ach, was soll ein so zugrunde gerichteter Mann? Ich glaube, ihre Gnade ist so fest eingeschlafen, dass ich sie leider nicht mehr aufwecken kann.

3 Ich will meinem Herzen stets dafür dankbar sein, dass es immer so um ihre Liebe rang. Hätte ich irgendeine Dame gefunden, die so vollkommen ist, dann hätte ich gern meinen Sinn auf sie gerichtet. Sie, die ich mir als Herrin erwählt habe, bewirkte, dass ich mich der Freude überließ. Ich war zügellos, wieviel ich auch sang; ihre schönen Augen waren die Rute, mit der sie mich von Anfang an bezwang.

4 Ich will ihr immer zugetan bleiben. Sie muss ohne mein Verschulden eine Sünde an mir begehen, anders kann sie mich nicht von sich vertreiben, ich will voll Hoffnung und Zuversicht sein, dass die Treue größer sein werde als die Unbeständigkeit, auf die ich nichts Gutes halte. Wo man einen treulosen Mann antrifft, den sollten alle Frauen von sich fernhalten; dafür müsste man sie weiterhin preisen.

5 Ich will trotz meinem Kummer niemals davon ablassen zu singen, wie immer es mir auch ergehen mag; und ich will diesen Liebeskummer gern erleiden, der mich so trifft, da ich daran verzweifle, dass mir leider nicht mehr geholfen werden kann. Soll nun meine Freude ihretwegen ausbleiben, so ist das ihre Sünde und große Schuld.

6 Von meinem Herzen fließt mir das Wasser aus den Augen, das ist ein Wunder. Wenn ich daran denke, dass mir all mein Dienst nichts bringen wird, so erleide ich einen Kummer, den noch nie ein Mann erdulden musste oder muss. Daher muss ich mich aus der Welt zurückziehen, weil mich ihre Vollkommenheit so schmerzlich bezwungen hat, dass sie meine Seele nicht von ihr fortlässt; so steht es nun um mich.

Das Lied beginnt mit einem Natureingang. Die singende Amsel (*merlikîn*) verheißt den Sommer und somit eine Zeit der Freude, von der das Ich aber ausgeschlossen bleibt, da die Dame ihn nicht erhört. Die Minnedame erscheint als Herrin, die erbarmungslos über das Schicksal des Sängers entscheidet: Während ein Sünder auf die Gnade Gottes hoffen darf, ist von der Minnedame keine Milde zu erwarten. So wechselt Ulrich von einer naturrechtlichen in eine gottesrechtliche Argumentation. Die Dame setzt sich über beides hinweg, wenn sie dem Sänger (im Unterschied zur Natur) Freude entzieht und (im Unterschied zu Gott) Gnade verweigert. Dass es wirklich um Sünde geht, wird in der vierten und fünften Strophe deutlich, wenn der Sänger von der Rolle des Angeklagten in die Rolle des Anklägers wechselt; hier ist es explizit die Dame, die *sünde und grôziu missetât* am Sänger begeht.

Die zweite Strophe führt ein neues Bild ein. Die Dame ist eine Ärztin, die selbst jene Wunden schlägt, die sie heilen sollte. Der Sänger nimmt das Motiv der Gnade noch einmal auf: Wenn er beklagt, dass die Gnade so fest eingeschlafen sei, dass man sie nicht mehr aufwecken könne, dann schwingt das religiöse Motiv der Auferstehung von den Toten mit. Den Vorwurf der Gnadenlosigkeit umschreibt der Sänger mit einer rhetorischen Frage: Welchen Nutzen sollte es bringen, einen Menschen auf diese Weise zugrunde zu richten?

Die dritte Strophe wiederholt das Sündenbekenntnis des Sängers. Seine Schuld besteht nicht in mangelnder Treue, sondern in ungezügelter Glückserwartung. Doch die Dame spendet ihm nicht Freude, sondern Schmerz. Ihre Blicke sind wie Ruten, mit denen sie ihm jene Wunden schlägt, von denen in der zweiten Strophe die Rede ist. Hohe Minne ist eine Frage der Disziplin; die Minnedame beglückt den Sänger nicht, sondern sie züchtigt ihn.

In der vierten Strophe wendet sich das Blatt. Der Sänger bekundet weiterhin seine Treue und Beständigkeit und setzt sich somit ins Recht. Dass er als Lohn für seinen Minnedienst Beglückung erwarte, sei ihm nicht zu verdenken. Vielmehr müsste die Minnedame an ihm eine Sünde, für die er selbst keinerlei Verantwortung trage, begehen, um ihn von sich zu vertreiben. Die Verschiebung der Sünde vom Sänger auf die Dame wird als hypothetische Überlegung formuliert, hat aber den Charakter einer impliziten Drohung. Der Sänger kann der Minnedame die Treue aufkündigen, denn es stehen, wie er bereits in der dritten Strophe angedeutet hat, noch andere Damen zur Wahl.

Die fünfte Strophe verschärft den Ton und kehrt die Verhältnisse vollends um. Der Sänger bestätigt seine Tugendhaftigkeit, indem er auf seine Treue und seinen Gehorsam verweist. Die Dame aber setzt sich ins Unrecht und zieht Schuld und Sünde auf sich, wenn sie den Minnedienst zurückweist. Aus der hypothetischen Überlegung wird so eine faktische Feststellung.

In der letzten Strophe inszeniert sich der Sänger als Märtyrer der Liebe. Auf wunderbare Weise strömt ihm vom Herzen kommendes Wasser aus den Augen wie die blutigen Tränen eines Heiligen. Er leidet geduldig Qualen und zieht sich wie ein Eremit aus der Welt zurück, weil er ebenso wenig von der Dame ablässt wie der standhafte Gläubige von Gott. Die Vielzahl der geistlichen Motive, die Ulrich zitiert und variiert, verweist auf den quasi-religiösen Charakter der hohen Minne, auf die Analogie zwischen Frauendienst und Gottesdienst.

5.2.4 Bernger von Horheim

Ausgaben
MF I, S. 224–229 (Text); MF II, S. 93–95 (Kommentar); MF III/1, S. 255–264 (Kommentar); MF III/2, S. 441–445 (Kommentar); Schweikle (Hg.), Minnelyrik I, S. 272–283 (Text und Übersetzung), 516–523 (Kommentar); LDM (www.ldm-digital.de).

Teilausgaben
Brackert (Hg.), Minnesang, S. 78–79 (Text und Übersetzung), 297 (Kommentar); Räkel, Der deutsche Minnesang, S. 94–95 (Text und Übersetzung); Kasten (Hg.), Deutsche Lyrik, S. 150–159 (Text und Übersetzung), 672–680 (Kommentar); Klein (Hg.), Minnesang, S. 65–68, 197–198 (Text und Übersetzung), 358–361 (Kommentar).

Bernger von Horheim verfasste sechs Minnelieder in Kanzonenform. Es handelt sich durchgängig um Minneklagen im Stil Friedrichs von Hausen. Das letzte Lied,

5.2 Rheinischer Minnesang

das sich durch besonders kunstvolle Reimtechnik auszeichnet, soll hier näher vorgestellt werden. Es ist nur in C überliefert, während die ersten vier Lieder auch in B bezeugt sind.

Nu lange ich mit sange (MF 115,27)

Das Lied ist ein Beispiel für die zunehmende formale Meisterschaft des rheinischen Minnesangs. Der Inhalt ist konventionell (Natureingang, Minneklage), die von vierhebigen Daktylen geprägte Form hingegen elaboriert (4-aabc 4deef / 4-aabc 4deef // 4g 4-hhhx 4g). Als Vorbild gilt ein romanisches Minnelied des nordfranzösischen Sängers Gace Brulé, zu dem auch die Melodie überliefert ist:

    Nu lange ich mit sange   die zît   hân gekündet;   115, 27 – 4 C
      swan- ne si vie, al zergie,   daz ich sanc.
    ich hange   an getwange,   daz gît, diu sich sündet;
      wan si michs ie   niht erlie,   sine twanc
5   Mich nâch ir, diu mir sô betwinget den muot.
      ich singe   unde sunge,   betwunge   ich die guoten,
    daz mir ir güete baz tete. si ist guot.

Nun habe ich schon lange die Sommerzeit angekündigt; doch als sie anfing, zerging alles, worüber ich gesungen habe. Dass ich in Bedrängnis schwebe, das bewirkt die, die sich versündigt; denn sie erließ es mir niemals, mich zu zwingen ihr zu folgen, die mir das Herz so bezwingt. Ich singe und sang, könnte ich doch die Gute so bezwingen, dass mir ihre Güte Besseres brächte. Sie ist vollkommen.

Inhaltlich erscheint das Lied wie eine Verdichtung des oben besprochenen Liedes von Ulrich von Gutenburg. Es beginnt ebenfalls mit einem Natureingang, thematisiert den Akt des Singens, beklagt den Kummer des verschmähten Liebenden, bezichtigt die Dame der Sünde und beschwört die feste Bindung des Sängers an die geliebte Frau.

Wie Ulrich wiederholt Bernger Reimwörter, doch handelt es sich in seinem Fall um grammatische Reime, also um Wortwiederholungen in anderer grammatischer Form (Polyptoton). So bilden in Vers 6 *singe* (Präsens) und *sunge* (Präteritum) einen grammatischen Binnenreim und in den Versen 6 und 7 *guoten* (Akkusativ) und *guot* (Nominativ) einen grammatischen Endreim. Das Reimschema umfasst Kreuzreime im Aufgesang und einen Dreireim im Abgesang. Nimmt man die Binnenreime hinzu, so reimen sich im Aufgesang die Verse 1/3 und 2/4 jeweils vierfach miteinander.

Die bisherigen Herausgeber haben offenbar nicht alle Reime erkannt: In den Versen 2 und 4 reimen sich auch die betonten Anfangssilben *swan(ne)* und *wan*, in Vers 6 (der mit den Versen 1 und 3 metrisch kongruent ist) auch *singe* und *sunge* (grammatischer Reim). Hingegen verzichten die ebenfalls metrisch kongruenten Verse 5 und 7 auf Binnenreime (in V. 5 ist das Wort *ir* unbetont und kann folglich kein Reim zu *mir* sein).

5.2.5 Bligger von Steinach

Gesamtausgaben
MF I, S. 233–235 (Text); MF II, S. 96 (Kommentar); MF III/1, S. 269–271 (Kommentar); MF III/2, S. 446–449 (Kommentar); Schweikle (Hg.), Minnelyrik I, S. 266–271 (Text und Übersetzung), 511–515 (Kommentar); LDM (www.ldm-digital.de).

Teilausgabe
Räkel, Der deutsche Minnesang, S. 96–97 (Text und Übersetzung); Kasten (Hg.), Deutsche Lyrik, S. 148–149 (Text und Übersetzung), 671–672 (Kommentar).

Von Bligger von Steinach sind zwei Minneklagen überliefert (Hss. B und C). Das hier vorgestellte Lied bewegt sich formal und inhaltlich in den Bahnen der Lieder Friedrichs von Hausen, setzt aber auch eigene Akzente. Eine französische Vorlage ist nicht bekannt.

Mîn alte swaere (MF 118,1)
Das Lied besteht aus zwei Kanzonenstrophen, die einen vierhebigen Daktylus aufweisen. Das ausgearbeitete Reimschema weist zwei Reimbänder sowie einen Binnenreim auf, der die Verse 6 und 8 verknüpft (4-a 4b / 4b 4-a // 4c 4-da 4b 4dc 4b):

```
1  Mîn alte swaere die klage ich vür niuwe,           118,1 – 1 CB
       wan si getwanc mich so harte nie mê.
     ich weiz wol, durch waz si mir tuot sô wê,
     daz mich sîn verdrieze und diu nôt mich geriuwe,
5    Die ich hâte ûf trôstlichen wân.
     nein, ine mac noch enl â t mich mîn triuwe,
     swie schiere uns aber diu sumerzît zergê.
       des wurde r â t, müese ich ir hulde hân.
     die naeme ich vür loup unde vür klê.

2  Ich getar niht vor den liuten gebâren,             118,10 – 2 CB
       als ez mir stât. dûhtez ir einen guot,
     dâ bî sint viere, den mîn leit sanfte tuot.
     boese und guote gescheiden ie wâren.
5    Der site müeze ouch lancstaete sîn!
     ir beider willen k a n nieman gevâren,
     wan er ist unwert, swer vor nîde ist behuot.
       si haben d a n daz ir und lâzen mir daz mîn,
     und sweme dâ gelinge, der sî wol gemuot.
```

1 Meinen alten Kummer beklage ich aufs Neue, denn er hat mich noch nie so heftig bedrückt. Ich weiß genau, weswegen er mich so quält, dass er mich verdrießt und die Not mich reut, die ich auf mich genommen hatte aus Hoffnung auf Trost. Nein, ich kann nicht, solange mich die Treue nicht entlässt, wie schnell uns auch der Sommer vergehen mag. Abhilfe käme, wenn ich ihre Gunst erlangen könnte. Die zöge ich dem Laub und dem Klee vor.

2 Ich wage nicht, mich vor den Leuten so zu zeigen, wie es um mich steht. Wenn es einem von ihnen als gut erschiene, so sind dabei vier, denen meine Qual behagt. Zwischen Bösen und Guten wurde stets ein Unterschied gemacht. An dieser Sitte sollte man immer festhalten! Niemand kann den Wünschen beider entsprechen, denn der ist wenig wert, der vor Hass bewahrt wird. Sie sollen dann das Ihre haben und mir das Meine lassen, und wem das gelingt, der soll frohgemut sein.

In der ersten Strophe bekundet der Minnesänger seinen Liebeskummer. Er unterstreicht die Dauer dieses Zustands mit einer Antithese: Der Kummer, den er aufs *niuwe* beklagt, ist doch stets der *alte*. Ein zweiter Gegensatz besteht zwischen der Vergänglichkeit des Sommers und der Beständigkeit der Liebe. Lebensfreude bezieht er nicht aus dem Anblick der gedeihenden Natur (Laub und Klee), sondern aus der Gunst der Minnedame, die ihm aber versagt bleibt. Gleichwohl beschwört er seine Treue.

Zu Beginn der zweiten Strophe bekundet Bligger, dass er seinen Liebeskummer vor der Öffentlichkeit verberge. Dieses Motiv, das sich ganz ähnlich bei Friedrich von Hausen findet, ist insofern paradox, als der Sänger in der ersten Strophe seinen Kummer ausführlich beklagt. Somit teilt sich die Hofgesellschaft in zwei Gruppen: eine wohlmeinende, der sich der Sänger in direkter Rede anvertraut, und eine missgünstige, vor der er sich verstellt und über die er in der dritten Person spricht. Der Sänger rechnet sich den unausweichlichen Neid der Missgünstigen als Auszeichnung an. Die zweite Strophe erinnert aufgrund der moralischen Reflexion an die Sangspruchdichtung. Diese Gattungsaffinität wird durch den Befund bestätigt, dass Bligger auch eine Spruchstrophe (MF 119,13; s. Abschn. 6.4.2) verfasst hat.

5.2.6   Otto von Botenlauben

Gesamtausgaben
KLD I, S. 307–316 (Text); KLD II, S. 358–380 (Kommentar); LDM (www.ldm-digital.de).

Teilausgaben
Brackert (Hg.), Minnesang, S. 182–183 (Text und Übersetzung), 320 (Kommentar); Wachinger (Hg.), Deutsche Lyrik, S. 10–17 (Text und Übersetzung), 627–634 (Kommentar); Kasten (Hg.), Frauenlieder, S. 118–121 (Text und Übersetzung), 263–264 (Kommentar); Backes (Hg.), Tagelieder, S. 114–119 (Text und Übersetzung), 254–255 (Kommentar); Müller (Hg.), Kreuzzugsdichtung, S. 60 (Text), 146 (Kommentar).

Von Otto von Botenlauben sind elf Minnelieder (KLD 41) überliefert. Nur eines bietet eine mehrstrophige Minneklage im Stil des rheinischen Minnesangs (Nr. V). Auffällig ist die große Zahl der einstrophigen Lieder, darunter fünf Männerstrophen (Nr. I, II, VI, VII, X) und eine Frauenstrophe (Nr. VIII). Das Gattungsspektrum ist breiter als bei den übrigen rheinischen Minnesängern. Es umfasst auch vier mehrstrophige Tagelieder, in denen außer dem Ritter und der Dame ein Bote und ein Wächter zu Wort kommen (Nr. III, IX, XIII, XIV/IV), und einen zweistrophigen Kreuzliedwechsel (Nr. XII), der hier näher vorgestellt werden soll. Die Sympathie Ottos von Botenlauben für das gegenseitige Liebeskonzept des donauländischen Minnesangs ist in seinen Frauenliedern, Tageliedern und Wechseln deutlich zu erkennen.

Waere Kristes lôn niht alsô süeze (KLD 41,XII)

Das Lied besteht aus sechs fünfhebigen Versen und einem siebenhebigen Schlussvers, der an die Langzeile erinnert. Der Dichter kommt mit nur zwei Reimklängen aus, Auf- und Abgesang sind durch ein Reimband miteinander verknüpft (5-a 5b / 5-a 5b // 5b 5b 7b). Die langzeilenartige Form des Schlussverses und das gegenseitige Liebeskonzept erinnern an den donauländischen Minnesang. Die Pointe des Liedes besteht darin, dass die religiöse Motivik, die sich aus der Kreuzzugsthematik ergibt, liebessprachlich gewendet wird. Der Ritter und die Dame bedeuten einander das Himmelreich:

1	Waere Kristes lôn niht alsô süeze,	17 C
	so enlieze ich niht der lieben frouwen mîn,	
	diech in mînem herzen dicke grüeze:	
	sie mac vil wol mîn himelrîche sîn,	
5	swâ diu guote wone al umbe den Rîn.	
	herre got, nu tuo mir helfe schîn,	
	daz ich mir und ir erwerbe noch die hulde dîn!	

2	‚Sît er giht ich sî sîn himelrîche,	18 C
	sô habe ich in zuo gote mir erkorn,	
	daz er niemer fuoz von mir entwîche.	
	herre got, lâ dirz niht wesen zorn.	
5	erst mir in den ougen niht ein dorn,	
	der mir hie zu fröiden ist geborn.	
	kumt er mir niht wider, mîn spilnde fröide ist gar verlorn.'	

1 Wäre der Lohn Christi nicht so gnadenreich, dann hätte ich meine geliebte Dame nicht verlassen, die ich in meinem Herzen vielmals grüße: Sie kann wohl mein Himmelreich sein, wo immer die Vollkommene sich am Rhein aufhält. Herrgott, nun erweise mir deine Hilfe, damit ich mir und ihr noch deine Gunst erwerbe!

2 ‚Weil er bekennt, dass ich sein Himmelreich sei, habe ich ihn mir als meinen Gott auserwählt, sodass er sich nie auch nur einen Fußbreit von mir entfernt. Herrgott, zürne mir deswegen nicht. Er ist mir kein Dorn im Auge, der mir hier zu meinem Glück geboren ist. Kommt er nicht zurück, ist meine lebhafte Freude ganz und gar verloren.'

In der ersten Strophe bekennt der Sänger in der Rolle des Ritters, dass er seine Dame nur deswegen verlassen habe, weil der Lohn Christi für die Teilnahme am Kreuzzug so groß sei, dass er ihn mit seiner Dame teilen könne. Äußere Trennung wird durch innere Nähe kompensiert. Da der Ritter die Dame im Herzen mit sich führt, kann er sie auch in seinem Herzen grüßen. Der Widerstreit von Gottes- und Frauendienst wird rhetorisch dadurch gelöst, dass der Ritter die Dame als sein *himelrîche* bezeichnet (Apotheose) und somit eine metaphorische Brücke vom jenseitigen Heil (Gott) zum diesseitigen Glück (Dame) schlägt. Da der Vergleich der Dame mit dem Himmelreich metaphorisch zu verstehen ist und Gott nicht grundsätzlich in Frage gestellt wird, überschreitet Otto von Botenlauben nicht die Grenze zur Blasphemie.

In der zweiten Strophe spricht die Dame. Wie für die Gattung des Wechsels typisch, nimmt sie auf die Rede des Ritters Bezug, ohne ihn direkt anzusprechen. Der Wechsel unterstreicht die innere Verbundenheit der äußerlich getrennten Liebenden. Die Dame nimmt die Metapher des Himmelreichs auf und spinnt sie weiter. Wenn sie sein Himmelreich sei, dann sei der geliebte Ritter der Gott in diesem Himmelreich und throne in ihrem Herzen. Wenn der Geliebte ihr Gott ist, Gott aber über die Fähigkeit der Allgegenwart verfügt, ist auch der Geliebte stets bei der Dame und entfernt sich niemals auch nur einen Fußbreit von ihr. Die Dame treibt das metaphorische Spiel weiter, stellt aber die Geltung Gottes ebenso wenig in Frage wie zuvor der Ritter. Auch ihre Strophe endet mit einer Apostrophe an Gott, den sie ebenfalls als ihren Herrn anspricht. Ihre an Gott gerichtete Bitte ist doppelt so lang wie die des Ritters. Wie in den Wechseln des donauländischen Minnesangs ist der Affekt der Frau stärker als der des Mannes. Sie bekennt, dass sie auf seine Rückkehr hoffe und sein Verlust sie ins Unglück stürzen würde.

5.2.7 Heinrich von Veldeke

Gesamtausgaben
MF I, S. 97–149 (Text); MF II, S. 79–83 (Kommentar); MF III/1, S. 160–193 (Kommentar); MF III/2, S. 397–413 (Kommentar); Schweikle (Hg.), Minnelyrik I, S. 166–205 (Text und Übersetzung), 414–449 (Kommentar); LDM (www.ldm-digital.de).

Teilausgaben
Brackert (Hg.), Minnesang, S. 46–51 (Text und Übersetzung), 291–292 (Kommentar); Räkel, Der deutsche Minnesang, S. 78–79 (Text und Übersetzung); Kasten (Hg.), Deutsche Lyrik, S. 84–103 (Text und Übersetzung), 613–631 (Kommentar); Klein (Hg.), Minnesang, S. 40–41, 195–196, 202–203 (Text und Übersetzung), 341–343, 461–462, 468–470 (Kommentar); Kasten (Hg.), Frauenlieder, S. 58–63 (Text und Übersetzung), 230–234 (Kommentar).

Heinrich von Veldeke werden siebenunddreißig Minnelieder zugeschrieben, darunter viele einstrophige Lieder. Es dominieren Männerlieder, die sich auf die Themen Minneklage (MF 56,1; 58,11; 58,35; 60,29; 62,25; 66,9; 66,24; 66,32; 67,3) und Minnepreis (59,23; 61,33; 63,28; 64,17; 64,26; 64,34; 65,28; 66,1; 68,6; XXXIV) verteilen. Hinzu kommen drei einstrophige Lieder, die ebenfalls von der Minne handeln, sich aber nicht den Klage- und Preisliedern zurechnen lassen (MF 63,20; 64,10; 66,16). Das Gattungsspektrum umfasst ferner drei Frauenlieder (MF 57,10; 57,18; XXXVII) und zwei Wechsel (MF 60,13; 67,9). Heinrich von Veldeke schlägt eine Brücke vom frühen zum hohen Minnesang. Von drei Liedern mit freier Strophenform abgesehen (MF 63,20; 64,10; XXXVII), folgen alle dem Prinzip der Kanzonenstrophe, die zum Teil eine gewissen Nähe zu Langzeilenstrophen aufweisen. Charakteristisch sind die Natureingänge, sie begegnen in elf seiner Minnelieder (MF 56,1; 57,10; 59,23; 60,29; 62,25; 64,17; 64,26; 65,28; 66,1; 67,9; XXXVII), auch in demjenigen, das hier besprochen werden soll.

In dem aberellen (MF 62,25)

Das Lied beginnt mit einem elaborierten Natureingang, der sich über zwei Strophen erstreckt. Das kunstvolle Reimschema mit Reimband lässt auf eine Kanzonenstrophe schließen. Die Verse weisen im Aufgesang eher daktylische und im Abgesang eher alternierende Rhythmen auf (3-a 3-b 3-c 3-d / 3-a 3-b 3-c 3-d // 2e 4e 5-a):

1   In dem aberellen   62,25 – 28 *B*, 26 *C*
    sô die bluomen springen,
    sô loubent die linden
    und gruonent die buochen,
5   sô habent ir willen
    die vogele und singen,
    wan sie minne vinden,
    aldâ si suochen
    An ir gnôz,
10   wan ir blîdeschaft ist grôz,
    der mich nie verdrôz.
    wan si swîgen al den winter stille.

2   Dô si an dem rîse   62, 36 – 25 *BC*
    die bluomen gesâhen
    bî den blaten springen,
    dô wâren si rîche   63, 1
5   ir manicvalten wîse,
    der si wîlent pflâgen.
    si huoben ir singen
    lûte und vroelîche,
    Nider und hô.
10   mîn muot stât alsô,
    daz ich wil wesen vrô.
    reht ist, daz ich mîn gelücke prîse.

3   Mohte ich erwerben   63, 9 – 26 *B*, 27 *C*
    mîner vrowen hulde!
    künde ich die gesuochen,
    als ez ir gezaeme!
5   ich sol verderben
    al von mîner schulde,
    sî enwolte ruochen,
    daz si von mir naeme
    Buoze sunder tôt
10   ûf gnâde und durch nôt.
    wan ez got nie gebôt,
    daz dehein man gerne solte sterben.

1   Im April, wenn die Blumen sprießen, dann belauben sich die Linden und werden die Buchen grün, dann erfüllt sich der Wunsch der Vögel, und sie singen, weil sie Liebe finden, wo sie sie suchen, bei ihren Artgenossen, denn ihre Freude ist groß, die mich nie verdross, denn sie schwiegen den ganzen Winter lang.

2   Als sie am Zweig die Blüten sahen, die sich neben den Blättern öffneten, da waren sie wieder reich erfüllt von ihren vielfältigen Melodien, die sie schon früher sangen. Sie erhoben ihren Gesang laut und fröhlich, niedrig und hoch. Mein Herz steht so, dass ich froh sein will. Es ist recht, dass ich mein Glück preise.

3   Könnte ich doch erwerben die Huld meiner Herrin! Könnte ich sie doch so aufsuchen, wie es für sie passend wäre! Ich werde zugrunde gehen wegen meiner großen Schuld, es sei denn, dass sie bereit sein sollte, von mir anzunehmen eine Buße außer den Tod aus Gnade und Notwendigkeit. Denn Gott hat nie das Gebot aufgestellt, dass ein Mensch bereitwillig sterben sollte.

Die erste Strophe beschwört im Bild der Vögel die Rückkehr des Frühlings und somit einer Zeit der Freude, der Paarung und des Gesangs. Obwohl es sich um eine reine Naturbeschreibung handelt, wird das Thema der Liebe durch den Hinweis angedeutet, dass die Vögel *minne* finden. Zugleich lassen sich die singenden Vögel als poetologische Metapher für den Minnesänger selbst lesen, der sozusagen in den Gesang der Vögel einstimmt. Die Strophe endet mit einer Antithese: Der vergangene Winter war eine Zeit des Schweigens, der kommende Sommer ist eine Zeit des Singens. Der Hinweis auf die kalte Jahreszeit im letzten Vers bereitet das Klagemotiv der dritten Strophe vor.

In der zweiten Strophe wird das Naturbild bis Vers 9 fortgeführt. Das Motiv der Minne wird nicht wieder aufgenommen, wohl aber das Motiv des Gesangs. Die Vögel verfügen über vielfältige Melodien, ihr Gesang deckt in den Höhen und Tiefen ein breites melodisches Spektrum ab. Die Details zu den Vogelstimmen unterstreichen die poetologische Parallele zum Minnesänger. Dieser bringt sich in den letzten drei Versen zur Geltung. Wie die Vögel ist auch er froh gestimmt und preist sein Glück. Gegenstand seiner Freude scheint die Naturbeobachtung zu sein: Er betrachtet die Vögel, wie diese die Blumen betrachten. Entsprechend wechselt die Sprechweise von der Beschreibung (dritte Person Plural) in die Selbstauskunft (erste Person Singular).

In der dritten Strophe schlägt die Stimmung abrupt um. Die Ich-Rede wird fortgesetzt, doch beginnt der Minnesänger nun eine Minneklage. Im Unterschied zu den Vögeln bleibt sein Begehren einseitig, da ihm die Dame ihre Gunst verweigert. Eine zweifache, als Parallelismus gestaltete Exclamatio (V. 1–2/3–4) unterstreicht die Klage. Es folgen in einem Dreischritt das Eingeständnis der (unbestimmten) Schuld, das Angebot einer Bußleistung und die Bitte um Gnade. Die an die Minnedame gerichtete Gnadenbitte wird durch den impliziten Hinweis auf das fünfte Gebot („Du sollst nicht töten") religiös untermauert. Das Motiv des Todes bildet eine Antithese zum Motiv des Lebens, das in den ersten beiden Strophen entfaltet wird. Der Minnesänger bringt also zwei Argumente vor, um die Huld der Minnedame zu erwirken: das Naturrecht (Frühling als Zeit der Liebe) und das Gottesrecht (fünftes Gebot).

5.2.8 Heinrich von Rugge

Gesamtausgaben
MF I, S. 196–223 (Text); MF II, S. 89–93 (Kommentar); MF III/1, S. 237–255 (Kommentar); MF III/2, S. 437–441 (Kommentar); LDM (www.ldm-digital.de).

Teilausgaben
Räkel, Der deutsche Minnesang, S. 91–93 (Text und Übersetzung); Kasten (Hg.), Deutsche Lyrik, S. 184–199 (Text und Übersetzung), 700–711 (Kommentar); Müller (Hg.), Kreuzzugsdichtung, S. 47–51 (Text), 145 (Kommentar).

Von Heinrich von Rugge sind zwölf Minnelieder überliefert, darunter sechs Männerlieder zum Thema Minneklage (MF 101,15; 102,1; 103,35; 107,27) und Minnepreis (MF 101,7; 108,6), ein einstrophiges Frauenlied (MF 106,15) und fünf mehrstrophige Wechsel. Letztere können auch als Männerlieder mit integrierter

Frauenstrophe aufgefasst werden, die die Aussagen des Mannes kommentiert (MF 99,29; 103,3; 106,24; 109,9; 110,26). Die religiöse Motivik, die in Heinrichs Kreuzleich zum Ausdruck kommt, schlägt sich auch in zwei der Minnelieder nieder (MF 111,15; 102,1). Vier Lieder beginnen mit einem Natureingang (MF 99,29; 106,24; 108,6; 109,9).

Got hât mir armen ze leide getân (MF 101,15)

Das Lied stellt eine Minneklage mit religiösem Einschlag dar, die den Schöpfergott und die personifizierte Minne für das Liebesleid des Sängers verantwortlich macht. Es liegt eine Kanzonenstrophe vor, bestehend aus daktylischen Vierhebern mit wechselnden Kadenzen. Das Reimschema ist aufgrund der zahlreichen Binnenreime komplex (4ab 4-c / 4ab 4-c // 4-dd 4eef 4f 4-gg). Die Strophen sind durch einen refrainartigen Schlussvers mit dem Binnenreim *begunde/(en)kunde* verknüpft. Die erste und zweite Strophe sind zudem durch eine Anadiplose (s. Abschn. 3.3.1.1) verbunden:

```
1   Got hât mir armen   ze leide getân,                101, 15 – 6 C
    daz er ein wîp ie geschuof als guote.
    solt ich in erbarmen,   sô het erz gelân.
    si ist mir vor liebe ze verre in dem muote.
5   Daz tuot diu minne,   diu benimt mir die sinne,
    wand ich mich kêre   nâch ir lêre   ze vil,
    diu mich der nôt niht erlâzen wil,
    sît ich niht mâze begunde   noch enkunde.

2   Kunde ich die mâze,   sô lieze ich den strît,       101,23 – 7 C
    der mich dâ müeget und lützel vervâhet,
    der mich ze vaste   verleit in den nît.
    swer sich vor liebe ze verre vergâhet,
5   Der wirt gebunden   von stunden ze stunden
    als ich vil arme.   nu erbarme   ich sie niet,
    diu mich nu lange alsô trûrigen siet,
    sît ich ir dienen begunde,   als ich kunde.

3   Mir hât verrâten   daz herze den lîp,              101, 31 – 8 C
    des was ie vlîzic der muot und die sinne,
    daz si mich bâten   ze verre umb ein wîp,
    diu mir nu zeiget daz leit vür ir minne.
5   Dâst besunder   an mir gar ein wunder,
    daz ich mich hân verlân   ûf den wân,   der mich trouc
    und mir ze verre ie vreislîchen louc,
    sît ich ir dienen begunde,   als ich kunde.
```

1 Gott hat mir Armem Leid zugefügt, indem er eine so vollkommene Frau erschaffen hat. Hätte er sich meiner erbarmt, hätte er das unterlassen. Durch Liebe ist sie mir zu tief ins Herz eingedrungen. Die Minne bewirkt das, die mir den Verstand raubt, weil ich mich zu sehr nach ihrer Lehre richte; sie will mich nicht aus der Qual entlassen, weil ich nicht maßhielt – und es auch nicht konnte.

2 Könnte ich maßhalten, so ließe ich von dem Streit ab, der mich quält und mir nichts nützt und mich zu sehr zur Eifersucht verleitet. Wer sich aus Liebe zu sehr übereilt, der wird immer wieder aufs Neue gefesselt wie ich Ärmster. Nun wecke ich in ihr kein Erbarmen, die mich nun schon so lange traurig sieht, seit ich zu dienen begann, so gut ich es konnte.

3 Mein Herz hat mich verraten, deswegen haben Sinn und Verstand mich inständig wegen einer Frau angefleht, die mir nun Leid statt Liebe bringt. Das ist so merkwürdig an mir, dass ich mich auf die falsche Hoffnung verließ, die mich betrog und mich immer schrecklich belog, seit ich ihr zu dienen begann, so gut ich es konnte.

Die erste Strophe beginnt im Aufgesang mit einer originellen Variante der Minneklage. Der Sänger beschwert sich bei Gott über dessen Mangel an Erbarmen, weil er eine derart vollkommene Frau erschaffen habe. Das religiöse Argument erweist sich als rhetorische Figur des Frauenpreises, es steht im Dienst des Minnesangs. Neben Gott wird im Abgesang eine zweite übermächtige Instanz eingeführt, nämlich die personifizierte Minne, die an die Göttin Venus erinnert. Sie hat dafür gesorgt, dass sich der Sänger in das vollkommene Geschöpf Gottes verliebt hat. Die Tatsache, dass der christliche Gott und eine profane Göttin nebeneinandergestellt werden, bestätigt, dass es sich um rhetorische Figuren eines weltlichen Liebeslieds handelt. Wenn von der *lêre* der Minne die Rede ist, dürfte die *Liebeskunst* (*Ars armatoria*) Ovids gemeint sein.

Die zweite Strophe beginnt und endet mit einem Zitat des Schlussverses der ersten Strophe; die beiden Strophen sind also verkettet. Das Problem des Sängers ist das fehlende Maß, das eine der höfischen Tugenden darstellt (*mâze*), aber mit passionierter Minne nicht vereinbar ist: Wer leidenschaftlich liebt, kann nicht maßvoll lieben. Der Sänger wechselt nun zur dritten Instanz (nach Gott und der Minne): der geliebten Dame. Über das Motiv des Minnesängers als eines „armen" Mannes (V. 6, vgl. Str. 1,1) und das Motiv des fehlenden „Erbarmens" der Dame (V. 6, vgl. Str. 1, 3) wird diese mit Gott parallel gesetzt.

Die dritte Strophe führt eine vierte Instanz ein, nämlich das Herz des Sängers, das ihn verraten und sein Fühlen (*muot*) und Denken (*sinne*) dazu angestiftet hat, sich der Liebe zur Dame hinzugeben. Die Liebe erweist sich als trügerische Hoffnung, als *wân*, der den Sänger ins Unglück stürzt. Der Minnesänger stilisiert sich somit als Opfer eines Komplotts, an dem Gott, die Minne, die Minnedame und sein eigenes Herz beteiligt sind.

5.2.9 Hartwig von Raute

Gesamtausgaben
MF I, S. 230–232 (Text); MF II, S. 95 (Kommentar); MF III/1, S. 264–269 (Kommentar); MF III/2, S. 445–446 (Kommentar); Schweikle (Hg.), Minnelyrik I, S. 316–321 (Text und Übersetzung), 538–543 (Kommentar); LDM (www.ldm-digital.de).

Teilausgaben
Brackert (Hg.), Minnesang, S. 80–81 (Text und Übersetzung), 298 (Kommentar); Kasten (Hg.), Deutsche Lyrik, S. 160–163 (Text und Übersetzung), 680–683 (Kommentar).

Das überlieferte Werk Hartwigs von Raute umfasst vier Minnelieder: eine dreistrophige Minneklage (möglicherweise ein Kreuzlied) in Kanzonenform (MF 116,1), und drei einstrophige Lieder in freier Form (MF 117,1; 117,14; 117,26). Alle Lieder sind in der männlichen Rolle verfasst, Frauenstrophen kommen nicht vor.

Mir tuot ein sorge wê in mînem muote **(MF 116,1)**
Dieses Lied folgt in der Melodie einem Lied des provenzalischen Minnesängers Gaucelm Faidit. Die Strophen sind fünfhebig; das Reimschema kommt mit zwei Reimen aus (5-a 5b / 5-a 5b // 5b 5-a 5b), weist also ein doppeltes Reimband auf:

1	Mir tuot ein sorge wê in mînem muote,	116, 1 – *1 BC*
	die ich hin hein ze lieben vriunden hân.	
	obe sî dâ iender gedenken mîn ze guote,	
	als ich hie mit triuwen hân getân?	
5	Si solten mich dur got geniezen lân,	
	daz ich ie bin gewesen in grôzer huote,	
	daz sî iemer valsch kunne an mir verstân.	
2	Swer waenet, daz mîn trûren habe ein ende,	116, 8 – *2 BC*
	der weiz niht, waz mir an dem herzen lît,	
	ein kumber, den mir niemen kan erwenden,	
	ez taete danne ir minneclîcher lîp.	
5	Die sorge hân ich leider âne strît,	
	sî enwelle mir ir boten senden,	
	dem ich verwartet hân vor maniger zît.	
3	Swie mir tôt vast ûf dem ruggen waere	116, 15 – *3 BC*
	unde dar zuo manic ungemach,	
	sô wart mîn wille nie, daz ich sî verbaere.	
	swie nâhen ich den tôt bî mir sach,	
5	Dâ manic man der sünden sîn verjach,	
	dô was daz mîn aller meistiu swaere,	
	daz mir genâde nie von ir geschach.	

1 Eine Sorge bekümmert mich, die ich um liebe Freunde daheim habe. Ob sie anderswo so gut an mich denken, wie ich hier in Treue an sie? Sie sollten es mir um Gottes willen lohnen, dass ich stets sehr auf der Hut gewesen bin, dass sie niemals eine Falschheit an mir bemerken können.

2 Wer glaubt, dass meine Trauer nun ein Ende habe, der weiß nicht, was mir am Herzen liegt: ein Kummer, den mir niemand abnehmen kann außer der Liebenswerten. Diese Sorge habe ich leider zweifellos, außer sie sendet mir ihren Boten, auf den ich nun schon lange Zeit gewartet habe.

3 Wie sehr mir auch der Tod im Rücken saß und außerdem große Mühsal, so war es doch nie mein Wille, dass ich sie aufgebe. Wie nahe ich den Tod auch bei mir sah – als viele ihre Sünden bekannten, da war es mein größter Schmerz, dass ich nie ihre Gnade erlangte.

Inhaltlich steht das Lied den Liedern Friedrichs von Hausen nahe. Die erste Strophe entwirft eine Situation der Trennung. Der Sänger weilt in der Ferne, seine Freunde hat er in der Heimat zurückgelassen. Den Grund der Reise teilt er nicht mit. Er bekundet, dass er sich stets um Treue und Redlichkeit bemüht habe, und fragt sich, ob die Daheimgebliebenen nun ebenso freundlich an ihn denken wie er an sie. Der Sänger betrachtet also zunächst sein Verhältnis zu den Menschen, die ihm nahestehen. Von der Liebe zu einer Frau ist noch keine Rede.

Dies ändert sich in der zweiten Strophe. Den Sänger erfüllt ein doppelter Kummer. Er sorgt sich nicht nur darum, wie ihm seine Nächsten gesonnen sind, sondern betrauert auch die Trennung von der Minnedame, die er als liebenswerte Person (*minneclîcher lîp*) umschreibt. Nur ihr Gruß, von einem Boten überbracht, könne ihn aus seinem Kummer erlösen. Die Situation ist mit derjenigen vergleichbar, die Friedrich von Hausen in seinem oben besprochenen Lied entwirft; doch gelingt es dem Sänger nicht, die Entfernung mithilfe seiner Gedanken zu überbrücken, sondern er ist auf eine Nachricht der Minnedame angewiesen.

Die dritte Strophe legt nahe, dass der Sänger an einem Kreuzzug teilnimmt, denn er betont zweifach die Todesgefahr, in der er sich befindet. Auf den drohenden Tod reagiert er anders als seine Gefährten. Diese bekennen vor Gott

ihre Sünden in Hoffnung auf dessen Gnade; er selbst aber hält an seiner Minnedame fest, deren Gunst er noch zu erlangen hofft. Die für die Gattung des Kreuzlieds charakteristische Spannung zwischen Gottes- und Frauendienst deutet sich hier nur an, ist aber gleichwohl nicht zu verkennen. Der Sänger hofft auf ein diesseitiges, nicht auf ein jenseitiges Heil.

5.2.10 Albrecht von Johansdorf

Gesamtausgaben
MF I, S. 178–195 (Text); MF II, S. 87–89 (Kommentar); MF III/1, S. 219–237 (Kommentar); MF III/2, S. 429–437 (Kommentar); Schweikle (Hg.), Minnelyrik I, S. 326–351 (Text und Übersetzung), 546–564 (Kommentar); LDM (www.ldm-digital.de).

Teilausgaben
Brackert (Hg.), Minnesang, S. 58–69 (Text und Übersetzung), 293–296 (Kommentar); Räkel, Der deutsche Minnesang, S. 97–100 (Text und Übersetzung); Kasten (Hg.), Deutsche Lyrik, S. 164–183 (Text und Übersetzung), 683–700 (Kommentar); Klein (Hg.), Minnesang, S. 107–112 (Text und Übersetzung), 392–397 (Kommentar); Kasten (Hg.), Frauenlieder, S. 62–69 (Text und Übersetzung), 234–237 (Kommentar); Müller (Hg.), Kreuzzugsdichtung, S. 42–47 (Text), 145 (Kommentar).

Im Namen Albrechts von Johansdorf sind dreizehn Minnelieder überliefert. Mit Ausnahme eines einstrophigen Liedes (MF 92,7) handelt es sich stets um mehrstrophige Lieder in Kanzonenform. Das Gattungsspektrum ist breit: vier Minneklagen (MF 86,1; 89,9; 92,7; 92,14), zwei Frauenpreislieder (MF 90,16; 90,32), zwei monologische Kreuzlieder (87,29; 89,21), zwei Kreuzliedwechsel (MF 87,5; 94,15), ein weiterer Wechsel (91,22) sowie ein Dialoglied (MF 93,12). Nur eines der Lieder weist einen Natureingang auf (90,32). Die weibliche Stimme ist vergleichsweise häufig in den Wechseln sowie im Dialoglied vertreten, ein reines Frauenlied fehlt jedoch. Besonders bemerkenswert ist das siebenstrophige Dialoglied *Ich vant si âne huote*, das das Liebeskonzept des hohen Minnesangs in einem pointierten Redewechsel aufs Korn nimmt.

Ich vant si âne huote **(MF 93,12)**
Die Kanzonenstrophe umfasst einen Aufgesang mit vier kreuzgereimten Versen und einen Abgesang mit zwei paargereimten Versen. Im Aufgesang wechseln dreihebige Verse mit weiblicher Kadenz und vierhebige Verse mit männlicher Kadenz einander ab; die Verse des Abgesangs sind vier- bzw. siebenhebig mit männlicher Kadenz. Deutet man diese Strophenform (3-a 4b / 3-a 4b // 4c 7c) als Komposition aus Kurzversen und Langzeilen, so sind die a-Verse als vierhebig mit klingender Kadenz und der Schlussvers als achthebig mit stumpfer Kadenz zu lesen. Das Schillern zwischen den Strophenformen lässt sich als Signal verstehen, denn das Lied konfrontiert das Gegenseitigkeitskonzept des frühen mit dem Einseitigkeitskonzept des hohen Minnesangs.

Die Dramaturgie des Dialogliedes beruht auf der immer gleichen Verteilung der männlichen und weiblichen Redeanteile. Stets spricht im ersten Stollen des Aufgesangs der Ritter (doppelte Anführungszeichen), im zweiten Stollen des

Aufgesangs die Dame (einfache Anführungszeichen), im ersten Vers des Abgesangs wieder der Ritter, im zweiten Vers des Abgesangs wieder die Dame. In den ersten vier Strophen beginnt der Abgesang jeweils mit der Apostrophe *Vrouwe*, die den Rollenwechsel markiert. Ab der fünften Strophe ist die dialogische Struktur so gut etabliert, dass sie nicht länger markiert werden muss. Die erste Strophe weicht teilweise von diesem Schema ab, da der erste Redeanteil des Ritters keine Figurenrede innerhalb des Dialogs, sondern eine einleitende (homodiegetische) Erzählerstimme darstellt. Daraus ergibt sich ein Spannungsverhältnis hinsichtlich der Hierarchie von Mann und Frau. Einerseits beginnt (Str. 1) und endet (Str. 7) die wörtliche Rede mit der Dame, die also über den größeren Redeanteil verfügt und das erste und letzte Wort hat. Andererseits wird das Lied durch die erzählende Stimme des Ritters, der in dieser Hinsicht die Oberhand hat, szenisch eingeleitet:

1   Ich vant si âne huote   93, 12 – *29 C*
    die vil minneclîche eine stân.
    jâ, dô sprach diu guote:
    ‚waz welt ir sô eine her gegân?
5   "Vrowe, ez ist alsô geschehen."
    ‚sagent, war umbe sint ir her? des sult ir mir verjehen.'

2   „Mînen senden kumber   93, 18 – *30 C*
    klage ich, liebe vrowe mîn."
    ‚wê, waz sagent ir tumber?
    ir mugent iuwer klage wol lâzen sîn.'
5   „Vrowe, ich enmac ir niht enbern."
    ‚sô wil ich in tûsent jâren niemer iuch gewern.'

3   „Neinâ, küniginne!   93, 24 – *31 C*
    daz mîn dienst sô iht sî verlorn!"
    ‚ir sint âne sinne,
    daz ir bringent mich in selhen zorn.'
5   „Vrowe, iuwer haz tuot mir den tôt."
    ‚wer hât iuch, vil lieber man, betwungen ûf die nôt?'

4   „Daz hat iuwer schoene,   93, 30 – *32 C*
    die ir hânt, vil minneclîchez wîp."
    ‚iuwer süezen doene
    wolten krenken mînen staeten lîp'
5   „Vrowe, niene welle got."
    ‚wert ich iuch, des hetet ir êre; sô waer mîn der spot.'

5   „Sô lant mich noch geniezen,   93,36 – *33 C*
    daz ich iu von herzen ie was holt."
    ‚iuch mac wol verdriezen,
    daz ir iuwer wortel gegen mir bolt.'
5   „Dunket iuch mîn rede niht guot?"
    ‚jâ si hât beswaeret dicke mînen staeten muot.'

6   „Ich bin ouch vil staete,   94, 3 – *34 C*
    ob ir ruochent mir der wârheit jehen."
    ‚volgent mîner raete,
    lânt die bete, diu niemer mac beschehen.'
5   „Sol ich alsô sîn gewert?"
    ‚got der wer iuch anderswâ, des ir an mich da gert.'

7   „Sol mich dan mîn singen   94, 9 – *35 C*
    und mîn dienst gegen iu niht vervân?"
    ‚iu sol wol gelingen,
    âne lôn so sult ir niht bestân.'
5   „Wie meinent ir daz, vrowe guot?"
    ‚daz ir dest werder sint unde dâ bî hôchgemuot.'

5.2 Rheinischer Minnesang

1 Ich fand sie ohne Aufsicht, die Liebenswerte, alleine stehen. Ja, da sprach die Edle: ‚In welcher Absicht seid ihr so alleine hierhergekommen?' „Herrin, es ist einfach so geschehen." ‚Sagt mir, warum seid Ihr hier? Das sollt Ihr mir gestehen.'

2 „Meinen Liebeskummer beklage ich, meine liebe Herrin." ‚Ach, was sagt Ihr, Törichter? Ihr solltet wohl Eure Klage unterlassen.' „Herrin, ich kann nicht auf Euch verzichten." ‚Trotzdem will ich euch in tausend Jahren niemals erhören.'

3 „Nein, Königin! Dass mein Dienst so vergebens sein soll!" ‚Ihr seid besinnungslos, dass Ihr mich in solchen Zorn versetzt.' „Herrin, Euer Hass bringt mir den Tod." ‚Wer hat Euch, liebster Mann, diese Not aufgezwungen?'

4 „Das hat Eure Schönheit getan, die ihr besitzt, liebste Frau." ‚Eure süßen Melodien wollten meine Beständigkeit schwächen.' „Herrin, das möge Gott verhüten." ‚Wenn ich Euch erhörte, so stiege Euer Ansehen, für mich bliebe nur Spott.'

5 „So lasst mich noch einen Nutzen davon haben, dass ich Euch immer herzlich zugeneigt war." ‚Das wird Euch noch verdrießen, dass Ihr Eure Wörter so gegen mich schleudert.' „Haltet ihr meine Rede nicht für gut?" ‚Sie hat mein beständiges Herz oftmals bedrückt.'

6 „Ich bin auch sehr beständig, wenn ihr mir das glauben wollt." ‚Folgt meinem Rat, unterlasst die Bitte, die niemals erfüllt werden kann.' „Soll ich auf diese Weise erhört werden?" ‚Gott gewähre Euch anderswo, was ihr von mir begehrt.'

7 „Sollen mir dann mein Gesang und mein Dienst für Euch nichts einbringen?" ‚Ihr sollt durchaus einen Erfolg haben, ohne Lohn sollt ihr nicht bleiben.' „Wie meint Ihr das, gute Herrin?" ‚Dass ihr dadurch umso edler seid und dabei auch hochgestimmt.'

Das Dialoglied zeichnet sich durch rhetorische Strategien aus, die Dame und Ritter einsetzen, um jeweils ihre Position zu stärken. Ironische Aussagen der Dame und absichtliche Missverständnisse des Ritters prägen den duellartigen Gesprächsverlauf.

Die erste Strophe beginnt mit der erzählerischen Einleitung des Ritters. Die knapp entworfene Situation ist für den frühen Minnesang typisch. Die Dame steht allein da, als der Ritter auf sie trifft (vgl. Kürenberger). Die Szene ist verfänglich. Da die Aufsicht (*huote*) nicht anwesend ist, ist die Dame ungeschützt und muss sich mit rhetorischen Mitteln verteidigen. Die Pointe besteht also darin, dass die Konstellation des hohen Minnesangs in eine typische Szene des frühen Minnesangs eingebettet und somit die Frage der Gegenseitigkeit der Liebe aufgeworfen wird. Die Dame erwehrt sich des zudringlichen Ritters, indem sie ihn zur Rede stellt. Während er in der Exposition behauptet, dass *sie* alleine (V. 2: *eine*) dastand, macht sie ihm zum Vorwurf, dass *er* so alleine (V. 4: *eine*) zu ihr gekommen sei. Die Dame unterstellt dem Ritter eine Absicht, die dieser abwehrt, indem er behauptet, die Begegnung sei zufällig und absichtslos. Die Frau beschließt die erste Strophe mit der wiederholten Aufforderung, er möge ihr den Grund seines Kommens gestehen. Die Dame wendet das Gespräch also in eine Situation des Bekenntnisses. Indem sich die Dame aber auf das Gespräch einlässt, missachtet sie selbst das Gesetz der *huote*, die sie eigentlich sogleich herbeirufen müsste, um die Situation zu entschärfen.

In der zweiten Strophe legt der Ritter das eingeforderte Geständnis ab: Er sei gekommen, um ihr seinen Kummer zu klagen. Die Dame weist ihn zurecht, dass es töricht sei, ihr die Klage persönlich vorzutragen (eine Regelverletzung im hohen Minnesang). Der Ritter erneuert seine Klage, die Dame unterstreicht mit einer Hyperbel („tausend Jahre"), dass sie ihn niemals erhören werde (und sich somit an die Regeln des hohen Minnesangs halte).

In der dritten Strophe reagiert der Sänger mit einer Exclamatio; er beklagt erneut, dass sein Dienst vergebens sei. Die Dame wiederholt ihre Antwort in affektiv gesteigerter Form. Noch einmal wirft sie ihm Unvernunft vor (*âne sinne*) und bekundet ihren Zorn. Der Ritter steigert ebenfalls seine Anklage und wirft ihr vor, dass ihr Hass ihn töten werde. Die Dame kehrt den Vorwurf mit einer rhetorischen Frage um: Hat er sich nicht selbst in diese aussichtslose Lage manövriert?

In der vierten Strophe fängt der Ritter die Frage der Minnedame ab, indem er sie nicht als rhetorische, sondern als echte Frage missversteht. Es sei ihre Schönheit, die ihn in seine Notlage geführt habe. Der Ball liegt also wieder bei der Dame, die nun zum Gegenangriff ansetzt. Sie unterstellt ihm, dass er mit seinen „süßen Melodien" (*süezen doene*) ihre Standhaftigkeit schwächen, ihr also in Wahrheit schaden wolle. Der Ritter wehrt ab, doch die Dame setzt nach, dass seine wahre Intention die Steigerung seines Ansehens auf ihre Kosten sei.

In der fünften Strophe wiederholt sich der Schlagabtausch. Der Ritter bringt erneut seine Bitte um Lohn für seinen Dienst vor; die Dame wirft ihm erneut vor, sie mit seinen Worten zu belästigen: aus den „süßen Melodien" werden nun „geschleuderte Wörter" (*daz ir iuwer wortel gegen mir bolt*). Der Ritter gibt sich ahnungslos und fragt, ob sie seine Rede etwa nicht für wohlmeinend halte, streitet also ab, dass er eine rhetorische Strategie eingesetzt habe. Die Dame bekräftigt, dass seine Rede sie in der Tat belaste und in ihrer Standhaftigkeit (*staeten muot*) gefährde.

In der sechsten Strophe nimmt der Ritter rhetorisch geschickt das letzte Wort der Dame auf: Auch er sei *staete* („beständig"). Er schickt eine Wahrheitsbeteuerung hinterher. Die Dame lässt sich nicht beeindrucken. Sie gibt ihm den Rat, endlich von seiner aussichtslosen Bitte abzulassen. Der Ritter antwortet mit einem Vorwurf: „Soll dies mein Lohn sein?" Die Dame fordert ihn auf, sich eine andere Minnedame zu suchen, bei der die Erfolgsaussichten größer seien.

In der siebten und letzten Strophe wiederholt der Ritter seine Frage, und die Dame überrascht ihn mit ihrer scheinbaren Einwilligung: Doch, er solle durchaus belohnt werden. Der verblüffte Ritter fragt, wie sie das meine, und sie antwortet mit einer ironisch gemeinten Sentenz, die das ethische Programm des hohen Minnesangs auf den Punkt bringt: Der Lohn bestehe in seiner Nobilitierung. Die Dame hat das rhetorische Schachspiel gewonnen.

5.2.11 Engelhart von Adelnburg

Gesamtausgaben
MF I, S. 283–284 (Text); MF II, S. 102 (Kommentar); MF III/1, S. 340 (Kommentar); MF III/2, S. 478–479 (Kommentar); Schweikle (Hg.), Minnelyrik I, S. 322–325 (Text und Übersetzung), 544–545 (Kommentar); LDM (www.ldm-digital.de).

5.2 Rheinischer Minnesang

Von Engelhart von Adelnburg ist nur ein Minnelied überliefert. Es handelt sich um eine traditionelle Minneklage mit drei Kanzonenstrophen.

***Wart ich ie von guotem wîbe* (MF 148,1)**
Die Verse sind vierhebig bis auf den zweiten Vers des Abgesangs, der auf zwei Hebungen verkürzt ist und somit den Aufgesang vom Abgesang abhebt. Zugleich bereitet der verkürzte Vers eine Pointe vor, die in den beiden Schlussversen formuliert wird. Das Strophenschema beruht auf Kreuzreimen und einem Wechsel weiblicher und männlicher Kadenzen (4-a 4b / 4-a 4b // 4-c 2d 4-c 4d):

1	Wart ich ie von guotem wîbe	148, 1 – *1 C*
	wol gemuot, dêst gar ein niht.	
	ine weiz, wie ich die zît vertrîbe,	
	sît diu hôchgemuote giht;	
5	Daz si welle nien verdriezen	
	mîner nôt.	
	ôwê, sol ich niht geniezen	
	gotes willen, dêst der tôt.	

2	Saelden vruht, der ougen süeze,	148, 9 – *2 C*
	gunnet mir der arbeit,	
	daz ich, vrowe, iu dienen müeze,	
	daz wirt mir ein saelikeit.	
5	Ich wil iemer dur iuch êren	
	elliu wîp.	
	nieman kan mîn leit verkêren	
	âne got wan iuwer lîp.	

3	Kunde ich hôhen lop gesprechen,	148, 17 – *3 C*
	des waer ich ir undertân,	
	swie si welle in zorne rechen,	
	des ich nien begangen hân.	
5	In habe doch gegen ir dekeine	
	schulde mê,	
	wan daz ich sî mit triuwen meine.	
	seht, wie daz ir güete stê.	

1 Wenn mich jemals eine edle Frau freudig stimmte, dann ist das vergessen. Ich weiß nicht, wie ich die Zeit vertreiben soll, seit die Stolze behauptet, dass sie sich meine Not nicht zu Herzen nehmen wolle. Ach, dass mir nicht Gottes Wille widerfährt, nämlich der Tod.

2 Geschöpf des Heils, Augenweide, gönnt mir die Mühsal, dass ich, Herrin, Euch dienen darf, das ist mein größtes Glück. Ich will immer in Euch alle Frauen ehren. Niemand kann mein Leid aufheben, nur Gott und Ihr.

3. Verstünde ich mich auf Lobreden, so wäre ich ihr damit willfährig, obwohl sie in ihrem Zorn etwas rächen will, das ich gar nicht begangen habe. Ich trage ihr gegenüber keine andere Schuld, als dass ich sie in Treue liebe. Seht, wie gut das ihrer Vollkommenheit entspricht.

Das Lied verdichtet die antithetische Liebeserfahrung des hohen Minnesangs. In der ersten Strophe beklagt der Minnesänger, dass seine Lebensfreude Vergangenheit sei, weil ihn die Ignoranz der Dame in eine existenzielle Krise gestürzt habe. Er wisse nicht mehr, wie er sein Leben verbringen solle, und erwartet ungeduldig den frühen Tod, den er als gottgewolltes Schicksal deutet.

Die zweite Strophe wechselt von der Minneklage in eine Apostrophe an die Minnedame. Der Sänger preist sie als Inbegriff der Schönheit und des Heils und formuliert eine paradoxe Bitte: Sie möge seinen Minnedienst hinnehmen, der ihm Kummer und Glück zugleich bringe. Der Kummer beruht auf der Zurückweisung der Minnedame, das Glück in der Gewissheit, dass er in ihr alle Frauen ehre. Die Überhöhung der Minnedame verleiht dem Minnedienst einen religiösen Zug, der in den Schlussversen bestätigt wird: Nur Gott und die Dame können sein Schicksal zum Guten wenden. Die Bezugnahme auf Gott am Ende der ersten und zweiten Strophe bedeutet nicht, dass der Minnesänger den Glauben über die Liebe stellt; im Gegenteil erhebt der Minnesänger die Minnedame zu einer gottgleichen Macht. Das religiöse Motiv unterstreicht den Frauenkult des hohen Minnesangs.

Die dritte Strophe kehrt in den Gestus der Minneklage zurück. Der Minnesänger widerruft den Lobpreis der Minnedame. Er wirft ihr vor, dass sie Unrecht an ihm begehe, indem sie ihn für etwas bestrafe, was er sich nicht habe zuschulden kommen lassen. Mit dieser Ungerechtigkeit schmälere sie nicht nur ihre Vollkommenheit, sondern auch seine Fähigkeit, ihr Lob zu singen. Hier deutet sich die Paradoxie an, dass nicht nur der Minnesänger von der Minnedame abhängig ist, sondern diese auch von ihm. Wenn er aufhört, mit seinen Preisliedern ihren Kult zu betreiben, droht sie ihren Status zu verlieren. Walther von der Vogelweide wird dies später in einer drastischen Sentenz auf den Punkt bringen: „Wenn sie mich umbringt, dann ist sie tot" (L 73,16: *sterbet si mich, sô ist si tôt*).

5.2.12 Rudolf von Fenis-Neuenburg

Gesamtausgaben
MF I, S. 166–177 (Text); MF II, S. 85–87 (Kommentar); MF III/1, S. 203–219 (Kommentar); MF III/2, S. 418–429 (Kommentar); Schweikle (Hg.), Minnelyrik I, S. 206–221 (Text und Übersetzung), 450–467 (Kommentar); LDM (www.ldm-digital.de).

Teilausgaben
Brackert (Hg.), Minnesang, S. 52–57 (Text und Übersetzung), 292–293 (Kommentar); Räkel, Der deutsche Minnesang, S. 82–85 (Text und Übersetzung); Kasten (Hg.), Deutsche Lyrik, S. 140–147 (Text und Übersetzung), 661–671 (Kommentar); Klein (Hg.), Minnesang, S. 153–155 (Text und Übersetzung), 428–430 (Kommentar).

Das Œuvre Rudolfs von Fenis umfasst acht mehrstrophige Liebeslieder, die zum Teil Nachdichtungen von Kanzonen provenzalischer Liederdichter sind. Es handelt sich um mehrstrophige Minneklagen aus der Perspektive des Mannes, Frauenstrophen kommen nicht vor. Charakteristisch für Rudolf von Fenis sind die originellen Bilder, mit denen er die paradoxe Situation des hohen Minnesängers beschreibt: der Baum, von dem er nicht mehr herunterklettern kann; das Spiel, dem er nicht mehr abschwören kann; der Falter, der sich im Kerzenlicht verbrennt. Zwei Lieder weisen einen Natureingang auf (MF 82,26; 83,25).

5.2 Rheinischer Minnesang

Gewan ich zu minnen ie guoten wân (MF 80,1)

Das Lied ist eine Kontrafaktur auf ein (mit Melodie überliefertes) Lied des provenzalischen Minnesängers Folquet de Marseille. Es umfasst drei Kanzonenstrophen zu je acht vierhebigen Versen mit daktylischem Rhythmus. Das Reimschema umfasst einen umarmenden Reim im Aufgesang und einen um eine Waise erweiterten Dreireim im Abgesang (4a 4-b / 4-b 4a // 4-c 4-c 4x 4-c):

1 Gewan ich ze minnen ie guoten wân,   80, 1 – *1 BC*
   nu hân ich von ir weder trôst noch gedingen,
   wan ich enweiz, wie mir süle gelingen,
   sît ich si mac weder lâzen noch hân.
5   Mir ist alse dem, der ûf den boum dâ stîget
   und niht hôher mac und dâ mitten belîbet
   unde ouch mit nihte wider komen kan
   und alsô die zît mit sorgen hine vertrîbet.

2 Mir ist alse deme, der dâ hât gewant   80, 9 – *2 BC*
   sînen muot an ein spil und er dâ mite verliuset
   und erz verswert; ze spâte erz doch verkiuset.
   alsô hân ich mich ze spâte erkant
5   Der grôzen liste, die diu minne wider mich hâte.
   mit schoenen gebaerden si mich ze ir brâhte
   und leitet mich als der boese geltaere tuot,
   der wol geheizet und geltes nie gedâhte.

3 Mîn vrowe sol lân nû den gewin,   80,17 — *3 CB*
   daz ich ir diene, wan ich mac ez mîden;
   iedoch bitte ich si, daz siz geruoche lîden;
   sô wirret mir niht diu nôt, die ich lîdende bin.
5   Wil aber si mich von ir vertrîben,
   ir schoener gruoz scheid et mich von ir lîbe.
   noch dannoch vürhte ich mêre, daz sî
   mich von allen mînen vreuden vertrîbe.

1 Habe ich jemals eine rechte Hoffnung auf die Liebe gesetzt, so habe ich jetzt von ihr weder Trost noch Zuversicht, weil ich nicht weiß, wie ich noch glücklich werden soll, da ich sie weder lassen noch haben kann. Mir geht es wie einem Mann, der auf einen Baum steigt und nicht höher hinaufkann und mittendrin stecken bleibt und auch nicht wieder hinunterkommen kann und so die Zeit mit Sorgen verbringt.

2 Mir geht es wie einem, der sich eingelassen hat auf ein Spiel und dabei verliert und ihm abschwört, doch es zu spät aufgibt. So habe ich zu spät erkannt die große List, die die Minne gegen mich einsetzte, mit schönen Gesten hat sie mich zu sich gelockt und betrügt mich wie ein gemeiner Schuldner, der immer verspricht und nie ans Zahlen dachte.

3 Meine Herrin soll nun auf den Gewinn verzichten, den ihr mein Dienst einbringt, denn ich kann das auch beenden. Trotzdem bitte ich sie, dass sie es dulden möge, dann bekümmert mich nicht die Qual, die ich leide. Will sie mich aber von sich vertreiben, dann soll sie mich mit einem freundlichen Gruß entlassen. Dennoch fürchte ich noch mehr, dass sie mich aus meinem ganzen Glück vertreibt.

Der Aufgesang der ersten Strophe beschreibt das Dilemma des Minnesängers: Obwohl er keine Hoffnung auf die Gunst der umworbenen Minnedame hegt, kann er doch nicht von ihr lassen. Im Abgesang führt der Sänger das Bild des Mannes ein, der auf einen Baum klettert und weder weiter hinaufsteigen (d. h. die Gunst der Dame erreichen) noch wieder hinuntersteigen (d. h. die Werbung beenden) kann. Die Höhe des Baums steht für die hohe Minne.

Der Aufgesang der zweiten Strophe führt ein zweites Bild ein, das mit einer Anapher (*Mir ist alse deme*, vgl. Abschn. 3.3.1.1) eingeführt wird. Der Minnesänger gleicht einem Spieler, der sich vergeblich bemüht, das einmal begonnene Spiel zu beenden. Inhaltlich sind die Bilder des Baums und des Spiels identisch. Der Abgesang führt ein drittes Bild ein: Die personifizierte Minne gleicht einer Schuldnerin, die die ausstehende Rückzahlung stets verspricht und nie leistet. Gemeint ist der ungelohnte Dienst des Minnesängers für die Minnedame. Das zweite und dritte Bild sind über das Motiv der Schuld verbunden: Spielschulden (des Minnesängers) im ersten, Leihschulden (der Minne) im zweiten Fall.

Die dritte Strophe knüpft an das dritte Bild an. Die Dame soll auf den Ertrag verzichten, den sie aus dem Dienst des Minnesängers zieht. Das Dilemma soll also vonseiten der Dame aufgelöst werden. Die Drohung des Minnesängers, dass er von seinem Dienst ablassen könne, ist unglaubwürdig, zumal er in den ersten beiden Strophen das Gegenteil behauptet. So dementiert er sich auch sogleich selbst: Er bittet die Dame, dass sie seinen Dienst weiterhin entgegennehmen wolle, weil er nur so seinen Kummer ertragen könne. Im Abgesang vollzieht er eine erneute Kehrtwende, wenn er den wahrscheinlichen Fall erwägt, dass die Dame seinen Dienst weiterhin abweist. Dann solle sie ihm dies mit einem „freundlichen Gruß" (*schoener gruoz*) mitteilen – der gemäß den Spielregeln des Minnesangs freilich schon den erwarteten Lohn darstellt. Zugleich betont der Sänger, dass er mit der Dame seine Lebensfreude verlöre. Er hat also die Wahl zwischen einem Kummer, den er ertragen kann (weil die Dame seinen Dienst annimmt, auch wenn er ungelohnt bleibt), und einem Kummer, den er nicht ertragen kann (weil die Dame seinen Dienst zurückweist). Somit bringt die dritte Strophe das zuvor in Bildern beschriebene Dilemma des Minnesängers performativ zum Ausdruck.

5.3 Professioneller Minnesang

Zum professionellen Minnesang zählen die Berufsdichter Heinrich von Morungen und Reinmar der Alte sowie die Romanautoren Hartmann von Aue, Gottfried von Straßburg und Wolfram von Eschenbach.

5.3.1 Heinrich von Morungen

Gesamtausgaben
MF I, S. 236–282 (Text); MF II, S. 96–102 (Kommentar); MF III/1, S. 272–340 (Kommentar); MF III/2, S. 449–478 (Kommentar); Tervooren (Hg.), Heinrich von Morungen, Lieder; LDM (www.ldm-digital.de).

Teilausgaben
Brackert (Hg.), Minnesang, S. 82–103 (Text und Übersetzung), 298–303 (Kommentar); Räkel, Der deutsche Minnesang, S. 119–126, 133–138 (Text und Übersetzung); Kasten (Hg.), Deutsche

Lyrik, S. 232–289 (Text und Übersetzung), 747–810 (Kommentar); Klein (Hg.), Minnesang, S. 42–43, 77–78, 156–162, 204–206, 266–269 (Text und Übersetzung), 343–346, 366–369, 430–438, 470–472, 511–513 (Kommentar); Kasten (Hg.), Frauenlieder, S. 76–81 (Text und Übersetzung), 242–245 (Kommentar); Backes (Hg.), Tagelieder, S. 86–89 (Text und Übersetzung), 240–241 (Kommentar).

Besonders reizvoll unter den Liedern Heinrichs von Morungen (s. Abschn. 2.1.3.1) ist das vierstrophige Narzisslied (MF 145,1), das auf den betreffenden Mythos zurückgreift, der in Ovids *Metamorphosen* überliefert ist. Es zeigt die narzisstische Grundstruktur des hohen Minnesangs auf und bietet Ansatzpunkte für eine psychologische Deutung.

Mir ist geschehen als einem kindelîne (MF 145,1)

Die Zugehörigkeit des Liedes, dessen erste Strophe in C und das vollständig nur in E (unter dem Namen Reinmars) überliefert ist, zum Werk Heinrichs von Morungen steht außer Frage. Die für dieses Lied komponierte Kanzonenstrophe kommt mit zwei Reimklängen aus, die im Aufgesang als Kreuzreim und im Abgesang als umarmender Reim angeordnet sind und so mit dem inhaltlichen Spiegelmotiv des Liedes korrespondieren. Die a-Verse sind fünfhebig mit weiblicher Kadenz, die b-Verse sechshebig mit männlicher Kadenz (5-a 6b / 5-a 6b // 6b 5-a 5-a 6b):

1	Mir ist geschehen als einem kindelîne,	145, 1 – *100 C*, 39 Cª, Rei 364 e
	daz sîn schoenez bilde in einem glase gesach	
	unde greif dar nâch sîn selbes schîne	
	sô vil, biz daz ez den spiegel gar zerbrach.	
5	Dô wart al sîn wunne ein leitlich ungemach	
	alsô dâhte ich iemer vrô ze sîne,	
	dô ich gesach die lieben vrouwen mîne,	
	von der mir bî liebe leides vil geschach.	
2	Minne, diu der werelde ir vröude mêret,	145, 9 – *Rei 365 e*
	seht, diu brâhte in troumes wîs die vrouwen mîn,	
	dâ mîn lîp an slâfen was gekêret	
	und ersach sich an der besten wunne sîn.	
5	Dô sach ich ir liehten tugende, ir werden schîn,	
	schoen unde ouch vür alle wîp gehêret,	
	niuwen daz ein lützel was versêret	
	ir vil vröuden rîchez ‹rôtez› mündelîn.	
3	Grôz angest hân ich des gewunnen,	145, 17 – *Rei 366 e*
	daz verblîchen süle ir mündelîn so rôt.	
	des hân ich nu niuwer klage begunnen,	
	sît mîn herze sich ze sülher swaere bôt,	
5	Daz ich durch mîn ouge schouwe sülhe nôt	
	sam ein kint, daz wîsheit unversunnen	
	sînen schaten ersach in einem brunnen	
	und den minnen muoz unz an sînen tôt.	
4	Hôher wîp von tugenden und von sinnen	145, 25 – *Rei 367 e*
	die enkan der himel niender ummevân	
	sô die guoten, die ich vor ungewinne	
	vremden muoz und immer doch an ir bestân.	

5   Owê leider, jô wânde ichs ein ende hân
    ir vil wunnenclîchen werden minne.
    nû bin ich vil kûme an dem beginne.
    des ist hin mîn wunne und ouch mîn gerender wân.

1   Mir ist wie einem Kind geschehen, das sein schönes Ebenbild in einem Spiegel sah und so sehr nach seinem Widerschein griff, dass es den Spiegel zerbrach. Da wurde seine ganze Freude zu schmerzlichem Kummer. So dachte ich immer froh zu sein, als ich meine liebe Herrin erblickte, von der mir bei aller Freude viel Leid widerfuhr.

2   Die Minne, die die Freude der Welt vermehrt, seht, die stellte mir in Form eines Traums meine Herrin vor, als ich mich schlafen gelegt hatte, und im Anblick meines größten Glücks verlor. Da sah ich ihre strahlende Vollkommenheit, ihren edlen Widerschein, schön und auch erhaben vor allen Frauen; nur dass ein wenig verwundet war ihr so freudenreicher roter Mund.

3   Deswegen ergriff mich große Angst, dass ihr so roter Mund erbleichen werde. Deswegen begann ich nun eine neue Klage, da mein Herz sich solchem Kummer zuneigte, da ich mit meinen Augen solche Not erblickte wie ein Kind, das ohne Sinn und Verstand sein Spiegelbild in einem Quell erblickte und den lieben muss bis zu seinem Tod.

4   Eine Frau, die höhere Tugend und höheren Verstand besitzt, die kann der Himmel niemals umfangen so wie die Edle, die ich zu meinem Verlust meiden muss und ihr doch immer treu bleiben. Ach, ich glaubte ans Ziel gelangt zu sein ihrer so beglückenden, edlen Liebe. Nun bin ich wieder ganz am Anfang. Deswegen sind meine Freude und mein hoffnungsvolles Begehren dahin.

Die erste und die dritte Strophe beziehen sich auf den Narzissmythos: Ein Jüngling verliebt sich in sein Spiegelbild, das er auf einem Gewässer erblickt. Da er das Ebenbild nicht erreichen kann, stirbt er an seinem unerfüllten Begehren. Das Lied basiert auf einer Vergleichsstruktur. Der Sänger bekennt, dass ihm Ähnliches geschehen sei wie Narziss. Zugleich entwirft er ein Bild der Dame, das seinerseits einem Spiegel- und Traumbild gleicht. In der letzten Strophe wird die Minnedame als unerreichbare Himmelsfrau dargestellt, die an die Gottesmutter Maria erinnert.

Im Aufgesang der ersten Strophe schildert der Sänger das Bild eines Kindes, das nach seinem Spiegelbild greift und dabei das Spiegelglas zerbricht. Im Abgesang wendet er den Vergleich auf sich selbst an: Wie dem Kind ist ihm durch den Anblick der Minnedame viel Leid widerfahren. Die Strophe ist von Antithesen bestimmt, die sowohl die Bild- als auch die Sachebene betreffen: *wunne* und *leitlich ungemach*, *liebe* und *leit*.

Der Aufgesang der zweiten Strophe bringt ein neues Bild ein. Die personifizierte Minne führt dem Sänger das Traumbild der Minnedame zu, das den Schlafenden mit Freude erfüllt. Das Traumbild entspricht dem Spiegelbild – in beiden Fällen handelt es sich um imaginäre Repräsentationen der Minnedame. Doch während das erste Bild vom Sänger selbst ausgeht, kommt das zweite von der Minne her auf ihn zu. Im Abgesang folgt ein Frauenpreis: Die Dame verfügt über vollkommene Tugend und Schönheit. Doch trübt ein traumatischer Rest das Bild. Es scheint, als wenn der Mund der Minnedame von einem Splitter des zerbrochenen Glases verletzt worden wäre, von dem in der ersten Strophe die Rede war. Wiederum ist die Erfahrung antithetisch: In das Glück mischt sich ein albtraumhafter Schrecken.

Im Aufgesang der dritten Strophe setzt sich das Grauen fort. Der Sänger befürchtet, dass der Mund der Minnedame vollständig verbleichen, die Minnedame also entschwinden könne. Daraus folgt die Minneklage, die den Frauenpreis der vorigen Strophe überschattet. Erst im Abgesang wird der eigentliche Bildspender des Liedes eingeführt, nämlich der Mythos von Narziss. Im Rückgriff auf die erste Strophe vergleicht sich der Sänger erneut mit einem Kind, das sich in sein Spiegelbild (*schaten*) verliebt und daran zugrunde geht. Die Verletzung der Minnedame führt – in einem erneuten Bildsprung – zum Tod des Minnesängers. Die Bilder, die in den ersten drei Strophen entworfen werden, bilden eine bildübergreifende Klimax, die von der Verletzung über das Verblassen in das Verderben führt. Die Abfolge der Bilder beruht auf einer assoziativen Traumlogik.

Die vierte Strophe schlägt einen neuen Ton an. Die Dame erscheint nicht mehr als Spiegel- oder Traumbild, sondern als Himmelsfrau, die eben deswegen, weil der Sänger sie erhöht, für ihn unerreichbar ist. Dies führt ihn in die Resignation. Damit ist das Paradox des hohen Minnesangs auf den Punkt gebracht, dass der Sänger selbst für die Unerreichbarkeit der Minnedame sorgt, indem er sie zur Idealfigur verklärt. Frauenpreis und Minneklage gehen im hohen Minnesang Hand in Hand. Der Sänger leidet an seiner Liebe und kann sich dennoch nicht von ihr lösen.

Eine psychoanalytische Deutung des Liedes könnte sich auf Sigmund Freuds Konzept des Narzissmus und auf Jacques Lacans Konzept des Spiegelstadiums stützen. Der Sänger liebt sich in der Dame selbst. Die Liebeserfahrung ist von der Ambivalenz zwischen Beglückung und Zerstörung geprägt. Wenn die Minnedame das ideale Ich des Minnesängers personifiziert, überschreitet dieser in seinem Begehren die Geschlechtergrenze. Während sich der kämpfende Ritter der höfischen Epen an männlichen Vorbildern orientiert, richtet sich der liebende Ritter des Minnesangs an einem weiblichen Vorbild aus (vgl. Kraß 2009).

5.3.2 Reinmar der Alte

Gesamtausgaben
MF I, S. 285–403 (Text); MF II, S. 103–113 (Kommentar); MF III/1, S. 341–412 (Kommentar); MF III/2, S. 479–507 (Kommentar); Schweikle (Hg.), Reinmar, Lieder; LDM (www.ldm-digital.de).

Teilausgaben
Brackert (Hg.), Minnesang, S. 118–139 (Text und Übersetzung), 306–310 (Kommentar); Räkel, Der deutsche Minnesang, S. 143–166 (Text und Übersetzung); Kasten (Hg.), Deutsche Lyrik, S. 290–391 (Text und Übersetzung), 810–907 (Kommentar); Klein (Hg.), Minnesang, S. 15–16, 69–76, 115–122, 215–218, 232–254, 270–273, 305–306 (Text und Übersetzung), 327–328, 362–366, 399–403, 481–483, 492–503, 514–516, 544–546 (Kommentar); Kasten (Hg.), Frauenlieder, S. 82–103 (Text und Übersetzung), 245–257 (Kommentar); Backes (Hg.), Tagelieder, S. 104–107 (Text und Übersetzung), 250–252 (Kommentar); Müller (Hg.), Kreuzzugsdichtung, S. 58–60 (Text), 146 (Kommentar).

Das Lied *Swaz ich nu niuwer maere sage* ist ein Schlüsselwerk in Reinmars Werk (s. Abschn. 2.1.3.2). Reinmar führt darin eine grundsätzliche Debatte über den Minnesang.

Swaz ich nu niuwer maere sage (MF 165,10)
Das fünfstrophige Lied hat den Charakter einer Disputation, in die Reinmar sein Publikum involviert. Gleichwohl steht in der zentralen Strophe doch ein Frauenpreis. Das Lied basiert auf einer komplexen Kanzonenstrophe, die sich durch

wechselnde Hebungszahlen und einen gegliederten Abgesang mit Reimpaarversen und Waisenterzine auszeichnet (4a 6b / 4a 6b // 5c 7c / 3d 5x 5d). Walther bekennt in seiner Totenklage auf Reinmar (L 82,24), dass dieser selbst dann, wenn er nur dieses eine Lied verfasst hätte, höchsten Ruhm für seinen Frauenpreis verdiente. Das Lied ist in den Handschriften A, B und C (Strophe 1–4) und E (alle Strophen) überliefert. Die Edition in *Minnesangs Frühling* ist ein Beispiel dafür, wie die Herausgeber zuweilen von Strophe zu Strophe die Leithandschrift wechseln. In den Strophen 1 bis 3 folgen sie A (gleichen die Strophenfolge aber an die übrigen Handschriften an), in den Strophen 4 und 5 (der ein Vers fehlt) hingegen E:

1 Swaz ich nu niuwer maere sage,   165, 10 – *34 A*, 32 B, 56 C, 306 E
    des endarf mich nieman vrâgen: ich enbin niht vrô.
die vriunt verdriuzet mîner klage.
    des man ze vil gehoeret, dem ist allem sô.
5   Nû hân ich beidiu schaden unde spot.
    waz mir doch leides unverdienet, daz bedenke got,
        und âne schult geschiht!
        ich engelige herzeliebe bî,
    sône hât an mîner vröude nieman niht.

2 Die hôchgemuoten zîhent mich,   165, 19 – *36 A*, 33 B, 57 C, 307 E
    ich minne niht sô sêre, als ich gebâre, ein wîp.
si liegent und unêrent sich:
    si was mir ie gelîcher mâze sô der lîp.
5   Nie getrôste sî dar under mir den muot.
    der ungnâden muoz ich, unde des si mir noch tuot,
        erbeiten, als ich mac.
        mir ist eteswenne wol gewesen:
    gewinne aber ich nu niemer guoten tac?

3 Sô wol dir, wîp, wie rein ein nam!   165, 28 – *35 A*, 34 B, 58 C, 308 E
    wie sanfte er doch z'erkennen und ze nennen ist!
ez wart nie niht sô lobesam,
    swâ dûz an rehte güete kêrest, sô du bist.
5   Dîn lop mit rede nieman volenden kan.
    swes dû mit triuwen pfligest wol, der ist ein saelic man
        und mac vil gerne leben.
        dû gîst al der welte hôhen muot:
    maht ouch mir ein wênic vröide geben!

4 Zwei dinc hân ich mir vür geleit,   165, 37 – *309 E*, 37 A, 35 B, 59 C
    diu strîtent mit gedanken in dem herzen mîn:
ob ich ir hôhen wirdekeit
    mit mînen willen wolte lâzen minre sîn,
5   Oder ob ich daz welle, daz si groezer sî
    und sî vil saelic wîp bestê mîn und aller manne vrî.
        siu tuont mir beide wê:
        ich wirde ir lasters niemer vrô;
    vergêt siu mich, daz klage ich iemer mê.

5 Ob ich nu tuon und hân getân,   166, 7 – *310 E*
    daz ich von rehte in ir hulden solte sîn,
und sî vor aller werlde hân,
    waz mac ich des, vergizzet sî darunder mîn?
5   Swer nu giht, daz ich ze spotte künne klagen,
    der lâze im beide mîn rede singen unde sagen
        ⟨...⟩
        unde merke, wâ ich ie spreche ein wort,
    ezn lige, ê i'z gespreche, herzen bî.

5.3 Professioneller Minnesang

1. Welche Neuigkeiten ich jetzt bringe, danach soll mich niemand fragen: Ich bin unglücklich. Die Freunde verdrießt meine Klage. Das ist mit allem so, was man zu oft hört. Nun habe ich den Schaden und noch den Spott dazu. Gott bedenke, welches Leid mir unverdient und ohne meine Schuld widerfährt! Wenn ich nicht bei meiner von Herzen Geliebten liege, dann hat niemand an mir Freude.

2. Die Hochgestimmten werfen mir vor, ich liebe die eine Frau nicht so, wie ich es mit meinem Verhalten zeige. Sie lügen und entehren sich: Sie war mir so viel wert wie mein eigenes Leben. Nie tröstete sie mir unterdessen mein Herz. Diese Ungnade und was sie mir sonst noch antut muss ich erdulden, so gut ich kann. Mir ging es einst gut: Werde ich nun niemals mehr einen guten Tag erleben?

3. Gepriesen seist du, ‚Frau', welch edles Wort! Wie angenehm es doch zu hören und zu sprechen ist! Nie war etwas so lobenswert, wenn du dich mit wahrer Güte verbindest, was deine Art ist. Dein Lobpreis kann niemand zur Gänze in Worte fassen. Wessen du dich mit Treue annimmst, der ist ein glücklicher Mensch und mag sehr gerne leben. Du schenkst der ganzen Welt Hochstimmung: Du sollst auch mir ein wenig Freude schenken!

4. Zwei Fragen habe ich mir vorgelegt, die streiten mit Gedanken in meinem Herzen: Ob ich ihren hohen Wert willentlich geringer erscheinen lassen wollte oder ob ich vielmehr wolle, dass er noch größer werde und sie, die glückliche Frau, von mir und allen Männern unbehelligt bleiben soll. Beides schmerzt mich: Ich würde niemals froh, wenn ihre Ehre gekränkt würde; aber wenn sie mich übergeht, so werde ich darüber immerfort klagen.

5. Wenn ich nun so handle und gehandelt habe, dass ich mit Recht in ihrer Gunst sein sollte, und sie über die ganze Welt erhebe, was bringt mir das, wenn sie mich gleichwohl vergisst? Wer nun sagt, dass ich im Unernst zu klagen wüsste, der lasse sich mein Lied vorsingen und vorsagen […] und achte darauf, ob ich jemals ein Wort gesagt habe, das nicht, bevor ich es aussprach, in meinem Herzen lag.

In der ersten Strophe stellt sich Reinmar seinem Publikum als Überbringer von Neuigkeiten vor. Dies entspricht der Rolle des fahrenden Sängers, der von Hof zu Hof zieht und daher Neues berichten kann. Die Pointe besteht darin, dass er als Minnesänger mit keinen Überraschungen aufwarten kann, da seine Situation als Liebender immer dieselbe ist: Er ist unglücklich. Im zweiten Stollen betont er, dass die Menschen, die ihm nahestehen, seine Minneklagen nicht mehr hören mögen. Er verfehlt also die Bestimmung des Berufssängers, sein Publikum zu unterhalten. Im Abgesang stellt er fest, dass er davon einen doppelten Nachteil hat: Schaden und Spott. Der Schaden besteht darin, dass die Dame ihn nicht erhört, den Spott liefert die gelangweilte Hofgesellschaft. Schließlich betont Reinmar, dass er für den Schaden nicht verantwortlich sei und somit auch den Spott nicht verdiene. Schuld sei vielmehr, so die implizite Folgerung, die Minnedame. Erst wenn sich seine Situation ändere und er bei seiner *herzliebe* (seiner von Herzen geliebten Dame) liegen dürfe, werde sich das Leid in Glück wenden und die Gesellschaft wieder von ihm erfreut werden. Reinmar interagiert also mit dem Publikum und baut Druck auf die Minnedame auf. Sie soll ihn erhören, ihn sogar bei sich liegen lassen, damit er von Freude erfüllt werde und diese als Sänger mit seinem Publikum teilen könne. Sein Argument ist also, dass es nicht an ihm, sondern an der Dame liege, dass die Hofgesellschaft verdrießlich sei.

In der zweiten Strophe setzt sich die Auseinandersetzung mit dem Publikum fort. Nun spricht Reinmar über diejenigen, die behaupten, dass seine Liebe zur Minnedame nur vorgespielt sei. Wieder geht es um die Rolle des Sängers, nun aber weniger um den Inhalt (*niuwes*) als die Performanz (*gebâre*) der Darbietung. Fraglich ist das Verhältnis von Realität und Fiktion: Ist die Liebe zur Dame nur gespielt oder tatsächlich vorhanden? Reinmar dreht den Vorwurf um und geht in die Offensive: Wer ihm Authentizität abspreche, erweise sich als Lügner und verliere sein gesellschaftliches Ansehen. Im Abgesang beteuert er, dass er die Dame liebe wie sein eigenes Leben, aber schon allzu lange vergeblich auf ihre Gunst warte. Er schließt die Strophe mit einer rhetorischen Frage, die einerseits seinen Kummer zum Ausdruck bringt und andererseits auf das Mitgefühl der Hofgesellschaft zielt, die somit erneut in das Spiel einbezogen wird. Auffällig ist, dass Reinmar die Minnedame nicht als Herrin (*vrouwe*), sondern als Frau (*wîp*) und Geliebte (*herzeliep*) anspricht. Er betont eher das Geschlecht als den Stand der Minnedame und zielt auf ein Liebeskonzept, das man aus dem frühen Minnesang kennt: Die Liebe soll gegenseitig sein (*herzeliebe*) und sich körperlich erfüllen (*bîligen*).

In der dritten, zentralen Strophe wechselt Reinmar abrupt den Ton und den Inhalt. Während er sich in den ersten beiden Strophen mit seinem Publikum auseinandergesetzt hat, beginnt er nun einen Lobpreis auf den Namen (*nam*), d. h. die Bezeichnung ‚Frau' (*wîp*). Er macht also einen Unterschied zwischen dem allgemeingültigen Begriff und der individuellen Person. Diese Unterscheidung bringt die Minnedame in Zugzwang. Sie kann den Lobpreis nur dann auf sich beziehen, wenn sie Reinmars Vorstellungen von einer Frau entspricht. Die Differenzierung zwischen Standes- (*vrouwe*) und Geschlechtsbezeichnung (*wîp*) führt zu einer Verschiebung des Maßstabs. Es geht nicht mehr um Standes-, sondern Tugendadel. Nicht mehr die Klasse, sondern das Geschlecht dient Reinmar als Ansatzpunkt der Idealisierung. Er konstruiert eine idealistische Geschlechterrolle, um sie dann zu naturalisieren (d. h. zur weiblichen ‚Natur' zu erklären) und zu essentialisieren (d. h. zum weiblichen ‚Wesen' zu erklären). Die Minnedame kann sich folglich nicht länger allein auf ihren Stand berufen, sondern muss sich als Frau im überhöhten Verständnis Reinmars qualifizieren. Die von Reinmar idealisierte Frau verkörpert *rehte güete*, d. h. wahre Vollkommenheit. Hier nimmt er die Unterscheidung von Außen und Innen auf, die die Kritiker gegen ihn richteten, als sie die Authentizität seines Gesangs bezweifelten. Eine solche Frau, wie Reinmar sie im Sinn hat, verdient es, im Minnesang gepriesen zu werden. Dies betont er mit einer rhetorischen Unsagbarkeitsgeste: *Dîn lop mit rede nieman volenden kan.* Dann kehrt Reinmar das Verhältnis zwischen Minnedame und Minnesänger um. Die Frau soll sich in Treue (*mit triuwen*) um den Mann bemühen. Dies soll die Voraussetzung dafür sein, dass der Mann seinerseits der Frau treu dient. Auf diese Weise kann auch eine Lösung für jenes Problem gefunden werden, das in der ersten Strophe formuliert worden ist. Die Dame vermag der Gesellschaft *hôhen muot*, also eine freudige Hochstimmung zu schenken. Wenn auch der Minnesänger daran teilhaben darf, kann er sie in seinem Minnesang zum Ausdruck bringen und somit zur Freude der Gesellschaft beitragen. Reinmar bestimmt die Koordinaten des Minnesangs neu. Der Minnesänger kann seinen Auftrag nur in dem Maße erfüllen, wie die Minnedame ihrer Rolle gerecht wird. Die ethische Idealisierung der Minnedame verweist auf die höfische Gesellschaft selbst. Was Reinmar explizit von der Minnedame fordert, fordert er implizit von der Gesellschaft.

In der vierten Strophe setzt Reinmar wieder neu an. Er eröffnet eine Debatte über zwei widerstreitende Fragen, die er an sich selbst, aber auch an das Publikum richtet. Soll er den Wert der Minnedame mit seinem Gesang vergrößern oder vermindern? Die Frage ist nicht trivial, da der Wert der Dame davon abhängig ist, ob sie sich auf ihn und andere Männer einlässt oder nicht. Wenn sich die Minnedame vom Minnesänger fernhält, bleibt ihre Wertschätzung intakt; aber sie gibt dann auch einen Grund zur Klage des Minnesängers, der nicht mehr zur Freude der Gesellschaft beitragen kann. Wenn sich die Minnedame auf den Minnesänger einlässt, gibt sie ihm Grund zur Freude und erhöht somit die Freude der Gesellschaft, büßt aber ihre Idealität ein. Somit befindet sich der Minnesänger in einer Aporie. Er kann weder wollen, dass die Dame Schaden nimmt (indem sie ihre Idealität einbüßt), noch dass die Gesellschaft Schaden nimmt (indem ihr die Freude vorenthalten wird). Damit ist Reinmar wieder am Ausgangspunkt seines Liedes angelangt. Ihm bleibt nur die immer gleiche Klage, die das Publikum missmutig macht.

In der fünften Strophe lenkt Reinmar den Fokus wieder auf sich selbst. Er erklärt, dass sein Handlungsspielraum begrenzt sei. Zwar liege es in seiner Macht, sich gegenüber der Minnedame so zu verhalten, wie es von ihm als Minnesänger erwartet werde, d. h. er könne sie aus der Gesellschaft hervorheben und über alles stellen. Wenn die Minnedame ihm aber ihre Gunst verweigere, so könne er seiner Aufgabe nicht mehr gerecht werden, die Gesellschaft in eine freudige Stimmung zu versetzen. Er bekräftigt die Aussichtslosigkeit mit einer rhetorischen Frage (Vers 4). Im Abgesang kommt er – im Sinne einer Schlussfolgerung, die er aus der über fünf Strophen sich hinziehenden Argumentation zieht – auf die Frage der Authentizität zurück. Die Kritiker der Hofgesellschaft, von denen schon in der zweiten Strophe die Rede war, sollen nun überprüfen, ob sein Minnesang authentisch sei oder nicht. Die Pointe besteht darin, dass er die Aufrichtigkeit seines von *herzen* kommenden Gesangs mit derselben Redewendung formuliert, die in der ersten Strophe der Hoffnung auf das Zusammensein mit der Dame bezogen ist: *bîligen*.

Reinmar verschränkt in diesem Lied die Rollen des Minnesängers und des Berufsdichters. Als Minnesänger spricht er über die Liebe und das Problem der fehlenden Gegenseitigkeit im hohen Minnesang. Als Berufsdichter spricht er argumentierend und debattierend über seine Position in der höfischen Gesellschaft, die auch auf Gegenseitigkeit beruht (Lohn für erbrachten Dienst). Indem Reinmar die Rollen verknüpft, gelangt er zu einer Neubestimmung seines Verhältnisses als Minnesänger zur höfischen Gesellschaft. Das Verhältnis zwischen Minnesänger und Minnedame wird transparent auf das Verhältnis zwischen Minnesänger und Publikum. Reinmar reflektiert seine Rolle als professioneller Sänger. Für ihn, der von Hof zu Hof zieht, kann die Rede über die Minnedame nur ein Rollenspiel sein. Dennoch ist seine Rede authentisch, denn die Beziehung des Sängers zum Hof, der ihn engagiert, ist real. Er spricht im Bild der Minnedame über die Hofgesellschaft, die er zur Steigerung ihres Wertes und ihres Ansehens auffordert, indem sie sich an jenem ethischen Ideal ausrichtet, das er ihr im Bild der Minnedame vor Augen stellt.

5.3.3 Hartmann von Aue

Gesamtausgaben
MF I, S. 404–430 (Text); MF II, S. 113–116 (Kommentar); MF III/1, S. 412–473 (Kommentar); MF III/2, S. 507–519 (Kommentar); von Reussner (Hg.), Hartmann von Aue, Lieder; LDM (www.ldm-digital.de).

Teilausgaben
Brackert (Hg.), Minnesang, S. 104–117 (Text und Übersetzung), 303–306 (Kommentar); Räkel, Der deutsche Minnesang, S. 108–113 (Text und Übersetzung); Kasten (Hg.), Deutsche Lyrik, S. 200–231 (Text und Übersetzung), 711–747 (Kommentar); Klein (Hg.), Minnesang, S. 113–114, 222–223 (Text und Übersetzung), 397–399, 486–487 (Kommentar); Kasten (Hg.), Frauenlieder, S. 68–77 (Text und Übersetzung), 237–242 (Kommentar); Müller (Hg.), Kreuzzugsdichtung, S. 55–58 (Text), 146 (Kommentar).

Unter den Liedern Hartmanns von Aue (s. Abschn. 2.1.3.3) ist das Kreuzlied *Ich var mit iuweren hulden, herren und mâge* besonders bemerkenswert, weil es eine Absage an den Minnesang formuliert. Hartmann spielt in der Rolle des Kreuzritters den Dienst an Gott gegen den Dienst an der Dame aus.

Ich var mit iuweren hulden, herren und mâge (MF 218,5)
Das Lied folgt der Kanzonenform. Der Aufgesang besteht aus vier kreuzgereimten Versen, der Abgesang aus vier Versen mit umarmendem Reim. Die Hebungszahlen und Kadenzen wechseln (6-a 5b / 6-a 5b // 7c 7d 6d 6c):

```
1   Ich var mit iuweren hulden, herren unde mâge.          218, 5 – 58 C
      liut unde lant die müezen saelic sîn!
    ez ist unnôt, daz ieman mîner verte vrâge,
      ich sage wol vür wâr die reise ⟨mîn⟩.
5   Mich vienc diu minne und lie mich varn ûf mîne sicherheit,
      nu hât si mir enboten bî ir liebe, daz ich var.
    ez ist unwendic, ich muoz endelîchen dar.
      wie kûme ich braeche mîne triuwe und mînen eit!
```

5.3 Professioneller Minnesang 205

2   Sich rüemet maniger, waz er dur die minne taete.   218, 13 – *59 C*
      wâ sint diu werc? die rede hoere ich wol.
    doch saehe ich gern, daz sî ir eteslîchen baete,
    daz er ir diente, als ich ir dienen sol.
5   Ez ist geminnet, der sich durch die minne ellenden muoz.
    nu seht, wie sî mich ûz mîner zungen ziuhet über mer.
    und lebte mîn her Salatîn und al sîn her
    dien braehten mich von Vranken niemer einen vuoz.

3   Ir minnesinger, iu muoz ofte misselingen,   218, 21 – *60 C*
    daz iu den schaden tuot, daz ist der wân.
    ich wil mich rüemen, ich mac wol von minnen singen,
    sît mich diu minne hât und ich si hân.
5   Daz ich dâ wil, seht, daz wil alse gerne haben mich.
    sô müest aber ir verliesen underwîlent wânes vil:
    ir ringent umbe liep, daz iuwer niht enwil.
    wan müget ir armen minnen solhe minne als ich?

1   Ich ziehe mit eurer Erlaubnis, Herren und Verwandte, aus. Leute und Land soll es wohlergehen! Es ist nicht erforderlich, dass jemand nach meinem Reiseziel fragt, ich sage euch aufrichtig, wohin mich die Reise führt. Die Minne nahm mich gefangen und ließ mich auf mein Treueversprechen hin ziehen. Es ist unabwendbar, ich muss endlich dorthin. Niemals bräche ich meine Treue und meinen Eid!

2   Viele rühmen sich, was sie der Liebe wegen täten. Wo sind die Taten? Nur die Worte höre ich genau. Doch sähe ich gern, dass sie manch einen bäte, dass er ihr so diente, wie ich ihr dienen werde. Das ist Liebe, wenn einer sich aus Liebe in die Fremde begeben muss. Nun seht, wie sie mich aus meiner Heimat übers Meer zieht. Lebten Herr Saladin und sein Heer noch, für sie hätte ich Franken nicht einen Fußbreit verlassen.

3   Ihr Minnesänger, es muss euch immer wieder misslingen; was euch den Schaden zufügt, dass ist die falsche Hoffnung. Ich will mich rühmen, dass ich wohl von der Liebe singen kann, weil die Liebe mich besitzt und ich sie. Was ich will, seht, das will mich ebenso gern. Dagegen müsst ihr immer wieder eure Hoffnung verlieren: Ihr kämpft für eine Liebe, die euch nicht will. Warum könnt ihr Armen nicht solche Liebe lieben wie ich?

In der ersten Strophe spricht der Minnesänger das Publikum an. Er bittet um die Erlaubnis, die Hofgesellschaft verlassen und sich auf die Reise begeben zu dürfen. Mit seiner Abschiedsgeste verbindet er einen Segenswunsch für die Heimat und die zurückbleibende Hofgesellschaft. Das im Segenswunsch enthaltene Wort *saelic* kündigt das religiöse Thema an; auch für sich selbst erhofft der Kreuzritter *saelde*, d. h. Heil. In einem fingierten Dialog mit der Hofgesellschaft nimmt er die Frage vorweg, was Ziel und Zweck seiner Reise sei, und beantwortet sie sogleich. Die Liebe habe ihn erfasst und, nachdem er ein Treueversprechen abgelegt habe, auf die Reise geschickt. Er will seinen Eid halten und bricht nun auf. In der ersten Strophe bleibt offen, wessen Liebe der Sänger meint. Noch liegt die Vermutung nahe, dass es sich um die Minnedame handelt, die ihn fortschickt. Auch das Motiv der Minnegefangenschaft (*mich vienc*) und die Treuebekundung erinnern an den hohen Minnesang.

In der zweiten Strophe wechselt der Sänger das Thema und beginnt eine Reflexion über die Liebe. Er stellt fest, dass viele Ritter sich dafür rühmen, welche Taten sie im Namen der Minne vollbringen wollen; doch bezweifelt er, dass ihren Worten Taten folgen. Er wünscht ihnen, dass die personifizierte Minne sie zu einem Dienst auffordere, wie er ihn leiste. Noch immer wird das Publikum im Glauben gelassen, dass es um den Dienst an einer Minnedame geht. Doch wird bereits eine Unterscheidung vorgenommen zwischen einem Minnedienst, der nur aus Worten besteht, und einem, dem Taten folgen. Der Minnedienst, den Hartmann meint, hält ihn nicht daheim fest, sondern schickt ihn fort übers Meer in die Fremde. Hier wird deutlicher, dass der Sänger nicht die Liebe zur Dame, sondern zu Gott meint. Die letzten beiden Verse machen endgültig klar, dass es sich um ein Kreuzlied handelt. Sie sprechen von den gegnerischen Parteien, die um Jerusalem kämpfen: dem islamischen Herrscher Saladin und den christlichen Franken. Die Wörter *mîn her* sind unterschiedlich gedeutet worden. Entweder beziehen sie sich auf den Herrn, in dessen Dienst der Sänger steht. Dann wäre der Sinn, dass ihn nichts mehr in der Heimat halte, da sein Herr gestorben sei. Bei dieser Lesart muss ein Komma nach *her* gesetzt werden. Oder die Wörter *mîn her* beziehen sich auf Saladin und sind als Standestitel (wie das französische *monsieur*) zu verstehen. Dann besteht die Pointe darin, dass es letztlich nicht der (inzwischen verstorbene) Saladin und sein Heer seien, die ihn zur Teilnahme am Kreuzzug veranlassen, sondern allein der Dienst an Gott.

In der dritten Strophe setzt Hartmann neu an und adressiert die Minnesänger. Wenn er sie in der zweiten Person Plural anspricht, impliziert er, dass er selbst dieser Gruppe nicht mehr angehört. Hartmann baut eine Opposition zwischen einseitiger und gegenseitiger Liebe auf. Die Minnesänger folgen einer Illusion (*wân*), weil ihr Dienst nie erhört wird. Hartmann hingegen nimmt für sich in Anspruch, von wahrer Minne zu singen, weil sie wechselseitig sei. Die Strophe endet mit einer rhetorischen Frage, so wird das Publikum in die Debatte einbezogen. Hartmann thematisiert das Grundproblem des hohen Minnesangs, nämlich die fehlende Wechselseitigkeit der Liebe. Er spielt die gegenseitige Liebe zu Gott gegen die einseitige Liebe zur Dame aus. Das Spiel mit den Wörtern *minnesinger* und *misselingen* unterstreicht die Aussichtslosigkeit des hohen Minnesangs. Hartmann fordert einen neuen Minnesang, der sich nicht auf die Liebe zur Dame, sondern zu Gott bezieht. Die Abschaffung des ‚alten' Minnesangs wird als Einführung eines ‚neuen' Minnesangs vorgestellt, der die Dame durch Gott substituiert und so vom weltlichen ins religiöse Register wechselt.

5.3.4 Gottfried von Straßburg

Gesamtausgaben
MF I, S. 431–435 (Text); MF II, S. 116–117 (Kommentar); LDM (www.ldm-digital.de).

5.3 Professioneller Minnesang

Von Gottfried von Straßburg (s. Abschn. 2.1.3.4) ist nur ein Minnelied überliefert. Das sechs Strophen umfassende, formal und inhaltlich anspruchsvolle Lied bezieht sich intertextuell auf die Tradition des hohen Minnesangs zurück. Insbesondere sind motivische Anklänge an Reinmar deutlich erkennbar. Wie so oft bei den professionellen Minnesängern betont das Lied nicht nur die Minne, sondern auch das Singen davon, also den Minnesang selbst. Es beruht auf einer Paradoxie: Einerseits bekundet der Sänger, dass ihm die Minne die Sprache verschlage; andererseits verleiht er seiner angeblichen Sprachlosigkeit in höchst kunstvoller Sprache Ausdruck. Zudem ist eine gewisse ironische Distanz gegenüber dem hohen Minnesang erkennbar, die zum spezifischen Profil Gottfrieds als Minnesänger beiträgt. Das Lied weist deutliche Bezüge zum Roman von Tristan und Isolde auf, dem Hauptwerk des Dichters: Wie das Minnelied thematisiert auch der Roman nicht nur die Liebe, sondern zugleich auch den Akt des Dichtens.

Diu zît ist wunneclich (MF XXIII,II)

Das Lied beruht auf einer elaborierten Kanzonenstrophe. Der sechsversige Aufgesang umfasst zwei Stollen mit je drei Reimen; der vierversige Abgesang ist kreuzgereimt und weist im Schlussvers Binnenreime auf. Die Hebungszahlen und Kadenzen wechseln, der Schlussvers zeichnet sich durch seine Überlänge aus (3a 4-b 4c / 3a 4-b 4c // 4d 5e 4d 7ffe):

```
1   Diu zît ist wunneclich.                     K S. 129 – 1 AC
      swenne aberelle gegen dem meien
      alsô wunneclîchen strebt,
      sô hât ze vröiden sich
5   erde unde luft; dar zuo sich zweien,
      swaz gêt, vliuget oder swebt.
      Muoz ich iemer eine sîn?
        selbe ander wurde ich niemer âne sî,
        diu mir an dem herzen mîn,
10      süeze in dem munde   zaller stunde   wont mir nâhe bî.

2   Wîplîche werdekeit,                         K S. 129 – 2 CA
      got hât vor aller crêatiure
      dich gemachet alse wert.
    swes muot ze minnen steit,
5   dem ist dîn name alsô gehiure.
      daz er bezzers nien engert.
      Wart iht liebers danne wîp,
        des habe ich ungesamnet mînen muot.
        wîbes name und wîbes lîp
10      sint beide reine,   swie doch eine   mir unsanfte tuot.

3   Ich unverdâhter man,                        K S. 129 – 3 CA
      war tuon ich wort, war tuon ich sinne,
      swanne ich bî der schoenen bin,
      daz ich niht reden kan?
5     sô gar verstummet mich ir minne,
```

daz ich bin gar âne sin.
Swanne ich sprechen sol ze nôt,
sô kan ich harte kleine, des mich vrume;
sô wird ich blûc, von schamen rôt.
10 dar nâch besunder kan ich wunder, swanne ich von ir kume.

4 Waz sol mîn umbesagen? K S. 129/130 – *4 AC*
mit einem worte sîz besliuzet,
wan si sprichet, ‚ine wil'.
sold ich dar umbe verzagen?
5 nein, ich enwil, swen lîhte verdriuzet,
der bejagete niht ze vil.
Ich wil si noch versuochen baz
unde mich ze dienste ir iemer sparn.
und obe si mir gebiutet daz,
10 ze Babilône nâch ir lône wolde ich gerne varn.

5 Der sumer sî sô guot, K S. 130 – *5 AC*
daz er die schoene in sîner wunne
lâze wunneclîche leben.
swaz wol den ougen tuot
5 und sich den liuten lieben kunne,
daz müez ir diu saelde geben.
Swaz grüenes ûf von erde gê
oder touwes obenan nider rîsen muoz,
loup, gras, bluomen unde klê,
10 der vogele doenen gebe der schoenen minneclîchen gruoz.

6 Ir rôse varwer munt K S. 130 – *6 C*
und ir wol stênden liehten ougen,
dâ bî ein wol geschaffen lîp,
daz machet manger stunt,
5 daz mir daz herze trûret tougen.
daz bedenke, ein schoenez wîp!
Dû senfte mir daz swaere leben
und biut mir vil schiere dîne hant,
ald ich muoz in den sorgen sweben.
10 dar an gedenke, niht entwenke, entstricke mir daz bant.

1 Die Jahreszeit ist freudenvoll. Wenn der Mai den April auf so erfreuliche Weise ablöst, so finden sich zur Freude zusammen Erde und Luft. Außerdem paart sich alles, was schreitet, fliegt oder schwimmt. Muss ich für immer einsam sein? Ohne sie werde ich niemals zu zweit sein, die meinem Herzen nahe beiwohnt und immerfort süß im Munde liegt.

2 Weiblicher Adel – Gott hat dich vor allen Geschöpfen so wertvoll gemacht. Wer Liebe im Sinn hat, dem ist dein Name so angenehm, dass er nichts Besseres mehr begehrt. Wenn je etwas liebenswerter sein sollte als eine Frau, dann hätte ich meine Gedanken nicht beisammen. Der Name der Frau und die Frau selbst sind beide vollkommen, obwohl eines von beiden mich bekümmert.

3 Ich gedankenloser Mensch, wo sind meine Worte, wo ist mein Verstand hin, wenn ich bei der Schönen bin und nicht mehr sprechen kann? Ihre Minne lässt mich so ganz und gar verstummen, dass ich meinen Verstand verliere. Wenn ich unbedingt sprechen soll, so vermag ich nicht mehr zu tun, was mir nützt; dann werde ich verlegen und schamrot. Danach, wenn ich sie verlassen habe und wieder allein bin, dann bin ich wieder im Vollbesitz meiner Kräfte.

5.3 Professioneller Minnesang 209

4   Was nützt all mein Reden? Mit einem Wort setzt sie dem ein Ende, denn sie sagt: „Ich will nicht". Sollte ich deswegen verzagen? Nein, das will ich nicht, denn wer schnell den Mut verliert, der wird nicht viel erreichen. Ich will es weiter bei ihr versuchen und mich immer für ihren Dienst aufsparen. Und wenn sie mir es befiehlt, dann will ich gern um des Lohnes willen bis nach Babylon reisen.

5   Möge der Sommer so gut sein, dass er in seiner Wonne die Schöne glücklich leben lässt. Was den Augen wohltut und sich bei den Menschen beliebt machen kann, das möge ihr das Glück schenken. Das Grün, das von der Erde hinaufwächst, und der Tau, der von oben hernieder rieselt, Laub, Gras, Blumen und Klee sowie der Gesang der Vögel sollen die Liebenswerte schön grüßen.

6   Ihr rosenfarbener Mund und ihre schönen, strahlenden Augen und ihr wohlgeformter Leib bewirken oftmals, dass mein Herz heimlich trauert. Das sollst du bedenken, schöne Frau! Lindere du mein bedrückendes Leben und biete mir bald deine Hand, sonst muss ich in Sorgen taumeln. Denke daran, weiche nicht aus, binde mir die Fessel los!

Die erste Strophe beginnt mit einem Natureingang. Der Übergang vom April zum Mai wird als Zeit der Freude vorgestellt, in der sich die Tiere paaren. Der Sänger vergleicht seine Situation mit der der Tiere und fragt sich, ob auch er Liebe finden werde. Dieser Gedanke erinnert an das Lied *In dem aberellen* Heinrichs von Veldeke (s. Abschn. 5.2.7), es dürfte sich um einen intertextuellen Bezug handeln. Die Unterscheidung zwischen den verschiedenen Tiergattungen, die gehen (Vierbeiner), fliegen (Vögel) und schwimmen (Fische), verweist auf die Gelehrsamkeit eines Sangspruchdichters; eine Parallele findet sich zum Beispiel im Reichston Walthers von der Vogelweide. Wenn Gottfried das Herz und den Mund betont, unterstreicht er metaphorisch die Ebenen der Minne und des Minnesangs. Die Metapher des Wohnens im Herzen verweist auf die Liebe, die Metapher der Süßigkeit im Mund auf den schönen Gesang. Dies erinnert an Kaiser Heinrich, der in seinem Thronlied ebenfalls auf Herz und Mund verweist (s. Abschn. 5.2.2).

Die zweite Strophe lässt sich als Bezugnahme auf Reinmar den Alten lesen, insbesondere auf die dritte Strophe seines Liedes *Swaz ich nu niuwer maere sage* (s. Abschn. 5.3.2). Wie Reinmar unterscheidet Gottfried zwischen dem Namen (*nam*) der Frau und der Frau als solcher und knüpft den Preis ihrer *werdekeit* („Würde") nicht an die Standeszugehörigkeit (*vrouwe*), sondern an die Geschlechtszugehörigkeit (*wîp*). Die Pointe besteht darin, dass der Begriff der Frau den Sänger mit Freude erfüllt, die Person (*lîp*) der Minnedame hingegen mit Kummer.

Die dritte Strophe thematisiert das Sprachvermögen des Minnesängers in Form einer Unsagbarkeitsgeste. In Abwesenheit der Dame ist er sprachmächtig (*kan ich wunder*), in ihrer Anwesenheit muss er verstummen. Der Begriff inspiriert, die Person blockiert seine Sangeskunst. Dies entspricht dem Prinzip des Minnesangs: Der Dichter bezieht seine Kunst nicht aus der konkreten Person, sondern aus der abstrakten Idee der Minnedame.

Die vierte Strophe führt die Sprachproblematik weiter aus. Eine weitere Paradoxie besteht darin, dass das Wort der Dame der Rede des Sängers ein Ende setzt. Gemeint ist, dass die Dame auf die Lieder des Minnesängers mit einem knappen Nein antwortet (*ine wil* heißt „ich will nicht"). Gemäß dem Ethos des hohen Minnesangs lässt sich der Sänger von der fehlenden Zuneigung der Dame nicht von der Fortsetzung seines Minnedienstes abhalten. Gottfried bringt dieses Prinzip in ironischer Weise zum Ausdruck, wenn er fragt, ob er wegen der Ablehnung der Dame zu singen aufhören solle, und darauf sogleich mit denselben Worten antwortet, die er zuvor der Dame in den Mund gelegt hat: *ich enwil* („ich will nicht"). Der Unterschied ist geringfügig: In der Formulierung *ine wil* liegt eine enklitische (angehängte), in der Formulierung *ich enwil* eine proklitische (vorgeschaltete) Verneinung vor. Der Sänger zitiert also die Worte der Dame, um ihrer Ablehnung seine Beständigkeit entgegenzusetzen. Er fühlt sich zu einer Hyperbel (*ze Babilône ... wolde ich gerne varn*) ermutigt, die ebenfalls eine ironische und eine poetologische Note hat. Die Ironie besteht darin, dass er bereit ist, um ihres Lohnes willen bis ans Ende der Welt zu reisen, sich also maximal von ihr zu entfernen. Die poetologische Implikation besteht darin, dass Babylon in der Bibel als Ort der Sprachverwirrung gilt, die auch ihn erfasst, wenn ihm die Dame zu nahekommt.

Die fünfte Strophe bietet einen Frauenpreis, der an die Naturmotivik der ersten Strophe anknüpft. Der Sommer, das Glück und die Schöpfung sollen sich gemeinsam für die Minnedame einsetzen. Der *sumer* soll ihr Freude schenken, die *saelde* soll sie der Welt angenehm machen, die Schöpfung soll sie preisen. Letztere wird als Summe ihrer Teile beschrieben: Sie umfasst, was von unten emporwächst und von oben herabkommt, umfasst Flora (Laub, Gras, Blumen, Klee) und Fauna (Vögel). Diese Unterscheidungen knüpfen an die Differenzierung der drei Tierarten in der ersten Strophe an. Es handelt sich somit um eine implizite Apotheose: Die Schöpfung soll die Minnedame preisen.

In der sechsten Strophe beschwört der Sänger die Schönheit der Dame in ähnlicher Weise, wie er zuvor die Schöpfung beschrieb, nämlich anhand der Teile (Mund, Augen), die sich zu einem Ganzen (Leib) zusammenfügen (zur poetologischen Dimension des Verhältnisses von Teilen und Ganzem vgl. Kraß 2013). Das Lied schließt mit einer an die Dame adressierten Bitte um Erhörung: Sie soll die Liebesfessel lösen. Der letzte Vers gleicht einer Zauberformel, wie man sie zum Beispiel aus den *Merseburger Zaubersprüchen* kennt: *dar an gedenke, niht entwenke, entstricke mir daz bant*. Am Ende vertraut der Sänger doch auf die magische Macht seiner Sprache.

5.3.5 Wolfram von Eschenbach

Gesamtausgaben
MF I, S. 436–451 (Text); MF II, S. 117–120 (Kommentar); LDM (www.ldm-digital.de).

Teilausgaben
Brackert (Hg.), Minnesang, S. 160–169 (Text und Übersetzung), 315–317 (Kommentar); Räkel, Der deutsche Minnesang, S. 209–212 (Text und Übersetzung); Kasten (Hg.), Deutsche Lyrik, S. 534–549 (Text und Übersetzung), 1050–1071 (Kommentar); Klein (Hg.), Minnesang, S. 128–130, 274–275, 278–280 (Text und Übersetzung), 407–409, 517–522 (Kommentar); Backes (Hg.), Tagelieder, S. 88–103 (Text und Übersetzung), 242–250 (Kommentar).

Das Tagelied *Der helden minne ir klage* nimmt eine Sonderstellung nicht nur unter den Liedern Wolframs von Eschenbach (s. Abschn. 2.1.3.5), sondern auch in der Gattungsgeschichte des Minnesangs insgesamt ein: Die Liebenden erweisen sich als Eheleute. Wolframs Lieder folgen dem Prinzip der Kanzonenstrophe, gehen aber in ihrer Komplexität zum Teil darüber hinaus, so auch im hier besprochenen Tagelied.

Der helden minne ir klage (MF 5,34)

Wie Wolfram in diesem Lied inhaltlich mit dem hohen Minnesang bricht, so bricht er auch formal mit der Kanzonenstrophe. Er halbiert den Abgesang und stellt den ersten Teil *vor* und den zweiten Teil *hinter* den Aufgesang. Entsprechend ist die Strophe dreigliedrig gebaut (3a 3a // 3-b 3-b 2c / 3-b 3-b 2c // 4x 4c). Der zweite und der dritte Teil sind durch ein Reimband verknüpft; der vorletzte Vers ist eine Waise. In der zweiten Strophe sind die ersten beiden Verse vier- statt dreihebig:

```
1   Der helden minne ir klage              5, 34 – 4 BC
    du sunge ie gên dem tage,
      Daz sûre nâch dem süezen.
    swer minne und wîplîch grüezen
5   alsô enpfienc,
      daz si sich muosen scheiden, –
    swaz dû dô riete in beiden,
    dô ûf gienc
      Der morgensterne, wahtaere, swîc,
10  dâ von niht ‹...› sinc.

2   Swer pfliget oder ie gepflac,           6,1 – 5 BC
    daz er bî lieben wîben lac,
      Den merkaeren unverborgen,
    der darf niht durch den morgen
5   dannen streben.
      er mac des tages erbeiten.
    man darf in niht ûz leiten
    ûf sîn leben.
      Ein offeniu süeze wirtes wîp
10  kan sölhe minne geben.
```

1 Die Klage der verhohlenen Liebe hast du immer bei Tagesanbruch besungen, das Bittere nach dem Süßen. Wer die Liebe und den Gruß einer Frau auf diese Weise empfing, dass sie sich anschließend trennen mussten, – was immer du den beiden da rietest, als der Morgenstern aufging, Wächter, darüber sollst du schweigen, davon sollst du nicht mehr singen.

2 Wer es aber so zu halten pflegt oder pflegte, dass er bei der geliebten Frau lag, vor den Augen der Aufpasser, der muss nicht aufgrund des Tagesanbruchs von dannen eilen. Er kann den Tag erwarten. Man muss ihn nicht davonschicken unter Lebensgefahr. Eine öffentliche liebe Ehefrau vermag solche Liebe zu schenken.

Auch die Sprecherrolle überschreitet die Konventionen des Minnesangs. Es spricht weder der Ritter noch die Dame, sondern eine heterodiegetische (außenstehende) Instanz. In der ersten Strophe spricht sie zum Wächter (in der zweiten Person) über die Liebenden (in der dritten Person); in der zweiten Strophe nimmt sie die Rolle eines Sangspruchdichters ein, der über die Liebe reflektiert.

Die erste Strophe entwirft eine tageliedtypische Situation. Der Sprecher adressiert den Wächter, der die Klage der heimlich Liebenden besingt, die bei Anbruch des Tages Abschied voneinander nehmen und Freude gegen Leid eintauschen müssen (Verse 1–3). Dann wechselt er in die verallgemeinernde Rede eines Sangspruchdichters (*swer* ...) und beginnt einen Satz über Liebespaare, die sich einvernehmlich, aber unter der Bedingung ihrer baldigen Trennung treffen (Verse 4–6). Diesen Satz bricht er ab, um erneut den Wächter anzusprechen (Verse 7–10). Die abschließende Apostrophe des Wächters erzeugt einen Präsenzeffekt. Zunächst wird der Wächter – wie schon am Anfang der Strophe – im Präteritum angesprochen; dann wechselt der Sprecher ins Präsens, um den Wächter zum Schweigen aufzufordern. Der Wächter pflegte den Liebenden beim Aufgang des Morgensterns zum Aufbruch zu raten – nun soll er aber nicht mehr davon singen, weil sich die Bedingungen geändert haben.

Die neuen Bedingungen sind Thema der zweiten Strophe. Wer verheiratet ist, muss die Aufpasser nicht mehr fürchten. Er muss sich bei Tagesanbruch nicht von der geliebten Ehefrau trennen, sondern darf bei ihr bleiben, ohne dass ihm Gefahr droht. Zunächst legt der Sprecher die neue Voraussetzung – nämlich die höfische Liebesehe – noch nicht offen, bietet aber in den letzten Versen die Lösung des Rätsels, wenn er in einer Sentenz formuliert, dass die Ehefrau eines Ehemanns (*wirtes wîp*) eine solche Liebe schenken könne – eine Liebe, die gegenseitig, gesellschaftlich anerkannt und auf Dauer angelegt ist. Im Fall der ehelichen Liebe haben die aus dem frühen Minnesang bekannten *merkaere* (Aufpasser) ausgedient und können abtreten. Die höfische Liebesehe entzieht dem traditionellen Minnesang den Boden und setzt ihm ein Ende. Auch der Wächter hat nun ausgedient.

5.4 Walther von der Vogelweide

Gesamtausgaben
Bein (Hg.), Walther von der Vogelweide, Leich, Lieder, Sangsprüche; Schweikle (Hg.), Walther von der Vogelweide, Werke, Bd. 2: Liedlyrik; Maurer (Hg.), Walther von der Vogelweide, Sämtliche Lieder; LDM (www.ldm-digital.de).

Teilausgaben
Wapnewski (Hg.), Walther von der Vogelweide, Gedichte, S. 7–99 (Text und Übersetzung), 226–249 (Kommentar); Brackert (Hg.), Minnesang, S. 140–159 (Text und Übersetzung), 310–315 (Kommentar); Räkel, Der deutsche Minnesang, S. 172–202 (Text und Übersetzung); Kasten (Hg.), Deutsche Lyrik, S. 392–533 (Text und Übersetzung), 907–1050 (Kommentar); Brunner (Hg.), Walther von der Vogelweide, Gedichte, S. 120–211 (Text und Übersetzung), 288–303 (Kommentar); Klein (Hg.), Minnesang, S. 19–26, 79–83, 123–127, 163–177, 207–214, 255–267 (Text und Übersetzung), 330–336, 369–375, 403–407, 438–453, 473–481, 503–511 (Kommentar); Kasten (Hg.), Frauenlieder, S. 104–119 (Text und Übersetzung), 257–263 (Kommentar); Backes (Hg.), Tagelieder, S. 108–113 (Text und Übersetzung), 252–253 (Kommentar).

5.4 Walther von der Vogelweide

Die Zahl der Minnelieder Walthers von der Vogelweide lässt sich aufgrund der Komplexität seines Œuvres nicht leicht bestimmen. Die von Günther Schweikle herausgegebene und von Ricarda Bauschke-Hartung überarbeitete Reclam-Ausgabe von Walthers Liedlyrik unterscheidet zehn Liedgruppen. Dem Minnesang im engeren Sinn zuordnen lassen sich neun traditionelle Minnelieder (Gruppe I), fünf Preislieder (Gruppe II), drei parodistische Lieder, in denen sich Walther auf Reinmar den Alten und Heinrich von Morungen bezieht (Gruppe IV), vierzehn Wechsel, Dialog- und Frauenlieder (Gruppe V), vier Minnelieder, die sich dem hohen Minnesang entziehen (Gruppe VI, Lieder 5–8), und neunzehn Lieder, die den hohen Minnesang problematisieren (Gruppe VII). Dies ergibt in der Summe zweiundfünfzig Minnelieder. Nimmt man die zehn mehrstrophigen Lieder hinzu, in denen Walther in der Rolle des Sangspruchdichters über die Liebe spricht (Gruppe II), kommt man auf zweiundsechzig Minnelieder.

In Walthers Minnesang dominieren die monologischen Männerlieder, doch bringt ein Fünftel seiner Minnelieder auch die weibliche Stimme in Form von Frauenliedern (L 39,11; 113,31), Wechseln (L 70,22; 71,19; 71,35; 111,23; 119,17) und Dialogliedern (L 43,9; 85,34; 88,9; 100,24; 112,35) zur Geltung. Walther hat ein dialogisches Tagelied verfasst (L 88,9). Seine Lieder mit Kreuzzugsthematik weisen keine Bezüge zum Minnesang auf. Naturmotive setzt Walther in seinen Minneliedern selten, aber wirkungsvoll ein (L 39,11; 51,13; 74,20; 114,23).

Im Folgenden werden fünf Lieder vorgestellt, die jeweils repräsentativ für eine Gruppe von Minneliedern stehen, die den traditionellen Minnesang überschreiten. Das erste Lied betrifft Walthers Konkurrenz mit Reinmar, das zweite seine Preislieder, das dritte seine Minnekritik, das vierte die „Mädchenlieder" und das fünfte die „neue hohe Minne".

5.4.1 Rivalität mit Reinmar

Das erste Beispiel, das sogenannte Schachlied, steht für Walthers Auseinandersetzung mit dem bislang größten Minnesänger seiner Zeit: Reinmar dem Alten.

Ein man verbiutet âne pfliht (L 111,22)
Das Lied ist als Wechsel komponiert. In der ersten Strophe spricht Walther, in der zweiten die Minnedame über Reinmar. Beide tadeln diesen für seine angeblich indiskreten Lieder. Die Überschrift markiert, dass Walther seinem Lied eine Melodie Reinmars zugrunde legt (MF 159,1), es handelt sich also um eine Kontrafaktur mit parodistischen Zügen. Doch gibt es zahlreiche Abweichungen von Reinmars Ton, die dazu führten, dass die Herausgeber eine metrisch gebesserte Fassung erstellt haben (mit dem Strophenschema 4a 6b / 4a 6b // 5c 5c 4d 6d 2d):

In dem dône: Ich wirbe umb allez daz ein man   L 111,22 – *Metrisch gebesserter Text nach C*

1 Ein man verbiutet âne pfliht   L 111,23
  ein spil, des im nieman wol gefolgen mag.
  er giht, swenne ein wîp ersiht
  sîn ouge, sî sî sîn ôsterlîcher tac.
5 Wie wære uns andern liuten sô geschehen,
  solten wir im alle sînes willen jehen?
  ich bin, der [] imez versprechen muoz:
  bezzer wære mîner frowen senfter gruoz.
  dâ ist mates buoz.

2 ‚Ich bin ein wîb [] dâ her gewesen   L 111,32
  sô stæte an êren und ouch alsô wol gemuot:
  ich trûwe ouch noch vil wol genesen,
  daz mir ⟨mit⟩ selkem stelne nieman [] schaden tuot.
5 Swer [] küssen hie ze mir gewinnen wil,
  der werbe ez mit vuoge und ander spil.
  ist daz ez im wirt ie sâ,
  er muoz sîn iemer sîn mîn diep, und habe imz dâ
  und [] anderswâ!'

Im Ton: Ich werbe um alles, was ein Mann

1 Ein Mann spielt ohne Recht ein Spiel, auf das sich niemand einlassen kann. Er behauptet, wenn sein Auge eine Frau erblicke, dass sie sein Ostertag sei. Wie würde es um uns andere bestellt sein, wenn wir ihm seinen Willen zugestehen? Ich bin der, der ihm widersprechen muss: Besser stünde meiner Dame ein zarter Gruß an. Das setzt sein Schachmatt außer Kraft.

2 ‚Ich bin bislang eine Frau gewesen, die in ihrem Ansehen beständig und auch hochgestimmt war. Ich glaube auch wohl, daran festhalten zu können, sodass mir niemand mit einem Diebstahl Schaden zufügt. Wer einen Kuss von mir erlangen will, der werbe darum mit Anstand und anderen Spielregeln. Wenn er ihn aber einfach so erlangt – dann wird er für mich immer ein Dieb bleiben, und er soll ihn bei sich behalten und anderswo ablegen!'

In der ersten Strophe wirft Walther von der Vogelweide seinem Konkurrenten vor, er habe die Anstandsregeln des Minnesangs gebrochen. Indem Reinmar die Minnedame in einer überzogenen Metapher als seinen Ostertag bezeichnete (MF 170,19: *Si ist mîn ôsterlîcher tac*), habe er ihre Ehre verletzt. Minnedamen, so fordert Walther, sollten auf zartere, subtilere Weise gepriesen werden. Wenn er das Zitat mit den Worten *sî sî sîn* (Vers 4, Abwandlung von *si ist mîn*) einleitet, erzeugt er absichtlich einen Missklang, der Reinmar diskreditieren soll. Der zweite Vorwurf lautet, dass Reinmar sich über seine Sängerkollegen erhoben habe, als er in einer Schachmetapher behauptete, sie alle ins Matt gestellt zu haben (MF 159,9: *daz ist in mat!*). Walther ergreift die Partei der herabgesetzten Minnesänger (*uns andern liuten*) und macht mit seinem Lied einen Schachzug, der sie wieder aus dem Matt befreit.

In der zweiten Strophe lässt Walther Reinmars Minnedame selbst auftreten. Sie bezieht sich auf ein weiteres Lied Reinmars, in dem er sich damit rühmte, dass er seiner Minnedame einen Kuss gestohlen habe und ihn, falls ihr das missfalle, zurückerstatten – sie also ein zweites Mal küssen wolle (MF 159,37). Die Minnedame weist diesen Übergriff als Verletzung der Spielregeln des Minnesangs zurück und entgegnet Reinmar, dieser solle den Kuss sonstwo ablegen.

Aus diesem und ähnlichen Liedern muss nicht auf eine persönliche Fehde zwischen Walther und Reinmar geschlossen werden, wie die frühere Forschung es oft getan hat. Es handelt sich vielmehr um eine Stichelei, in der Walther mit dem berühmten Minnesänger konkurriert, um sich selbst zu positionieren. In einer Totenklage auf Reinmar zollt Walther diesem jedenfalls höchsten Respekt (s. Abschn. 5.3.2).

5.4.2 Preislieder

Das Preislied steht für den Eintritt des Minnesängers in die neue Lebensform als fahrender Liederdichter. Als solcher übt er die Gattungen des Minnesangs und der Sangspruchdichtung zugleich aus und verschränkt sie miteinander, indem er sich als Minnesänger seine Weitgereistheit und Erfahrenheit zugutehält, aber auch umgekehrt die Sangspruchdichtung von der Formkunst des Minnesangs profitieren lässt.

Ir sult sprechen ‚willekomen' **(L 56,14)**
Vielfach wird angenommen, dass Walther dieses Preislied für den Wiener Hof schrieb. Nachdem er im Frühjahr 1198 nach dem Tod des Babenbergers Friedrich I. von Österreich den Hof verlassen musste, habe er um seine Wiederaufnahme geworben. Das Lied basiert auf einer im Reimschema einfachen, in der Verslänge differenzierten Kanzonenstrophe. Der Aufgesang weist einen Kreuzreim, der Abgesang einen umarmenden Reim auf; die Hebungszahl pro Vers reicht von drei bis sechs (4a 5b / 4a 5b // 3-c 3d 6d 4-c):

1	Ir sult sprechen willekomen:	L 56,14 – *Fassung nach C*
	der mære bringet, daz bin ich.	
	allez, daz ir habent vernomen,	
	dâst gar ein wint, nû frâgent mich.	
5	Ich wil aber miete,	
	und wirt mîn lôn iht guot,	
	ich sage ⟨..⟩ lîhte, daz iu sanfte tuot.	
	sehet, waz man mir êren biete.	
2	Ich wil tiutschen frowen sagen	L 56,22
	solchiu mære, daz si deste baz	
	al der werlte suln behagen,	
	âne grôze miete tuon ich daz.	
5	Ze rîcheme lône	
	sint si mir ze hêre,	
	sô bin ich gefüege und bitte si nihtes mêre,	
	wan daz si mich grüezen schône.	
3	Tiutsche man sint wol gezogen,	L 57,7
	als engel sint diu wîp getân.	
	swer si schildet, der ist betrogen:	
	ich enkan sîn anders niht verstân.	

5	Tugent und reine minne,	
	swer die suochen wil,	
	der sol komen in unser lant, dâ ist wünne vil.	
	lange müeze ich leben dar inne!	
4	Ich hân lande vil gesehen	L 69,22
	unde nam der besten gerne war.	
	übel müeze mir geschehen,	
	künde ich ie mîn herze bringen dar,	
5	Daz ime wol gevallen	
	wolte frömder site	
	waz hulfe mich, ob ich unrehte strite?	
	tiutschiu zuht gât vor in allen.	
5	Von der Elbe unz an den Rîn,	L 69,1
	und wider unz in Ungerlant	
	sô mügen wol die besten sîn,	
	die ich in der werlte hân bekant.	
5	Kan ich schouwen	
	guot gelæze und den lîp,	
	sem mir got, sô swüere ich wol, daz dâ diu wîp	
	bezzer sint danne anderswâ die frowen.	
6	Der ich vil gedienet hân,	L 69,8
	und iemer gerne dienen wil,	
	diu ist von mir vil unerlân.	
	iedoch sô tuot si leides mir sô vil.	
5	Si kan sêren	
	mir daz herze und den muot.	
	nû vergebez ir got, daz si an mir missetuot.	
	her nâch mac si sichs bekêren.	

1 Ihr sollt mich willkommen heißen, der euch Neuigkeiten bringt, das bin ich! Alles, was ihr bislang gehört habt, ist belanglos, nun sollt ihr mich fragen. Doch will ich eine Gegenleistung dafür: Wenn mein Lohn recht gut ist, dann sage ich euch Dinge, die Euch angenehm sind. Seht, welche Ehre ihr mir zollen wollt.

2 Ich will deutschen Damen bringen eine solche Neuigkeit, dass sie umso mehr der ganzen Gesellschaft wohlgefallen sollen. Ohne große Gegenleistung will ich das tun: für hohen Lohn sind sie mir zu erhaben. So bin ich bescheiden und bitte sie nicht um mehr, als dass sie mich freundlich grüßen.

3 Deutsche Männer sind wohlerzogen, wie Engel sind die Frauen beschaffen. Wer sie tadelt, der ist verblendet, anders kann ich es mir nicht erklären. Tugend und edle Liebe, wer die suchen will, der soll in unser Land kommen, das ist freudenreich. Lange möge ich darin leben!

4 Ich habe viele Länder gesehen und sehe mich in den besten gern um. Schlecht soll es mir ergehen, wenn ich mein Herz dazu bringen kann, dass ihm fremde Sitten wohlgefallen sollten. Nun, was würde es mir nützen, wenn ich Falsches behauptete? Deutsche Kultiviertheit geht allen anderen voran.

5 Von der Elbe bis zum Rhein und wieder zurück bis nach Ungarn, da dürften die besten Menschen leben, die ich in der Welt je kennengelernt habe. Wenn ich mich recht verstehe auf edles Verhalten und edlen Charakter, bei Gott, so möchte ich wohl schwören, dass hier die Frauen besser sind als die Damen anderswo.

6 Der ich lange gedient habe und immerfort gern dienen will, die werde ich keinesfalls freigeben. Dennoch fügt sie mir großes Leid zu. Sie kann mein Fühlen und Denken verletzen. Nun möge Gott ihr vergeben, dass sie mich unrecht behandelt. Danach mag sie sich eines Besseren besinnen.

In der ersten Strophe fordert Walther sein Publikum auf, ihn willkommen zu heißen, da er ihm Neuigkeiten bringe, die er allen anderen Sängern voraushabe.

5.4 Walther von der Vogelweide

Mit dieser Geste setzt er sich erneut von Reinmar ab, der in einem seiner Lieder singt, dass man von ihm keine Neuigkeiten erwarten dürfe, solange seine Minnedame ihn nicht erhöre (MF 165,10; vgl. Abschn. 5.3.2). Walther leitet seine Autorität aus der Rolle des fahrenden Sängers ab. Er kommt in der Welt herum und kann von seinen Erfahrungen berichten. Doch will er für seine Dienstleistung als Minnesänger entlohnt werden, und von der Großzügigkeit des Lohns will er den Inhalt seiner Lieder abhängig machen. Er ist bereit, sein Publikum mit angenehmen Nachrichten zu erfreuen, wenn er angemessen entlohnt wird; andernfalls, so die implizite Drohung, muss man mit unangenehmer Kritik rechnen. Lohn ist eine Frage der Ehre: Es geht nicht nur um die materielle, sondern auch die soziale Anerkennung des Minnesängers.

Die zweite und die dritte Strophe nehmen die Frauen des deutschsprachigen Raums in den Blick. Es handelt sich um einen emphatischen Frauenpreis, der zugleich einen Preis der Hofgesellschaft darstellt. Walther behauptet, dass seine weiten Reisen ihn zu der Erkenntnis geführt hätten, dass deutsche Frauen die besten seien. Freilich sind sie es nur in dem Maße, wie er es ihnen zugesteht, denn nur er verfügt als Weitgereister über die Kompetenz, ein vergleichendes Lob auszusprechen. Während Walther von der Gesellschaft angemessenen Lohn verlangt, behauptet er in einer Bescheidenheitsgeste, dass er von den Frauen nicht mehr erwarte als einen freundlichen Gruß. Walther verleiht dem Frauenpreis kultische Züge: Die Damen sind Engel, das Land, das sie schmücken, ein irdisches Paradies, in dem er für immer zu leben hofft. Das explizite Lob der Frau ist zugleich eine implizite Bitte, im deutschsprachigen Raum wieder eine Heimat zu finden. Indem Walther in der dritten Strophe *unser lant* anspricht, rechnet er sich der Gesellschaft zu, der er gegenübersteht. Dies ist eine weitere Geste, mit der Walther um seine Wiederaufnahme an einem Hof wirbt.

In der vierten Strophe lenkt Walther erneut Aufmerksamkeit auf seine Rolle als fahrender Sänger. Da er die Welt gesehen hat, kann er nicht nur die Frauen, sondern auch die Länder miteinander vergleichen. Sein Urteil fällt zugunsten der deutschsprachigen Länder aus, da diese sich durch ihre *zuht*, d. h. ihre Wohlerzogenheit und Kultiviertheit auszeichneten. Damit wirbt er um das Wohlwollen seines Gönners und der Hofgesellschaft. Wer ihn engagiert und großzügig entlohnt, darf auf ein freundliches Urteil hoffen.

In der fünften Strophe steckt Walther das Gebiet ab, das er auf seinen Reisen kennengelernt hat. Es wird von Rhein und Elbe begrenzt und schließt Ungarn mit ein – übertrifft also die Reichweite des bisherigen Minnesangs. Am Ende kommt er noch einmal auf die deutschen Frauen zurück, die angeblich die Damen aller anderen Ländern übertreffen. Damit spielt Walther auf die Unterscheidung von *wîp* und *vrouwe* an, die schon für Reinmar von großer Bedeutung war. Er knüpft die Tugend an das Geschlecht, nicht den Stand der Frauen. Zugleich erscheinen sie als Repräsentantinnen der Länder, in denen sie wohnen – eine Weiterführung des Gedankens, dass sich die Hofgesellschaft im Idealbild der Minnedame verkörpert.

Die sechste Strophe lässt das Lied scheinbar in die Tradition des hohen Minnesangs münden. Walther spricht nicht mehr vergleichend von den bereisten Ländern, sondern von seinem persönlichen Verhältnis zur Minnedame. Er stimmt eine Minneklage an, verspricht der Dame aber die treue Fortsetzung seiner Dienste. Er hofft, dass sie sich ihres Fehlverhaltens ihm gegenüber bewusst werde und zur Umkehr entscheide. Damit ist implizit die Hofgesellschaft gemeint: Ihm, Walther, sei unrecht getan worden, als er den Wiener Hof verlassen musste; nun hofft er auf die Umkehr des Fürsten und die Rückkehr an den Hof.

5.4.3 Minnekritik

Das dritte Lied steht für die kritische Hinterfragung des Liebeskonzepts des hohen Minnesangs. Walther fordert eine neue Liebesdefinition ein, die auf Gegenseitigkeit beruht und die er als *herzeliebe* bezeichnet.

Saget mir ieman, waz ist minne? **(L 69,1)**
Das Lied basiert auf einer einfachen Kanzonenstrophe. Der Aufgesang weist einen Kreuzreim auf, der Abgesang eine Waisenterzine. Die Verslängen wechseln zwischen vier und sechs Hebungen (4-a 6b / 4-a 6b // 4c 6-x 6c):

1	Saget mir ieman, waz ist minne?	L 69,1 – *Fassung nach EFO (I nach *EF, II-V*
	weiz ich des ein teil, sô west ich es gerne mê.	*nach O mit EF)*
	der sich baz denne ich versinne,	
	der berihte mich, durch waz sie tuot sô wê.	
5	Minne ist minne, tuot si wol;	
	tuot si wê, sô heizet sie niht rehte minne.	
	sus enweiz ich, wie sie denne heizen sol.	
2	Ob ich rehte râten kunne,	L 69,8
	waz diu minne sî, sô sprechet denne jâ.	
	minne ist zweier herzen wunne:	
	teilent sie gelîche, sô ist die minne dâ.	
5	Sol si aber ungeteilet sîn,	
	sône kan sie ein herze aleine niht enthalden.	
	owê, woltestû mir helfen, vrouwe mîn!	
3	Vrowe, ich trage ein teil zuo swaere,	L 69,15
	wellest dû mir helfen, sô hilf an der zît.	
	sî aber ich dir gar unmære,	
	daz sprich endeclîche, sô lâz ich den strît.	
5	Und bin von dir ein ledic man.	
	dû solt aber einez rehte wizzen,	
	daz dich lützel ieman baz geloben kan.	
4	Ich wil alsô singen immer,	L 190,1
	daz sie danne sprechen: ‚erne sanc nie baz'.	
	desne gedankestû mir nimmer!	
	daz verwîz ich dir alrêst, sô denne daz.	
5	Weistû, wie si wünschent dir?	
	‚daz sie sælic sî, durch die man uns sus singet!'	
	sich, vrouwe, den gemeinen wunsch hâstû ouch von mir!	
5	Kan mîn vrouwe süeze siuren?	L 69,22
	wænet sie, daz ich ir liep gebe umbe leit?	
	sol ich si dar umbe tiuren,	
	daz si sich kêre an mîn unwerdekeit?	

5.4 Walther von der Vogelweide

5 Sô kunde ich unrehte spehen.
owê, waz rede ich ôrlôser und ougen âne?
swen die minne blendet, wie mac der gesehen?

1 Kann mir jemand sagen, was Minne ist? Weiß ich etwas darüber, so wüsste ich doch gern mehr. Wer sich nun besser als ich darauf versteht, der belehre mich darüber, warum sie so wehtut. Minne ist Minne, wenn sie wohltut. Wenn sie wehtut, dann heißt sie nicht zu Recht Minne. Dann weiß ich nicht, wie ich sie nennen soll.

2 Wenn ich richtig erraten kann, was die Minne sei, dann sagt „ja". Minne ist das Glück zweier Herzen: Teilen sie es in gleiche Teile, dann ist Minne da. Teilen sie es aber nicht, so kann ein Herz es nicht allein enthalten. Ach, wolltest du mir doch helfen, meine Herrin!

3 Herrin, ich trage an dem einen Teil zu schwer; wenn du mir helfen willst, so hilf mir beizeiten. Wenn ich dir aber ganz gleichgültig bin, dann sprich das endgültig aus; dann lasse ich von dem Streit ab und werde ein freier Mensch. Du sollst aber eines genau wissen, dass dich nämlich niemand besser als ich zu loben versteht.

4 Ich will immer so weitersingen, dass sie dann sagen: ‚Er sang nie besser'. Das wirst du mir niemals danken, dafür tadele ich dich zuerst, und dann noch das: Weißt du, was sie dir wünschen? ‚Möge sie glücklich sein, von der man uns so singt!' Siehe, Herrin, diesen allgemeinen Wunsch verdankst du mir auch.

5 Vermag meine Herrin Süßes in Saures zu verwandeln? Glaubt sie, dass ich Freude gegen Leid eintausche? Soll ich sie dafür preisen, dass sie mich dafür schmäht? Dann könnte ich nicht recht urteilen. Weh, was sage ich Tauber und Blinder? Wen die Minne blind macht, wie kann der sehen?

In der ersten Strophe bietet Walther eine Neudefinition der Minne an, die die Paradoxie der hohen Minne auflöst. Minne verdient ihren Namen nur, wenn sie dem Liebenden wohltut; wenn sie ihm wehtut, muss sie mit einem anderen Begriff bezeichnet werden. Walther stellt das Liebeskonzept der hohen Minne in Frage, weil sie Leid statt Glück bringt. Dies ist eine Kehrtwende, die im Vergleich mit Reinmars zahlreichen Minneklagen besonders deutlich hervortritt.

In der zweiten Strophe führt Walther die Definition weiter aus. Er beteiligt das Publikum, indem er ihm das Urteil überlässt, ob seine Auffassung der Liebe korrekt sei. Die Definition kommt in einer pointierten Sentenz zum Ausdruck: „Liebe ist das Glück zweier Herzen" (*minne ist zweier herzen wünne*). Die Beglückung soll gegenseitig sein, beide Partner sollen einander lieben und erfreuen. Walther wählt die Metapher des geteilten Liebesglücks: Minne liegt nur dann vor, wenn sie von zwei Menschen geteilt wird. Wird sie nicht geteilt, ist sie zu groß, um von nur einem Herzen getragen werden zu können. Die Strophe schließt mit einer Aufforderung an die Dame, dem Leid des Sängers Abhilfe zu schaffen.

In der dritten Strophe wird dieser Appell begründet. Die Last der Liebe ist für einen einzelnen Menschen zu schwer, sie muss von der geliebten Person mitgetragen werden – und verwandelt sich dann in Glück. Wenn die Dame nicht dazu bereit ist, soll sie ihm das klar und deutlich mitteilen und ihn freigeben. Doch soll sie bedenken, dass niemand sie besser preisen könne als er. Dies ist eine implizite

Klarstellung der Abhängigkeitsverhältnisse. Die Minnedame ist auf den Preis des Sängers angewiesen, denn erst durch seinen Sang wird sie als solche wahrgenommen. Ohne Minnesang keine Minnedame.

In der vierten Strophe führt Walther diesen Gedanken weiter aus. Die Hofgesellschaft schätzt die Minnedame nur deswegen hoch, weil der Minnesänger in schöner Weise von ihr singt. Wenn sie nicht zu gegenseitiger Liebe bereit ist, wird sich der Minnesänger zurückziehen und den Minnesang einstellen. Die Minnedame wird dann ihren gesellschaftlichen Status einbüßen, weil sie ohne den Frauenpreis des Minnesängers nicht wahrgenommen wird. Walther bietet also nicht nur eine programmatische Neudeutung der Minne (Gegenseitigkeit statt Einseitigkeit, Beglückung statt Leid), sondern auch des Verhältnisses von Minnesänger und Minnedame. Die Minnedame ist nicht weniger vom Minnesänger abhängig als dieser von ihr.

In der letzten Strophe stellt Walther drei rhetorische Fragen, die auf die Paradoxie der hohen Minne zielen. Er ist nicht länger bereit zu akzeptieren, dass die Dame Süßes in Saures und Freude in Leid verwandelt (indem sie ihn zurückweist) und den Sänger dafür abwertet, dass er sie aufwertet. Zugleich bezichtigt er sich selbst in einer abschließenden rhetorischen Frage des Unverstandes, da die Liebe ihn blind gemacht habe.

Das Lied spricht vom Verhältnis zwischen Minnesänger und Minnedame, zielt implizit aber auch auf das Verhältnis zwischen Minnesänger und Hofgesellschaft. Es ist der Hof, von dem sich Walther ein Verhältnis gegenseitiger Beglückung erhofft, es ist auch der Hof, der von Walther ebenso abhängig ist wie dieser von ihm.

5.4.4 „Mädchenlieder"

Das vierte Lied steht für die Gruppe der sogenannten „Mädchenlieder", in denen Walther das gegenseitige Liebesglück mit einer Partnerin beschwört, die nicht als hohe Minnedame (aber durchaus nicht als „Mädchen") charakterisiert wird.

Herzeliebez frouwelîn (L 49,25)
Liedern Walthers von der Vogelweide. Es liegt eine schlichte Kanzonenstrophe vor, die sich auf das Prinzip der Langzeilenstrophe zurückführen lässt. Auf fünf Kurzverse folgt eine Langzeile (4a 4b / 4a 4b // 4c 44c). Die formale Anspielung auf den frühen Minnesang ist als inhaltliche Markierung zu verstehen, denn Walther propagiert in diesem Lied die gegenseitige *herzeliebe*:

5.4 Walther von der Vogelweide

1 Herzeliebez vrowelîn,   L 49,25 – *Text nach A mit O*
got gebe dir hiute und iemer guot!
kund ich baz gedenken dîn,
des het ich willeclîchen muot.
5   Waz mac ich nû sagen mê,
wan daz dir nieman holder ist? owê, dâ von ist mir vil wê!

2 Sie verwîzent mir, daz ich   L 49,31
nider wende mînen sanc.
daz si niht versinnent sich,
waz liebe sî, des haben undanc!
5   Sie getraf diu liebe nie,
die dâ nâch dem guote und nâch der schœne minnent, wê, wie minnent die?

3 Bî der schœne ist dicke haz,   L 50,1
zuo der schœne niemen sî ze gâch.
liep tuot dem herzen baz,
der liebe gêt diu schœne nâch.
5   Liebe machet schœne wîp.
des mac diu schœne niht getuon, sine gemachet lieben lîp.

4 Ich vertrage, als ich vertruoc   L 50,7
und als ich immer wil vertragen.
dû bist schœne und hâst genuoc,
waz mügen si mir dâ von gesagen?
5   Swaz si sagen, ich bin dir holt
und nim dîn glesîn vingerlîn vür einer küneginne golt.

5 Hâst dû triuwe und stætekeit,   L 50,13
sô bin ich dîn âne angest gar,
daz mir iemer herzeleit
mit dînem willen widervar.
5   Hâst aber dû der zweier niht,
sô müezest dû mîn niemer werden, ôwê, ob daz geschiht!

1 Von Herzen geliebte junge Dame, Gott möge dir heute und immer alles Gute schenken! Könnte ich noch höher von dir denken, so wollte ich es gern tun. Was soll ich nun noch sagen, außer dass dir niemand zugeneigter ist. Ach, deswegen geschieht mir viel Leid!

2 Sie verübeln mir, dass ich meinen Gesang so niedrig adressiere. Dass sie nicht verstehen, was Minne ist, dafür sollen sie verflucht sein! Die hat die Liebesfreude nie getroffen, die ihre Minne auf Besitz und Schönheit ausrichten. Ach, auf welche Weise lieben sie!

3 Bei der Schönheit ist oft Missgunst, nach Schönheit soll niemand zu sehr streben. Liebe tut dem Herzen besser, Schönheit ist der Liebe nachgeordnet. Liebe macht die Frauen schön. Das vermag die Schönheit nicht, sie macht niemals liebenswert.

4 Ich ertrage es, wie ich es stets ertrug und immer ertragen werde. Du bist schön und besitzt genug, was können sie mir schon darüber sagen! Was auch immer sie reden – ich bin dir zugeneigt und halte deinen gläsernen Ring für das Gold einer Königin.

5 Wenn du Treue und Beständigkeit besitzt, so habe ich keine Angst davor, dass mir jemals Herzensleid wegen dir widerfährt. Wenn du aber beides nicht besitzt, dann dürftest du niemals mein werden. Ach, wenn das geschähe!

In der ersten Strophe spricht Walther die Geliebte mit einem Segenswunsch an. Die Anrede ist ständisch, doch durch die Diminutivform wird nahegelegt, dass es sich nicht um eine klassische Minnedame handelt. Das Adjektiv *herzeliebez* verweist auf den Begriff, den Walther in dem zuvor besprochenen Lied für die gegenseitige Liebe eingeführt hat. Wenn Walther betont, dass seine Zuneigung zu Leid führe, so ist noch offen, worin der Grund dafür liegt – sind es äußere oder innere Widerstände? Walther wählt eine einfache Sprache, die der adressierten jungen Frau und dem vorausgesetzten Liebesbegriff entspricht. Er schlägt nicht den Ton des hohen Minnesangs an, wie man ihn von Reinmar kennt.

In der zweiten Strophe werden die Neider eingeführt, die ihm das Ziel seiner Liebe ankreiden. Walther macht deutlich, dass das Problem nicht auf seiner, sondern ihrer Seite liegt. Sie werfen ihm vor, dass er seine Liebe zu „niedrig" ansetze – im Sinne eines Kontrastes zur „hohen" Minne. Doch dreht Walther den Vorwurf um und klagt sie an, ein falsches Liebesverständnis zu haben, das sich auf äußere Werte richte, nämlich auf Besitz (*guot*) und Schönheit (*schœne*). Der Weheruf der letzten Zeile bildet ein Echo zum Weheruf der ersten Strophe.

In der dritten Strophe wechselt Walther vorübergehend in die Rolle des Sangspruchdichters. Er teilt sprichwortartige Weisheiten zum Verhältnis von Schönheit (*schoene*) und Liebe (*liebe*) mit. Wieder nimmt Walther Inversionen vor. Schönheit führt nicht zu Liebe, sondern zur Missgunst; Liebe bewirkt jedoch, dass die geliebte Person dem Liebenden als schön erscheint. Daher steht die Liebe über der Schönheit.

In der vierten Strophe treibt Walther die Inversion weiter: Hoch ist niedrig, niedrig ist hoch. Der Glasring seiner Geliebten ist ihm soviel wert wie der Goldring einer Königin. So spielt er die inneren gegen die äußeren Werte aus. Mag seine Geliebte auch nicht mit einer hohen Minnedame konkurrieren können, so übertrifft sie sie dennoch.

In der fünften Strophe wendet Walther diese Unterscheidungen auf das geliebte *vrowelîn* an. Er erhofft sich von ihr dieselbe Treue und Beständigkeit, die er ihr entgegenbringt – dann wird er *herzeliebe* empfinden. Wenn das aber nicht der Fall sein sollte, verkehrt sich seine Freude ins Gegenteil: in *herzeleit*. Der abschließende Weheruf knüpft an die erste und zweite Strophe an. Es muss sich noch erweisen, ob die Frau Walthers Liebesdefinition entspricht und ihm tatsächlich das Glück gegenseitiger Liebe zu schenken vermag.

5.4.5 „Neue hohe Minne"

Das fünfte Beispiel zählt zu den Liedern der sogenannten „neuen hohen Minne", in denen Walther das Liebeskonzept der Gegenseitigkeit mit dem hohen Minnesang und der Vorstellung der Minnedame zu vereinbaren sucht.

Ein niuwer sumer, ein niuwe zît (L 92,9)
Das Lied basiert auf einer komplexen Kanzonenstrophe. Die Stollen des Aufgesangs umfassen je vier kreuzgereimte Verse, der Abgesang vier paargereimte Verse (4a 4b 4a 4b / 4d 4d 4c 4d // 4e 4e 4f 4f). Da die Verse durchgängig vierhebig sind, kann man sie auch als Kurzverse deuten, die sich paarweise zu Langzeilen zusammenfügen. Die Integration von Kanzonen- und Langzeilenstrophe

verweist wiederum auf den Versuch, die Liebeskonzepte des hohen und frühen Minnesangs in neuer Form miteinander zu vereinbaren:

1   Ein niuwer sumer, ein niuwe zît,   L 92,9 – *Text nach C*
    ein guot gedinge, ein lieber wân,
    diu liebent mir en widerstrît,
    daz ich noch trôst ze fröiden hân.
5   Noch fröwet mich ein anderz baz
    danne aller vogellînen sanc:
    swâ man noch wîbes güete maz,
    dâ wart ir ie der habedanc.
    Daz meine ich an die frowen mîn,
10 dâ muoz noch mêre trôstes sîn.
    si ist [] schœner danne ein schœne wîp,
    die schœne machet lieber lîp.

2   Ich weiz wol, daz diu liebe mac   L 92,21
    ein schœne wîp gemachen wol.
    iedoch swelh wîp ie tugende pflac,
    daz ist diu, der man wünschen sol.
5   Diu liebe stêt der schœne bî
    baz danne gesteine dem golde tuot:
    nû jehet, waz danne bezzer sî,
    hânt dise beide rehten muot.
    Si hœhent mannes werdekeit.
10 swer ouch die süezen arbeit
    dur sî ze rehte kan getragen,
    der mac von herzeliebe sagen.

3   Der blic gefröwet ein herze gar,   L 92,33
    den minneklîch ein wîp an siht:
    wie welt ir danne, daz der var,
    dem ander liep von in beschiht?
5   Der ist eht manger fröiden rîch,
    sô jenes fröide gar zergât.
    waz ist den fröiden ouch gelîch,
    dâ liebez herze in triuwen stât,
    In schœne, in kiusche, in reinen siten?
10 swelh sælic man daz hât erstriten,
    ob er daz vor den frömden lobet,
    sô wizzent, daz er niht entobet.

4   Waz sol ein man, der niht engert   L 93,7
    gewerbes umb ein reine wîp?
    si lâze in iemer ungewert,
    ez tiuret doch wol sînen lîp.
5   Er tuo dur einer willen sô,
    daz er den andern wol behaget:
    sô tuot in ouch diu eine frô,
    ob im diu ander gar versaget.
    Dar an gedenke ein sælic man,
10 dâ lît vil sælde und êren an.
    swer guotes wîbes minne hât,
    der schamt sich aller missetât.

1 Ein neuer Sommer, eine neue Jahreszeit, eine schöne Erwartung, eine liebe Hoffnung, die erfreuen mich um die Wette, sodass ich noch Zuversicht auf Freude habe. Noch mehr freut mich etwas anderes als der Gesang aller Vögel: Wo immer man die Güte der Frauen bemaß, da gewann sie stets den Preis. Das meine ich mit Bezug auf meine Herrin, da ist die Zuversicht noch größer. Sie ist schöner noch als eine schöne Frau: die Schönheit geht aus ihrer Liebenswürdigkeit hervor.

2 Ich weiß genau, dass Liebenswürdigkeit die Schönheit einer Frau bewirken kann. Jedoch die Frau, die stets tugendhaft war, ist diejenige, die man sich wünschen soll. Die Liebenswürdigkeit hebt die Schönheit hervor besser als Edelsteine das Gold. Nun sagt, was besser sei, wenn diese beiden sich mit rechter Gesinnung verbinden. Sie erhöhen den Wert des Mannes. Wer auch die süße Mühe ihretwegen auf rechte Art auf sich nehmen kann, der kann von Herzensglück sprechen.

3 Der Blick beglückt demjenigen zutiefst das Herz, den eine Frau liebevoll ansieht. Wie glaubt ihr aber, ergeht es dem, dem noch etwas anderes Liebes von ihnen widerfährt? Der ist wahrhaft reich an vielen Freuden, wenn die Freude des anderen völlig vergeht. Was gleicht auch den Freuden dort, wo ein liebes Herz treu ist in Schönheit, in Keuschheit, in tadellosem Verhalten? Welch glücklicher Mann das errungen hat, wenn er das vor Fremden preist, so wisset, dass er nicht von Sinnen ist.

4 Was taugt ein Mann, der nicht wünscht, um eine edle Frau zu werben? Wenn sie ihm das ungelohnt lässt, so steigert es doch seinen Wert. Er handle um ihretwillen so, dass er auch den anderen gut gefällt, so wird ihn auch die eine froh machen, wenn sich die andere ihm ganz versagt. Daran möge ein glücklicher Mann denken, darin liegt viel Heil und Ansehen. Wer die Minne einer edlen Frau hat, der schämt sich jeder schlechten Tat.

Die erste Strophe kündigt mithilfe eines Natureingangs die Erwartung an, dass eine neue Zeit anbricht. Der erwartete Frühling steht für einen neuen Minnesang, der die Konstellation des hohen Minnesangs um die Erfahrung der Gegenseitigkeit und Beglückung erweitert. Das Lied überwindet die traditionellen Minneklagen des hohen Minnesangs, wie man sie vor allem von Reinmar kennt. Der Widerstreit, den Walther besingt, betrifft nicht mehr die antithetische Erfahrung von Freude und Leid, sondern die sich aufschaukelnde Erfahrung immer größeren Glücks. Wie in *Herzeliebez frouwelîn* (s. Abschn. 5.4.4) betont Walther, dass Schönheit keine äußere Qualität sei, sondern aus Liebenswürdigkeit erwachse. Die Minnedame gilt weiterhin als Ideal der Vollkommenheit, wird aber, zumindest in der Hoffnung des Minnesängers, nahbar.

Die zweite Strophe führt das Verhältnis von Schönheit und Liebenswürdigkeit weiter aus. Wie in *Herzeliebez frouwelîn* wird die Metapher des Goldes bemüht, nun aber nicht im Vergleich mit Glas, sondern mit Edelsteinen. Es wird also keine Standesdifferenz impliziert wie in den „Mädchenliedern", sondern das Verhältnis von Schönheit und Liebenswürdigkeit symbolisiert. Die Frau wird zugleich als Inbegriff der Vollkommenheit und als Ziel männlichen Begehrens vorgestellt. Wieder greift Walther den Begriff *herzeliebe* auf, um das gegenseitige Liebeskonzept zu benennen. Das Verhältnis zwischen Minnesänger und Minnedame ist eines der wechselseitigen Erhöhung: Der Minnesänger steigert den Wert der Minnedame, diese den Wert des Minnesängers. Das wechselseitige Liebesglück geht mit wechselseitiger Nobilitierung einher.

Die dritte Strophe beschreibt die Formen der Gegenseitigkeit, die der Minnesänger von der Minnedame erwartet: ein freundlicher Blick, Liebenswürdigkeit in Verbindung mit Schönheit und Tugend und, in einer Periphrase (s. Abschn. 3.3.2) umschrieben, auch *ander lieb*, also auch körperliche Liebeserfüllung. Für den Minnesänger ist es eine Auszeichnung, eine solche Minnedame für sich gewonnen zu haben. Er verfügt über größeres Glück als andere Männer und darf sich dessen auch vor Fremden rühmen.

Die letzte Strophe sucht einen Ausweg aus der Aporie des hohen Minnesangs. Selbst wenn die Minnedame den Minnesänger nicht erhört, hat er doch einen Gewinn von seinem Dienst an ihr, nämlich seine ethische Nobilitierung. Dies wird nicht im Ton der Klage vorgetragen, sondern als tatsächlicher Gewinn ausgewiesen. Hinzu kommt die Annahme, dass der Minnesänger in seinem Dienst an der Minnedame alle Frauen ehrt. Wenn eine Dame ihn abweist, darf er auf das Wohlwollen einer anderen Dame hoffen. Die Idee der Minnedame manifestiert sich nicht nur in einer Frau.

Das Lied hat wiederum einen doppelten Boden. Die Werbung um die Gunst der Minnedame steht für die Werbung um die Gunst der Hofgesellschaft. Die beglückende Gegenseitigkeit, die sich der Sänger von der Dame erhofft, erhofft er sich auch von der Hofgesellschaft. Die Idee, dass sich das Ideal der Minnedame in verschiedenen Frauen manifestieren kann, lässt sich auch so deuten, dass das Ideal einer Hofgesellschaft sich in verschiedenen Höfen konkretisieren kann. Walther hat die Wahl, und diejenige Hofgesellschaft, die ihn aufnimmt, darf für sich in Anspruch nehmen, aristokratische Idealität zu verkörpern.

Sangspruchdichtung 6

Inhaltsverzeichnis

6.1	Spervogel I („Herger")	228
6.2	Donauländische Minnesänger	229
	6.2.1 Meinloh von Sevelingen	229
	6.2.2 Dietmar von Aist	230
6.3	Spervogel II („Spervogel")	231
6.4	Rheinische Minnesänger	232
	6.4.1 Friedrich von Hausen	232
	6.4.2 Bligger von Steinach	233
	6.4.3 Heinrich von Veldeke	235
	6.4.4 Heinrich von Rugge	236
	6.4.5 Engelhart von Adelnburg	237
6.5	Spervogel III („Der junge Spervogel")	238
6.6	Professionelle Minnesänger	239
	6.6.1 Gottfried von Straßburg	239
6.7	Walther von der Vogelweide	240
	6.7.1 Reichston	240
	6.7.2 Erster Philippston	243
	6.7.3 König Friedrichston	244

Die Reihenfolge der Interpretationen orientiert sich an den gattungsgeschichtlichen Phasen des Minnesangs, die Anstöße zur gattungsgeschichtlichen Entwicklung der Sangspruchdichtung lieferten. Die verschiedenen Schichten der Sangspruchdichtung werden im Wechsel mit den Minnesängern vorgestellt, die sich ihrerseits als Sangspruchdichter betätigten.

6.1 Spervogel I („Herger")

Gesamtausgaben
MF I, S. 47–55 (Text); MF II, S. 71 (Kommentar); MF III/1, S. 64–73 (Kommentar); MF III/2, S. 349–360 (Kommentar); LDM (www.ldm-digital.de); vgl. RSM ¹SpervA/1/1–30.

Teilausgabe
Brunner (Hg.), Früheste deutsche Lieddichtung, S. 124–141 (Text), 222–229 (Kommentar); Kasten (Hg.), Deutsche Lyrik, S. 20–29 (Text und Übersetzung), 567–575 (Kommentar).

Aus der ersten Phase der deutschen Sangspruchdichtung, die als Spervogel-Korpus I oder mit dem erschlossenen Dichternamen Herger bezeichnet wird, stammen achtundzwanzig Strophen, die sich in fünf thematische Gruppen einteilen lassen: Fürstenlob, Fürstentadel, Fabel, Religion und Gnomik (lehrhafte Sinnsprüche).

Swel man ein guot wîp hât (MF 29,27)
Eine der gnomischen Strophen, die sich mit der Ehe befasst, bietet einen interessanten Kontrapunkt zum Minnesang, insofern dieser Liebe jenseits des Ehediskurses thematisiert:

    Swel man ein guot wîp hât   29, 27 – *Sper 41 C*, d. j. Sper 22 A
    unde zeiner ander gât,
    der bezeichet daz swîn.
    wie möht ez iemer erger sîn?
5   Ez lât den lûtern brunnen
    und leit sich in den trüeben pfuol.
    den site hât vil manic man gewunnen.

Ein Mann, der eine gute Ehefrau hat und dennoch zu einer anderen geht, der verhält sich wie ein Schwein. Was könnte jemals ärger sein? Es verschmäht den klaren Brunnen und legt sich in den trüben Pfuhl hinein. Diese Sitte haben viele Männer angenommen.

Die Strophe besteht formal aus einem ersten Teil, der vier paargereimte Kurzverse umfasst, und einem zweiten Teil, der eine Waisenterzine mit gelängtem Schlussvers darstellt. Die Lebensweisheit, die sich auf das sechste der Zehn Gebote bezieht, wird in Form eines Tiervergleichs präsentiert. Im ersten Verspaar wird das Vergehen konstatiert (ein verheirateter Mann geht fremd), im zweiten der Vergleich mit dem Schwein gezogen und in Form einer rhetorischen Frage das moralische Urteil gefällt. Der zweite Teil der Strophe entfaltet den Vergleich zwischen dem Ehebrecher und dem Schwein, das den schmutzigen Pfuhl dem klaren Wasser vorzieht (Antithese; s. Abschn. 3.3.1.2). Das Bild wird nicht aufgelöst, denn es ist selbstevident: Das klare Wasser steht für die Ehe, die trübe Pfütze für den Seitensprung. Der Schlussvers der Strophe zieht eine verallgemeinernde Bilanz: Das am Beispiel eines einzelnen Mannes (*swel man*) vorgeführte Verhalten ist typisch für viele Männer (*vil manic man*).

    Der Sangspruchdichter tritt in der Rolle eines biblisch informierten Lehrers auf, der der Hofgesellschaft Verhaltensratschläge erteilt. Es handelt sich nicht um ein spezifisch adeliges Ethos, sondern um eine religiös grundierte Moral, die in poetischer Form und unter Einsatz rhetorischer Mittel (Vergleich, Antithese, rhetorische Frage) vorgetragen wird. Der Sänger vermittelt ähnliche Inhalte wie ein kirchlicher Prediger, aber in anderer Form, Rolle und Situation. Es geht um einen Ehediskurs, nicht um einen Liebesdiskurs. Die Strophe ist daher nicht als Kommentar auf den Minnesang zu lesen.

6.2   Donauländische Minnesänger

Zwei Vertreter des donauländischen Minnesangs verfassten auch Spruchstrophen: Meinloh von Sevelingen und Dietmar von Aist.

6.2.1   Meinloh von Sevelingen

Ausgaben
Vgl. Abschn. 5.1.3.

Meinloh von Sevelingen verfasste drei Spruchstrophen, die sich mit dem Thema Minne befassen. Sie formulieren Regeln, die dem Minnekonzept des donauländischen Minnesangs entsprechen. Der Ritter soll der Geliebten treu sein (MF 12,1), den Aufpassern keinen Anlass zum Neid geben (MF 12,14) und seine Liebe vor der Hofgesellschaft verheimlichen (MF 14,14). Meinloh spricht hier in der Rolle eines Sangspruchdichters, richtet seine Regeln aber nicht auf die kirchliche Moral, sondern – im Sinne einer praktischen Liebeskunst – auf die höfische Lebenswelt aus. Im Unterschied zu Herger fordert er nicht Treue gegenüber der Ehefrau, sondern der geliebten Dame, mit der er offensichtlich nicht verheiratet ist.

Swer werden wîben dienen sol (MF 12,1)
Die Strophenform weist Ähnlichkeiten mit dem Spervogelton I auf, hat aber Langzeilen statt Kurzverse (mit Ausnahme des Waisenverses); das Reimschema ist identisch (aa bb cxc):

>   Swer werden wîben dienen sol, der sol semelîchen varn.   12. 1 – 4 BC
>   ob er sich wol ze rehte   gegen in kunne bewarn,
>   sô muoz er under wîlen   senelîche swaere tragen
>   verholne in dem herzen;   er sol ez nieman sagen.
> 5   Swer biderben dienet wîben,   die gebent alsus getânen solt.
>   ich waene, unkiuschez herze
>   wirt mit ganzen triuwen   werden wîben niemer holt.

Wer edlen Frauen dienen will, der soll sich entsprechend benehmen. Wenn er sich ihnen gegenüber wohl recht zu verhalten vermag, dann muss er zuweilen schmerzlichen Kummer ertragen heimlich in seinem Herzen; er soll es niemandem verraten. Wenn er guten Frauen dient, so geben sie ihm entsprechenden Lohn. Ich glaube, ein unlauteres Herz wird niemals mit vollkommener Treue edlen Frauen zugetan sein.

Meinloh entwirft in dieser Strophe Grundzüge einer aristokratischen Liebesethik. Der Aufgesang stellt eine Verhaltensregel für den Ritter auf, der um eine Dame wirbt. Das erste Verspaar formuliert sie allgemein: Der Ritter soll die Art seiner Werbung an das Ziel seiner Werbung anpassen: *semelîchen varn*. Das zweite Verspaar spezifiziert die Regel. Minne kann zu Liebeskummer führen, der aber vor der Öffentlichkeit verborgen werden und innerlich ausgetragen werden soll. Der Abgesang schließt mit einer Anapher (s. Abschn. 3.3.1.1) an den ersten Teil an: *Swer*. Das verallgemeinernde Relativpronomen ist typisch für die Sangspruchdichtung. Nun kehrt Meinloh die Perspektive um. Wenn der Ritter der Dame in rechter Weise dient, darf er auf ihren Lohn hoffen. Doch wird einschränkend hinzugefügt, dass ethische Integrität die Vorbedingung jeglicher Minnebeziehung ist. Wer ein unlauteres Herz hat, ist zu wahrer Treue nicht in der Lage. Die Liebesethik der Minne verlangt Aufrichtigkeit, Loyalität und Leidensbereitschaft.

6.2.2 Dietmar von Aist

Ausgaben
Vgl. Abschn. 5.1.5.

Von Dietmar von Aist ist eine Spruchstrophe überliefert, die ebenfalls Grundzüge einer höfischen Ethik entwirft.

Man sol die biderben und die guoten (MF 33,31)
Die Strophe besteht aus vier paargereimten Langzeilen (aabb):

> Man sol die biderben und die guoten   ze allen zîten haben liep.   33, 31 – 9 BC
> swer sich gerüemet alze vil,   der kan der besten mâze niet.
>   joch sol ez niemer hövescher man   gemachen allen wîben guot.
>   er ist sîn selbes meister niht,   swer sîn alze vil getuot.   34, 1

> Man soll die Edlen und Guten stets wertschätzen. Wer sich zuviel selbst rühmt, der versteht sich nicht auf das beste Maß. Ein höfischer Mann soll es nicht allen Frauen recht machen wollen. Der hat sich nicht im Griff, wer von allem zu viel tut.

Jede Langzeile umfasst eine ethische Sentenz. Die erste, zweite und vierte Sentenz betreffen allgemeine Verhaltensregeln am Hof, die stets ein entsprechendes Fehlverhalten implizieren: Man soll sich erstens an die guten Menschen halten, Urteilskraft und die rechte Wahl des sozialen Umgangs sind erforderlich. Man soll zweitens nicht prahlen, sondern sich in Bescheidenheit üben. Man soll sich drittens unter Kontrolle haben und im Handeln maßvoll sein. Es handelt sich also um drei Grundtugenden im Zusammenleben der höfischen Gesellschaft: Urteilskraft, Bescheidenheit und Selbstkontrolle. Die dritte Langzeile formuliert eine Regel, die auf das Verhältnis der Geschlechter und somit implizit auf die Minne zielt: Ein höfischer Mann soll sich in seinem Liebeswerben auf eine Dame beschränken und es nicht allen Frauen recht machen wollen. Es wird also eine gewisse Exklusivität der Minne verlangt. Die übrigen drei Regeln lassen sich auf diese Minneregel zurückbeziehen: Auch in der Liebe soll man die rechte Wahl treffen, sich selbst zurückstellen und das rechte Maß halten. Wie Meinloh liefert also auch Dietmar eine kleine Minneethik.

6.3 Spervogel II („Spervogel")

Gesamtausgaben
MF I, S. 38–46 (Text); MF II, S. 69–70 (Kommentar); MF III/1, S. 48–64 (Kommentar); MF III/2, S. 342–349 (Kommentar); LDM (www.ldm-digital.de); vgl. RSM [1]Sperv/1–23.

Teilausgabe
Brunner (Hg.), Früheste deutsche Lieddichtung, S. 144–167 (Text), 222–226, 229–234 (Kommentar); Kasten (Hg.), Deutsche Lyrik, S. 14–19 (Text und Übersetzung), 563–567 (Kommentar).

Das Korpus Spervogel II umfasst 23 Strophen. Es reagiert in doppelter Weise auf den Minnesang und die Minnesänger. Zum einen wird die Form komplexer, zum anderen werden nun vermehrt Ratschläge erteilt, die auf die höfische Lebenswelt zugeschnitten sind, zum Beispiel auf die höfische Mode oder die Freundschaft zwischen Rittern (vgl. Abschn. 1.2.1).

Treit ein rein wîp niht guoter kleider an (**MF 24,1**)
Die hier vorgestellte Beispielstrophe handelt von höfischen Damen und ihrer Kleidung:

> Treit ein rein wîp niht guoter kleider an,   24, 1 – *53 C*, 5 J
>   sô kleidet doch ir tugent, als ich mich kan entstân,
>   daz sî vil wol geblüemet gât,
>   alsam der liehte sunne hât
> 5   an einem tage sînen schîn   lûter unde reine.
>   swie vil ein valsche kleider treit,   doch sint ir êre kleine.

Wenn eine edle Frau keine guten Kleider trägt, so kleidet sie doch ihre Tugend, wenn ich mich recht verstehe, sodass sie schön geblümt einherschreitet, wie die strahlende Sonne bei Tag hell und klar scheint. Wieviele Kleider eine falsche Frau auch tragen mag – ihr Ansehen bleibt doch gering.

Hier wird jene Urteilskraft und Unterscheidungsfähigkeit eingelöst, die Dietmar von Aist einforderte. Es geht einerseits um die Antithese zwischen ‚guten' und ‚bösen' Vertreterinnen der weiblichen Hofgesellschaft, es wird also nach ethischen Maßstäben differenziert (Ethik). Dann wird eine zweite Antithese eingeführt, nämlich zwischen schönen und schlichten Kleidern. Nun geht es um die Qualität der Kleider im Sinne der höfischen Mode (Ästhetik). Diese Antithesen werden in komplexer Weise aufeinander bezogen. Eine ‚gute' Dame kann auch schlichte Kleider tragen, ohne ihr Ansehen einzubüßen; eine ‚falsche' Dame kann ihren Ruf hingegen nicht mit schönen Kleidern aufpolieren. Es wird also die Tugend als innerer Wert über die Schönheit als äußerer Wert gestellt. Die Maßstäbe werden invertiert: Wen die Tugend ziert, der braucht keine schönen Kleider, um wie die Sonne zu strahlen. Mit dem Minnesang teilt diese Strophe die Verherrlichung der höfischen Dame als Verkörperung höfischer Tugenden. Bezeichnenderweise wird die höfische Mode als solche nicht in Frage gestellt, wie es von klerikaler Seite zu erwarten gewesen wäre. Es geht um eine genuin laikal-aristokratische Ethik, die die materiellen Privilegien des Adels nicht antastet. Der Sänger nimmt Rücksicht auf das Publikum, von dessen Gunst er abhängig ist.

6.4 Rheinische Minnesänger

Fünf Vertreter des rheinischen Minnesangs haben Spruchstrophen verfasst: Friedrich von Hausen, Bligger von Steinach, Heinrich von Veldeke, Heinrich von Rugge und Engelhart von Adelnburg.

6.4.1 Friedrich von Hausen

Ausgaben
Vgl. Abschn. 5.2.1.

Von Friedrich von Hausen ist eine Spruchstrophe bekannt, die an die religiösen Themen der Sangspruchdichtung anschließt (vgl. Spervogel I, Abschn 6.1). Doch wird das religiöse Sujet auf die höfische Gesellschaft ausgerichtet: Es geht um die moralische Verpflichtung der Ritter zur Teilnahme am Kreuzzug.

***Si waenent dem tôde entrunnen sîn* (MF 53,31)**
Die aus vierhebigen, kreuzgereimten Versen bestehende Kanzonenstrophe weist ein Reimband auf, das Auf- und Abgesang verknüpft (4a 4b / 4a 4b // 4c 4a 4c 4a):

6.4 Rheinische Minnesänger

>   Si waenent dem tôde entrunnen sîn,   53, 31 – *17 C*
>   die gote erliegent sîne vart.
>   dêswar êst der geloube mîn,
>   daz sî sich übel hânt bewart.
> 5 Swer daz kriuze nam und niender vert,
>   dem wirt ‹er› doch ze jungeste schîn,
>   swanne im diu porte ist vor verspert,
>   die er tuot ûf den liuten sîn.

Sie meinen, dem Tod entronnen zu sein, die Gott eine Reise für ihn vortäuschen. Ich glaube aber fest daran, dass sie sich auf schlechte Weise geschützt haben. Wer das Kreuz nahm und dann nicht aufbricht, der wird am Ende doch Gott gegenübertreten müssen. Dann wird ihm die Pforte versperrt bleiben, die Gott für seine Getreuen öffnet.

Auch in dieser Spruchstrophe geht es um das Verhältnis von Außen und Innen, in diesem Fall um das Versprechen, sich am Kreuzzug zu beteiligen, und die Bereitschaft, das Gelöbnis in die Tat umzusetzen. Im Aufgesang wird das Fehlverhalten beschrieben, im Abgesang dessen Folgen dargelegt. Die Paradoxie besteht darin, wie jeweils das Leben definiert wird. Diejenigen Ritter, die mit einem Bruch des Versprechens ihr Leben zu retten versuchen, täuschen sich insofern, als sie zwar ihr irdisches Dasein verlängern, dafür aber das ewige Leben, also das Seelenheil, verlieren. Wieder werden Begriffe verdoppelt und umgekehrt: Das Leben bringt den (ewigen) Tod, der Tod das (ewige) Leben. Die Situation am Lebensende wird nach dem Vorbild einer Hofgesellschaft gestaltet. Im Rückgriff auf die christliche Vorstellung des Himmelstors wird ausgemalt, wie Gott nur diejenigen aufnimmt, die sich als Kreuzfahrer bewährt haben und sich daher nun zu seinem Gefolge (*liuten sîn*) zählen dürfen. Die betrügerischen Ritter werden hingegen aus dieser Gemeinschaft ausgeschlossen, sie haben das Recht verwirkt, der himmlischen Gesellschaft anzugehören.

6.4.2 Bligger von Steinach

Ausgaben
Vgl. Abschn. 5.2.5.

Von Bligger von Steinach ist nur eine Spruchstrophe überliefert, die in Form einer Parabel den Geiz eines Fürsten tadelt. Dieses Thema, das in der Sangspruchdichtung eine lange Tradition hat, wird hier in besonders elaborierter Form ausgeführt (vgl. Abschn. 1.1.2.1).

Ich merke ein wunder an dem glase (**MF 119,13**)
Bligger komponierte für dieses Lied eine komplexe Kanzonenstrophe. Der Aufgesang umfasst acht Verse, der Abgesang sieben Verse, die sich in vier kreuz-

gereimte Verse und eine Waisenterzine gliedern (7a 6a 4b 5-c / 7d 6d 4b 5-c // 4e 5-f 4e 7-f / 7g 3x 6g):

> Ich merke ein wunder an dem glase, daz niht von herte mac   119, 13 – 6 C
> gewern an sîner staete einen ganzen tac.
> dan ist diu herte niht bewart.
> waer ez ze mâze hert, ez stüende vaster.
> 5   daz selbe wunder siht man an den liuten, waene ich, same.
> swer âne milte guotes pfligt und dâ bî âne schame,
> den wirfet si in vil swinder art
> in einen schaden und in ein êwic laster.
> Des mannes sterke waere guot,
> 10   die er ze rehten dingen lieze schînen.
> sô ist aber menger sô gemuot,
> daz er der geste haz bejaget und leidet sich den sînen.
> sol des êre lange wern, daz muoz ein wunder wesen.
> ich engehôrte nie gesagen,
> 15   daz ie geschaehe, noch enhâns ouch niht gelesen.

Ich beobachte etwas Merkwürdiges am Glas, das trotz aller Härte seine Festigkeit nicht einen ganzen Tag bewahren kann. Wäre es maßvoller gehärtet worden, stünde es fester da. Dieselbe Merkwürdigkeit sieht man bei den Menschen ebenso, glaube ich. Wer seinen Besitz ohne Freigebigkeit und ohne Schamgefühl nutzt, der landet schnell in einer schädlichen Lage und in ewiger Schande. Die Stärke eines Mannes wäre gut, wenn er sie an den richtigen Dingen erweisen wollte. Doch mancher ist so eingestellt, dass er ebenso den Hass der Gäste auf sich zieht, wie er sich bei den eigenen Leuten unbeliebt macht. Wenn dessen Ansehen lange Bestand haben sollte, das wäre sehr merkwürdig. Ich hörte das noch nie sagen und habe es auch noch nie gelesen, dass das jemals geschehen sei.

Im ersten Stollen wird ein Bild etabliert. Glas zerspringt leichter in Scherben, wenn es allzu sehr gehärtet worden ist. Die Paradoxie besteht darin, dass Härte nicht zu Festigkeit führt. Im zweiten Stollen wird die Deutung dieses Bildes ausgeführt. Die gesellschaftliche Position eines Herrn erweist sich als brüchig, wenn er so geizig ist, dass er seinen Besitz ohne Freigebigkeit (*milte*), also nur für sich selbst gebraucht. Der Vergleichspunkt zwischen Bild- und Sachebene ist der Zusammenhang von übertriebener Härte und mangelnder Beständigkeit. Im Abgesang zieht der Sänger die Schlussfolgerung. Obwohl Freigebigkeit das gesellschaftliche Ansehen der Besitzenden festigen kann, ziehen viele den Geiz vor und machen sich so bei den Gästen ebenso unbeliebt wie bei den Mitgliedern der eigenen Hofgesellschaft. In der abschließenden Waisenterzine sichert der Sänger die Wahrheit seiner Lehre mit zwei Arten des Wissens ab: demjenigen, das er gehört hat (mündlich vermittelte Lebenserfahrung), und demjenigen, das er gelesen hat (schriftlich vermittelte Schulbildung).

6.4.3 Heinrich von Veldeke

Ausgaben
Vgl. Abschn. 5.2.7.

Heinrich von Veldeke verfasste sieben Spruchstrophen. Das hier ausgewählte Beispiel bietet eine höfische Minneethik.

Dô man der rehten minne pflac (MF 61,18)
Die Strophe kommt mit zwei Reimklängen aus. Sie wechselt zwischen vier- und dreihebigen Versen, doch lassen sich die dreihebigen Verse auch als vierhebige Kurzverse mit klingender Kadenz auffassen (4a 3-b / 4a 3-b // 4a 4a 4-b):

>   Dô man der rehten minne pflac,   61, 18 – *19 BC*
>   dô pflac man ouch der êren.
>   nu mac man naht unde tac
>   die boesen site lêren.
> 5 Swer diz nu siht und jenez dô sach,
>   owê, waz der nu klagen mac!
>   tugende welnt sich nû verkêren.

Als man sich noch um wahre Minne bemühte, da bemühte man sich auch um das Ansehen. Heutzutage muss man Tag und Nacht die Bösen im rechten Verhalten unterweisen. Wer den heutigen Zustand sieht und den früheren Zustand kannte – ach, wie der sich nun beklagen muss! Die Tugenden wollen sich heutzutage in ihr Gegenteil verkehren.

Heinrich von Veldeke inszeniert sich als Weisheitslehrer, indem er zwischen Vergangenheit und Gegenwart unterscheidet. Im Aufgesang vergleicht er die alten Zeiten, in denen sich Adelige noch um wahre Liebe und wahres Ansehen bemühten, mit einer dekadenten Gegenwart, für die das nicht mehr zu gelten scheint. Der Minnesänger hat daher die Aufgabe, die Hofgesellschaft beständig über das richtige Verhalten zu belehren und so ihr ethisches Niveau zu heben. Im Abgesang wiederholt er denselben Sachverhalt noch einmal mit Blick auf die eigene Rolle. Als Zeuge der besseren Vergangenheit muss er in der Gegenwart umso lauter Klage führen. Der letzte Vers bringt den Inhalt der Klage noch einmal auf den Punkt. Die Gefahr besteht in einer Inversion der Moral, in der Verkehrung der Tugenden in ihr Gegenteil. Diese Sentenz lässt sich an den ersten Vers zurückzubinden, denn die Klage bezieht sich ja auf das rechte Verhalten in der Minne. Heinrich von Veldeke betont somit die ethische Verantwortung des Minnesängers, der, wenn er von der hohen Minne singt, zugleich den ethischen Zustand der Hofgesellschaft im Blick hat.

6.4.4   Heinrich von Rugge

Ausgaben
Vgl. Abschn. 5.2.8.

Heinrich von Rugge verfasste zwei Spruchstrophen. In der zweiten greift er das von Spervogel II (MF 24,1; vgl. 2.3) bekannte Motiv der höfischen Mode auf, das er aber nicht auf die Dame, sondern den Ritter bezieht.

Ich erkenne mînen vriunt sô staete (**MF 102,34**)
Die Strophe umfasst fünf vierhebige Verse, einen dreihebigen Vers und eine Langzeile. Die ersten fünf Verse enden auf den gleichen Reim, der sechste Vers und die Langzeile sind paargereimt; die Langzeile weist einen Binnenreim auf (4-a 4-a / 4-a 4-a // 4-a 3b 7ccb). Der fünfte und sechste Vers lassen sich auch als Langzeile auffassen, dann wäre der sechste Vers als Kurzvers mit stumpfer Kadenz zu deuten:

> Ich erkenne mînen vriunt sô staete, 102, 34 – *12 C*
> daz er niemer missetaete
> wan dur boeser liute raete,
> der die ungetriuwen baete.
> 5 Daz si niht in schoener waete
> trüegen valschen muot, 103,1
> daz stünde in wol. ir lachen sol mich selten dunken guot.

Ich erkenne meinen Freund daran, dass er so zuverlässig ist, dass er niemals falsch handeln würde, außer durch den Rat schlechter Leute, wenn er sich mit einer Bitte an diese Treulosen wenden sollte. Nicht in schöner Kleidung ein falsches Herz zu tragen, das stünde ihnen gut an. Ihrem Lächeln werde ich niemals trauen.

Wie bei Spervogel II geht es um Heuchelei, um den Kontrast zwischen innerer Haltung und äußerem Verhalten. Im Aufgesang beteuert Heinrich von Rugge, dass sein Freund niemals falsch handelte, außer wenn man ihm einen falschen Rat erteilte. Es geht also um die Wahl der richtigen Freunde, um die ethische Dimension der Freundschaft. Diese Fähigkeit nimmt der Sänger im Abgesang für sich in Anspruch, wenn er das Motiv des Kontrasts zwischen schöner Kleidung und schlechter Gesinnung aufgreift. Wieder wird die höfische Mode als solche nicht kritisiert, wohl aber deutlich gemacht, dass ein schönes Äußeres nicht auf ein gutes Inneres hinweist. Wie man der Kleidung nicht trauen kann, so auch nicht dem Lächeln, mit dem viele falsche Freunde ihre Absichten verbergen. Die implizite Aufforderung an den Freund, sich die rechten Ratgeber zu suchen, tritt hinter der expliziten Kritik an den Treulosen zurück, die ihre bösen Absichten hinter schönem Schein verbergen und auf diese Weise Unheil anrichten.

6.4.5   Engelhart von Adelnburg

Ausgaben
Vgl. Abschn. 5.2.11.

Von Engelhart von Adelnburg ist nur eine Spruchstrophe überliefert. Diese verteidigt die höfische Minneethik gegen klerikale Einwände.

Swer mit triuwen umbe ein wîp **(MF 148,25)**
Die Strophe besteht aus sieben vierhebigen Kurzversen, die sich durch das Reimschema in Auf- und Abgesang teilen. Der Aufgesang ist kreuzgereimt, der Abgesang besteht aus einer Waisenterzine (4a 4b / 4a 4b // 4c 4x 4c).

> Swer mit triuwen umbe ein wîp   148, 25 – 4 C
>   wirbet, als noch maniger tuot,
>   waz schadet der sêle ein werder lîp?
>   ich swüere wol, ez waere guot.
> 5 Ist aber ez ze himele zorn,
>   sô koment die boesen alle dar,
>   und sint die biderben gar verlorn.

Wenn einer in Treue um eine Frau wirbt, wie es viele tun, wie sollte solch edles Verhalten der Seele Schaden zufügen? Ich wollte schwören, dass es etwas Gutes sei. Wenn dies aber den Zorn des Himmels erregt, dann kommen die Bösen dort alle hinein, und die Braven sind ganz verloren.

Im Aufgesang wird der ritterliche Minnedienst als lobenswert dargestellt. Nach den Maßstäben der höfischen Gesellschaft zeugt treues Werben um eine Dame von edler Gesinnung. Doch wird in Form einer rhetorischen Frage die Möglichkeit in Betracht gezogen, dass die Minne als weltliche Form des Dienstes der Seele Schaden zufügen könnte. Diese Bewertung kommt freilich von außerhalb, sie bezieht sich auf klerikale Kritik am höfischen Liebeskult. Im Abgesang grenzt sich der Sprecher von solcher Kritik ab und argumentiert, dass sie zu einer Umwertung führe. Wenn die höfische Minne, deren Ziel die Nobilitierung des Ritters sei, aus kirchlicher Perspektive missfalle („den Himmel erzürnt"), dann kämen die Falschen in den Himmel. Zur Unterscheidung wird eine Antithese aufgebaut, die die höfische Ethik gegen die kirchliche Moral ausspielt. Auf der einen Seite stehen die Guten, deren Wert sich an treuem Minnedienst entscheidet, auf der anderen Seite die Bösen, denen das Bemühen um ethische Wertsteigerung (*werder lîp*) nichts gilt.

6.5   Spervogel III („Der junge Spervogel")

Gesamtausgaben
MF III/2, S. 360–365 (Text und Kommentar); KLD I, S. 268–271, 274 (Text); KLD II, S. 312–336 (Kommentar); LDM (www.ldm-digital.de); RSM [1]SpervA/2/1–10.

Teilausgabe
Brunner (Hg.), Früheste deutsche Lieddichtung, S. 170–181 (Text), 222–226, 234–236 (Kommentar);

Das Korpus von Spervogel III umfasst dreizehn Strophen in vier Tönen. Dem ersten Ton folgen zehn Strophen; die ausgewählte Strophe zielt auf das in der Sangspruchdichtung häufig formulierte Thema des Verhältnisses von äußeren und inneren Werten, von Schein und Sein.

Diu sunne zieret wol den tac **(KLD 38,21)**
Die Strophenform hat im Vergleich mit der früheren Sangspruchdichtung (Spervogel I und II) erheblich an Komplexität gewonnen. Sie reagiert unverkennbar auf die Kanzonenform des hohen Minnesangs. Im Aufgesang wechseln drei- und vierhebige Verse, die Verse des Abgesangs sind durchgängig vierhebig. Das Reimschema des Aufgesangs bildet zwei Reihen, der Abgesang besteht aus zwei paargereimten Kurzversen und zwei paargereimten Langzeilen (4a 3b 3c / 4a 3b 3c // 4d 4d 44e 44e):

```
      Diu sunne zieret wol den tac:           21h, Spervogel 54C
         verdorben wære ir nam
           wan dur ir liehten schîn.
      eist heil swers besten pflegen mac.
5     ich tæte gerne alsam
         und gerte saelde mîn.
           Man hât den man als man in siht;
           doch sind dâ guoter witze niht,
              swer die liute erkennen wil   niwan bî liehter wæte:
10       und trüege ein wolf von zobel ein hût   nâch künne er dannoch tæte.
```

Die Sonne ziert den Tag. Ihren Namen hätte sie nicht verdient, wenn sie nicht hell schiene. Es bringt Heil, wenn man sich bestmöglich verhält. Ich wollte gern so handeln und strebte nach meinem Glück. Man beurteilt den Menschen nach seinem Aussehen; doch ist das nicht klug, wenn man die Leute nur an ihrer schönen Kleidung einschätzen will: Wenn ein Wolf einen Pelzhut trüge, würde er dennoch seiner Art entsprechend handeln.

Der erste Stollen führt das Bild der Sonne ein, die ihren Namen nur verdient, wenn sie hell scheint (vgl. Spervogel II, MF 24,1). Im zweiten Stollen beteuert der Sänger, ihrem Vorbild folgen und sich bestmöglich verhalten zu wollen, um Heil zu erlangen. Der Aufgesang steht also vollständig im Zeichen eines positiven Beispiels und einer positiven Absicht. Der Abgesang warnt davor, vom äußeren Erscheinungsbild – der höfischen Mode – auf das innere Wesen zu schließen, da sich viele verstellen und ihre wahren Absichten verbergen. Die Strophe schließt mit dem Tierbeispiel des Wolfs im Schafspelz, das hier abgewandelt wird: Der Wolf tritt mit einem Pelzhut aus Zobel (dem Fell eines Marders) auf, einem kostbaren Bestandteil der adeligen Kleidung.

6.6   Professionelle Minnesänger

Nur ein Vertreter des professionellen Minnesangs hat auch Spruchstrophen verfasst, nämlich Gottfried von Straßburg.

6.6.1 Gottfried von Straßburg

Ausgaben
Vgl. Abschn. 5.3.4.

Die Spruchstrophen, die in der Forschung Gottfried von Straßburg zugeschrieben werden, sind unter anderem Namen überliefert. Die Zugehörigkeit zu Gottfried ist wahrscheinlich, aber nicht gesichert. Thema der ausgewählten Strophe ist das Glück, das auch in Gottfrieds Tristanroman eine zentrale Rolle spielt.

Gelücke daz gêt wunderlîchen an und abe **(MF XXIII,2)**
Es handelt sich um eine komplexe Stollenstrophe, die zwei in sich gedoppelte Teile umfasst (6a 6a 5-b / 6c 6c 5-b / 3-d 7-d 4-e / 3-f 7-f 4-e).

    Gelücke daz gêt wunderlîchen an und abe: K S. 128 – *U. v. L. 308 C*
    wan vindet ez vil lîhter danne manz behabe;
        ez wenket, dâ man ez niht wol besorget.
    swen ez beswaeren wil, dem gît ez ê der zît
5   und nimt ouch ê der zît wider, swaz ez gegît.
        ez tumbet den, swem ez ze vil geborget.
        Vröide gît den smerzen;
    ê daz wir âne swaere sîn des lîbes und des herzen,
        wan vindet ê daz glesîn glücke,
10   daz hât kranke veste.
        swanne ez uns under diu ougen spilt und schînet aller beste,
    sô brichet ez vil lîhte in klein stücke.

Das Glück steigt in wundersamer Weise auf und ab: Man findet es leichter, als dass man es behalten könnte; es gerät ins Wanken, wenn man sich nicht richtig darum kümmert. Wen es belasten will, dem gibt es vorzeitig und nimmt auch vorzeitig wieder, was es ihm gegeben hat. Es macht den zum Narren, dem es zu viel schenkt. Auf Glück folgt Kummer; statt ohne Leid an Körper und Herz zu sein, finden wir eher das gläserne Glück, das nur schwache Festigkeit hat. Wenn es am schönsten vor unseren Augen glänzt und leuchtet, bricht es leicht in kleine Scherben.

Die Strophe handelt von der Unbeständigkeit des Glücks, die mit zwei Bildern illustriert wird: dem sich drehenden Glücksrad und dem zerbrechlichen Glas. Der erste Teil der Strophe präsentiert das Bild des Glücksrades, das sich auch im besprochenen Minnelied Kaiser Heinrichs findet (MF 5,16; vgl. Abschn. 5.2.2). Mit der Drehung des Rades ändert sich das Glück des Menschen, der aufsteigt und wieder stürzt. Der zweite Teil der Strophe bietet das Bild des zerbrechlichen Glases, das ein Vorbild in der besprochenen Spruchstrophe Bliggers von Steinach hat (s. Abschn. 6.4.2). Die Spruchstrophe formuliert keine Moral, sondern weist auf die Wechselhaftigkeit des Schicksals hin. Die ethische Forderung ist implizit: Der Mensch soll sich auf die Unbeständigkeit des Glücks einstellen und sich entsprechend verhalten, indem er sein Herz nicht an die Glücksgüter hängt, die ihm geschenkt und wieder genommen werden, sondern dem Leben mit innerer Unabhängigkeit begegnet. Gottfried bezieht sich als Spruchdichter auf sein schriftgelehrtes Wissen und überführt seine Lehre in poetische Bilder, die für sich sprechen.

6.7 Walther von der Vogelweide

Gesamtausgaben
Bein (Hg.), Walther von der Vogelweide, Leich, Lieder, Sangsprüche; Schweikle (Hg.), Walther von der Vogelweide, Werke, Bd. 1: Spruchlyrik; Maurer (Hg.), Walther von der Vogelweide, Sämtliche Lieder; LDM (www.ldm-digital.de).

Teilausgaben
Kasten (Hg.), Deutsche Lyrik, S. 392–533 (Text und Übersetzung), 907–1050 (Kommentar); Müller (Hg.), Kreuzzugsdichtung, S. 71–73, 78–79, 82–89 (Text), 147–149 (Kommentar); Wapnewski (Hg.), Walther von der Vogelweide, Gedichte, S. 121–209 (Text und Übersetzung), 254–276; Brunner (Hg.), Walther von der Vogelweide, Gedichte, S. 16–117 (Text und Übersetzung), 266–287 (Kommentar).

Die folgenden Beispielstrophen der politischen Sangspruchdichtung Walthers von der Vogelweide stammen aus dem Reichston, dem ersten Philippston und dem König Friedrichston. In allen drei Fällen vertritt Walther die Partei der Staufer im Thronstreit mit den Welfen (vgl. Abschn. 1.1.1). Die Strophe aus dem Reichston („Reichsklage") dürfte nach dem Tod Heinrichs VI. im September 1197 entstanden sein, die Strophe aus dem ersten Philippston („Magdeburger Weihnacht") im Dezember 1199, die Strophe aus dem König Friedrichston („Otto-Friedrich-Vergleich") nach der Königskrönung Friedrichs im Dezember 1212.

6.7.1 Reichston

Der Reichston umfasst drei Strophen, die in der Forschung als Reichsklage, Weltklage und Kirchenklage bezeichnet werden. Sie behandeln die politische Situation des Reiches infolge des Thronstreits zwischen Philipp von Schwaben und Otto von Braunschweig. Die erste Strophe geht von einer Güterlehre aus, die zweite von der Ordnung der Natur, die dritte vom Verhältnis zwischen Reich und Papst.

Ich saz ûf einem steine (L 8,4)
Der Ton umfasst fünfundzwanzig vierhebige Kurzverse. Die ersten zweiundzwanzig Verse sind paargereimt mit abwechselnd klingender und männlicher Kadenz. Die letzten beiden Kurzverse bilden eine Langzeile, können aber auch in Verbindung mit Vers 23 als Waisenterzine aufgefasst werden:

6.7 Walther von der Vogelweide

Ich saz ûf einem steine   L 8,4 – *Text nach *BC auf der Basis von B*
dô dahte ich bein mit beine,
dar ûf sazte ich mîn ellebogen,
ich hete in mîne hant gesmogen
5 daz kinne und ein mîn wange.
dô dâhte ich mir vil ange,
wie man zer welte solte leben.
deheinen rât kunde ich mir gegeben,
wie man driu dinc erwurbe,
10 der deheinez niht verdurbe.
diu zwei sint êre und varnde guot,
der ietweders dem andern schaden tuot.
daz dritte ist gotes hulde,
der zweier übergulde.
15 die wolte ich gerne in einen schrîn,
jâ leider des mac niht gesîn,
daz guot und weltlich êre
und gotes hulde mêre
in einen schrîn mügen komen.
20 stîge und wege sint in genomen:
untriuwe ist in der sâze,
gewalt ist ûf der strâze,
fride unde reht sint beide wunt.
diu driu habent geleites niht,   diu zwei werden ê gesunt.

Ich saß auf einem Stein und schlug ein Bein über das andere, darauf stützte ich meinen Ellenbogen, ich hielt in meine Hand geschmiegt das Kinn und eine Wange. Da dachte ich eindringlich darüber nach, wie man in der Welt leben sollte. Ich wusste mir keinen Rat zu geben, wie man drei Dinge so erwerben könnte, dass keines von ihnen Schaden nähme: Zwei davon sind Ehre und irdischer Besitz, die sich gegenseitig Schaden zufügen; das dritte ist die Gnade Gottes, die beide überstrahlt. Die hätte ich gern zusammen in einem Schrein. Ach, das ist leider nicht möglich, dass Besitz und weltliche Ehre und noch dazu Gottes Gnade in einem Schrein zusammenkommen. Wege und Stege sind ihnen versperrt, Untreue liegt im Hinterhalt, Gewalt herrscht auf der Straße, Friede und Recht sind verletzt. Die drei haben keinen Schutz, bevor nicht die zwei gesunden.

Die Strophe entwirft eine kleine politische Lehre anlässlich der Reichskrise, die durch die Doppelwahl und den Thronstreit hervorgerufen wurde. Er beklagt, dass Friede (*fride*) und Recht (*reht*), für die der Monarch sorgen soll, nicht mehr gewahrt sind; stattdessen herrschen Unfriede und Rechtlosigkeit im Reich. Die politische Krise äußert sich in einem Zustand des Rechtsbruchs (*untriuwe*) und der physischen Gewalt (*gewalt*). Dies hat zur Folge, dass die politische Ordnung aus den Fugen gerät, die nach mittelalterlichem Verständnis auf drei Säulen beruht: *êre*, *guot* und *gotes hulde*. Mit *êre* ist das soziale Ansehen gemeint, mit *guot* der materielle Besitz und mit *hulde* die göttliche Gnade, jeweils bezogen auf das Reich. Bislang waren diese drei Güter im Gleichgewicht, doch nun ist ihr Verhältnis wegen des eingetretenen Zustands der Rechtlosigkeit und des Unfriedens gestört. Walther formuliert einen Appell zur Wiederherstellung der politischen Einheit. Erst wenn *fride* und *reht* wieder Geltung erlangen, enden *untriuwe* und *gewalt* und wird die Einheit von *êre*, *guot* und *gotes hulde* wieder gewährleistet. Nur die Anerkennung des Staufers Philipp von Schwaben als legitimer König vermag die Ordnung des Reichs zu garantieren. Diese politische Botschaft vermittelt Walther mit einer anspruchsvollen Rhetorik, die ihn als Propagandisten im Dienst des Staufers ausweist.

In den ersten sieben Versen stilisiert sich Walther als Sänger, der, der christlichen Ikonographie entsprechend, die Pose eines Propheten oder Evangelisten einnimmt. Diese Körperhaltung ist in den Miniaturen der Liederhandschriften genau abgebildet. Wenn sich Walther in der betreffenden Pose beschreibt, verleiht er sich die Autorität eines Propheten im staufischen Reich. Die Nennung der Zahl der beteiligten Körperteile und die Beschreibung ihres Verhältnisses zueinander (ein Ellbogen, zwei Beine, ein Kinn, eine Wange, eine Hand) verweisen symbolisch auf die politische Lage im Reich. Es geht um das Verhältnis zwischen den Teilen und dem Ganzen. Wie die Körperteile sich zu einer Person zusammenfügen, so sollen sich die aufgezählten Bestandteile des Reichs (die Zweiheit von Friede und Recht, die Dreiheit von Ehre, Besitz und Gnade) wieder zu einer Einheit zusammenfügen. Der in seiner Haltung in sich geschlossene und ruhende Körper des Sängers wird so zum Sinnbild der wünschenswerten Ordnung und Einheit des Reichs.

In den nächsten zwölf Versen (8–19) stellt Walther das Thema vor, über das er in prophetischer Pose nachdenkt. Dabei rekurriert er wieder auf Zahlen: Es geht ihm um drei Dinge (*driu dinc*), von denen zwei ein gleichwertiges Paar darstellen (*êre und varnde guot*) und eines überlegen ist (*der zweier übergulde*), nämlich die Gnade Gottes (*gotes hulde*). Diese Dreiheit will er schadlos in eine Einheit (*einen schrîn*) überführen, was er für unmöglich hält. Der Sachverhalt wird zweifach formuliert: zunächst als positiver Wunsch (Verse 8–15), dann als negative Feststellung (Verse 16–19). So endet die Argumentation mit einem Bildrätsel. Die Frage lautet, was der schadlosen Vereinigung der drei Dinge in einem Schrein im Weg steht. Die letzten sechs Verse (20–25) nennen das Problem: *vride unde reht*, zwei Güter, die ein harmonisches Paar bilden sollen, sind durch zwei Gegenkräfte gefährdet, die ein chaotisches Paar bilden: *untriuwe* und *gewalt*. So korrespondieren drei Paare: Ehre und Besitz als schützenswerte Güter, Friede und Recht als erforderliche Rahmenbedingungen, Untreue und Gewalt als schädliche Gegenkräfte. Die Gnade Gottes ist als geistliches Gut unantastbar, doch droht sich das auf dem Gottesgnadentum beruhende Reich durch die politische Krise um den göttlichen Schutz zu bringen.

6.7.2 Erster Philippston

Der erste Philippston umfasst fünf Strophen. Sie sind direkt oder indirekt auf Philipp von Schwaben bezogen und stammen aus den Jahren 1198 bis 1201/05. Die erste Strophe („Hofwechselstrophe") thematisiert den Wechsel vom Wiener zum staufischen Hof, die zweite („Kronenspruch") und dritte („Magdeburger Weihnacht") Strophe unterstreichen den staufischen Machtanspruch während des Thronstreits. Die vierte („Philippschelte") fordert von Philipp von Schwaben Großzügigkeit ein. Die fünfte („Thüringer Hofschelte") bildet ein Gegenstück zur vierten, bezieht sich aber nicht auf Philipp, sondern auf den thüringischen Landgrafen Hermann I. Als Beispiel wird im Folgenden die dritte Strophe vorgestellt („Magdeburger Weihnacht").

Ez gienc eines tages als unser hêrre wart geborn **(L 19,5)**
Die Strophe umfasst zwei Teile mit je sechs Versen. Jeder Teil besteht aus zwei gleichen Stollen. Das Reimschema des ersten und zweiten Teils ist identisch, doch unterscheiden sich die Hebungszahlen (6a 6a 5-b / 6c 6c 5-b / 4d 6d 5-e / 4f 6f 5-e):

    Ez gienc eines tages, als unser hêrre wart geborn   L 19,5 – *Fassung nach C*
    von einer maget, die er im ze muoter hât erkorn,
    ze Megdeburg der künic Philippes schône.
    dâ gienc eins keisers bruoder und eins keisers kint
5   in einer wât, swie doch die namen drîge sint,
    er truoc des riches zepter und die krône.
      Er trat vil lîse, im was niht gâch,
      im sleich ein hôhgeborne küniginne nâch,
      rôse âne dorn, ein tûbe sunder gallen.
10 diu zuht was niener anderswâ,
    die Düringe und die Sahsen dienten alsô dâ,
    daz ez den wîsen müeste wol gevallen.

Es ging an jenem Tage, als unser Herr geboren wurde von einer Jungfrau, die er sich als Mutter auserwählt hatte, in Magdeburg der König Philipp in gemessener Weise. Da schritt eines Kaisers Bruder und eines Kaisers Sohn in einem Ornat, obgleich es doch drei Bezeichnungen sind. Er trug des Reiches Zepter und die Krone. Er schritt sehr langsam, er hatte es nicht eilig, ihm folgte feierlich eine hochgeborene Königin, eine Rose ohne Dorn, eine Taube ohne Galle. Solche Würde gab es nirgendwo sonst. Die Thüringer und die Sachsen dienten ihnen dort so, dass es den Weisen wohl gefallen musste.

Es handelt sich um eine Art propagandistischer Hofberichterstattung Walthers für das staufische Herrscherpaar. An Weihnachten 1199 veranstalte Philipp von Schwaben in Magdeburg einen Hoftag, in dessen Rahmen eine Prozession stattfand. Daran waren neben ihm und seiner Gattin Irene von Byzanz, deren Rufname seit ihrer Heirat mit Philipp Maria war, auch die Landesfürsten von Sachsen und Thüringen beteiligt. Aus diesem repräsentativen Anlass formt Walther ein Gedicht, das die Rechtmäßigkeit des staufischen Herrschaftsanspruchs affirmieren soll. Philipp erscheint nicht nur als derjenige, der die Gnade Gottes auf seiner Seite weiß, sondern wird selbst mit göttlichem Licht übergossen. Alle religiösen Motive leitet Walther aus dem Veranstaltungstag und dem Veranstaltungsort ab. Der fünfundzwanzigste Dezember ist der Tag, an dem Christus geboren wurde; Magdeburg enthält das Wort *maget* (Jungfrau) in sich. Die Verbindung wird über das Motiv der jungfräulichen Geburt hergestellt: Christus wurde nach christlicher Vorstellung an Weihnachten von der Jungfrau Maria zur Welt gebracht. In den ersten drei Versen wird eine Analogie zwischen dem staufischen Herrscherpaar (Philipp/Irene) und dem himmlischen Königspaar (Christus/Maria) hergestellt. In den nächsten drei Versen wird eine Analogie zwischen Philipp von Schwaben, seinem kaiserlichen Vater und Vorgänger Friedrich I. Barbarossa und seinem kaiserlichen Bruder und Vorgänger Heinrich VI. einerseits (alle trugen denselben Krönungsmantel) und der göttlichen Dreifaltigkeit andererseits hergestellt. Zugleich wird darauf angespielt, dass Philipp im Besitz der richtigen Insignien der Königsherrschaft war, nämlich Zepter und Krone. In den Versen 7 bis 10 wird die Analogie zwischen der Königin und der Gottesmutter Maria unterstrichen, indem marianische Metaphern (Rose ohne Dorn, Taube ohne Galle) auf die Königin übertragen werden. Die Schlusspointe besteht in der Analogie, die Walther zwischen den Landesfürsten von Sachsen und Thüringen und den Weisen aus dem Morgenland herstellt. Die Landesfürsten dienen Philipp wie die heiligen drei Könige dem Jesuskind in der Krippe. Die Brücke wird locker über das Motiv der Weisen (*wîsen*) geschlagen, die hier nicht mit den Landesfürsten, sondern mit klugen Menschen identifiziert werden, die sich an diesem Schauspiel erfreuen.

6.7.3 König Friedrichston

Der König Friedrichton umfasst zwanzig Strophen, die zwischen 1213 und 1220 entstanden. Sie beziehen sich auf die Jahre zwischen der Krönung Friedrichs II. zum König (1212) und zum Kaiser (1220). Die zweite Strophe ist ein propagandistisches Meisterstück, in dem Walther um den Staufer wirbt. Im Rückgriff auf die sangspruchtypische Unterscheidung von inneren und äußeren Werten spielt Walther humoristisch die Tugendgröße des jungen Königs gegen die Körpergröße Ottos von Braunschweig aus.

***Ich wolte hern Otten milte nâch der lenge mezzen* (L 26,33)**
Der Ton umfasst drei Stollen. Die rahmenden Stollen umfassen je einen Dreireim, der mittlere Stollen einen umarmenden Reim. Die Verse sind sechshebig bis auf jeweils den letzten Vers der Stollen, der eine siebte Hebung und somit eine Schlussbetonung aufweist (6-a 6-a 7-a / 6-b 6c 6-b 7b / 6d 6d 7d):

Ich wolte hern Otten milte nâch der lenge mezzen,   26,33 – *Fassung nach C*
dô hât ich mich an der mâze ein teil vergezzen;
wær er sô milt sô lange, er hete tugende vil besezzen.
  Vil schiere maz ich abe den lîp nâch sîner êre,
5   dô wart er vil gar ze kurz als ein verschrôten werk,   27,1
  miltes muotes minre vil danne ein getwerc,
  und ist doch von den jâren, daz er niht wahset mêre.
Dô ich dem künige brâhte daz mez, wie er ûf schôz!
sîn junger lîp wart beide michel unde grôz.
10 nû seht, waz er noch wahse: erst ietze über in wol risen gnôz.

Ich wollte Herrn Ottos Freigebigkeit der Länge nach messen, da vergriff ich mich im Maßband. Wäre er so freigebig wie lang, dann hätte er große Tugend besessen. Bald darauf maß ich ihn hingegen an seiner Ehre, da wurde er viel zu kurz wie ein verschnittener Stoff, an freigebiger Gesinnung noch kleiner als ein Zwerg. Und dabei ist er doch in einem Alter, in dem er nicht mehr wächst. Als ich aber dem König das Maßband anlegte, wie er da in die Höhe schoss! Seine junge Gestalt wurde groß und kräftig. Nun seht, wie er noch wachsen wird – und er ist im Vergleich mit jenem schon jetzt riesengroß.

Die Pointe der Strophe besteht in der Veranschlagung eines doppelten Standards. Legt man die Messlatte an die Körpergröße an, wirkt Otto als stattlicher Mann, Friedrich hingegen als zierlicher Jüngling. Hinsichtlich des äußeren Erscheinungsbildes ist dem Welfen die königliche Eignung eher zuzutrauen als dem Staufer. Greift man jedoch zum Maßstab der Tugend, die sich am Grad der Freigebigkeit bemisst, überragt Friedrich seinen Gegenspieler um Längen: Der Staufer erscheint als Tugendriese, der Welfe hingegen als Tugendzwerg. Als implizites Kriterium nimmt Walther noch das Alter hinzu: Friedrich wird an Körper- und Tugendgröße noch wachsen, was von Otto nicht mehr zu erwarten ist.

Wenn Walther die ethische Eignung des Herrschers an seiner Großzügigkeit festmacht, argumentiert er unübersehbar in eigenem Interesse. Es ist ja die Hoffnung auf üppigen Lohn, die den Sangspruchdichter motiviert. Schon die frühen Sangspruchdichter bewerten ihre Gönner anhand ihrer Spendabilität; Walther greift diese Geste auf und integriert sie geschickt in sein Kabinettstück politischer Propaganda, die bis heute besticht. Wer diese Strophe einmal gehört hat, kann den vernichtenden Spott nicht mehr vergessen, den Walther hier über Otto von Braunschweig ausgegossen hat. Kein Wunder, dass Walther das Gehör des Staufers fand, der ihm Jahre später (1220) das lang ersehnte Lehen verlieh und ihn so aus der unsicheren Existenz eines Fahrenden erlöste.

Leich 7

Inhaltsverzeichnis

7.1 Heinrich von Rugge 247
7.2 Ulrich von Gutenburg 250
7.3 Otto von Botenlauben 254
7.4 Walther von der Vogelweide 256

Die frühen Leiche stammen von den rheinischen Minnesängern Heinrich von Rugge, Ulrich von Gutenburg und Otto von Botenlauben sowie von Walther von der Vogelweide. Die donauländischen und professionellen Minnesänger (außer Walther) haben sich nicht in dieser Liedgattung betätigt.

7.1 Heinrich von Rugge

Ausgaben
MF I, S. 196–200 (Text); MF II, S. 89–91 (Kommentar); MF III/1, S. 237–239 (Kommentar); MF III/2, S. 438 (Kommentar); Brackert (Hg.), Minnesang, S. 70–77 (Text und Übersetzung), 296–297 (Kommentar); Kasten (Hg.), Deutsche Lyrik, S. 190–199 (Text und Übersetzung), 707–711 (Kommentar); Müller (Hg.), Kreuzzugsdichtung, S. 47–51 (Text), 145 (Kommentar); LDM (http://www.ldm-digital.de).

Heinrich von Rugge verfasste einen Kreuzleich, der die Gattungsgeschichte des Leichs im deutschsprachigen Raum begründet. Die Bezugnahme auf den Tod Friedrichs I. Barbarossa im Juni 1190 legt nahe, dass das Lied wenig später entstand.

Ein tumber man iu hât (MF 96,1)
Im Vergleich des Kreuzleichs mit der Mariensequenz *Ave praeclara maris stella* Hermanns von Reichenau lässt sich die formale Verwandtschaft von Leich und Sequenz beispielhaft illustrieren. Beide Lieder haben mit rund einhundert

Tab. 7.1 Komposition der Sequenz *Ave praeclara maris stella* und des Kreuzleichs Heinrichs von Rugge im Vergleich

Mariensequenz Hermanns von Reichenau				Kreuzleich Heinrichs von Rugge			
Komposition		Verse	Silben	Komposition			Verse	Hebungen
I		5	54636	Ia		Ib	8/8	34534224
IIa	IIb	6/6	656855	IIa		IIb	4/4	4344
IIIa	IIIb	6/6	584366	IIIa		IIIb	4/4	5343
IVa	IVb	6/6	575684	IVa		IVb	3/3	443
Va	Vb	10/10	4595595579	Va		Vb	7/7	4343435
VIa	VIb	9/9	556466584	VIa		VIb	4/4	4343
VIIa	VIIb	3/3	357	VIIa		VIIb	6/6	447 447
VIIIa	VIIIb	3/3	886		VIIIa		8	4443 4443
	IX	5	786107	IX			6	333433
		= 96		Xa	Xb	Xc	4/4/4	4444
					VIIc		6	447 447
				VIIIb		VIIIc	8/8	4443 4443
							= 120	

Versen einen ähnlichen Umfang. Leitendes Bauprinzip ist die Serie der variierten Strophen, die sich aus ein bis drei Versikeln (Versgruppen) zusammensetzen. Während die Sequenz die Reihe der sieben Doppelversikel mit je einem einfachen Versikel am Anfang und am Schluss rahmt, setzt der Leich sogleich mit Doppelversikeln ein, mündet aber zum Schluss in ein komplexes Gebilde, das sich aus einfachen, zweifachen und dreifachen Versikeln zusammensetzt, die zum Teil Reprisen darstellen. Laut Kuhn (1967) folgt Heinrich von Rugge dem Estampie-Typus (vgl. Abschn. 2.2.1), der eine Reihe unterschiedlicher Strophen umfasst (hier I bis X mit einer Reprise von VII und VIII). Der Leich teilt sich in zwei Blöcke, deren erster bis zum Versikel VIIIa und deren zweiter bis zum Doppelversikel VIIIb/c reicht (Tab. 7.1).

Der Sprecher bereitet den Kreuzzugsappell in den ersten acht Strophen vor. In den ersten beiden Strophen nimmt er die Rolle eines ungelehrten Mannes (*tumber man*) ein, der dennoch einen weisen Rat erteilen kann (*wîsen rât*). Gemeint ist wohl, dass er als ungelehrter Laie eine Lehre verkündet, die an der theologischen Autorität der klerikalen Kreuzzugsprediger (z. B. Bernhard von Clairvaux) partizipiert. Er präsentiert sich als ritterliches Sprachrohr der Kirche und bringt Argumente für den Kreuzzug vor, die aus der geistlichen Propaganda bekannt sind: Wer Gott diene, gewinne das Seelenheil, wer ihm seinen Dienst verweigere, verliere es. Der Sprecher bezieht sich also auf die religiöse Antithese zwischen Gut und Böse, Himmel und Hölle, Diesseits und Jenseits. In der dritten Strophe sagt er, die Antithese weiterführend, dem weltlichen Glücksstreben (der *blœden gir*) ab, um sich auf das seelische Heil (die *saelekeit*) auszurichten. Er blickt aus geistlicher Perspektive auf das weltliche Leben der Ritter, deren Stand er selbst angehört, und wertet ihre Ziele ab, die er nicht weiter ausführt, mit denen aber auch die höfische Liebe gemeint sein dürfte. In der vierten Strophe kommt er auf den staufischen Kaiser zu sprechen, dessen Tod er als bestürzende Neuigkeit verkündet. Der zufällige Tod (Friedrich I. ertrank während des Kreuzzugs in einem Fluss) wird als heilsgeschichtliches Ereignis eingeordnet: Gott erfüllt sein Gesetz an *keiser Friderîche*. In der fünften Strophe stellt der Sprecher die Todesbereitschaft des Kaisers und seines Gefolges den Rittern als Vorbild vor Augen. Jene hätten bereits eine Wohnstatt im Reich Gottes gefunden, diese sollten sie nun erstreben. In der sechsten Strophe verteidigt er die Verklärung des Todes der Kreuzritter als Heilstat gegen diejenigen, die ihre verstorbenen Freunde und Verwandten beklagen. Diese sollen von ihrer Klage ablassen und Mut fassen, denn diejenigen, die sie betrauern, seien schon längst von allem Kummer befreit. Die achte Strophe spitzt dieses Argument zu: Wer die gefallenen Kreuzritter beweine, sei kindisch, denn das Leben sei ohnehin ein Nichts. Die siebte Strophe vollzieht eine Inversion, wie sie für Märtyrerreligionen typisch ist: Mit dem irdischen Tod gewinne man das ewige Leben. Wer für Gott sterbe, werde als Lohn die Himmelskrone (*himel krône*) empfangen und auf einem Himmelsthron (*stuol*) sitzen. Der erste Teil schließt in der achten Strophe mit dem Verweis auf die Erlösungstat des Gekreuzigten: Der Teufel habe schon triumphieren wollen, als Christus im Grab lag, doch dann habe der gnädige Gott seinen Sohn auferweckt. So würden auch die während des Kreuzzugs gefallenen Christen auferstehen.

In der neunten Strophe, mit der der zweite Teil des Leichs beginnt, folgt der eigentliche Kreuzzugsaufruf: *Swer nû daz crûce nimet, / wie wol daz helden zimet!* („Wer immer nun das Kreuz ergreift, wie sehr das zu einem Helden passt!"). Wer sich als Ritter dem Kreuzzug verschreibt, erweist sich als Held, der von *mannes muote* erfüllt ist. Der Sprecher verschiebt also die Koordinaten – nun geht es nicht mehr um Tod und Opfer, sondern um Heldentum und Männlichkeit. Der Kreuzritter erweist sich als heroischer Kämpfer und männlicher Streiter. Zur Umdeutung des Rittertums im christlichen Sinn gehört auch die Absage an den höfischen Frauendienst, wie er im Minnesang zum Ausdruck kommt. In der zehnten Strophe lässt der Sprecher einen Ritter und eine Gruppe von Damen auftreten, deren Gespräch diese Absage illustriert:

> X Sô sprichet lihte ein boeser man,
> der ‹...› herze nie gewan:
> ‚wir suln hie heime vil sanfte belîben,
> die zît wol vertrîben vil schône mit wîben.'
>
> Xb Sô sprichet diu, der er dâ gert:
> ‚gespile, er ist niht bastes wert,
> waz sol er danne ze vriuntschefte mir?
> vil gerne ich in verbir.' ‚trût gespil, daz rât ich dir.'

> X So spricht vielleicht ein schlechter Mann, der nie ein tapferes Herz besaß: „Wir wollen schön bequem zuhause bleiben und die Zeit angenehm mit den Frauen verbringen."
>
> Xb So spricht diejenige, die er begehrt: „Freundin, der ist keinen Pfifferling wert! Was nutzt der mir als Geliebter? Auf den kann ich gut verzichten!" – „Liebe Freundin, das kann ich dir nur raten!"

Damit verlässt der Sprecher die geistlichen Bahnen seiner Argumentation und entwirft eine ritterliche Szene, in der eine Dame ihre Verachtung für einen Ritter zum Ausdruck bringt, der um sie wirbt, es aber an Tapferkeit fehlen lässt: Ein solcher Feigling kommt für sie als Geliebter nicht in Frage. Der Ritter, der dem Aufruf zum Kreuzzug nicht folgt, hat nicht nur sein Seelenheil, sondern auch sein Glück bei den Damen verspielt. Nach diesem Exkurs in die höfische Sphäre kehrt der Sprecher zur religiösen Argumentation zurück und stellt in der Reprise der siebten Strophe den Helden, die dort für Christus sterben, wo Christus für sie starb, erneut das ewige Leben in Aussicht und setzt dem Versprechen des Himmels die Drohung der Hölle entgegen. Der Leich endet mit der doppelten Reprise der achten Strophe. Zunächst wiederholt Heinrich von Rugge den Kreuzzugsappell (der somit einen Rahmen um den zweiten Teil bildet) und nennt sich schließlich selbst beim Namen. Er, *von Rugge*, ist der ungelehrte Mann, der in seinem Kreuzleich einen klugen Rat erteilt hat.

7.2 Ulrich von Gutenburg

Ausgaben
MF I, S. 150–162 (Text); MF II, S. 83–84 (Kommentar); MF III/1, S. 193–196 (Kommentar); MF III/2, S. 414–417 (Kommentar); Schweikle, Minnelyrik I, S. 284–311 (Text), 526–535 (Kommentar); LDM (http://www.ldm-digital.de).

Während Heinrich von Rugge in seinem Leich eine Rolle einnimmt, die eher an einen Sangspruchdichter erinnert, spricht Ulrich von Gutenburg in seinem Minneleich – dem zweiten Leich der deutschen Tradition – ganz in der Rolle des Minnesängers. Das Lied bietet eine Art Liturgie der Minne, in der die Minnedame eine vergleichbare Position einnimmt wie die Gottesmutter in den Mariensequenzen. Der Inhalt ist traditionell, mit vielen Anleihen bei Friedrich von Hausen und mit vielen Bezügen auf die höfische Epik, aber die Form stellt einen erheblichen Zugewinn an Komplexität dar, wie er im Minnesang kaum erreicht wird.

Ze dienest ir, von der ich hân (MF 69,1)
Formal betrachtet handelt es sich um den Sequenz-Typus (Kuhn), der sich durch die Wiederholung von Versikelgruppen auszeichnet. Im vorliegenden Fall kann man von einem „doppelten Kursus" sprechen, da das Lied zwei gleich gebaute Teile umfasst, die jeweils dieselben Strophentypen reihen, aber mit unterschiedlichen Schlussstrophen enden (Tab. 7.2).

Die erste Strophe schildert das Dienstverhältnis, dass der liebende Ritter mit der geliebten Dame eingegangen ist. Die Minnedame, die er mit zahlreichen Naturbildern beschreibt, erfüllt ihn mit Freude. Sie ist sein Sommerglück, sät Blumen in sein Herz, lässt ihn erblühen, tut ihm wohl wie ein sanfter Mairegen. All das spendet ihm ihr *schœner gruoz*, ihr *milter segen*, ihr *senfte[z] nîgen*.

Tab. 7.2 Komposition des Minneleichs Ulrichs von Gutenburg

Erster Kursus	Zweiter Kursus
Strophe Ia: 7 Versikel zu je 4 Versen Reimschema: abab	Strophe Ib: 6 Versikel zu je 4 Versen Reimschema: abab
Strophe IIa: 6 Versikel zu je 3 Versen Reimschema: aaa	Strophe IIb: 7 Versikel zu je 3 Versen Reimschema: aaa
Strophe IIIa: 2 Versikel zu je 19 Versen Reimschema: aaaaabbccccccccddee	Strophe IIIb: 2 Versikel zu je 21 Versen Reimschema: aaaaabbccccccccddeeff
Strophe IVa: 7 Versikel zu je 4 Versen Reimschema: abcabcdd (mit Binnenreimen)	Strophe IVb: 5 Versikel zu je 4 Versen Reimschema: abcabcdd (mit Binnenreimen)
Strophe Va: 7 Versikel zu je 8 Versen Reimschema: ababccdd	Strophe Vb: 4 Versikel zu je 8 Versen Reimschema: ababccdd
Strophe VI: 4 Versikel zu je 5 Versen Reimschema: ababc	Strophe VII: 4 Versikel zu je 4 Versen Reimschema: aabb

Auf die frohe Hoffnung der ersten Strophe folgt in der zweiten ein Stimmungsumschwung. Seine Freude wird von zwei Seiten untergraben: den Neidern, die ihm sein Glück missgönnen, und ihm selbst, dessen Herz sich ein allzu hohes Ziel gesteckt hat. Die Dialektik von Frauenpreis und Minneklage bringen zwei Bilder zum Ausdruck: der Kaisertopos (was die Dame zu geben hat, wäre eines Kaisers würdig) und, wohl im Rückgriff auf Ovid, der verwundende, ja tödliche *minnen slac*, den ihm die Dame zu versetzen droht. In der dritten, von überbordender Reimfülle gekennzeichneten Strophe bekennt er sich zu seinen hochfliegenden Ambitionen: „steig auf, mein Herz, es muss nun einmal sein" (*Nû wol hin – ez muoz eht sîn – / und stîge ûf, daz herze mîn*). Er nimmt das unvermeidliche Leid in Kauf, denn er ist ihr ausgeliefert. Mag ihn die Liebe auch krank machen, altern lassen, seinen Sommer in einen Winter verkehren, so will er der Dame doch treu dienen in der (als rhetorische Frage formulierten) Hoffnung, dass sie seinen inneren Widerstreit noch schlichten möge: *waz ob si in scheidet an der zît?* In der vierten Strophe verschärft sich der Ton, der agonale Charakter des Minnedienstes tritt deutlich zutage. Die Liebe ist ein Kampf, den die Dame gewinnt; sie hat ihn, der sich ihr unterworfen hat, immer schon überwunden. Doch soll sie ihn nicht töten, denn damit lüde sie *sünde* auf sich. Auch diejenigen versündigen sich gegen ihn, die die Aufrichtigkeit seines Minnedienstes bezweifeln. Er wird, wie er in einem Adynaton (vgl. Abschn. 3.3.1.2) erklärt, niemals von der Dame ablassen (eher könne man die Mosel umleiten, damit sie nicht mehr in den Rhein fließt), auch wenn ihre Blicke ihn nicht, wie in der ersten Strophe, wie ein sanfter Mairegen berieseln, sondern wie ein *donerslac* vernichten und seiner Sinne berauben. In der fünften Strophe fasst der Sänger neue Hoffnung. Wenn die Dame ihn nur einmal im Jahr freundlich ansieht, können ihm die Neider schon nichts mehr anhaben. Er will vor sie treten und sie anflehen (MF 72,21–28):

,Vrouwe, habe genâde mîn,
daz zimt wol dîner güete.
lâ mich ir iemer einer sîn,
20   der dîner êren hüete,
als ich ie tet;
und daz ich niemer vuoz getret
ûz dîme lobe,
ich geliges under oder obe.'

„Herrin, sei mir gnädig, das steht Deiner Güte wohl an. Lass mich immer bei denen sein, die dein Ansehen bewahren, wie ich es stets tat. Ich will niemals einen Fußbreit von deinem Lobpreis abweichen, ob ich nun unterliege oder die Oberhand gewinne."

Im weiteren Verlauf der Strophe illustriert der Sänger das Dilemma seiner Liebe mit einem intertextuellen Verweis auf den mittelalterlichen Alexanderroman: Auch der griechische Herrscher, der sich die Welt unterwarf, war seiner Herzenskönigin hoffnungslos ausgeliefert. Die sechste Strophe wiederholt die Bitte an die Minnedame, nun aber in dritter Person: Sie möge ihm Lohn für seinen Dienst gewähren und seiner Klage ein Ende setzen. Mit dieser hoffnungsvollen Bitte schließt der erste Kursus.

Der zweite Kursus führt die Bitte des Sängers weiter aus. In der ersten Gegenstrophe hofft er auf die Zuwendung der Minnedame, damit er seine Jugend nicht in Kummer zubringt. Nur ihre Gesellschaft kann ihm Heil bringen. Ein weiterer intertextueller Bezug auf einen höfischen Roman unterstreicht seine Situation: Ihm geht es wie Flore, der einst um Blancheflur großen Kummer leiden musste. In der zweiten Gegenstrophe führt der Sänger die Geschichte der Romanhelden weiter aus, um sich daran zu trösten. Wie Flore sich auf den Weg machte, um seine Geliebte wiederzufinden, so will auch der Sänger seiner Minnedame überallhin folgen – und sei es, dass sie nach Indien geschickt würde. Es geht also um typologische Bezüge: Der Sänger gleicht Flore und Alexander dem Großen in seiner Liebe. Die dritte Gegenstrophe greift das Adynaton der vierten Strophe des ersten Teils in abgewandelter Form noch einmal auf. Seine Treue ist so groß, dass er sich von seiner Dame ebenso wenig abbringen lasse, wie man den Rhein in den Po umleiten könne. Er weiß um die üble Nachrede seiner Neider, vor denen er sich zu verbergen sucht. Aber sein Kummer ist nicht minder groß. In einem Hyperbaton (vgl. Abschn. 3.3.1.1) beklagt er, dass der Lohn für seinen Dienst wohl noch tausend Jahre auf sich warten lassen werde. Er wiederholt den Vorwurf, der sich schon in der vierten Strophe ankündigte: Sie versündigt sich an ihm, vermindert ihren Ruhm und wird Gott fürchten müssen dafür, dass sie den Sänger (einen Märtyrer der Minne) leiden lässt. In der vierten Strophe folgt sogleich der Widerruf: *Swaz sî mir tuot, dâst allez guot* („Alles, was sie mir antut, ist gut"). Und doch hält er an seiner Klage fest und führt ein drittes Beispiel aus der Gattung des höfischen Romans an, um seine Situation zu illustrieren: Um seine Minnedame ist es bestellt wie um die Frau von *Roschi bîse* (vom dunklen Fels), einem Ort, der u. a. aus der Tradition des Prosa-Tristan bekannt ist, der seinerseits von einer unglücklichen Liebe handelt. Die fünfte Gegenstrophe beschwört noch einmal die unverbrüchliche Treue des Sängers, der sich niemals einer anderen Dame zuwenden will. Dass der Lohn ausbleibt, soll ihn nicht von seinem Dienst abhalten. Es folgt ein letzter Bezug auf die höfische Epik, diesmal auf den *Eneasroman*: Der Sänger vergleicht sich mit Turnus, der um der schönen Lavinia willen sterben musste. Die letzte Strophe, die nicht nur den zweiten Kursus, sondern den gesamten Leich beendet, gleicht einem Gebetsschluss. Der Sänger erklärt, dass er recht daran getan habe, seiner Minnedame einen *so ûz erkornen dôn*, ein so ausgezeichnetes Lied gewidmet zu haben, denn so wird er sein Glück machen, das dem von Gott verliehenen Seelenheil kaum nachsteht (MF 77,28–35):

    Iedoch, swie ez mir ergê,
10 sô muoz si iemer mê
    nâch gote sîn mîn anebet,
    wan si niht wan guot getet.
      Ich ergibe mich und enbar
    an ir genâde gar,
15 daz si mir, dar nâch ich strebe,
    ein wunneclîchez ende gebe.

Wie es mir auch immer ergehen soll, muss sie doch nach Gott immer Ziel meiner Anbetung sein, weil sie nur Gutes tut. Ich ergebe mich ihr und liefere mich schutzlos ihrer Gnade aus, damit sie mir das selige Ende schenke, nach dem ich strebe.

Die Forschung hat darauf hingewiesen, dass sich Ulrich von Gutenburg in seinem Leich an Musterbriefen orientiert habe, wie sie in der mittelalterlichen Brieflehre (Ars dictandi) empfohlen wurden. Ebenso wichtig scheint die Bezugnahme auf die Gattung der Mariensequenz zu sein, mit der der Marienleich zentrale Komponenten teilt, nicht nur in formaler, sondern auch in inhaltlicher Hinsicht, wie wiederum der beispielhafte Vergleich mit der Sequenz *Ave praeclara maris stella* zeigen kann. Dem Lobpreis der Gottesmutter entspricht der Lobpreis der Minnedame; der Klage über die Sündenverfallenheit der Menschen entspricht die Klage, die aus der völligen Überantwortung an die Dame erwächst; den typologischen Bezügen auf die Bibel entsprechen die typologischen Bezüge auf die Liebesgeschichten der höfischen Epik; auf die theologischen Paradoxien der jungfräulichen Mutterschaft Marias antworten die Paradoxien, in die die Minne den Liebenden treibt; den Bitten um Erhörung der Gottesmutter entsprechen die Bitten um Erhörung der Minnedame; der direkten Apostrophe an die Gottesmutter entspricht die direkte Anrede an die Minnedame in der fünften Strophe des ersten Kursus; der Bitte an Maria um ein seliges Lebensende entspricht dieselbe abschließende Bitte an die Minnedame. Es ist tatsächlich eine Minneliturgie, die Ulrich von Gutenburg hier entwirft, denn sein Minneleich erweist sich als Kontrafaktur auf die Gattung der Mariensequenz. Freilich bleiben die religiösen Verhältnisse gewahrt, wenn Ulrich betont, dass sich die Minnedame in ihrer Ignoranz versündige und Gott fürchten müsse (das könnte von der Gottesmutter niemals gesagt werden), und wenn er am Ende klarstellt, dass er seine Minnedame immer nur an zweiter Stelle, *nâch gote*, anbete – Gott stehe letztlich über ihr.

7.3 Otto von Botenlauben

Ausgabe
KLD I, S. 310–314 (Text); KLD II, S. 371–376 (Kommentar); LDM (http://www.ldm-digital.de).

Einen Minneleich verfasste auch Otto von Botenlauben – ein dritter Dichter aus dem Umkreis des staufischen Hofs, der sich in der Gattung des Leichs betätigte. Während er inhaltlich an Ulrich von Gutenburg anknüpft, wählt er eine frei komponierte Form, die Kuhn als Lai-Typus bezeichnet hat.

***Mir hât ein wîp herz unde lîp* (KLD 41,XI)**
Der Leich umfasst achtunddreißig Strophen, die sich in drei Teile gliedern; er wird durch eine Eingangs- und Schlusspartie gerahmt. Die drei Teile sind daran zu erkennen, dass sie jeweils mit demselben Strophentyp (F) enden, und zwar in zunehmender Häufung. Der dritte Teil greift auf den Strophentyp des Eingangs (A) und auf einen Strophentyp des zweiten Teils (H) zurück und ist somit als Höhepunkt markiert. Die Teile weisen je eigenständige Strophentypen auf, die in den folgenden Teilen nicht wiederkehren: der erste vier (BCDE), der zweite zwei (GH) und der dritte sechs (JKLMNO). Hinsichtlich der Strophenzahl stellen sich die Gewichte wie folgt dar: zwei im Eingang und Schluss, zehn im ersten, acht im zweiten, sechzehn im dritten Teil. Diese Proportionen bestätigen, dass der dritte Teil den Höhepunkt des Leichs darstellt (Tab. 7.3).

Das Reimschema ist sehr differenziert. Alle Strophen weisen Binnenreime auf (ausgenommen Strophentyp D, der allerdings aus vier gleich gereimten Versen besteht, die man auch als zwei binnengereimte Verse auffassen könnte). Die Strophen sind allesamt recht kurz, die meisten weisen nur zwei bis vier Verse auf (2 Verse: EFGKP, 3 Verse: CO, 4 Verse: ABDHJN, 5 Verse: LP, 6 Verse: M). Umso deutlicher scheint die Reimfülle auf, die von vier bis zwölf Reimen pro Strophe reicht (4 Reime: DP, 5 Reime: FG, 6 Reime: ACEHKO, 8 Reime: BN, 9 Reime: Q, 10 Reime: J, 11 Reime: L, 12 Reime: M). Man könnte von einem Klangteppich sprechen, den Oswald in seinem Marienleich gewebt hat. Der melodiöse Wohllaut des Liedes verselbständigt sich geradezu gegenüber dem Inhalt, der sich eng am Liebeskonzept des hohen Minnesangs orientiert.

Otto von Botenlauben greift nicht nur auf den Marienleich Ulrichs von Gutenburg zurück, sondern arbeitet auch zahlreiche Motive der rheinischen und professionellen Minnesänger ein (vgl. KLD). In Ottos Leich geht es ebenfalls um die Paradoxie von Frauenpreis und Minneklage, um das Schwanken zwischen Freude und Leid. Die Dame weist metaphysische Züge auf wie bei Heinrich von Morungen. Sie beglückt und betrübt den Sänger; sie steigert sein Leben, solange er auf ihre Gunst hofft, und nimmt ihm sein Leben, wenn die erhoffte Gunst ausbleibt. Bemerkenswert ist die religiöse Stilisierung der Minnedame, die auch in Oswalds Kreuzliedwechsel (1.2.6) zu fassen ist. Sie schenkt Heil (Str. 3: *sælde*) und Gnade (Str. 7: *genâde*); der Sänger faltet die Hände zu ihrer Anbetung (Str. 25: *des valde ich ir die hende mîn*); sie trägt wie die Himmelskönigin Maria eine Ehrenkrone der Seligkeit (Str. 27); der Sänger will sie, vor Glück in der Höhe schwebend, mit Gesang und Saitenspiel erfreuen wie die Engel im Himmel (Str. 38).

Tab. 7.3 Komposition des Minneleichs Ottos von Botenlauben

	Eigenständige Strophen	Wiederholte Str.	Schlussstr.	Summe
Eingang	A A			2
Teil I	B C D E C B* D E*		F F	10 (8+2)
Teil II	G G H G H		F F F	8 (5+3)
Teil III	J K J K L M N O	A A* A* H*	F F F F	16 (8+4+4)
Schluss	P Q			2

7.4 Walther von der Vogelweide

Ausgaben
Bein (Hg.), Walther von der Vogelweide, Leich, Lieder, Sangsprüche, S. 3–11 (Text), 567–569 (Kommentar); Schweikle (Hg.), Walther von der Vogelweide, Werke, Bd. 2: Liedlyrik, S. 480–499 (Text und Übersetzung), 819–828 (Kommentar); Maurer (Hg.), Walther von der Vogelweide, Sämtliche Lieder, S. 282–291 (Text); Wapnewski (Hg.), Walther von der Vogelweide, Gedichte, S. 212–223 (Text und Übersetzung), 277–281; LDM (http://www.ldm-digital.de).

Der Leich Walthers von der Vogelweide entspricht, wie der Minneleich Ulrichs von Gutenburg, dem Sequenz-Typus. Er beginnt als Preislied auf Maria, setzt also thematisch noch einmal neu ein. Nicht die Minnedame steht im Mittelpunkt, sondern die Gottesmutter.

Got, dîner trinitâte (L 3,1)
In Walthers Fall lässt sich das Verhältnis zwischen Leich und Sequenz klar bestimmen, denn er gestaltet seinen Leich als Kontrafaktur auf die zweiteilige Sequenz *Captus amore gravi*, die in den *Carmina Burana* überliefert ist (CB 60/60a). Die Sequenz behandelt allerdings ein weltliches Thema, nämlich die Liebe eines Mannes zu einer jungen Frau. In formaler Hinsicht sind Walthers Leich und die Sequenz eng verwandt, doch ist dies in den aktuellen Ausgaben der Lieder Walthers (Thomas Bein) und der *Carmina Burana* (Konrad Vollmann) kaum zu erkennen. Bein richtet den Leich gemäß den Prinzipien ein, die für den stolligen Strophenbau des Minnesangs entwickelt wurden; daher kommt die zugrundeliegende Versikelstruktur des Leichs kaum mehr zur Geltung. Die Ausgabe von Günther Schweikle ist für den Vergleich deutlich besser geeignet, da sie die Versikelstruktur respektiert und die Reihenfolge der Verse entsprechend anpasst. Ähnliches gilt für den Text der lateinischen Vorlage: Die von Alfons Hilka und Otto Schumann vorgelegte Edition der *Carmina Burana* respektiert die Versikelstruktur von CB 60/60a, indem sie das Fehlen der Verse kenntlich macht, die aufgrund von Überlieferungsstörungen nicht erhalten sind. Die neue Edition von Vollmann hingegen eliminiert diese Markierungen und bietet einen Text, der die Struktur der Sequenz kaum mehr erkennen lässt. Die strukturelle Entsprechung von Leich und Sequenz ist jedoch sofort einsichtig, wenn man die Textfassungen von Hilka/Schumann und Schweikle vergleicht:

	CB (Hilka/Schumann)		Walther (Schweikle)
1a	Captus amore gravi me parem rebar avi fede revincte lari, que procul ethra videt nec modulando silet inde perire libet	1,1	Got, dîner trinitâte, die beslozzen hâte dîn fürgedanc mit râte, der jehen wir: mit drîunge diu driu ist ein einunge, ein got der hôhe hêre
1b	.... psallere, virgo, pridem, non semper hec ibidem, quam scrutabundus amor notarat et amaror hinc ortus ille clamor	1,2	Sîn ie selb wesende êre verendet niemer mêre der sende uns sîn lêre die sinne ûf menge sünde der fürste ûz helle abgründe uns hât verleitet sêre

Hilka/Schumann haben eine Strophe rekonstruiert, die aus zwei Versikeln zu je sechs Versen mit dem Reimschema aaabbb besteht. Der erste Vers des zweiten Versikels ist nicht überliefert, sein Fehlen lässt sich aber aus der zugrunde liegenden Strophenstruktur erschließen. Entsprechend ordnet auch Schweikle den Text so an, dass er aus zwei Versikeln zu sechs Versen besteht, also mit dem lateinischen Text formal deckungsgleich ist. Das Reimschema lautet im ersten Versikel aaabbc und im zweiten Versikel cccddc, weicht also von der lateinischen Vorlage insofern ab, als Walther mithilfe des c-Reims beide Versikel verknüpft. Das Reimschema der beiden Versikel ist prinzipiell identisch – mit der Besonderheit des Reimbandes c, das sich, vom letzten Vers des ersten Versikels ausgehend auch durch die ersten drei Verse des zweiten Versikels schlingt, um dann im letzten Vers die Klammer zu schließen. Das elaborierte Reimschema wird allerdings nur dann sichtbar, wenn man mit Schweikle die Verse 4 und 6 des zweiten Versikels vertauscht.

Folgende Konkordanz zeigt das Verhältnis zwischen lateinischem und deutschem Text im Überblick auf (die Zahlen beziehen sich auf die Strophenzählung in den betreffenden Ausgaben, Strophen in derselben Zeile der Tabelle sind formal identisch) (Tab. 7.4):

Die Sequenz *Captus amore gravi* besteht aus zwei Teilen (CB 60/60a), die in der Ausgabe von Hilka/Schumann getrennt angeführt werden. Es handelt sich um thematisch abweichende Liebeslieder, die zudem unterschiedliche Namen für die Liebesgöttin verwenden (CB 60: Cypris, CB 60a: Venus). Gleichwohl besteht ein enger formaler Zusammenhang, denn CB 60a ahmt zehn von sechzehn Strophentypen nach, die in CB 60 vorgegeben sind, und zwar in derselben Reihenfolge. Walthers Leich wiederum weist einen doppelten Kursus auf, der sich auf die Hauptteile beschränkt. Auf die Einleitung (A: Vers 1) folgen der erste Hauptteil (B I: Verse 2–9), der Mittelteil (C: Verse 10–12), der zweite Hauptteil (B II: Verse 2a–9a) und der Schluss (D: Verse 13, 5b). Es scheint, dass Walther die für die Gattung des Leichs typische Reprise aus der Zweiteiligkeit seiner lateinischen Vorlage ableitet. Während diese aus zwei locker verknüpften Liedern besteht, gestaltet Walther ein einheitliches Lied, das eine symmetrische Bauform aufweist und dessen Teile durch die Reprise des Strophentyps 5 verknüpft sind, der nicht nur in den Hauptteilen, sondern auch im Schluss begegnet.

Die Verhältnisse werden noch deutlicher, wenn man Walthers Leich auch in inhaltlicher Hinsicht mit der Sequenz CB 60/60a vergleicht. Hier kommt die Dimension der Minne doch noch ins Spiel. In CB 60 geht es um die Klage eines Mannes, dessen Geliebte sich einem anderen Mann zugewandt hat. Der Liebeskranke führt zunächst Klage gegen die Treulose und bittet schließlich die Liebesgöttin um Rettung aus der unverdienten Pein. Diese Konstellation kehrt bei Walther in geistlich transformierter Weise wieder. Er behandelt die Vorlage als Allegorie und deutet die Konstellation im christlichen Sinne um. Der gläubige Mensch hat sich demnach vom Teufel zur Sünde verführen lassen und bittet Maria, ihn aus seiner Schuld zu befreien. Der betrogene Mann verweist auf den Gläubigen, die falsche Geliebte auf den Teufel, die Liebesgöttin auf die Gottesmutter. Doch auch CB 60a bietet eine inhaltliche Vorgabe. Hier geht es um den hoffnungsvollen Preis einer Geliebten, die als unberührte Jungfrau (Str. 27,1: *intemerata virginum*) angesprochen wird. Aus diesem Teil leitet Walther seinen Marienpreis ab, der ja ebenfalls einer unberührten Jungfrau (Str. 10,1: *maget vil unbewollen*) gewidmet ist. Walther verteilt diese beiden Themenfelder, Marienpreis und Sündenklage, auf den doppelten Kursus der beiden Hauptteile. Der Marienpreis dominiert in der zweiten Hälfte des ersten Hauptteils (Strophen 5–9), ragt aber auch in die übrigen Teile hinein; die Sündenklage hingegen beherrscht die zweite Hälfte des zweiten Hauptteils (Strophen 5a–9a), betrifft aber in anderer

Tab. 7.4 Die Sequenz *Captus amore gravi* (CB 60/60a) und Walthers Leich im Vergleich

Sequenz *Captus amore gravi* (CB 60/60a)				Walthers Leich *Got dîner trinitâte*			
(Vollmann)		(Hilka/Schumann)		(Schweikle)		(Bein)	
CB 60	(CB 60a)	CB 60	CB 60a	Teil 1	Teil 2	Teil 1	Teil 2
1		1		1		I	
2–4		2		2	2a	IIa1	II*a1
5	19,1–4	3	1	3	3a	IIa2	II*a2
6	19,2–8	4	2	4	4a	IIa3	II*a3
7	20	5	3	5	5a	IIb1	II*b1
8	21	6	4	6	6a	IIb2	II*b2
9	22	7	5	7	7a	IIb3	II*b3
10	23	8	6	8	8a	IIb4	II*b4
11–12	24	9–10	7	9	9a	IIb5	II*b5
13		11		10		III1	
14–15	25	12–13	8	11		III2	
16		14		12		III3	
17–18	26	15–16	9		13		IV,1–16
	27		10		5b		IV,17–18

Perspektive auch die erste Hälfte beider Hauptteile. Die Sündenklage hat nämlich zwei Aspekte: das in der ersten Person formulierte Sündenbekenntnis (erste Hälfte beider Hauptteile) sowie den in der dritten Person formulierten Sündenvorwurf gegen das der Simonie schuldige Rom (zweite Hälfte des zweiten Hauptteils). Die Romkritik bildet also das Gegenstück zum Marienpreis. Diese Zuordnung ist typologisch begründet, denn Maria wird traditionell als Verkörperung der Kirche (ecclesia) verehrt. So gelingt es Walther, aus den formalen und inhaltlichen Vorgaben der weltlichen Doppelsequenz ein einheitliches geistliches Lied zu schaffen, das sich als Triptychon visualisieren lässt (Tab. 7.5).

Walther belässt es nicht bei der übergreifenden Analogie, sondern stellt auch im Detail typologische Bezüge her. Dies betrifft zunächst Übereinstimmungen zwischen dem Frauenpreis in CB 60a und dem Marienpreis im ersten Flügel seines Leichs. Beide Frauen werden als unberührte Jungfrauen vorgestellt (s. o.), beide werden mit Sternen und Blumen verglichen: CB 60a bezeichnet sie als „Lilie und Rose" (*lilium rosaque*), als „Sirius" (*Syrium*) und „Morgenstern" (*Matutini sideris*) (Strophe 23); Walther bezeichnet sie als „edle Rose ohne Dorn" (*dû frîer rôse âne dorn*) und „Strahlende wie die Sonne" (*sunnevarwiu klâre*) (Strophe 9a).

Auch zur Liebesklage in CB 60 weist Walthers Leich deutliche Parallelen auf. So entsprechen einander die Gesten der Unsagbarkeit, die freilich unterschiedlich begründet werden. Der unglückliche Liebende der Sequenz beklagt, dass ihm sein Kummer die Sprache verschlage: „Ich bringe kein Wort heraus" (Strophe 8a: *Nil queo fari*), „mein Gesang verstummte" (Strophe 10b: *canticum conticuit*), „[w]enn ich, furchtsam nach Art eines Stotterers, gar nichts zu sagen gewagt hätte" (Strophe 17: *Si balbi more ueritus / nil ausim fari penitus*). In Walthers Leich heißt es hingegen, dass die Gottesmutter so wunderbar sei, dass selbst die Engel sie nicht zur Genüge preisen könnten: *doch brâhten si dîn lob nie dar, / daz ez volendet wurde gar* (Strophe 13,1). Besonders frappant ist die Entsprechung der abschließenden Bitten, die sich an die Liebesgöttin bzw. die Gottesmutter richten:

Tab. 7.5 Komposition des Leichs Walthers von der Vogelweide

	A Einleitung	
B I Sündenklage	C Mittelteil	B II Sündenklage
MARIENPREIS (vgl. CB 60b: die gute Jungfrau)		ROMKRITIK (vgl. CB 60: die falsche Jungfrau)
	D Schluss	

7.4 Walther von der Vogelweide

CB 60, Str. 18 (Hilka/Schumann)

O Cypris alma, conspice
tue clientem opere,
penamque nobis exime,
quam patimur indebite!
tu lamiam interripe,
eiusque rixas opprime!

O hohe Cypris, blick auf den Diener deiner Werke herab, nimm von uns die Strafe, die wir schuldlos erleiden! Zerreiße den Dämon und unterdrücke seine Streitsucht!

Walthers Leich, Str. 13.2/5,1b (Schweikle)

Wir bitten umb unser schulde dich,
daz dû uns sîst genædeclich,
sô daz dîn bete erklinge
vor der barmunge urspringe
sô hân wir den gedinge,
diu schulde werde ringe,
dâ mit wir sêre sîn beladen
hilf uns, daz wir si abe gebaden
Mit stæte wernder riuwe umbe unser missetât,
die nieman âne got und âne dich ze gebenne hât!

Wir bitten dich wegen unserer Schuld, dass du uns gnädig seist, sodass deine Fürbitte vor dem Quell der Barmherzigkeit erschalle. Dann haben wir die Hoffnung, dass die Schuld verringert werde, mit der wir schwer beladen sind. Hilf uns, dass wir sie abwaschen mit ewig währender Reue über unsere Sünden, die niemand außer Gott und Dir gewähren kann!

Beide göttliche Herrinnen sollen sich barmherzig erweisen und ihre Diener von Strafe erlösen. Doch stellt sich das Verhältnis von Schuld und Sühne unterschiedlich dar. In der Sequenz halten sich die Diener der Liebe für schuldlos (*indebite*), im Leich hingegen die Diener Gottes für schuldhaft (*diu schulde [...], dâ mit wir sêre sîn beladen*).

Walther füllt die Form, die er der weltlichen Sequenz *Ceptus amore gravi* entliehen hat, mit marianischen Motiven, die beispielsweise aus der Mariensequenz *Ave praeclara maris stella* bekannt sind. Wie diese weist Walthers Leich preisende und bittende Teile auf, bedient sich biblischer Allegorien und Typologien und bindet die Marienverehrung christologisch und trinitarisch ein. Gemeinsame marianische Motive sind das aufgehende Licht, Ezechiels Pforte, der Sonnenvergleich, die Himmelskönigin, das blühende Holz und der brennende Dornbusch. Auf diese Weise stattet Walther die als formale Vorlage genutzte weltliche Sequenz auf dem Wege der Kontrafaktur mit einem geistlichen Inhalt aus.

Die Annäherung des Leichs an die Gattung der Mariensequenz betrifft vor allem den aus Einleitung, Mittelteil und Schluss bestehenden Rahmen und den ersten Hauptteil. Der zweite Hauptteil, der sich spiegelbildlich zum ersten verhält, schlägt ein Thema an, das sich typologisch auf den ersten beziehen lässt. Während im ersten Kursus Maria als preiswürdige Gottesmutter im Mittelpunkt steht, blickt der zweite Kursus auf die Kirche, die nach traditioneller Lesart von der Gottesmutter verkörpert wird. Der zweite Hauptteil setzt noch einmal trinitarisch ein; auf diese Weise erzeugt Walther eine Schleife, die den Leich gleichsam ein zweites Mal beginnen lässt. Thema ist die Romkritik, die auf der Unterscheidung von Christentum und Christenheit beruht, das heißt auf der Differenz zwischen christlicher Lehre und christlicher Gemeinschaft. Die christliche Lehre ist Rom anvertraut, von ihrer Wahrung hängt das Wohl der Christen insgesamt ab. Dies ist der Vorwurf, den Walther gegen Rom, das heißt gegen den Papst richtet. Weil die

Sachwalter des Christentums ihrem Lehrauftrag nicht mehr nachkommen, sondern im Gegenteil die christliche Lehre korrumpieren, indem sie sich auf Simonie, das heißt auf den Verkauf von kirchlichen Ämtern einlassen, leidet die gesamte Christenheit. Lehre und Praxis, Worte und Werke, Anspruch und Wirklichkeit stimmen nicht mehr zusammen. Rom trennt das, was Christus zusammengefügt hat. In dieser Passage wird der Leich politisch. Die massive Romkritik schließt an Strophen aus Walthers politischer Sangspruchdichtung an, die ebenfalls Rom und den Papst kritisieren (vgl. die im Abschn. 2.2.5 besprochene Strophe aus dem Unmutston).

Fassen wir zusammen. Hinsichtlich der Gattung reiht sich Walther in die Tradition des Leichs ein, wie sie bei Heinrich von Rugge und Ulrich von Gutenburg vorgeprägt ist. Als formales Vorbild dient ihm die Doppelsequenz *Captus amore/Cupido mentem* (CB 60/60a), deren Zweiteiligkeit er für die Gestaltung eines doppelten Kursus nutzt. Inhaltlich bezieht er sich einerseits auf die Tradition der Marienlyrik, insbesondere der Mariensequenzen. Von hier entlehnt er Thematik und Motivik des Marienpreises. Andererseits übernimmt er aus seiner politischen Sangspruchdichtung Thema und Argumente der Romkritik. Die Klage über das treulose Rom korrespondiert mit der Klage über die treulose Geliebte in CB 60 und der Preis der Gottesmutter Maria mit dem Preis der geliebten Jungfrau in CB 60a.

Literatur

Die Bibliographie bietet eine Auswahl zum Zweck der Einführung und bildet nicht den gesamten Forschungsstand ab.

Textausgaben

Carmina Burana. Die Lieder der Benediktbeurer Handschrift. Zweisprachige Ausgabe. Vollständige Ausgabe des Originaltextes nach der von B. Bischoff abgeschlossenen kritischen Ausgabe von A. Hilka und O. Schumann, Heidelberg 1930–1970. Übersetzung der lateinischen Texte von Carl Fischer, der mittelhochdeutschen Texte von Hugo Kuhn. Anmerkungen und Nachwort von Günter Bernt. Zürich, München 1985.

Carmina Burana [CB]. Texte und Übersetzungen. Mit den Miniaturen aus der Handschrift und einem Aufsatz von Peter und Dorothee Diener. Hg. v. Benedikt Konrad Vollmann. Berlin 2011 (Deutscher Klassiker Verlag im Taschenbuch 49).

„Da es dir gefällt, o Liebe". Die Dichtungen der Staufer. Zweisprachige Ausgabe. Mit Übersetzungen aus dem Altitalienischen und Mittelhochdeutschen. Hg. von Sebastian Neumeister. Heidelberg 2021.

Des Minnesangs Frühling [MF]:

Des Minnesangs Frühling. Unter Benutzung der Ausgaben von Karl Lachmann und Moriz Haupt, Friedrich Vogt und Carl von Kraus bearbeitet von Hugo Moser und Helmut Tervooren. Band I: Texte. 38., erneut revidiert Auflage. Mit einem Anhang: Das Budapester und Kremsmülnsterer Fragment. Stuttgart 1988.

Des Minnesangs Frühling. Unter Benutzung der Ausgaben von Karl Lachmann und Moriz Haupt, Friedrich Vogt und Carl von Kraus bearbeitet von Hugo Moser und Helmut Tervooren. Band II: Editionsprinzipien, Melodien, Handschriften, Erläuterungen. 36., neugestaltete und erweiterte Auflage. Mit 4 Notenbeispielen und 28 Faksimilies. Stuttgart 1977.

Carl von Kraus, Des Minnesangs Frühling. Untersuchungen. Leipzig 1939. Durch Register erschlossen und um einen Literaturschlüssel ergänzt hg. von Helmut Tervooren und Hugo Moser. Stuttgart 1981 (= Des Minnesangs Frühling, Bd. III/1).

Des Minnesangs Frühling. Anmerkungen. Nach Karl Lachmann, Moriz Haupt und Friedrich Vogt neu bearbeitet von Carl von Kraus. 30. Auflage, Zürich 1950. Durch Register erschlossen und um einen Literaturschlüssel ergänzt hg. von Helmut Tervooren und Hugo Moser. Stuttgart 1981 (= Des Minnesangs Frühling, Bd. III/2).

Deutsche Liederdichter des 13. Jahrhunderts [KLD]. Hg. von Carl von Kraus. Band I: Text. Band II: Kommentar. Besorgt von Hugo Kuhn. Zweite Auflage, durchgesehen von Gisela Kornrumpf. Tübingen 1978.

Deutsche Lyrik des frühen und hohen Mittelalters. Edition der Texte und Kommentare von Ingrid Kasten Übersetzungen von Margherita Kuhn. Frankfurt am Main 2005 (Deutscher Klassiker Verlag im Taschenbuch 6).

Deutsche Lyrik des späten Mittelalters. Hg. von Burghart Wachinger. Berlin 2010 (Deutscher Klassiker Verlag im Taschenbuch 43).

Die große Heidelberger Liederhandschrift (Codex Manesse) mit einem Verzeichnis der Strophenanfänge und 7 Schrifttafeln in getreuem Textabdruck. Hg. von Fridrich Pfaff. 2., verbesserte und ergänzte Auflage bearbeitet von Hellmut Salowsky. Heidelberg 1984.

Die Tegernseer Briefsammlung des 12. Jahrhunderts. Hg. von Helmut Plechl unter Mitarbeit von Werner Bergmann. Hannover 2002 (MGH. Die Briefe der deutschen Kaiserzeit 8).

Dû bist mîn. ih bin dîn. Die lateinischen Liebes- (und Freundschafts-)Briefe des clm 19411. Abbildungen, Text und Übersetzung. Hg. von Jürgen Kühnel. Göppingen 1977 (Litterae 52).

Frauenlieder des Mittelalters. Zweisprachig. Übersetzt und hg. von Ingrid Kasten. Stuttgart 1990 (RUB 8630).

Früheste deutsche Lieddichtung. Mittelhochdeutsch/Neuhochdeutsch. Hg. von Horst Brunner. Stuttgart 2005 (RUB 18388).

Hartmann von Aue: Lieder. Mittelhochdeutsch/Neuhochdeutsch. Hg., übersetzt und kommentiert von Ernst von Reusner. Stuttgart 1985 (RUB 8082).

Heinrich von Morungen: Lieder. Mittelhochdeutsch und Neuhochdeutsch. Text, Übersetzung, Kommentar von Helmut Tervooren. Stuttgart 1992 (RUB 9797).

Kreuzzugsdichtung. Hg. von Ulrich Müller. 3., unveränderte Auflage. Tübingen 1985 (Deutsche Texte 9).

Minnesang. Mittelhochdeutsche Liebeslieder. Mittelhochdeutsch/Neuhochdeutsch. Hg., übersetzt und kommentiert von Dorothea Klein. Stuttgart 2010 (RUB 18781).

Minnesang. Mittelhochdeutsche Texte und Übertragungen. Hg. von Helmut Brackert. Frankfurt am Main 1983.

Mittelhochdeutsche Minnelyrik. Hg. von Günther Schweikle. Band I: Frühe Minnelyrik. Texte und Übertragungen, Einführung und Kommentar. Stuttgart/Weimar 1993.

Reinmar: Lieder. Nach der Weingartner Liederhandschrift (B). Mittelhochdeutsch/Neuhochdeutsch. Hg., übersetzt und kommentiert von Günther Schweikle. Stuttgart 1986 (RUB 8318).

Rhetorica ad Herennium. Lateinisch/Deutsch. Hg. v. Thierry Hirsch. Stuttgart 2019 (Reclam 19605).

Romanische Frauenlieder. Hg. von Ulrich Mölk. München 1989 (Klassische Texte des Romanischen Mittelalters in zweisprachigen Ausgaben 28).

Tagelieder des deutschen Mittelalters. Mittelhochdeutsch/Neuhochdeutsch. Ausgewählt, übersetzt und kommentiert von Martina Backes. Einleitung von Alois Wolf. Stuttgart 2003 (RUB 8831).

Unmögliche Liebe. Die Kunst des Minnesangs in neuen Übertragungen. Hg. von Tristan Marquardt [Alexander Rudolph]/Jan Wagner (Hg.): München 2017.

Walther von der Vogelweide: Gedichte. Auswahl. Mittelhochdeutsch/Neuhochdeutsch. Hg., übersetzt und kommentiert von Horst Brunner. Stuttgart 2013 (RUB 19132).

Walther von der Vogelweide: Gedichte. Mittelhochdeutscher Text und Übertragung. Ausgewählt, übersetzt und mit einem Kommentar versehen von Peter Wapnewski. Frankfurt am Main 1983.

Walther von der Vogelweide: Leich, Lieder, Sangsprüche. 14., völlig neubearbeitete Auflage der Ausgabe Karl Lachmanns mit Beiträgen von Thomas Bein und Horst Brunner. Hg. v. Christoph Cormeau. Berlin, New York 1996.

Walther von der Vogelweide: Leich, Lieder, Sangsprüche. 15., veränderte und um Fassungseditionen erweiterte Auflage der Ausgabe Karl Lachmanns. Aufgrund der 14., von Christoph

Cormeau bearbeiteten Ausgabe neu hg., mit Erschließungshilfen und textkritischen Kommentaren versehen von Thomas Bein. Edition der Melodien von Horst Brunner. Berlin/Boston 2013.

Walther von der Vogelweide: Sämtliche Lieder. Mittelhochdeutsch und in neuhochdeutscher Prosa. Mit einer Einführung in die Liedkunst Walthers hg. und übertragen von Friedrich Maurer. München 1972.

Walther von der Vogelweide: Werke. Gesamtausgabe. Band 1: Spruchlyrik. Mittelhochdeutsch/Neuhochdeutsch. Hg., übersetzt und kommentiert von Günther Schweikle. Dritte, verbesserte und erweiterte Auflage hg. von Ricarda Bauschke-Hartung. Stuttgart 2009 (RUB 819).

Walther von der Vogelweide: Werke. Gesamtausgabe. Band 2: Liedlyrik. Mittelhochdeutsch/Neuhochdeutsch. Hg., übersetzt und kommentiert von Günther Schweikle. Zweite, verbesserte und erweiterte Auflage hg. von Ricarda Bauschke-Hartung. Stuttgart 2011 (RUB 820).

Einführungen und Handbücher

Bein, Thomas: Deutschsprachige Lyrik des Mittelalters. Von den Anfängen bis zum 14. Jahrhundert. Eine Einführung. Berlin 2017 (Grundlagen der Germanistik 62).

Bleuler, Anna Kathrin: Der Codex Manesse. Geschichte, Bilder, Lieder. München 2018.

Brunner, Horst, Gerhard Hahn, Ulrich Müller, Franz Viktor Spechtler: Walther von der Vogelweide. Epoche – Werk – Wirkung. Unter Mitarbeit von Sigrid Neureiter-Lackner. 2., überarbeitete und ergänzte Auflage. München 2009.

Bumke, Joachim: Höfische Kultur. Literatur und Gesellschaft im hohen Mittelalter. München 1999.

Cormeau, Christoph, Wilhelm Störmer: Hartmann von Aue. Epoche – Werk – Wirkung. 3., aktualisierte Auflage. München 2007.

Hahn, Gerhard: Walther von der Vogelweide. Eine Einführung. München/Zürich 1986 (Artemis Einführungen 22).

Haverkamp, Alfred: Zwölftes Jahrhundert (1125–1198). Stuttgart 2005 (Handbuch der deutschen Geschichte 5).

Herchert, Gaby: Einführung in den Minnesang. Darmstadt 2010.

Hoffmann, Werner: Altdeutsche Metrik. 2., überarbeitete und ergänzte Auflage. Stuttgart 1981 (Sammlung Metzler 64).

Hübner, Gert: Minnesang im 13. Jahrhundert. Eine Einführung. Tübingen 2008 (Narr Studienbücher).

Kellner, Beate, Susanne Reichlin, Alexander Rudolph (Hgg.): Handbuch Minnesang. Berlin/Boston 2021.

Klein, Dorothea, Jens Haustein, Horst Brunner (Hgg.): Sangspruch/Spruchsang. Ein Handbuch. Berlin/Boston 2019.

Lausberg, Heinrich: Handbuch der literarischen Rhetorik. Eine Grundlegung der Literaturwissenschaft. 4. Auflage. Stuttgart 2008.

Mölk, Ulrich: Trobadorlyrik. Eine Einführung. München/Zürich 1982 (Artemis Einführungen 2).

Schnell, Rüdiger: Minnesang I: Die Anfänge des deutschen Minnesangs (ab ca. 1150/70), in: Germania litteraria mediaevalis francigena: (GLMF). Handbuch der deutschen und niederländischen mittelalterlichen literarischen Sprache, Formen, Motive, Stoffe und Werke französischer Herkunft (1100–1300), hg. von Geert H. M. Claassens u.a., Band 3: Lyrische Werke, Berlin u.a. 2012, S. 25–82

Schnell, Rüdiger: Minnesang II: Der deutsche Minnesang von Friedrich von Hausen bis Heinrich von Morungen (ca. 1170–1190/1200), in: Germania litteraria mediaevalis francigena: (GLMF). Handbuch der deutschen und niederländischen mittelalterlichen literarischen Sprache, Formen, Motive, Stoffe und Werke französischer Herkunft (1100–1300), hg. von Geert H. M. Claassens u.a., Band 3: Lyrische Werke, Berlin u.a. 2012, S. 83–182.

Schweikle, Günther: Minnesang. 2., korrigierte Auflage. Stuttgart/Weimar 1995 (Sammlung Metzler 244).
Stürner, Wolfgang: Dreizehntes Jahrhundert (1198–1273). Stuttgart 2007 (Handbuch der deutschen Geschichte 6).
Tervooren, Helmut: Sangspruchdichtung. 2., durchgesehene Auflage. Stuttgart/Weimar 2001 (Sammlung Metzler 293).
Wagenknecht, Christian: Deutsche Metrik. Eine historische Einführung. 5., erweiterte Auflage. München 2007.

Lexika und Lexikonartikel

Die deutsche Literatur des Mittelalters. Verfasserlexikon [VL]. 2., völlig neu bearbeitete Auflage, hg. von Gundolf Keil, Kurt Ruh, Werner Schröder und Franz Josef Worstbrock. 14 Bände. Berlin/New York 1978–2008. [vgl. auch die Verfasser-Datenbank]
Bernt, Günter: Carmina Burana. In: VL 1 (1978), Sp. 1179–1186.
Bumke, Joachim: Wolfram von Eschenbach. In: VL 10 (1999), Sp. 1376–1418.
Cormeau, Christoph: Hartmann von Aue. In: VL 3 (1981), Sp. 500–520.
Hahn, Gerhard: Walther von der Vogelweide. In: VL 10 (1999), Sp. 665–697.
Honemann, Volker: Herger. In: VL 3 (1981), Sp. 1035–1040.
Kolb, Herbert: Bligger von Steinach. In: VL 1 (1978), Sp. 895–897.
Kornrumpf, Gisela: Budapester Liederhandschrift. In: VL 11 (2004), Sp. 305–307.
Kornrumpf, Gisela: Heidelberger Liederhandschrift A. In: VL 3 (1981), Sp. 577–584.
Kornrumpf, Gisela: Heidelberger Liederhandschrift C. In: VL 3 (1981), Sp. 584–597.
Kornrumpf, Gisela: Michael de Leone [Würzburger Liederhandschrift]. In: VL 6 (1987), Sp. 491–503.
Kornrumpf, Gisela: Weimarer Liederhandschrift. In: VL 10 (1999), Sp. 803–807.
Kornrumpf, Gisela: Weingartner Liederhandschrift. In: VL 10 (1999), Sp. 809–817.
Kuhn, Hugo: Gottfried von Straßburg. In: VL 3 (1981), Sp. 153–168.
Ranawake, Silvia: Otto von Botenlouben. In: VL 7 (1989), Sp. 208–213.
Schirmer, Karl-Heinz: Albrecht von Johansdorf. In: VL 1 (1978), Sp. 191–195.
Schröder, Werner, Ludwig Wolff: Heinrich von Veldeke. In: VL 3 (1981), Sp. 899–918.
Schweikle, Günther: Bernger von Horheim. In: VL 2 (1980), Sp. 749–752.
Schweikle, Günther: Burggraf von Regensburg. In: VL 7 (1989), Sp. 1087–1089.
Schweikle, Günther: Burggraf von Riedenburg. In: VL 8 (1992), Sp. 64–67.
Schweikle, Günther: Friedrich von Hausen. In: VL 2 (1980), Sp. 935–947.
Schweikle, Günther: Heinrich von Raute. In: VL 3 (1981), Sp. 536–538.
Schweikle, Günther: Heinrich von Rugge. In: VL 3 (1981), Sp. 869–874.
Schweikle, Günther: Kaiser Heinrich. In: VL 3 (1981), Sp. 678–682.
Schweikle, Günther: Kürenberg. In: VL 5 (1985), Sp. 454–461.
Schweikle, Günther: Meinloh von Sevelingen. In: VL 6 (1987), Sp. 314–318.
Schweikle, Günther: Reinmar der Alte. In: VL 7 (1989), Sp. 1180–1191.
Tervooren, Helmut: Dietmar von Aist. In: VL 2 (1980), Sp. 95–98.
Tervooren, Helmut: Graf Rudolf von Fenis-Neuenburg. In: VL 8 (1992), Sp. 345–351.
Tervooren, Helmut: Heinrich von Morungen. In: VL 3 (1981), Sp. 804–815.
Tervooren, Helmut: Ulrich von Gutenburg. In: VL 9 (1995), Sp. 1266–1271.
Wachinger, Burghart: Jenaer Liederhandschrift. In: VL 4 (1983), Sp. 512–516.
Wachinger, Burghart: Der Junge Spervogel. In: VL 4 (1983), Sp. 911–913.
Wachinger, Burghart: Spervogel. In: VL 9 (1995), Sp. 81–87.
Worstbrock, Franz Josef: Engelhart von Adelnburg. In: VL 2 (1980), Sp. 554–555.
Historisches Wörterbuch der Rhetorik. Hg. von Gert Ueding. 12 Bände, Berlin/Boston 2012–2015.

Reallexikon der deutschen Literaturwissenschaft (RLW). Hg. von Klaus Weimar, Harald Fricke und Jan-Dirk Müller. 3 Bände. Berlin/New York 1997–2003.
Ingrid Kasten, Minnesang. In: RLW 2 (2000), S. 604–608.
Jens Haustein, Leich. In: RLW 2 (2000), S. 397–399.
Silvia Ranawake, Tagelied. In: RLW 2 (2000), S. 577–580.
Ursula Schulze, Sangspruch. In: RLW 3 (2003), S. 352–355.
Repertorium der Sangsprüche und Meisterlieder des 12. bis 18. Jahrhunderts [RSM]. Hg. von Horst Brunner und Burghart Wachinger. 16 Bände. Tübingen 1986–2009.

Forschungsliteratur

Apfelböck, Hermann: Tradition und Gattungsbewusstsein im deutschen Leich. Ein Beitrag zur Gattungsgeschichte mittelalterlicher musikalischer „discordia". Tübingen 1991 (Hermaea N.F. 62).
Bec, Pierre: La lyrique française au Moyen âge, XIIe-XIIIe siècles. Contribution à une typologie des genres poétiques médiévaux. Etudes et textes, 2 Bände. Paris 1977/1978.
Bedeković, Nataša/Andreas Kraß/Astrid Lembke (Hgg.): Durchkreuzte Helden. Das Nibelungenlied und Fritz Langs Die Nibelungen im Licht der Intersektionalitätsforschung. Bielefeld 2014.
Bein, Thomas: Textkritik. Eine Einführung in Grundlagen germanistisch-mediävistischer Editionswissenschaft. Frankfurt am Main 2008.
Bertau, Karl: Sangverslyrik. Über Gestalt und Geschichtlichkeit mittelhochdeutscher Lyrik am Beispiel des Leichs. Göttingen 1964.
Bleck, Reinhard: Mittelhochdeutsche Bittlieder I. Die Lieder Hergers, Spervogels und des Jungen Spervogel/Jungen Stolle. Göppingen 2000 (GAG 688).
Braun, Manuel: Geschichte(n) des Minnesangs. In: Beate Kellner/Susanne Reichlin/Alexander Rudolph (Hgg.): Handbuch Minnesang. Berlin/Boston 2021, S. 465–506.
Brinkmann, Hennig: Entstehungsgeschichte des Minnesangs. [Unveränderter Nachdruck der Ausgabe Halle 1926]. Darmstadt 1971.
Brinkmann, Hennig: Der deutsche Minnesang. In: Hans Fromm: Der deutsche Minnesang. Aufsätze zu seiner Erforschung. Erster Band. Darmstadt 1972 (Wege der Forschung 15), S. 85–166.
Brunner, Horst: Die Melodien Walthers. Einführung in die Musik des Mittelalters. In: Walther von der Vogelweide: Leich, Lieder, Sangsprüche. 15., veränderte und um Fassungseditionen erweiterte Auflage der Ausgabe Karl Lachmanns. Aufgrund der 14., von Christoph Cormeau bearbeiteten Ausgabe neu hg., mit Erschließungshilfen und textkritischen Kommentaren versehen von Thomas Bein. Edition der Melodien von Horst Brunner. Berlin/Boston 2013a, S. XLVI–LIV.
Brunner, Horst: Formgeschichte der Sangspruchdichtung des 12. bis 15. Jahrhunderts. Wiesbaden 2013b (Imagines Medii Aevi 34).
Brunner, Horst: Historische Entwicklung. 1. Von den Anfängen bis Frauenlob. In: Dorothea Klein/Jens Haustein/Horst Brunner (Hgg.): Sangspruch/Spruchsang. Ein Handbuch. Berlin/Boston 2019, S. 457–485.
Bumke, Joachim: Mäzene im Mittelalter. Die Gönner und Auftraggeber der höfischen Literatur in Deutschland 1150–1300. München 1979.
Cramer, Thomas/John Greenfield/Ingrid Kasten/Erwin Koller (Hgg.): Frauenlieder – Cantigas de amigo. Stuttgart 2000.
De Boor, Helmut: Die höfische Literatur. Vorbereitung, Blüte, Ausklang. 1170–1250. Elfte Auflage bearbeitet von Ursula Hennig. München 1991.
Egidi, Margreth: Höfische Liebe. Entwürfe der Sangspruchdichtung. Literarische Verfahrensweisen von Reimar von Zweter bis Frauenlob. Heidelberg 2002.

Eikelmann, Manfred: Denkformen im Minnesang. Untersuchungen zu Aufbau, Erkenntnisleistung und Anwendungsgeschichte konditionaler Strukturmuster im Minnesang bis um 1300. Tübingen 1988 (Hermaea N.F. 54).

Fromm, Hans: Der deutsche Minnesang. Aufsätze zu seiner Erforschung. Erster Band. Darmstadt 1972 (Wege der Forschung 15).

Fromm, Hans: Der deutsche Minnesang. Aufsätze zu seiner Erforschung. Zweiter Band. Darmstadt 1985 (Wege der Forschung 608).

Frühmorgen-Voss, Hella: Bildtypen der Manessischen Liederhandschrift. In: Hans Fromm (Hg.), Der deutsche Minnesang. Aufsätze zu seiner Erforschung. Zweiter Band. Darmstadt 1985 (Wege der Forschung 608), S. 77–114.

Haferland, Harald: Hohe Minne. Zur Beschreibung der Minnekanzone. Berlin 2000 (Beihefte zur Zeitschrift für deutsche Philologie).

Hausmann, Albrecht: Reinmar der Alte als Autor. Untersuchungen zur Überlieferung und zur programmatischen Identität. Tübingen/Basel 1999 (Bibliotheca Germanica 40).

Heusler, Andreas: Deutsche Versgeschichte. 3 Bände. Berlin 1925–1929 (Grundriss der germanischen Philologie 8).

Irtenkauf, Wolfgang: Staufischer Minnesang. Die Konstanz-Weingartner Liederhandschrift. Beuron 1983.

Johnson, L. Peter: Die höfische Literatur der Blütezeit (1160/70–1220/30). Tübingen 1999 (Geschichte der deutschen Literatur von den Anfängen bis zum Beginn der Neuzeit II/1).

Kasten, Ingrid: Frauendienst bei Trobadors und Minnesängern im 12. Jahrhundert. Zur Entwicklung und Adaption eines literarischen Konzepts. Heidelberg 1986 (GRM-Beiheft 5).

Keller, Johannes/Lydia Miklautsch: Walther von der Vogelweide und die Literaturtheorie. Neun Modellanalysen von „Nemt, frouwe, disen kranz". Stuttgart 2008 (RUB 17673).

Kellner, Beate: Spiel der Liebe im Minnesang. Paderborn 2018.

Kesting, Peter: Maria-Frouwe. Über den Einfluß der Marienverehrung auf den Minnesang bis Walther von der Vogelweide. München 1965, S. 119–129.

Kistler, Renate: Heinrich von Veldeke und Ovid. Tübingen 1993 (Hermaea. N. F. 71).

Kraß, Andreas: Das bekleidete Herz. Herrscherbilder in geistlichen und weltlichen Handschriften des Mittelalters (Otto III., Heinrich VI.). In: David Ganz/Marius Rimmele (Hgg.), Kleider machen Bilder. Vormoderne Strategien vestimentärer Bildsprache. Berlin/Emsdetten 2012 (Textile Studies 4), S. 183–194.

Kraß, Andreas: Der zerbrochene Spiegel. Minnesang und Psychoanalyse: Das Narzisslied Heinrichs von Morungen. In: Elisabeth Bronfen/Eckhart Goebel (Hgg.), Narziss und Eros. Bild oder Text? Göttingen 2009, S. 77–100.

Kraß, Andreas: Der fragmentierte Körper. Politik und Poetik im Tristan Gottfrieds von Straßburg. In: Kay Malcher/Stephan Müller/Katharina Philipowski/Antje Sablotny (Hgg.), Fragmentarität als Problem der Kultur- und Textwissenschaften (MittelalterStudien 28). München 2013, S. 117–131.

Kraß, Andreas: Die Anfänge der deutschen Literatur. Eine Einführung. Berlin/Heidelberg 2022.

Kraß, Andreas: Die Ordnung des Hofes. Zu den Spruchstrophen des Tugendhaften Schreibers. In: Ernst Hellgardt/Stephan Müller/Peter Strohschneider (Hgg.): Literatur und Macht im mittelalterlichen Thüringen. Köln 2003, S. 127–141.

Kraß, Andreas: Leich und Sequenz. Walther von der Vogelweide als geistlicher Liederdichter. In: Andreas Kraß/Matthias Standke (Hgg.): Geistliche Liederdichter zwischen Liturgie und Volkssprache. Übertragungen, Bearbeitungen, Neuschöpfungen in Mittelalter und Früher Neuzeit. Berlin/Boston 2020 (Liturgie und Volkssprache 5), S. 29–46.

Kraß, Andreas: Saying It With Flowers. Post-Foucauldian Literary History and the Poetics of Taboo in a Premodern German Love Song (Walther von der Vogelweide, *Under der linden*). In: Dagmar Herzog/Helmut Puff/Scott Spector (Hgg.): After The History of Sexuality. German Genealogies With and Beyond Foucault. New York/Oxford 2012, S. 63–75.

Kreibich, Christiana: Der mittelhochdeutsche Minneleich. Ein Beitrag zu seiner Inhaltsanalyse. Würzburg 2000 (Würzburger Beiträge zur deutschen Philologie 21).

Kuhn, Hugo: Minnesangs Wende. 2., vermehrte Auflage. Tübingen 1967 (Hermaea. N. F. 1).

Lange, Judith/Claudia Schumacher: Vom Nutzen der Editionen: Ein Aufriss der Editionsgeschichte anhand der Sammlung *Des Minnesangs Frühling*. In: Thomas Bein (Hg.): Vom Nutzen der Editionen. Zur Bedeutung moderner Editorik für die Erforschung von Literatur- und Kulturgeschichte. Berlin/Boston 2015 (Beihefte zu editio 39), S. 144–165.

Laudage, Johannes/Yvonne Leiverkus (Hgg.): Rittertum und Höfische Kultur der Stauferzeit. Köln/Weimar/Wien 2006 (Europäische Geschichtsdarstellungen 12).

Luhmann, Niklas: Liebe als Passion. Zur Codierung von Intimität. Frankfurt am Main 1982.

Moser, Hugo (Hg.): Mittelhochdeutsche Spruchdichtung. Darmstadt 1972 (Wege der Forschung 154).

Müller, Jan-Dirk/Franz Josef Worstbrock (Hgg): Walther von der Vogelweide. Hamburger Kolloquium 1988 zum 65. Geburtstag von Karl-Heinz Borck. Stuttgart 1989.

Müller, Ulrich: Untersuchungen zur politischen Lyrik des deutschen Mittelalters. Göppingen 1974 (Göppinger Arbeiten zur Germanistik 55/56).

Reinitzer, Heimo: Politisches Nachtgebet. Zum ‚Leich' Walthers von der Vogelweide. In: Jan-Dirk Müller/Franz Josef Worstbrock (Hgg.): Walther von der Vogelweide. Hamburger Kolloquium zum 65. Geburtstag von Karl-Heinz Borck. Stuttgart 1989, S. 159–175.

Rothenberger, Eva: ‚Ave praeclara maris stella'. Poetische und liturgische Transformationen der Mariensequenz im deutschen Mittelalter. Berlin/Boston 2019 (Liturgie und Volkssprache 2).

Ruh, Kurt: Mittelhochdeutsche Spruchdichtung als gattungsgeschichtliches Problem. In: Deutsche Vierteljahrsschrift für Literaturwissenschaft und Geistesgeschichte 42 (1968), S. 309–324; wieder in: Hugo Moser (Hg.): Mittelhochdeutsche Spruchdichtung. Darmstadt 1972 (Wege der Forschung 154), S. 205–226.

Sayce, Olive: The medieval German lyric. 1150–1300. Oxford 1982.

Schultz, James A.: Courtly Love, the Love of Courtliness, and the History of Sexuality. University of Chicago Press 2006.

Sedgwick, Eve Kosofsky: Between Men. English Literature and Male Homosocial Desires. Columbia University Press 1985.

Spanke, Hans: Studien zu Sequenz, Lai und Leich. Ausgewählt von Ursula Aarburg. Darmstadt 1977.

Steger, Hugo: David rex et propheta. König David als vorbildliche Verkörperung des Herrschers und Dichters im Mittelalter, nach Bilddarstellungen des achten bis zwölften Jahrhunderts. Nürnberg 1961 (Erlanger Beiträge zur Sprach- und Kunstwissenschaft 6).

Stern, Samuel Miklos: Hispano-Arabic Strophic Poetry. Oxford 1964.

Tervooren, Helmut (Hg.): Gedichte und Interpretationen. Mittelalter. Stuttgart 1993 (RUB 8864).

Wachinger, Burghart: Was ist Minne? In: Beiträge zur Geschichte der deutschen Sprache und Literatur [PBB] 111 (1989), S. 252–267.

Walther, Ingo F. (Hg.): Codex Manesse. Die Miniaturen der Großen Heidelberger Liederhandschrift. Hg. und erläutert von I. F. W. unter Mitarbeit von Gisela Siebert. Frankfurt am Main 1988.

Wapnewski, Peter: Kaiserlied und Kaisertopos. Zu Kaiser Heinrich 5,16. In: Ders., Waz ist minne. Studien zur mittelhochdeutschen Lyrik. München 1975, S. 47–64.

Willms, Eva: Liebesleid und Sangeslust. Untersuchungen zur deutschen Liebeslyrik des späten 12. Und frühen 13. Jahrhunderts. München/Zürich 1990 (MTU 94).

Worstbrock, Franz Josef: Der Überlieferungsrang der Budapester Minnesang-Fragmente. Zur Historizität mittelalterlicher Textvarianz. In: Wolfram-Studien 15 (1998), S. 114–142.

Online-Ressourcen

Berliner Repertorium. Online-Repertorium der mittelalterlichen deutschen Übertragungen lateinischer Hymnen und Sequenzen. Hg. von Andreas Kraß. Berlin 2012–2022. https://repertorium.sprachen.hu-berlin.de

Handschriftencensus. Eine Bestandsaufnahme der handschriftlichen Überlieferung deutschsprachiger Texte des Mittelalters. Hg. vom Institut für deutsche Philologie des Mittelalters an der Philipps-Universität Marburg. https://handschriftencensus.de
Lyrik des deutschen Mittelalters (LDM). Digitale Edition. Hg. von Manuel Braun, Sonja Glauch und Florian Kragl. www.ldm-digital.de
Mittelhochdeutsche Metrik Online. Hg. vom germanistischen Institut der Westfälischen Wilhelms-Universität Münster. https://www.uni-muenster.de/MhdMetrikOnline/index.html
Verfasser-Datenbank. Autorinnen und Autoren der deutschsprachigen Literatur und des deutschsprachigen Raums. Von den Anfängen bis zur Gegenwart. Hg. von Racha Kirakosian, Norbert Kössinger, Florian Kragl, Astrid Lembke, Stephan Müller und Julia Weitbrecht. https://www.degruyter.com/database/vdbo/html

Links zu den Liederhandschriften

Benediktbeurer Handschrift Clm 4570 (N; vgl. Handschriftencensus 5874):
https://www.digitale-sammlungen.de/de/view/bsb00136830
Benediktbeurer Handschrift Clm 4660 (*Carmina Burana*) (M; vgl. Handschriftencensus 1671):
https://www.digitale-sammlungen.de/de/view/bsb00085130
Budapester Liederhandschrift (Bu; vgl. Handschriftencensus 1296):
https://web.archive.org/web/20070205062849/http://www.uni-graz.at/ub/ausstellungen/1999/budapest/budapest.html
Kleine Heidelberger Liederhandschrift (A; vgl. Handschriftencensus 4927):
https://digi.ub.uni-heidelberg.de/diglit/cpg357
Große Heidelberger Liederhandschrift (*Codex Manesse*) (C; vgl. Handschriftencensus 4957):
https://digi.ub.uni-heidelberg.de/diglit/cpg848
Jenaer Liederhandschrift (J; vgl. Handschriftencensus 4998):
https://collections.thulb.uni-jena.de/receive/HisBest_cbu_00008190#tab0
Münchener Parzivalhandschrift (G; vgl. Handschriftencensus 1223):
https://daten.digitale-sammlungen.de/0007/bsb00071690/images/index.html?fip=193.174.98.30&id=00071690
Weimarer Liederhandschrift (F; vgl. Handschriftencensus 7154):
https://haab-digital.klassik-stiftung.de/viewer/image/867656093/2/LOG_0000/
Weingartner Liederhandschrift (B; vgl. Handschriftencensus 5914):
https://digital.wlb-stuttgart.de/index.php?id=6&tx_dlf%5Bid%5D=12064&tx_dlf%5Bpage%5D=1
Würzburger Liederhandschrift (E; vgl. Handschriftencensus 6441):
https://epub.ub.uni-muenchen.de/10638/

If you have any concerns about our products,
you can contact us on
ProductSafety@springernature.com

In case Publisher is established outside the EU,
the EU authorized representative is:
**Springer Nature Customer Service Center GmbH
Europaplatz 3, 69115 Heidelberg, Germany**

Printed by Libri Plureos GmbH
in Hamburg, Germany